清沢洌の自由主義思想

佐久間俊明

日本経済評論社

清沢洌（安曇野市豊科郷土博物館所蔵）

下右：家族と清沢の自宅があった鵜の木
（現東京都大田区）で

（以上、安曇野市豊科郷土博物館所蔵）

目次

凡例

・清沢洌の表記は、清澤洌、清澤洌など必ずしも統一されていないが、煩瑣になるのを避けるため、タイトルと引用史料を除き、すべて「清沢洌」とした。
・本書で検討する清沢洌執筆の新聞記事・論説のなかには、無署名・ペンネーム・雅号・肩書きによるものがある。その場合は、たとえば、清沢洌（無署名）、清沢洌（信濃太郎）のように、（ ）内に署名などを示すことにした。
・本文に引用した史料は、原則として旧かな・新漢字とした。ただし、『河合栄治郎全集』などのように、新かな・新漢字に表記が改められている場合は、それに従って引用した。
・引用史料中の〔 〕内は特に断りのない限り筆者による補足・訂正である。
・引用史料中の「〔中略〕」、「……」は筆者が途中を省略したことを示している。ただし、「……《ママ》」は、原文中に「……」があることを示す。
・引用史料中に伏せ字がある時は、その記号をそのまま引用する。また、欠字や判読できない文字がある時は、□で表記し、その後に〔○字不明〕と補足する。ただし、これまでの研究や筆者の調査により、伏せ字、欠字や判読できない文字の内容が判明、あるいは、推測できた場合は、〈 〉内に復刻する。
・引用史料中のルビは、「ママ」を除きすべて原文の通りである。また、特に必要のないルビは省略した。
・引用史料中の傍点・圏点・傍線などは、特に断りのない限り原文の通りである。ただし、書式や種類は統一した。
・引用史料中の／は、原文では改行があることを示している。
・注は、章ごとにそれぞれ注番号をつけ、各章末にまとめた。

序章 「社会民主主義」者としての清沢洌

はじめに

清沢洌（きよさわ・きよし）は、明治憲法発布翌年の一八九〇（明治二三）年二月八日に、長野県に生まれ、敗戦を目前に控えた一九四五（昭和二〇）年五月二一日に死去した。彼の生涯は、大日本帝国の時代とほぼ重なることになる。

戦後七〇年を迎えた今日、清沢はアジア太平洋戦中につけていた『暗黒日記』（原題は『戦争日記』）の著者として紹介されることが多い。たしかに『暗黒日記』は彼の代表的な著作であり、戦時下日本の諸相を知る上で重要な史料である。しかし、残念なことにそれ以前の清沢の経歴や言論活動についてはあまり知られていないのではないだろうか。言論人としての清沢の魅力を理解するためには、少なくとも一九二〇〜三〇年代の彼の言論と思想を見ておく必要があるだろう。

ここで清沢の生涯を簡単に紹介しよう。家庭の事情で中学校への進学を断念した清沢は、一九〇三年、無教会派のクリスチャン・井口喜源治が主宰する研成義塾に入学する。井口の薫陶を受けた清沢は、一九〇六年に移民としてアメリカに渡った。アメリカ時代にキリスト教信仰から離れた彼は、邦字紙の記者として活躍する。米騒動勃発直後の一九一八年八月中旬に帰国した清沢は、一九二〇年に中外商業新報社（現在の日本経済新聞社）に入社する。「大正デモクラシー」の時代精神が、「デモクラシーから改造へ」と転回していく時であった。一九二七年、東京朝日新聞社に移るが、著書『自由日本を漁る』（一九二九年）に収録した評論「甘粕と大杉の対話」をめぐって右翼の批判を受け、同年七月に退職した。以後、清沢はフリーランスの評論家として活躍することになる。満州事変以降、日本は戦争の道を歩んでいくが、清沢は軍国主義に反対し、左右両翼から批判された自由主義の立場から言論活動を展開した。一九三〇年代半ばの昭和期「自由主義」論争への参加は、彼の自由主義を深化させる契機となった。日中戦争以降、清沢の言論活動も制約されていくが、『秋田魁新報』などの地方紙にも執筆の場を求めつつ、外交史研究に取り組むようになったのである。アジア太平洋戦争開戦後、清沢は来たるべき敗戦後に『現代史』を執筆するためのノートとして『暗黒日記』を書き始めた。しかし、一九四五年五月、肺炎のため急逝した。

清沢は、戦前期日本を代表する自由主義的言論人として位置づけられる。しかし、それは彼が同時代の多数の自由主義者とは異なり、「最もラディカルな自由主義者」（丸山眞男）、「戦時下の例外的な自由主義者」（安田常雄）だったからなのである。彼の「ラディカルな」かつ「例外的な」自由主義の特徴を本書で検討していくことになるが、ここで強調しておきたいことは、清沢が旧制高校から帝国大学へ進んだ同世代の大多数の知識人とは異なり、日本国家とは距離を置き続けてきたということである。しばしば清沢は熱烈な愛国者だったと指摘されるが、その時の「国」とは大日本帝国ではなかった。

最後に清沢の人間としての魅力を紹介したい。清沢は、文字通りの裸一貫から出発した「叩き上げの言論人」であり、独立独歩の精神の持ち主だった。「毅然として一人で立つ」、「自己の立場を一人でも守る」[1]という気構えが清沢の言論と行動を根底の部分で支えていたのである。

第1節　本書の課題と方法

第1項　本書の課題

本書は、戦前期日本を代表する自由主義的言論人、自由主義者と一般に規定される清沢洌の言論活動と思想を、日本近現代社会思想史、とりわけ、「自由主義」[2]研究の視角から検討するものである。

本書の課題は、第一に、清沢とはどのような意味で「自由主義」的言論人、「自由主義」者なのか、明らかにすることである。筆者は、清沢の「自由主義」とは、概括的に言えば、「思想」としての「心構えとしての自由主義」と「政策」としての「社会民主主義」の二段構えから構成されていたと考えている。[3]「心構えとしての自由主義」とは、イズム以前のフレーム・オブ・マインドや「心の持ち方」（ハビット・オブ・マインド）として姿を現す「自由主義」、すなわち、自由主義のもつ普遍的な部分を意味する。一方、「社会民主主義」とは、修正資本主義的な政策と議会制民主主義による実現を意味する。清沢は具体的な政治勢力として一九二〇～三〇年代半ばにかけてイギリス労働党に期待していた。

本書では、清沢の「自由主義」を時期ごとに区分し、各時期の定義や特徴を、清沢の言説にとどまらず、「経験」や「情景」も含めて具体的に明らかにすることにしたい。

いうまでもなく、「自由主義」とは、そもそも振れ幅の大きい、多義的な概念である。したがって、特定の個人を対象とする本書においても、清沢の「自由主義」を一義的に規定するのではなく、その「振れ幅」や「変化」も含めてていねいに分析することにしたい。

第二に、清沢の「自由主義」を、一九～二〇世紀の「自由主義」の歴史のなかに位置づけることである。周知のように、一九～二〇世紀への世紀転換期においては、「自由主義」も大きな変容を迫られた。そのような思想史的文脈を踏まえて、清沢の「自由主義」を、具体的には一九三〇年代半ばの昭和期「自由主義」論争や同時代日本の言論界に位置づけることを目指す。そのためには、まず、清沢の「自由主義」とは、先行するどのような「議論」、あるいは、「経験」、「情景」を参照して構成されたのか明らかにする。次に、清沢の「自由主義」には、どのような思想史的意義があったのか提示する。

なお、本書では、昭和期「自由主義」論争に着目するが、その際、論争での清沢の発言に注目するだけではなく、なぜ、言論人である清沢が、思想家・理論家との論争に挑んでいったのか、その「行動」の思想的・社会的意義についても留意して論じることにしたい。

第三に、一九一〇～四〇年代前半にかけての清沢の「社会認識」を明らかにすることである。清沢の生涯は、ほぼ大日本帝国の時代に重なり、また、彼が言論人として活躍したのは戦間期・戦時期にあたる。清沢は、言論人として日本と世界が抱えていたいかなる「問題」と格闘し、どのような処方箋を出したのか。あるいは、そもそも認識されていなかったどのような「問題」を認識して、提起したのだろうか。

本書では、「日本社会の民主化」という視点から、清沢の「社会認識」を時期ごとに明らかにし、その特徴と思想史的＝現代的意義を示すことにしたい。その際に、清沢の「読み手」に対する認識（「民衆認識」も含む）や「議論の差し出し方」にも留意して分析することにしたい。

以上の課題を検討しながら、本書は、これまでの清沢研究とは異なる日本社会の民主化を漸進的に目指した「社会民主主義」者・清沢洌像を提起する。

第2項　本書の方法

本書を執筆するにあたり、方法および史料については、以下の点に特に留意した。

第一に、本書では清沢が残したテキストを丹念に分析する方法（言説分析）が採用されるが、それにとどまらず、その背景にある「経験」、「情景」を重視して分析することにする。また、自由な言論活動が難しくなる日中戦争期以降は、清沢の「行動」もその思想を分析する上で重要な手がかりとなるだろう。

第二に、清沢の言論活動と「自由主義」を分析するだけではなく、主要な先行研究を参照し、さらに、河合栄治郎や戸坂潤など、同時代の代表的な知識人と比較することにより、その思想的位置・特徴を明らかにする「方法」を採用する。

第三に、清沢の言論活動と「自由主義」が、同時代の日本においてどのように「機能」し、いかなる「社会的意義」を持ったのか、困難な課題ではあるが、受容分析も含めて可能な限り明らかにする。

第四に、原則として引用史料は初出を基準にして論じることにした。本書では、主に清沢執筆の新聞記事や時評、論説、講演録、座談会を史料として論じる。そのほとんどは、同時期の出来事を受けて執筆あるいは発言されている。そのため、単行本の出版年月を基準に論じると、どうしてもタイムラグが生じてしまい、微妙なニュアンスを把握することが難しくなるし、また、論調の変化を十二分に読み取ることができなくなる。したがって、本書では、原則として初出を基準にして論じることにし、煩瑣になるが、引用に際しては、原題・初出を丹念に注記することにした。ただし、単行本収録時に加筆・修正されている場合は、単行本の出版年月を基準に議論する。

ところで、清沢執筆の新聞記事や時評、論説、講演録、座談会は多数に及び、現在に至るまでその全容は解明されていない(4)。本書では、第一に清沢の著書を主たる史料として使用する。第二に、著書ではカバーできない、渡米期

（一九〇七～一八）、新聞記者時代の前半（一九二〇～二五）、日中戦争期以降（一九三七～四五）については、当該期の新聞記事や雑誌に掲載された論説などを使用する。第三に、日記史料として『戦争日記』[5]と『清沢洌日記』[6]を使用する。なお、著書でカバーできる時代であっても、可能な限り同時期に発表された新聞記事や時評、論説、講演録、座談会を参照することを心がけた。第四に、生前の清沢を知る関係者からの聞き書き調査を実施した[7]。

第3項　本書の構成

本書は、序章、終章を除いて六章からなる。以下、各章の構成について概観する。

第Ⅰ章は、研成義塾時代および渡米期に焦点をあて、清沢の思想形成について検討する。

第Ⅱ章は、新聞記者時代、換言すると、一九二〇年代における清沢の言論活動と思想を分析する。

第Ⅲ章は、一九二九～三〇年にかけての「欧米旅行」に焦点をあて、旅行を通じて得た清沢の国際関係認識・社会認識およびその「経験」が彼に与えた影響を明らかにする。

第Ⅳ章は、一九三〇年代半ばの昭和期「自由主義」論争における清沢の「自由主義」とその思想的位置を解明することを主題とする。あわせて、清沢の「自由主義」を「逆照射」するために、その「人民戦線論」を分析する。

第Ⅴ章は、自由な言論活動が困難になった日中戦争下における清沢の思想、言論活動と行動に焦点をあて、その「自由主義」と同時代批判について検討する。

第Ⅵ章は、清沢がアジア太平洋戦争中に密かに書きつけていた『戦争日記』を主題とし、その「自由主義」および戦時下日本批判と戦後構想を明らかにする。

第2節　研究史の整理

第1項　清沢洌研究の整理

ここでは代表的な清沢洌研究を取り上げ、それらの研究が提示する主要な論点や清沢像を批判的に検討する。なお、各章の主題に関わる先行研究は、原則として各章の「はじめに」で検討し、個別具体的な論点に関しては行論のなかで適宜コメントすることにしたい。

清沢研究は、戦時下抵抗研究、とりわけ自由主義者の抵抗研究の一環としてスタートした。宮沢正典は、清沢の言論活動の基調を、偽らずに自己の信念を語ることと「平和と国際主義」と規定し、清沢の戦時下抵抗と、それがいかにして可能であったのかを検討している(8)。したがって、一九二〇年代の右翼ラディカリズム批判や戦時下抵抗を支える自由主義者グループの分析が重視されている。いわば、宮沢は、反軍部・反ファシズムの戦闘的自由主義者（民主主義者?）・清沢像を提起した。

しかしながら、宮沢の研究は、「清沢の戦時下抵抗がいかにして可能であったのか」という視点から検討されているため、第一に、一九二〇～三〇年代における清沢の言論活動と思想の固有の論理・意味を分析することよりも、「戦時下抵抗」につながる要素の分析に力点がおかれている。したがって、たとえば、清沢の「自由主義」における左右ラディカリズム批判の側面が軽視されている。また、第二に、日中戦争期に始まる外交史研究は、あくまでも自由な言論活動が難しくなったことによる「代償行動」として捉えられており、その積極的な意義は考慮されていない。また、戦時下抵抗研究全体に関わる問題として、第三に、自由主義者を「帝国憲法を是認または消極的に承認した無党派のデモクラット」[9]と定義することの妥当性が挙げられる。戦時下に抵抗した「自由主義」者はいかなる意味でデモクラットなのか、論理内在的に説明する必要があるのではないだろうか[10]。

次に山本義彦による一連の研究[11]を取り上げることにしよう。また、岩波文庫版『暗黒日記』、『清沢洌評論集』、『清沢洌選集』の編集・解説[12]も貴重な研究成果である。

山本は、清沢の思想の集大成として『戦争日記』を捉え、その思想を次のように整理している。(1)「心的態度」としての自由主義、中庸主義、(2)教育の国家統制に反対し、画一主義の排除と多元主義の擁護、(3)国際平和の実現をめざす外交論、(4)軍部の神がかり的、猪突猛進的で非科学的な戦争指導への否定、これに追従する思想家、ジャーナリストへの厳しい批判、など。さらに、山本は、清沢の思想が社会の民主化のために、言論思想の自由を最大限に擁護し、政治と文化、社会発展を構想する上で、男女平等の定着、天皇制の「君臨すれども統治せず」のイギリス型王政の実現を図るべきことを強調しつづけた側面を指摘し、その思想を第二次世界大戦後、連合国軍によってもたらされた戦後民主主義と平和の思想、言論の自由、男女平等などの国際的普遍的な思想を先駆的に主張していたものと特徴づけている[13]。要するに、山本は、戦後民主主義を先駆的に主張した「反戦平和主義者」・清沢像を提起したのである。

しかし、第一に、『戦争日記』とは、あくまでも戦時下という特殊な時代における記録であり、清沢の思想の集大成として捉えることはできない。また、第二に、山本は、清沢の「心的態度」としての自由主義、中庸主義に儒教の影響を見るが[14]、清沢の「心構えとしての自由主義」に儒教の影響はほとんど見られない。第三に、清沢は『戦争日記』においてパワーポリティクスを「肯定」する主張を展開しており、その外交論を国際平和の実現を目指す議論と評価することは難しいのである。第四に、これまでの山本の研究のなかに、これらの整理を否定する論点が含まれていたことを指摘しなければならない。一つは、一九二〇年代初期の清沢執筆記事(『中外商業新報』)のなかには「経済的帝国主義論」とでも呼ぶべき論理が貫かれており、後発帝国主義としての位置を有する日本の特殊性への理解＝

容認がみられるとの指摘である。[15]もう一つは、満州事変以降の清沢の中国論には、「暴支膺懲」の発想が見られ、その「反戦平和主義」は、「対欧米を基調としての対決回避策であったのではなかろうか」との指摘である。[16]上記の整理とこれらの指摘を、我々はどのように関連づけて理解すれば良いのだろうか。

さらに、九・一一同時多発テロと対テロ戦争、日本国憲法改正の動き、北岡伸一の国連次席大使就任（二〇〇四年四月）と『増補版 清沢洌』（同年七月）の刊行という同時代状況を踏まえて、二〇〇〇年代に入ってからの山本の清沢研究は、「反戦平和主義者」としての側面が過度に強調されるようになり、そこでは清沢思想を具体化したのが日本国憲法であるとの主張がなされている。[17]しかし、清沢の思想は、日本国憲法と単純に結びつくものではないし、また、「反戦平和主義者」との規定は、同時代における清沢の思想的・社会的位置をわかりにくくしている側面があると言わざるを得ないのである。[18]

続けて、北岡伸一の研究[19]を検討することにしよう。北岡は、これまでの研究において清沢の思想家としての側面が重視されてきたとの認識から、石橋湛山などと並んで戦前期における最もすぐれた自由主義的言論人であった清沢の生涯を、その外交評論を中心に論じ、あわせて、清沢という特定の軸を通した一つの日米関係史を提起した。[20]北岡によると、清沢の思想は、国際関係においてはアメリカ、イギリスと提携し、国内においては政党を中心として自由主義的な改革を進めることであった。ただ、清沢は、大きな政治だけにあまりに重きを置くのではなく、身の回りの小さな生活を大切にするように主張した。そうした生活は、清沢の「心構えとしての自由主義」と関係していたという。[21]また、北岡は、吉田茂と清沢の交友を強調し、清沢の議論が、戦後吉田が主導した「保守本流」[22]の軽軍備・経済重視の路線と通底することを示唆している。[23]要するに、北岡は、「理想主義的現実主義者」としての清沢像を提起したのである。

しかしながら、第一に、言論人・清沢の生涯と外交評論を、日米関係を軸に論じたため、イギリスの政治・外交・

思想が清沢に与えた影響を論理的に議論に組み込めないという問題を抱えている。また、第二に、渡辺知弘も指摘しているように、清沢の帝国主義論、植民地認識、世界再分割論に関して踏み込んだ分析をしておらず、その国際協調主義と植民地認識については批判的に検討する必要があるだろう。第三に、吉田と清沢の交友関係を明らかにしたことは一つの成果だが、しかし、一般に「自由主義」者と評される両者の相違も検討する必要があるのではないか。[24]吉田と清沢の交友を過度に強調したあまり、結果としてイギリス労働党に期待した「社会民主主義」者としての清沢の側面を軽視している点は惜しまれる。

ところで、近年の注目すべき清沢研究として、渡辺知弘の研究[25]を挙げることができる。「戦争に反対する」という行為が、どのような価値観、思考様式から導出されるのかという問題意識から、渡辺は、清沢の「国際協調論」と「戦時下抵抗」を支えた論理と思考様式を解明することを研究の課題とし、清沢の「文明意識」を中心に彼の価値観と思想の関係を明らかにした。[26]

渡辺が提示した論点は、第一に、清沢の帝国主義論・朝鮮論を検討した結果、清沢の議論は、「文明国」が「未開地」を「文明化」することは「文明国」の使命であると捉えており、その点においては帝国主義が積極的に肯定される側面を持つことを明らかにした点である。したがって、清沢の「国際協調主義」とは、国際社会における階層構造を前提としたものだったと主張する。第二に、「文明」―「未開」の対抗関係を、清沢の国内政治・社会論に応用した結果、清沢の議論は、「文明化」されているか否かという点を基準として、国内社会における一種の階層構造の存在を前提としており、換言すると、「文明化」された「インテリゲンチャ」が「未開」で「無知」な「大衆」を指導する立場にあることが望ましいという発想があることを明らかにした。したがって、渡辺は、清沢の「戦時下抵抗」とは、単に軍部による非合理的戦争指導とそれに迎合した知識人たちに対する批判という面のみならず、反「文明」的な存在である「大衆」に対する批判が含まれていたと主張する。第三に、清沢の自由主義に「保守主義」的傾向が見られることを指摘したことである。渡辺によれば、保守主義の特徴を踏まえて清沢の「戦時下抵抗」の問題を検討すると、明治維新以降、着実な発展を遂げてきた日本社会が総力戦体制の名のもとに急激な変貌、清沢にとっては「復古的」な変化が起こることに対して抵抗したのである。その背景には、彼の自由主義の根本概念である「漸進的」かつ「合法的」変革のみが個人の自由と社会の秩序を擁護する点において最も現実的な変革のあり方だという確信があった。つまり、清沢が保守主義的な思考様式によって擁護しようとした価値は、国民の安寧であり、近代日本の「文明化」で生み出された諸制度と社会秩序であった。戦時下の社会変革や左右両翼の暴力的変革の思想はこの点から否定されるのである。清沢の「戦時下抵抗」との関連からいえば、戦時体制下において保守主義的態度をとらなければ個人の自由が尊重されないという態度が清沢の自由主義なのであった(27)。要するに、渡辺は、「保守主義者」としての清沢像を提起したのである。

渡辺の提起した論点はいずれもこれまでの清沢研究では注目されてこなかった論点であり、筆者も大いに示唆を受けたことを認めつつも、その難点を指摘せざるを得ない。第一に、清沢が「文明国」が「未開地」を「文明化」することは「文明国」の使命であると考えていたことは事実であるが、清沢は日本を「文明国」とみなしてはおらず、その朝鮮認識を「文明」―「未開」のロジックで分析することはできない。また、清沢が日本を「文明国」とみなしていたならば、日本の「封建性」や「封建主義」を批判する必要はなかったのではないだろうか。また、第二に、清沢の「民衆」観に関しては、清沢の民衆との向き合い方は、言論人として民衆が物事を考える前提となる心構え、考え方、知識を提供し、民衆が主体的に考えていけるように手助けをするというものであった。このような観点から、清沢は女性を対象にした講演でその「自由主義」を啓蒙し（第Ⅳ章第1節第5項）、また、『婦人公論』に国際関係をわかりやすく解説した社会時評を執筆・寄稿したのである（第Ⅴ章第2節）。第三に、清沢の自由主義に見られる「保守主義」的傾向について言えば、①清沢は、イギリス・アメリカ・スウェーデンなどを念頭に、封建的な社会秩序と同時に「近代化」の過程で生み出された制度と社会秩序を徹底的に批判した人物であった。日本の「文明化」を目指していた清沢に積極的に擁護すべき制度と社会秩序はあったのだろうか。②清沢が戦時下の社会変革と左右両翼の暴力的変革の思想を否定したのは、イギリス労働党政権の成立などにより、「社会民主主義」的な改革が議会政治によって達成されると考えたからである。また、清沢は、左翼の「暴力的変革」の思想は否定したが、左翼が目指す「搾取なき社会」の実現には同意していたのである。また、③本書の問題関心から言えば、経済的自由を擁護した自由主義者（鳩山一郎、吉田茂）と修正資本主義を主張した自由主義者（石橋湛山、清沢洌）の相違を明確にすることが重要なのであり、清沢の自由主義を「保守主義」と規定することは、かえって、清沢の「自由主義」者としての社会的位置をわかりにくくするのではないだろうか。

第2項　清沢洌の「自由主義」をめぐる研究史の整理

（1）　清沢洌研究

これまでの清沢研究においては、清沢の「自由主義」に「保守主義」的傾向を見る渡辺知弘の研究を除き、基本的には「心構えとしての自由主義」をその特徴と捉え、高く評価してきた。[28]「心構えとしての自由主義」は、清沢の「自由主義」の優れた特徴ではあるが、しかし、筆者の研究も含めて、これまでの研究には、研究対象の言葉（「心構え」、「心的態度」、frame of mind）をそのまま分析枠組みとして反復するという祖述の弊害が見られたのである。

本書は、第一に、清沢の「心構えとしての自由主義」が、先行するどのような「議論」、あるいは、「経験」、「情景」を参照して形成され、展開したのか、分析的に明らかにする。第二に、清沢の「心構えとしての自由主義」を分析する視角を提起する。この点に関しては、丸山眞男・藤田省三・石田雄による鼎談が参考になる。[29]一つは、清沢の「心構えとしての自由主義」は、「内面化するがゆえに、行動様式のすみずみに現れる」という藤田の指摘である。もう一つは、「無限状況適応型自由主義」と「気分的自由主義」（清沢の「心構えとしての自由主義」も含まれる）を概念的に分けるためには、フレーム・オブ・マインド（自己批判能力）が必要となるという藤田の指摘である。藤田によると、両者の差は「自己批判能力が出てくるのと出てこないとの差」なのである。[30]つまり、清沢の「心構えとしての自由主義」は、「自己批判能力」を兼ね備えていたのであり、「無限状況適応型自由主義」に陥る可能性はなかったのである。要するに、清沢の「心構えとしての自由主義」を思想史の議論として展開するためには、「内面化」と「自己批判能力」という二つの分析視角が必要になるのである。

（2）戦前期日本リベラリズム研究

戦前期日本リベラリズム研究においては、清沢の「自由主義」は、政治思想史[31]と広義の文化・生活史[32]の二つの視角から検討されてきた。

現在の政治思想史研究において、清沢の「自由主義」は、河合と同様に「社会民主主義」にまで発展した「自由主義」と評価されている。[33]この評価自体は妥当だが、これらの研究には総じて清沢の「心構えとしての自由主義」理解の欠如が見られる。自由主義の分析枠組みとして「心構え」は不適切と考えているからである。[34]しかし、昭和期「自由主義」論争は、清沢の「心構えとしての自由主義」に対する批判から始まったのであり、また、それは一定の社会的影響力を持つ議論であった。したがって、分析枠組みとして不適当という理由で、この時期に社会的影響力を持つ「心構えとしての自由主義」を捨象することは、偏った「自由主義」理解にしかならないだろう。

また、松沢弘陽は、「心構えとしての自由主義」からは、「権力への批判は生まれるが、歴史の展開に即した積極的な政策は直接には導かれぬことを認め、反省した」清沢は、この「弱点」をこえようとしてJ・デューイの『自由主義と社会行動』（一九三五年）を手がかりとしたと主張する。[35]しかし、清沢の「心構えとしての自由主義」は、積極的な政策を導く前提として主張されたのであり、この理解には論理の転倒が見られる。また、「積極的な政策」とは、「社会民主主義」を意味するが、それはすでに一九三四年に主張されていたのであり、デューイの直接的な影響は見られないのである。(36)

一方、広義の文化・生活史研究において、多田道太郎は、「自由」を、理論体系としての自由主義と区別して、「文化や生活の細部にまでしみこんだ感覚」、すなわち、「心の持ち方」（ハビット・オブ・マインド）として捉えている。(37)また、多田の研究を継承した安田常雄は、大衆文化における自由主義体験の意味を、同時代の民衆精神史という場所のなかで考えるという視角から、戦時期メディア、とりわけ、映画に描かれた「男性像」を分析している。安田は、以上の問題意識から、体系・思想としての「自由主義」というよりも、それ以前にあって「心の持ち方」（ハビット・オブ・マインド）として姿を現す「自由主義」、すなわち、「方向感覚としての自由主義」を明らかにしようとしている。(38)

筆者の研究は、両者の研究と問題意識を継承した上で、清沢の「心構えとしての自由主義」の思想史的意義を明らかにすることを目指している。

本書は、これまでほとんど没交渉であった戦前期日本の「自由主義者」研究と「自由主義」研究を架橋する一つのささやかな試みであると同時に、「社会民主主義」者・清沢像を提起することで戦前期日本の「自由主義者」研究の活性化を目指すものである。

注

（1）清沢洌『混迷時代の生活態度』（千倉書房、一九三五）三一三頁。
（2）本書においては、「自由主義」と「リベラリズム」は同義語として扱う。よって、その使い分けに特に意味はない。

（3）　清沢は、「自由主義」を理論体系として捉えるのではなく、むしろ、その基調を「生活態度——心構へ」「自由を求めてやまない生活態度」に置いていたが、一方で、資本主義が現在のように独占化し、多数人の自由と生活が少数者によって左右される事態を改変するために、「営利主義経済を、社会的、集団的経済となす必要がある」ことから、この点で「自由主義者は社会主義者である」と主張していた（清沢洌「現代自由主義論」『理想』一九三六年一〇月、二五〜二六、二九頁。後に、「時代と生活」と改題の上、清沢洌『時代・生活・思想』千倉書房、一九三六に収録）。
　なお、清沢は、「自由主義」と「リベラリズム」を同義語として使用している。また、清沢自身は、その政策を「社会主義」と規定していた。しかし、彼の主義・政策を理解する上では、「社会民主主義」と規定した方が理解しやすいと考え、本書ではその「社会主義」を「社会民主主義」と言い換えることにする。

（4）　本書では、松田義男編「清沢洌著作目録［改訂版］」（松田『清沢洌研究ノート』私家版、二〇〇二所収、国立国会図書館蔵）および「松田義男ホームページ」http://ymatsuda.pro.tok2.com/ に掲載された改訂版を参照して清沢執筆の新聞記事や論説を可能な限り蒐集して、分析することにした（二〇一五年九月アクセス）。

（5）　『戦争日記』とは、アジア太平洋戦争下の一九四二（昭和一七）年一二月九日〜一九四五（昭和二〇）年五月五日にかけて清沢が密かに書きつけていた日記であり、戦後、『暗黒日記』というタイトルで公刊された。一般に知られている『暗黒日記』ではなく、原題の『戦争日記』を採用した理由については、第Ⅵ章第1節を参照のこと。

（6）　『戦争日記』の他に、清沢には一九二九〜三〇年、一九三一〜三二年、一九三七〜三八年にかけてつけていた未公刊の日記が残されている。いずれも欧米旅行中の備忘録としてつけたものと推定される。本書では、『戦争日記』と区別するために、『清沢洌日記』と呼ぶことにするが、この日記については、清沢洌展実行委員会関係者のご助力により、二〇〇九年一一月一九日に清沢の次女・池田まり子氏から閲覧のご許可をいただいた。しかし、安曇野市と寄託交渉中だったため、博士論文執筆時に日記原本を閲覧することはできず、清沢洌展実行委員会が撮影したデータにより閲覧した。すでにこの日記は、山本義彦と北岡伸一の研究で参照されている。

（7）　正式な聞き書き調査としては、清沢の親戚筋にあたる笠原貞行氏（元長野県教育委員会委員長、元豊科町町長）への聞き書きを二〇〇九年九月一六日にカフェ・ギンセイ（戦前清沢が丸ビルで経営していたレストラン。現在は、富士ビルに移転したが、清沢の親族が経営している）にて行った。また、鶴見俊輔氏からは、鶴見祐輔と清沢との間に親交があった関係から、短時間ではあったが、生前の清沢の様子について貴重な談話を聞かせていただいた（二〇〇八年一一月八日）。また、清沢の次女・池田まり子氏からは、史料調査に訪れたご自宅で、また、穂高から東京に戻る列車のなかで、父・清沢像を長時間にわたって語って下さった。両氏の談話は、聞き書き調査として伺った訳ではないので、本書で紹介することはできないが、清沢の人物像を理解する上で極めて有益であった。三氏に記して御礼申し上げます。

（8）宮沢正典「外交評論家の抵抗――清沢冽」（同志社大学人文科学研究所編『戦時下抵抗の研究――キリスト者・自由主義者の場合』Ⅱ、みすず書房、一九六九所収）一九九～二〇〇頁。

（9）戦時下抵抗グループ「《シンポジウム》戦時下抵抗をめぐって」（前掲『戦時下抵抗の研究』Ⅱ所収）四六三頁。

（10）宮沢は、この問題については特に論及していないが、検討すべき論点だと思う。

（11）山本義彦『清沢冽の政治経済思想――近代日本の自由主義と国際平和』（御茶の水書房、一九九六）、同『清沢冽――その多元主義と平和思想の形成』（学術出版会、二〇〇六）。この他に、最新の研究として、山本義彦「清沢冽の思想と現代」（清沢冽展実行委員会編『清沢冽展記録』清沢冽展実行委員会、二〇一〇所収）がある。

（12）山本義彦編『暗黒日記』（岩波文庫、一九九〇）、同編『清沢冽評論集』（岩波文庫、二〇〇二）、同編集・解説『清沢冽全集』全八巻・別冊（日本図書センター、一九九八）。

（13）山本義彦「解説」（山本編『清沢冽評論集』岩波文庫、二〇〇二）。

（14）たとえば、山本義彦「清沢冽のジャーナリズム論」（前掲『清沢冽』所収、初出一九九七）。

（15）山本義彦「帰国後のジャーナリストとしての出発」（前掲『清沢冽の政治経済思想』所収、初出一九八七）。

（16）山本義彦「準戦時・戦時体制下（日中戦争期）の清沢冽」（前掲『清沢冽』所収、初出一九九八年一一～一九九九年六月）。

（17）山本義彦「清沢冽の平和主義」（前掲『清沢冽』所収、初出二〇〇五）。

（18）筆者が「反戦平和主義者」・清沢冽像に賛同しないのは、丸山眞男の次の指摘を重視しているからである。「反戦とは言わないが、当時の自由主義者です。国際協調主義の結果として、なるべく戦争をしないほうがいいということにはなりますけれども、反戦と言うと言い過ぎになる。明らかに左翼になってしまう。最もラディカルな自由主義者の清沢さんなんかもそうでした」（松沢弘陽・植手通有編『丸山眞男回顧談』下、岩波書店、二〇〇六、八頁）。

（19）北岡伸一『増補版 清沢冽――外交評論の運命』（中公新書、二〇〇四、初版一九八七）、同「若き日の清沢冽――サンフランシスコ邦字紙『新世界』より」（『増補版 清沢冽』所収、初出一九八八年三月）、同「吉田茂と清沢冽――清沢冽宛書簡に見る外交官出身総理大臣の歴史意識」（財団法人吉田茂記念事業財団編『人間 吉田茂』中央公論社、一九九一所収）、同「清沢冽におけるナショナリズムとリベラリズム——日中戦争下の欧米旅行日記より」（『立教法学』四二、一九九五）、同「解説　清沢洌と『暗黒日記』」（『暗黒日記』三、ちくま学芸文庫、二〇〇二所収）。

(20) 前掲『増補版 清沢洌』ix～x頁。

(21) 前掲「解説　清沢洌と『暗黒日記』」四四六頁。

(22) 北岡は、「保守本流」を「日米協調路線の維持強化をはかる勢力」と定義している（北岡『自民党——政権党の三八年』中公文庫、二〇〇八、初出一九九五、一〇五頁）。

(23) 前掲『増補版 清沢洌』一六五～一六六、一八六～一八八頁、前掲「吉田茂と清沢洌」。

(24) 筆者の吉田茂理解は、ジョン・W・ダワー『吉田茂とその時代』上・下（中公文庫、一九九一、原著一九七九）、同「吉田茂の史的評価」（ダワー『昭和——戦争と平和の日本』みすず書房、二〇一〇所収、初出一九八五）に基づいており、吉田を「自由主義者」ではなく、「帝国主義者」・「保守主義者」として理解すべきだと考えている。

(25) 渡辺知弘「清沢洌の言論活動とその思想」（穂高町教育委員会生涯学習課、二〇〇二年九月八日）、同「清沢洌の思想史的研究」（二〇〇二年度信州大学大学院人文科学研究科修士論文、以下『信大史学』に掲載された同名の論文と区別するため、「渡辺知弘修士論文」と略記する）、同「清沢洌の思想史的研究」（『信大史学』第二八号、二〇〇三年一一月）、同「清沢洌論」（長野県現代史研究会編『戦争と民衆の現代史』現代史料出版、二〇〇五所収）。なお、「清沢洌の言論活動とその思想」は渡辺氏より送っていただいた。また、修士論文は、大串潤児氏のご助力により、渡辺氏から閲覧・複写の許可を得た。記して両氏に御礼申し上げます。

(26) 前掲「清沢洌の思想史的研究」一～五頁。

(27) 同前、五～一六頁。

(28) たとえば、山本前掲「解説」、北岡前掲「解説　清沢洌と『暗黒日記』」、山田研「清沢洌の自由主義と反ファシズム思想——清沢洌研究序説」（日本史攷究会編『熊谷幸次郎先生古希記念論集』文献出版、一九八一所収）、武田清子「清沢洌のファシズム批判——〝戦争責任〟の所在を問う」（武田『日本リベラリズムの稜線』岩波書店、一九八七所収、初出一九八五年六月）、宇野美恵子「清沢洌の道徳教育観——『心的態度』としての自由主義」（『フェリス女学院大学文学部紀要』二七、一九九二年三月）、松田義男「清沢洌と新自由主義」（松田『清沢洌研究ノート』私家版、二〇〇二所収）、佐久間俊明「清沢洌の人民戦線論」（『総研大文化科学研究』第四号、二〇〇八年三月）、同「清沢洌のモダンガール論」（『国立歴史民俗博物館研究報告』第一五三集、二〇〇九年一二月）。

(29) 〔報告〕藤田省三・〔討論〕丸山眞男・石田雄・藤田省三「近代日本における異端の諸類型」(『藤田省三著作集 10 異端論断章』みすず書房、一九九七所収)。
(30) 同前、一二四～一二六頁。
(31) 石田雄「わが国における『自由主義』の一側面」(石田『日本近代思想史における法と政治』岩波書店、一九七六所収、初出一九六一)、同「『自由』の様々な意味」(石田『日本の政治と言葉 上『自由』と『福祉』』東京大学出版会、一九八九所収)、竹中佳彦『日本政治史の中の知識人――自由主義と社会主義の交錯』上・下(木鐸社、一九九六)、松沢弘陽「自由主義論」(『岩波講座日本通史 第18巻 近代3』岩波書店、一九九四所収)。
(32) 多田道太郎「日本の自由主義」(多田編『現代日本思想体系 18 自由主義』筑摩書房、一九六五所収)、安田常雄「戦時期メディアに描かれた『男性像』」(阿部恒久・大日方純夫・天野正子編『男性史 2 モダニズムから総力戦へ』日本経済評論社、二〇〇七所収)。
(33) 前掲『日本政治史の中の知識人』上、二三頁、前掲「自由主義論」二七二頁。
(34) たとえば、竹中佳彦は、自由主義の分析枠組みとして「心情」はあまり適当とは言えないと主張している(前掲『日本政治史の中の知識人』上、一九頁)。
(35) 前掲「自由主義論」二七二頁。
(36) 清沢は「自由主義を語る座談会」で次のように発言していた。「近頃ジヨンデユーヰがリベラリズムの本を書いて居るが、それが妙に僕の説を裏書きしたんだ」(座談会〔戸坂潤・室伏高信・石井満・清沢洌・赤松克麿・杉森孝次郎・加田哲二・蠟山政道・今中次麿・大島豊・長谷川如是閑・石橋湛山〕「自由主義を語る座談会」『東洋経済新報』一九三五年一〇月二六日、四三頁)。
(37) 前掲「日本の自由主義」一一頁。
(38) 前掲「戦時期メディアに描かれた『男性像』」二〇三～二〇五頁。

第Ⅰ章　思想形成

はじめに

本章は、研成義塾時代とアメリカ時代の清沢冽に焦点をあて、その思想形成を検討することを課題としている。具体的な論点としては、第一に、研成義塾時代における清沢の足跡と井口喜源治が彼に与えた影響を聖書研究会・東穂高禁酒会・穂高教友会も含めて検討する。第二に、アメリカ時代の清沢の足跡を新事実の発掘も盛り込みながら精緻に解明する。第三に、清沢のキリスト教棄教を、集団移民した研成義塾出身者のネットワークからの「離脱」と捉え、そのプロセスと思想的意義について検討する。第四に、アメリカ時代における清沢の言論活動を分析し、その特徴を明らかにする。最後に、清沢の「自由主義」の原型とアメリカ経験の意味を提示する。

ところで、これまで清沢の思想形成については、井口や内村鑑三の影響、キリスト教棄教、邦字紙記者としての言論活動、アメリカ経験の意味などをめぐって研究が積み重ねられてきた(1)。これらの研究については、第一に、井口が清沢に与えた影響に関しては、研成義塾の教育内容を中心に分析されており、聖書研究会・東穂高禁酒会・穂高教友会についてはほとんど言及されていない(2)。その結果、たとえば、山本義彦は、研成義塾での井口の教育を「東洋道徳としての儒教精神とキリスト教精神との合一的な方法(3)」と規定し、清沢の「自由主義」の立脚点である「中庸的進歩主義」には「井口喜源治によってはぐくまれた、キリスト教的意識と儒教的意識との混合」があると主張する[4]。しかし、清沢は儒教を明確に批判しており、彼の「自由主義」に儒教の影響はほとんど見られないのである。第二に、アメリカ時代の清沢の足跡については史料的な制約もあり、基本的な履歴さえ十分に明らかになっていなかった。この点に関して筆者は、二〇〇九年に開催された「清沢洌展」[5]の準備を進めるなかでこれまで注目されてこなかった史料[6]に接することができた。この成果を活かして、アメリカでの清沢の足跡を解明したい。第三に、清沢のキリスト教棄教については、清沢単独で議論する研究が多かった[7]。しかし、清沢は最も理想主義的なキリスト者として集団移民したのであり、その棄教は、井口だけではなく渡米した研成義塾のネットワークとの関係のなかで検討する必要がある。第四に、清沢の思想形成にキリスト教が果たした役割に関しては、清沢においてキリスト教は、その信仰との葛藤・拒絶において「自づから立つ強き心」という心的態度を育み、信仰とは別に、その人間・道徳感において普遍主義的な価値意識を育むことに貢献したと評価する松田義男の研究[8]がある。しかし、「自づから立つ強き心」、すなわち、自我の確立は、キリスト教のみならず渡米期の言論活動も含めたアメリカ経験のなかに広く求めるべきである。

第1節　研成義塾時代

第1項　研成義塾設立の背景

清沢洌は、一八九〇（明治二三）年二月八日、長野県南安曇郡北穂高村青木花見《あおけみ》に、清沢市弥・たけの四男一女の三男として生まれた。当時の清沢家は、手作一町歩、小作九町歩程度の、村内で五、六番目の規模の農家であった[9]。一九〇三年、北穂高村小学校を卒業した清沢は、松本中学に進むことを希望したが、父親の許可を得られなかっ

た。従兄の勧めもあり、毎日通える範囲にあるお手軽な補習教育ということで研成義塾に通うことになったのである。(10)

まず、研成義塾設立の背景をみてみよう。研成義塾を創設した井口喜源治は、一八七〇（明治三）年五月三日、松本藩安曇郡穂高組等々力町村に生まれた。(11)長野県中学校松本支校在学中に、米人宣教師ジョージ・W・エルマーから聖書をひもとくことを教えられた井口は、卒業後、弁護士を目指して一八八九年四月に明治法律学校に入学したが、翌年中退し、九月に上高井高等小学校小布施分教場の助手として赴任した。そして、一八九三年四月、家事上の都合により、東穂高組合高等小学校に転任した井口は、同年一二月に東穂高禁酒会に正式に入会し、以後中核的会員として諸活動に関わることになった。

ここで井口も清沢も深く関わることになる東穂高禁酒会の成立を見ておくことにしよう。一八九一年、東京専門学校卒業後、北海道に渡っていた相馬愛蔵（一八七〇〜一九五四）――彼は井口の中学の同級生であり、東京専門学校在学中の一八八七年に受洗していた――が帰郷して、養蚕・蚕種の研究に着手した。愛蔵によると、彼の周囲には都会に憧れ、新しい知識を切望する青年たちが集まってきた。愛蔵は彼らにキリストの話をし、禁酒を勧めた。青年たちは愛蔵の話をよく聞き、ついには畑仕事の間にもふところに聖書を入れていたという。(12)

このような状況の下、同年一二月二〇日に愛蔵、望月直弥らが中心となって東穂高禁酒会が設立された。その時に作られた「東穂高禁酒会申合規約」を見てみると、第一条に「本会員は禁酒を主として且品行を慎しみ職業に勉強し節倹を行ひ他人の為を計ることを誓ふべし」とある。ここで重要なことは、第八条に「本会は決して宗教及び政治に関係せず」(13)とあるように、当初はキリスト教を掲げていなかったことである。この背景には、穂高が廃仏毀釈の激しい地域であり、キリスト教に対する反発が強かったためであるという。(14)要するに、この時点ではキリスト教と禁酒は両立し得ないとの判断があったのである。(15)

相馬愛蔵を中心としていた頃の禁酒会は、会員自身の禁酒という基本的行為のほか、二つの特筆すべき活動を行っていた。一つは、例会および夜学会を実施したことと、もう一つは、芸妓置屋設置反対運動を行ったことである。前者に関して言えば、禁酒会の例会はほとんど毎月行われ、そこでの演説や談話などは一種の学習会ともいうべきものであったが、これと並行して一八九六〜九八年にかけて数回、青年たちのために夜学会が開催され、井口は講師として英語を教えていた。(16) 後者に関しては、一八九四年当時、芸妓置屋を設置することによって、東穂高村の繁栄を図ろうとする地域の有力者の構想があった。この構想に対して東穂高禁酒会は、村内の青年同志会、東穂高村生徒父兄と連帯して反対運動を展開した。この時は芸妓置屋設置を阻止することができたが、一八九六年にその設置を目指す動きが再燃した。井口は芸妓置屋設置反対運動の中核的な役割を担ったが、翌年末に芸妓置屋の設置が認可され、禁酒会の反対運動は敗北したのである。(17)

一八九八年、井口は学校および村内の芸妓置屋設置賛成者、キリスト教反対者らから望月直弥とともに排斥を受け、豊科組合高等小学校に転任することになったが、同校の教員が井口の転任を拒否したため、退職を余儀なくされたのである。

井口排斥の動きと並行して、東穂高組合高等小学校から独立して私塾を作り、井口に理想の教育を行わせようとの策が、禁酒会の青年たち、とりわけ、相馬愛蔵、望月直弥、荻原守衛（碌山）らによって練られていた。こうした発想の背景には、禁酒会の夜学会の経験があったと言えるだろう。彼らの私塾設立の趣意は愛蔵の義父相馬安兵衛と矢原耕地の有力者臼井喜代の支援によって具体化し、一八九八年一一月七日に研成義塾は設立された。しかし、当初は東穂高村矢原耕地の集会所を間借りしていたため、反対派から様々な妨害活動を受けた。(18)

一九〇一年一月一日、研成義塾は三枚橋の新塾舎に移転し、四月に私立学校として正式に認可を受けたのである。(19)

第2項　研成義塾の教育

研成義塾の教育理念は、新塾舎移転時に発表された「研成義塾設立趣意書」によると、「文明風村塾的の真教育」を施すことであった[20]。以下、その内容を見てみよう。

研成義塾は旧制中学校初級程度を三～四ヶ年で履修する普通課程を漸次定着させていった。これが本科ないし高等科であって、随時補習科、研究科が置かれ、一九一〇～一二四年にかけては裁縫科が置かれた。在籍者総数は推定で八〇〇余名だが、もちろん三ヶ年修了の卒業生に限定すればはるかに下回る[21]。裁縫科を除き、井口一人が授業を担当したので、授業は複式で行われた。したがって、卒業生の東條𤏐[22]が「一人の先生が幾組かを同時に担当するような形で、学力養成という点では、到底満足できるような教育機関ではなかった[23]」と回想しているように、学力養成には不向きであった。

研成義塾の教育の特色を塾生の回想を踏まえて整理すると、第一に男女共学で試験がなく、試験で生徒をふるい分けなかったことである[24]。第二に、学力養成という側面よりもキリスト教に基づいた人格主義教育を特徴としたことである。井口は、「えらい人」ではなく「良い人」になれと主張し、立身出世を否定した。第三に、英語[25]と道話[26]と儒教[27]の重視である。第四に、井口との関係で内村鑑三や山室軍平が来校し、生徒に講演をしたことである。とくに内村は、一九〇一年、三年、一〇年に来校している[28]。

また、研成義塾は、「理想の聖国」の建設を目指した海外雄飛を奨励していた。当時、渡米者の資格は、中学校卒業生またはそれと同等以上の学歴を要求していたが、井口の人物と研成義塾の実績を評価した県は旅券を発券していた。なかには渡米を目的に研成義塾に入学する者もいたのである[29]。

第3項　研成義塾時代の清沢洌

ここでは、井口が清沢に与えた影響について研成義塾の周辺も含めて見ていくことにしよう。

第一に、研成義塾と義塾で不足なものを補った夜学である。清沢は、「僕らは春になるとよく聖書と賛美歌とを持って万水という水足ののろい川のほとりに行って、若草の上に腰をかけて井口先生の話を聞いたことを思い出す」と回想しているように道話の授業が印象に残っていた。また、夜学については「先生の自宅の暗い六畳で論語と聖書を教わった[30]」と振り返っている。

第二に、毎週日曜の夜に行われていた聖書研究会（日曜集会）である。ここでは井口の聖書講義、賛美歌斉唱、祈祷が行われた[31]。この聖書研究会について清沢自身の回想は残されていないが、友人の久保田栄吉が、一九〇五年、大町中学在学時に清沢に誘われて時折出席したと回想している[32]。おそらく清沢は聖書研究会に熱心に参加し、周囲の友人に参加を呼びかけたのだろう。後に渡米する東條𦪷は、「キリスト教の神こそ真の神で、それ以外に神のないこと、キリストは十字架を負うて我々の罪の償いのために死なれた、我々は正しき道を踏み、無為安佚《いつ》の生活を送っては申し訳ないと教えられ、みなキリストの善き僕たらんことを誓いました[33]」と回想しており、聖書研究会は、清沢をはじめ参加する塾生たちがキリスト教信仰に目覚め、誓いを立てる場であった。

第三に、東穂高禁酒会である。清沢は、一九〇三年一二月二〇日に禁酒会に入会した[34]。彼が入会した頃の東穂高禁酒会は、入会者の過半が義塾出身者で占められるようになっており[35]、相馬愛蔵、井口、望月直弥らを核とした同志的集団から井口を敬慕する井口師事集団へと移行する転換期にあった。清沢が在籍していた時期（一九〇三～〇六年）の「禁酒会記録」を見てみると、キリスト教信仰に関わる演説、信仰談の披瀝、賛美歌斉唱、祈祷の記述が散見される[36]。清沢も一九〇五年一二月二日の例会で「真心よりの信仰談」を、翌年一月三日の例会では「熱心なる信仰談」を仲間とともに披瀝している。また、後に渡米の途上にあった清沢は高田格司とともに一二月二〇日に開催された第一五週年紀念会に祝電を送っている。

禁酒会の現状が宗教に関係しないと定めた「東穂高禁酒会申合規約」第八条に反することは会員にも自覚されており、一九〇五年一二月二日の例会で井口は同条の削除を提案した。翌年一月三日の例会で第八条の削除が満場一致で可決されたのである。

また、清沢が禁酒会に在籍した時期は日露戦争を間にはさむ。一九〇四年八月二三日の例会で禁酒会は、井口の建議により「出役軍人家族を慰問して、軍人に慰問状を送る事」を決議し、九月五日に実行している。この時、戦地の軍人宛に送ったのが『故里だより』第一信であった。慰問と『故里だより』発行にあたったのが、禁酒会会員から構成された東穂高禁酒会軍人慰問委員であり、清沢もその一員であった。これらの背景として、内村鑑三が戦時下の非戦主義者の事業として出征兵士の遺族の慰問を提唱したことが指摘できる。(37)

翌年二月二五日に、井口の建議によって村内の戦死者に香典一円贈ることを決議し、葬儀に出席した会員が禁酒会を代表して弔詞も述べている。さらに、三月一五日には『故里だより』第二信を発行した。以上のような活動が評価されたのか、一九〇五年の禁酒会加入者は二四名を数えるが、これは前年の三倍である。東穂高禁酒会の慰問事業は、キリスト教界の戦時協力(38)とは異なり、戦争遂行に尽力するものではなかったが、その地道な活動は地域社会において一定の理解を得ていたと評価できる。

第四に、内村鑑三と山室軍平の来校である。内村は一九〇三年に、山室は一九〇五年にそれぞれ研成義塾を訪れている。(39)山室の説教を聞いた清沢は、後年、「僕らはその熱弁に感涙が出て、どうにも止められ」ず、以来、「僕は一貫して山室氏の支持者であり、その人格をかつて疑ったことはない」(40)と回想している。

第五に、内村の勧めにより一九〇六年秋に設立された穂高教友会である。(41)具体的な活動内容は不明だが、おそらく

『聖書之研究』などを井口の指導の下、講読したのだろう。清沢は、「其人々〔穂高教友会員〕の最多数は此義塾に来つて、いつかは矢つ張り彼の薄い屋根板に向つて霓《にじ》の如き理想に満ちた気を吹き抜けた輩[42]」と記しており、会員の大多数が塾生・卒業生であり、彼らの間に確固とした連帯感があったことがわかる。

以上見てきたように、清沢は渡米前の多感な時期（一九〇三年四月～一九〇六年一二月）を、井口の薫陶の下、内村や山室の影響も受けながら、仲間とともに熱心に聖書を学び、日露戦争時の軍人慰問事業も含めて東穂高禁酒会の活動にも積極的に参加していたのである。[43]

第４項　研成義塾時代における清沢洌の文筆活動

研成義塾の人々は、「物を書く集団」でもあり、二つの同窓会誌を発行していた。塾生の手による『研成』と同窓生の手による『天籟』である。『研成』創刊の時期は一九〇一年末ないしは二年初頭と推定されるが、二年四月以降の可能性もある。一方、『天籟』は創刊が一九〇五年五月、最初の入塾生で卒業生の西澤本衛（天民）と青雲（斎藤茂かと思われる）の手によるもので、当初発行は研成義塾内天籟社、白雲先生（井口）から添削を受けていたようである。[44]

『研成』、『天籟』ではほとんどの執筆者は雅号を使用しており、清沢のそれはくも生・清生と確認されている。[45]管見の限りでは、残存している『研成』に清沢が執筆した記事を確認することはできない。また、研成義塾卒業後、清沢は、『天籟』には三回執筆しているが、そのうち一回はアメリカから寄稿した「米国通信」である。卒業から渡米するまで九ヶ月しかないが、ほぼ毎月寄稿している執筆者がいることを考えると、寄稿の回数は思ったより少ない。

清沢は、後年、研成義塾時代の文筆活動を次のように回想している。

〔井口を心から推服している直弟子の〕一人が当時、僕が主に編集したり謄写したりした雑誌「天籟」というのを丁寧にとじ込んで持って来て見せてくれた。［中略］だれが謄写機を買ったかは忘れたが、夜おそくまでかかって原稿を筆記し、それを刷るために幾晩もかかったものであった。一里近くもあるところから家に帰ると、夜中の十二時ころになる事も珍しくなかった。筆を持つ悪癖は、そのころからあったものと見える。[46]

清沢が主に『天籟』の編集や謄写をしたという記述は、「解題」とは矛盾するが、その真偽を判断する材料は筆者の手元にはない。ただ、率直に言って、清沢執筆の記事[47]は数が少ない上に、信仰色が強く、後のジャーナリスト清沢の原型を見出すことは難しい。研成義塾時代の清沢は、編集・印刷には熱心に取り組んだのかもしれないが、文筆活動にはそれほど力を入れた様子は見られない。彼の言論活動が本格化するのはアメリカ時代と考えるべきであろう。

第5項　渡米に至る経緯

一九二二（大正一一）年の統計によると、南安曇郡出身の北米留学者一一九名中、穂高町の者が七九名を占めている。そして、穂高町出身者の相当数が研成義塾出身者であった。北米への移民は、一九〇六年、七年に集中している。両年度の渡米熱は、島貫兵太夫（日本力行会）、片山潜（雑誌『渡米』を主宰）らの海外発展鼓吹の影響にあることは事実だが、研成義塾出身者のブームの受け止め方は、かなり独特である。[48]当時のことを義塾卒業生の斎藤茂[49]は、「此処にわれらが常に教へを蒙る先生の導きにより、わが同人がその他の友人先輩と合せて十人、二十歳未満の連中が時勢に魁けてかのラウンド・ヘッドのピューリタン精神を移して精神的廃頽の彼の地同胞の間に神の国を建てるといふ大望（野心）を抱き、出稼移民の卑しい名の下にも大挙北米の加州に渡る」こととなったと回想している。[50]「理想の聖国」の建設が少年期を終わろうとしていた彼らの心を捉えていた。だから、事実は労働を目的とした単純な移民であったとしても清教徒的心情にささえられていた。[51]

出立にあたって東京では、彼らの多くが内村鑑三、山室軍平、島貫兵太夫らを訪問して信仰を確認したり励まされ

たりしている。井口は渡航手続きだけではなく、こうした機会をつくることまでも配慮していたのである。(52)

渡航には、三等船賃六〇円、衣服などの洋式化を含む雑費九〇円および当座の生活費保証のためのいわゆる「見せ金」五〇ドルなどの合計二五〇円が、最低必要だった。当時一升の米の値段は一三～一四銭くらいだったというから、これだけの渡航費の捻出には決断がいった。清沢は結婚の祝儀のつもりで用立ててくれるようにと苦肉の策をもってし、両親は「一人の子供を亡くしたつもり」で同意したという。(53)

清沢も「理想の聖国」建設を目指した一人であり、一九〇六年一二月、いとこで後輩の高田格司とともに苦学生の海外移民を支援する日本力行会《りっこうかい》に加入し、そのメンバーとして渡米した。渡米前には島貫兵太夫と内村鑑三に会っており、その様子を井口に手紙で報告している。(54)

渡米時の決意について清沢は、後年、「自ら固く決心して、神に近い生活をなし得る百姓になるか、それともキリスト教の伝道師になるかの一つを目がけた」(55)と回想している。

宮沢正典は、清沢の渡米を「理想主義先行の純粋型」と分類し、第二類型として東條𨋢や平林利治を「理想主義的ではあるが、より現実型」であると指摘している。(56)確かに清沢は理想主義的な清教徒心情に支えられて渡米したのだろう。しかし、一方で清沢は、「少年の心は大臣・大将・博士を描く夢のような野心に燃え」ており、「名誉とか栄達とかいうものを悪魔の誘惑である」とする井口の教えとの間で「深い煩悶」に陥ったことがあったと回想していた。(57)中学進学を不本意な形で断念し、日本での立身出世を絶たれた清沢にとって、渡米は学問を通して身を立てる唯一の方法だったのではなかろうか。

研成義塾出身者による集団移民の一員として清沢は、理想主義的なキリスト教信仰を抱きながら、「学問」を目的に渡米したのである。(58)

第2節 アメリカ時代

第1項 アメリカ・シアトルを中心とした研成義塾のネットワーク

「理想の聖国」建設を目指して渡米した研成義塾出身者は、アメリカ・シアトルを拠点に信仰を共有し、積極的に交流していた。また、日本にいる井口喜源治や研成義塾の人々との交流も絶えることなく続いていたのである。

一九〇七(明治四〇)年からシアトル八番街一六二番地の建物が、研成義塾出身者のサロン・寮の性格を持っていた。平林利治、片瀬興市が最初にここに住み、地の利がよいことからシアトルへ来た人の溜まり場になっていったのだろう。(59)

研成義塾出身者が正式に穂高倶楽部(60)を結成したのは一九一三年一月六日のことである。倶楽部のメンバーは、同年八月から聖書研究会を開き、その他に『倶楽部日報』を発行し、倶楽部員読書会、演説会、月一回の例会(研成会)を開催していた。また、降誕祭や新年会の行事を実施し、さらに、ポアンテックに入植した倶楽部員が中心となって、ここのアメリカ人と共催の穂高倶楽部運動会が恒例の行事となっていた。(61)清沢は穂高倶楽部会員ではあったが、これらの活動、行事にどの程度参加していたかはわからない。また、穂高倶楽部のメンバーは、日本の義塾出身者から送られた同窓会誌『故山新報』に応える形で『新故郷』を発行した。(62)清沢も日本社会論や移民問題論を執筆している。

これらの諸活動により、穂高倶楽部の会員は増加するが、次第に倶楽部の性格も変容するようになった。第一の変化は、穂高町以外の出身者、すなわち、井口を直接知らない会員が増加した。そのため、一九一五年六月二七日の総会で穂高倶楽部は瑞穂倶楽部と改称した。第二の変化は、倶楽部創立の中心となった者たちが家庭を持って、次々に自立していくことである。倶楽部の活動自体は以前に比べると停滞するものの、アメリカ社会により確実に定着していったと言える。[63]

第2項　アメリカにおける清沢洌の足跡

清沢は一九〇七年一月にシアトルに到着した。『天籟』第七号（一九〇七年五月一五日）に寄稿した「米国通信」によると、清沢は白人の家庭で「ハウスボーイ」として働いており、月給は「十八弗日本銭参拾弐円」である。学校へ行くならば、スクールボーイの方が得策だと友人に勧められ、「小生も其中にはスクールポーイ《ママ》に行こうと考へ居り候」[64]と記している。生活の安定を図りながら、早くも進学を考えている様子がうかがえる。

しかし、清沢はすぐ進学できた訳ではない。一九〇七年五月に井口に宛てた手紙では太田喜代松と一緒に働いていることを、[65]また、同月に斎藤茂に宛てた手紙には病院で清掃人をしていることを[66]それぞれ記している。同年一一月頃に井口に宛てた手紙によると、来年の九月から学校に通うつもりだが、それまでに親から借りた渡航費の「三百円四百円と云ふ……非常なる貴き大金」[67]を返還する必要に迫られていた。また、この手紙のなかで清沢は雑誌に投稿したことを記しており、この頃から仕事のかたわら文筆活動に励んでいたことがわかる。[68]翌一九〇八年の足跡は不明である。一九〇九年秋、シアトルの文士らで文学会が結成され、清沢も友人の翁久允[69]らと共に参加し、活躍したとある[70]が、具体的な活動内容は不明である。また、一九一〇年の暑中休暇に際して、清沢はシアトルに出て学費を稼ぐために沿岸を航行する汽船で働いていたことを平林利治が井口宛の書簡[71]に記している。

清沢がタコマ市内のハイスクールに進学したのは、おそらく一九一〇年九月のことである。[72]ハイスクールに通うかたわらタコマ市にある太平洋公論社で通信事務の仕事をしていたことが井口宛の書簡[73]からわかる。しかし、清沢はハイスクールを数ヶ月で退学し、タコマホテルに就職したが、仲間と衝突して一九一一年五月に退職している。その後、清沢は『北米時事』タコマ支社に入社するが、それは六月以降のことだろう。[74]

一九一三年一月、清沢は宇梶和一郎が主催する「北米同胞母国訪問団」に『北米時事』の通信員として同行し、六年ぶりに帰国した。一時帰国中の清沢は、特別要視察人であったため、その動静が逐一チェックされていた。[75] 翁の回想によると、大逆事件以来、幸徳秋水がアメリカにいた関係から、アメリカ帰りの青年が何か少し進歩的なことを口走ると、頭から社会主義者と睨まれるようになっていた。清沢本人も当局から睨まれていたことを自覚しており、むしろ進歩主義者であることを裏付けるように吹聴していた。[76]

一九一三年五月に帰米した清沢は、再び『北米時事』の仕事に戻った。帰米の挨拶状がシアトルから出されていることから、タコマ支社からシアトル本社に移ったのだろう。[77] 翌一九一四年一〇月、清沢は松原木公の招聘を受けて、シアトルからサンフランシスコの邦字紙『新世界』に移る。[78] 一九一七年八月に、清沢は再び一時帰国し、井口を訪問している。[79] そして、翌年八月に清沢は帰国し、横浜の貿易会社菅川商会に入社したのである。

第3項　キリスト教信仰の揺らぎから棄教へ——研成義塾のネットワークからの「離脱」

理想主義的な無教会派クリスチャンとして清沢が渡米したことは、渡米前に井口に宛てた手紙の次の一節からも読み取ることができる。

> 昨日、内村先生に逢つた時に僕がどんな事をしても洗礼は勿論水の《ママ》受けない詰りですと云つたら先生がそう頑張らなくても云ひ《ママ》が、若し君が洗礼の必要を感じないならば受けるな、決して権威の前に屈するなと云はれ候ふか僕はつく〴〵感じ申し候。
>
> 内村先生と云へば、僕が昨日今日此中庸堂で行逢ふのは実際神様の摂理であると云つたらそう神様々々と云ふ

など教へられ候。

又、むこうへ行つても余りキリスト教を云ふな却つてむこうに理用《ママ》されるからと訓へられ候。内村先生の言として云へば徹頭徹尾有難く同感に候ふが奇体と思ひ居候[80]。

内村の教えに清沢が敬服している様子が記されているが、「奇体と思ひ居候」と記しているように、盲目的に従っている訳ではないこともわかる。

次に渡米後の清沢の信仰をたどってみることにしよう。一九〇七年五月に井口に宛てた手紙のなかで清沢は「元来小生には些の信仰有えず、若し強いて〳〵見付け出さんとならば夫れは小生の罪に泣く事に御座候[81]」と信仰の悩みを告白している。また、清沢は、救世軍人のように信仰活動に積極的ではなく、「消極的人物」であることに悩みを感じているが、「我が内村先生の諸著書に読んで」、「小生は矢張り木の下に川の傍に泣いて祈る覚悟に候[82]」と決意している。内村の教えが清沢の信仰の支えになっている様子がうかがえる。

また、同年一一月頃に井口に宛てた手紙のなかで清沢は、自身の信仰について「信仰――寧ろ主義は国に居った時をも少し内村的にしたものに候ふ」、「聖書の研究こそ、小生の支に御座候」と述べているが、これは教会と信者に不満を感じていたからである[83]。また、清沢は、内村の「聖職と職業[84]」、「農学か神学か[85]」に刺激されて、農学を学びながら、信仰と伝道に生きたいとの希望を述べている[86]。アメリカの教会と信者に失望したこともあり、日本にいた時よりも内村に対する清沢の信頼は強まっていたのである。

清沢のキリスト教信仰がいつ頃から揺らぎを見せたのかはわからないが、平林利治が「清沢洌君も近頃信仰冷却し神様の有りがたい理由が解らないと書いて遣され候[87]」と井口に伝えたのは一九一〇年六月のことである。また、同年九月二五日付の手紙で平林は、その原因について「彼が失敗も実は新聞記者とか年少気鋭の達筆者とか前途洋々として望を嘱するに足るとか云ふ俗人の煽動的賞揚に乗りしものと信じ居り候」と述べている。おそらく研成義塾出身の仲間たちからの説得を受けて、この時は「実に今は霊的寂涼に堪えざる旨然して霊的御交際の程希望する」と書いた「懺悔的の手紙」を平林に寄こしたのだろう。[88] しかし、一方で文筆活動に目覚めた清沢と信仰に生きる研成義塾の仲間たちとの間に微妙な距離感が生じ始めていた様子を「俗人の煽動的賞揚に乗りしもの」、「境遇も畏るべきがもの在り」[89]との記述から読み取ることができる。

平林の手紙を受けて井口は早速清沢に手紙を送ったようである。その返信として書かれた手紙のなかで、清沢は「小生は近時の小生の思想に就いては寧ろ語るを恥じ申し候」[90]と断った上で、内村が嘲笑する「現代の思潮」なるものについて、「卑見の観察によれば其思想なるもの程、歴史に波欄《ママ》を伝へ、又当代の青年の心を支配するものは無之と存じ候」と評価し、「其思潮を解せざる徒は新しく教を伝ふるに足らずと考へ居り候」[91]と内村を批判している。さらに、清沢は「人生観も定らさる者にキリスト教的処世――小生は之れを虚礼と信じ居り候へども――を強ふるのは寧ろ酷に候」[92]と井口の姿勢も厳しく批判した。渡米して様々な社会経験を積み、ハイスクールに通いながら記者の道を歩む清沢にとって、内村や井口の教えは禁欲的にして狭量なものに感じられたのだろう。[93]

管見の限りでは、清沢はキリスト教信仰から離れた理由を明確に説明していない。清沢綾子夫人を取材した山本義彦によると、清沢は「キリスト教精神の『贖罪』思想にどうしても納得できない。その点がなければ、自分の職業として疑いもなく牧師になっていただろう」と日頃夫人に語っていた。しかし、夫人によると、発想のベースは、キリスト教にあり、聖書の書き込みが軽井沢の別荘に残されていた。[94]

結局、井口の助言に清沢は耳を傾けることはなかった。清沢の一時帰国中に井口に手紙を送った平林は、そのなかで彼の信仰について次のように述べている。

随分変り果てたものと嘸《さぞ》かし驚きの目を瞠はれ候ならん。あれ位、熱心な、一時は神学でも修め、軈《やが》てはキリスト――の福音の為め一身を捧げんと迄語られし君の現況！　願くは、復び謙虚以て神の前に共に額かん事を祈り居り候。[95]

研成義塾以来の仲間にとって清沢は最も理想主義的なキリスト者だったがゆえに、その変わり様が衝撃を持って受け止められた。平林は井口が清沢を直接説得することを期待したはずだが、「贖罪」思想をめぐる対立があった以上、清沢が応じる可能性はなかった。清沢も穂高倶楽部の一員だったが、信仰に生きる仲間とは精神的に離れていったのである。

一九一四年一〇月、清沢は松原木公の招聘を受けて、サンフランシスコの『新世界』に移り、穂高倶楽部のメンバーとは地理的にも疎遠になった。[96] すでに同年、松原の推薦により、友人にしてライバル関係にあった翁が雑誌の責任編集の仕事につくことになり、シアトルからカリフォルニア州スタクトンに下っていた。[97]「一大論文を書いて他日中央公論や改造などに旗上げしようといった野心に燃えていた」清沢は、翁への競争心もあって、遅れをとらないように南下したのである。[98]

一九一五年七月、清沢は北米時事社同人に宛てて「自づから立つ強き心」[99]を発表する。この記事は、『北米時事』四〇〇〇号を記念して執筆され、当初は同紙に掲載される予定だったが、都合により『新世界』に掲載されることになった。キリスト教批判を公にした清沢の最初の文章であり、シアトルにいる研成義塾出身者を念頭に置いたものと思われる。

すでにこの記事をめぐっては松田義男の研究[100]があるが、ここでは研成義塾出身者のネットワークからの「離脱」と移民社会認識の二つの視角から検討してみたい。

この記事の勘所は、内村鑑三批判と「近代道徳」における「自己」の肯定＝「自づから立つ強き心」の強調である。「内村鑑三氏は宗教に最も真剣で打突かつた人」と評価しつつ、清沢は、「迫害無くしてキリストの精神に触れる事は絶対に出来ない」との内村の主張を、「第三者から見れば毫も迫害とも、何とも思はないのに、……此圧迫を振り抜けるのには、只神の助を仰ぐより外は無いと、徒らに声を大にすると云ふ傾は、確かにある[101]」と批判している。松田がすでに指摘したようにこれは内村の「迫害とキリスト教[102]」を念頭に置いた批判である。また、「近代道徳」における「自己」の肯定も内村の近代人批判[103]に対する反批判である。これらの内村批判を松田は「清沢における内村の人格的影響力がいかに巨大なものであったかを示すもの[104]」と指摘している。重要な指摘だが、内村批判にはもう一つの意味があったと筆者は考える。というのも、内村の強い人格的影響力を受けたのは清沢一人にとどまらず、むしろ渡米した研成義塾出身者全員と言っても過言ではないからである。内村を厳しく批判することでキリスト教信仰を棄てたことを明確にし、同時にアメリカにおける研成義塾のネットワークからの「離脱」をここで清沢は宣言したのである[105]。

次に「近代道徳」における「自己」の肯定について、清沢は以下のように述べている。

最も貴いもの、最も大切なものは『自己』である、之は特に近代の道徳に於て然るものである、然るに此『自己』が自立してゐる事が出来ないで『自己』より他のものを求めねば一日の安立が出来ぬ有様だ、人間以上の実在者を信ずるものは神に、神を否定する者は人間の愛に何れも『自己』を任せ斯くて人間は、自ら危ふき淵に運命の綱を垂れてゐる。

我等は強くなりたい、自づから立つ人となりたい、自づから強くなる事とは、……自身の最も利益とする所（ワンス、オン、ベスト、アドバンテージ）をアクトするにある、そうして之れが為めには時に負ける事もあらう、只『自己』を総べての上にアップホールドして精神的に総べての束縛より自由ならしむるにあるのだ[106]

松田は、超人間的存在を拒否する清沢が、自己の精神的拠点として求めるものは「自づから立つ強き心」であると指摘し、それは善かれ悪しかれ、この世の現実を受け入れ、その現実に立脚して自己の生きる道を求めるものであると指摘している[107]。しかし、「近代道徳」における「自己」の肯定の部分をキリスト教信仰のみと結びつけて読むのは問題だと思う。この記事は決して私事を述べているだけではなく、清沢の移民社会に対する問題意識が反映されていると考えるからだ。

第3節で詳しく検討するが、清沢は「家族主義」の日本と「事大主義」と「官僚主義」にとらわれた移民社会を厳しく批判していた。これらの問題に対する清沢の処方箋は「自己」の確立であった。「自づから立つ強き心」とは、キリスト教信仰に関係なく、すべての日本人が身につけるべき「道徳」として以前から清沢によって考えられていたのである。また、「自己」の強調は、研成義塾出身者に対して、サンフランシスコでジャーナリストの道を邁進するという決意表明でもあったと筆者は考える。

要するに、清沢におけるキリスト教棄教の思想的意義とは、井口と内村から精神的に「距離」を置き、同時にアメリカにおける研成義塾出身者のネットワークからの「離脱」を意味したのである。

最後に、信仰を捨てた清沢にとって、井口や内村の影響、さらに、キリスト教とはどのような意味を持ったのだろうか。

信仰を離れても井口と清沢の師弟関係は終生続いた。井口の死後、清沢はその影響を次のように述べている。

私は井口先生によって、世の中には金や地位や名誉よりも、もっと大切なものがあることを知りました。それは信念です。私は過去において、また現在において、自身が考えて正しいと思うことを曲げたことのない一事は恩師の前に申しあげることができます。井口先生はクリスチャンでしたから、神様を言われました。未信者の私は愛する国家のために正なりとするところを及ばずながら主張するのです。時には自己一身の不利を覚悟しながら[108]。

日中戦争が開戦し、自由な言論を貫くことがなかなか難しい状況にあって、清沢を支えたのは井口から学び得た「信念」だったのである。

一方、清沢は、帰国後、内村に会うことはなく、その影響を好意的に語ることはなかった。[109]むしろ、研成義塾時代以来、一貫して支持はしていたものの渡米期に言及することのなかった山室軍平と救世軍を評価するようになっていた。欧米旅行中の一九三八年四月一三日にはイギリスの救世軍本部を訪ね、参謀長と総司令官に会見している。[110]また、山室の死に際しては、『東洋経済新報』に追悼文を寄せている。清沢は、山室が「若い時から身を救貧事業に投じて約五十年の間、脇目もふらずに弱い者と悩める者のために魂と肉を磨り減して来た」ことと、救世軍が「社会事業に於いて極めて有用な仕事をなしてゐること」[111]を高く評価していた。

また、帰国後の論説で清沢は、「日本の民心は理想無く、統一無く、其帰趨する所に迷つて居」り、「道徳の標準、習慣の相違なども、世界の大勢に伍して、便利ならざるものである」と指摘し、「健全なる基督教の理想を注入する」ことにより、「道徳的国是」を打ち立てるべきだと主張していた。[112]

清沢によると、その理由は、第一に、神道・仏教・儒教が「完全に日本国民を救済し、世界的理想を抱かしめるに成効《ママ》」していないからである。第二に、キリスト教の「感化力が断教に及ぶもの無く、神に於て一致する点」で、「道徳の標準、習慣の相違」を統一する力があるからである。[113]つまり、清沢は「基督教を信じもしない」[114]と明言しつつも、神道・仏教・儒教に代わる「道徳」としてキリスト教について期待していたのである。

以上検討してきたように、「贖罪」思想に納得できなかった清沢は、渡米期にキリスト教「信仰」を捨て、同時にアメリカにおける研成義塾出身者のネットワークから「離脱」することになったが、彼のなかには価値判断の基準となる〈モラルとしてのキリスト教[115]〉と井口から学んだ「信念」という精神的支柱が根強く残っていたのである。

第3節　渡米期の言論活動

ここでは渡米期における清沢冽の言論活動を、穂高倶楽部の同窓会誌『新故郷』とサンフランシスコの邦字紙『新世界』を中心に検討することにする。

第1項　「所謂大逆罪」の検討

はじめに、「清沢名簿」に転載された「所謂大逆罪」『太平洋公論』（一九一一年三月）(116)を検討することにしよう。管見の限りでは、現存する清沢の評論のなかで最初のものである。

清沢によると、「僕は社会主義とか無政府主義とか云ふものに就いてはまるで盲目た」が、元来の性質が「一種破壊的」なので、事件に対しても普通の人以上に同情している。幸徳秋水以下の人々が死刑に処せられたと聞いた時に、「徒らに圧制を事とする当局者に向つて反抗心が夕立の雲の如くにムラムラと起るを禁じ得なかった」という。

清沢の大逆事件批判が、主義によるものではなく、当局者の圧制に対する反発に基づくものであることがわかる。また、清沢は自信の性質を「一種破壊的」であると述べているが、後年の左右ラディカリズム批判を考えると興味深い記述である。

清沢は、幸徳らによる「大陰謀」を「智的《ママ》判断力の大欠乏を攻撃せない訳には行かぬ」と批判しつつも、「イジマしいを思ふ《ママ》所はないたらうか」と同情を示している。また、社会主義については、それが「天か下の一大罪悪」になったと指摘しているが、社会主義そのものについては批判していない。

幸徳らの行動を虚栄と批判する議論に対しては、「人生意気に感せすにとうしてあの様な事が出来よう」と反論し、次はもう少し「政治的に」論じようと思うと述べている。

全体を通じて幸徳らの行動を義挙として認め、同情の念にあふれた叙述である。したがって、清沢自身も反省しているように、大逆事件や当局の対応を政治的にあるいは社会論、日本人のメンタリティ批判などの視角から掘り下げて検討していないという憾みは残る。

ただ、後年の評論と比較して興味深いのは、第一に、「直接行動」批判が見られないことである。第二に、暗殺計画の対象とされた明治天皇については一言も言及していないことである。清沢は、「明治大帝」に対する尊崇の念を『戦争日記』に至るまで示しているが、この頃は、さほど感じていなかったのかもしれない。

第2項　社会認識

ここでは移民社会は日本社会の縮図であるとの筆者の視点から、清沢の日本社会認識と移民社会認識を併せて検討することにしたい。

一九一三年の一時帰国後に執筆されたのが、「日本の社会と、其の感想[117]」である。「日米文明比較論[118]」と述べているように、アメリカと比較しながら日本社会を論じている。

清沢によると、日本人は「動かない国民」であり、その理由は「家族主義」にある。一方、米国人は「動く国民」であり、その理由は「個人主義」にある[119]。

家や家名を何よりも貴いと思っている故郷の人々とは対照的に、清沢は、「家とは、父があり母があり子があって、始めて存在するもので、此関係の無い所に家もなにもあつたものでない[120]」と述べている。ここで清沢は日本の家族制度を批判し、家族（家庭）は自分たちの手で創り上げていくものとの認識を示している。

日本社会とは、清沢によると、「家の組織している社会」である。日本の禍根が家族制度にあるならば、それを改革する必要がある。「静を捨て、動を取る事[121]」との方針を清沢は示しているが、つまり、それは日本社会をアメリカのように個人主義の社会に転換することを意味する。アメリカに渡った清沢は、「自己」の確立、「個人主義」の重要性に早くから気付いていたのである。

次に「加州同胞の固執[122]」を検討することにしよう。この記事は、移民問題の解決のために、在米日本人会代表者会議が日本から有力者を招聘する案や答礼使節の派遣を決議したことを批判したものだが、日本人の国民性にまで踏み込んだ点に特色がある。

結局、中心人物招聘、代表者派遣の話は流れたが、清沢によると、このような決議の背景にある考え方は、「事大主義」と「官僚主義」である。清沢は「事大主義」にとらわれる日本人の国民性を「四千五百《ママ》年の間所謂お上に頼る事に馴れたる此国民は、此自身の大利害に関する始末をも『お上』の手を煩はさねば済まぬのである[123]」と批判している。一方、「官僚主義」とは、「人間として先づ自覚せねばならぬ個性を服従と云ふもの、脚下に葬り去る事」である。よって、「官僚主義」は「創造的文明を造らない」のである。清沢は読者に次のように問いかけている。「此長い歴史の間、日本でクリエートしたものが幾つある乎、外国の文明を差し引いたら抑々何が残るであらう乎[124]」。

では、日本人移民はどうすれば良いのか。清沢の答えは、個人は自立した「紳士」になることである。「紳士」とは、清沢によると、「自立、自助、自発の造る所」であり、「自己は自己によつてのみ立つ、自己身内の事は何人も之を冒す事を許さぬ」を覚悟を持つことである。一方、団体は「自治的機関」を目指すことであった[125]。そうすれば、日本政府や日本国民に頼ろうとする日本人移民の依頼心を打破できると清沢は考えたのである。

以上分析してきたように、この記事では身近な題材を切り口に、その背景にある日本人のメンタリティや思考様式の問題点を批判するという清沢の評論の特徴的な方法が採用されている。また、「事大主義」や「官僚主義」の批判と自主性の強調という論点は、植民地における日本人の過剰な保護とそれに依存する日本人批判につながるもので

あり、ここに清沢の外交評論の一つの原型を見ることもできる。(126)

第3項　移民問題論

ここでは渡米期における清沢の移民問題論を検討することにし、(127)はじめに『新故郷』に掲載された「日米問題の現状」(128)を検討することにしよう。前年の一九一三年五月にカリフォルニア州で第一次排日土地法が成立したことを踏まえて、清沢は、故国の人に排日問題を基礎からわかりやすく説明している。

そもそも日本人はなぜ嫌われるのか。清沢によると、その主な理由の一つは、日本人の長時間・低賃金労働が競合する白人労働者の脅威になっているからである。(129)もう一つの理由は、アメリカで稼いだお金を日本に送金するからである。(130)

カリフォルニア州では日本人の土地所有が禁止されたが、清沢は日本人移民の前途を悲観していない。新たに土地を購入することはできなくなったが、日本人が経営する会社は既得の土地を所有することは可能だからである。また、パナマ運河が開通し、イタリア人やギリシャ人の移民が西部に入ってくると、州民は、日本人がこれらの移民よりも意外に「勤勉な上等な人々」であったことに気付いて、提携するようになるという。そして、清沢は、アメリカで生まれた子供は人種に関係なくアメリカ人なのだから、毎年何千と生まれる日本人移民の子供のなかから立派な人物が出て、確固たる地位を得ると予測している。(131)

最後に、清沢は故国の父兄に対して、在米の子弟から送金を求めず、婿に出した気で自由に活動させて欲しいとの希望を述べている。(132)

この記事を読むと、清沢がアメリカの政治を的確に理解していることがわかる。たとえば、日本人排斥の背景に労働者の支持を得たい政治家が存在することを指摘している。また、連邦政府と州の関係についても言及しており、州に独自の立法権があること、しかも、民主党のウィルソン大統領は「州権尊重」を唱えており、これまでの共和党政権と異なってカリフォルニア州に干渉しにくいこともきちんと説明している[133]。

要するに、清沢は、移民問題が短期的に解決する見込みはないが、日本人移民の将来は決して悲観する必要がないと考えていたのである。

次に『新故郷』に掲載された「日米問題と其解決の途[134]」は、第一次排日土地法をめぐって悪化した日米関係打開の可能性を探っている。

第一の方策は、日米条約の改正である。清沢の意図は、日米通商航海条約を改正し、土地問題を最恵国待遇の対象にすることで第一次排日土地法案を廃止することだが、しかし、その実行が難しいことも自覚している[135]。

第二の方策は、帰化権の獲得である。しかし、今になってこれを日本人に与えるくらいならば、初めから日本人移民の排斥は起こらないはずだから、到底望みはない[136]。

第三の方策は、「万国仲裁々判」に持ち出すことだが、判決が出たとしても、アメリカが受け入れなければ、どうすることもできない。また、裁判所の判事の多くは白人であり、「新参者」の日本人に有利な判決を下す可能性はない[137]。

以上のように清沢は日米問題解決の方法を検討したが、実現可能なものは一つもなかった。清沢が出した結論は、「日本政府に頼る事無くして自からの問題は自ら処分して行くの覚悟を要すると思ふ[138]」というものであった。

要するに、清沢は、日本政府が外交交渉によって移民問題を解決することが困難である以上、日本人移民は、政府に頼ることなく、実力を養成し、独力で生活基盤を築き上げる必要があると考えていたのである[139]。

最後に「悲観か楽観か其後の日米問題[140]」を検討することにしよう。清沢は、「日本人労働者の米国に於ける増加は絶望だ」と断言しつつも、在米日本人の前途は有望だと考えていた。そのように判断する理由は、在米日本人の結婚増加とそれに伴う出生数の増加である。子供の増加は、清沢によると、「日本民族の発展」である。しかも、アメリカで生まれた日本人の子供には、アメリカ人同様の権利があり、ワシントン州でもカリフォルニア州であっても親は子供の名前で土地を買うことができる。[141] つまり、清沢は、米国籍を持つ子供が増加していることから日本人移民の将来を楽観視していたのである。

以上検討してきたように、清沢はアメリカの政治・社会情勢を踏まえて、移民問題が短期間で解決するとは考えていなかった。したがって、在米日本人が日本政府に頼らずに自立して生計を立てることを強調したのである。しかし、清沢は米国籍をもつ子供の増加とその活躍に期待しており、移民問題や日本人移民の将来に関しては楽観的な見通しを抱いていたのである。

ところで、排日運動にもかかわらず、なぜ、清沢は反米主義者にならなかったのだろうか。独立記念日に寄稿した論説を検討してみよう。

清沢によると、排日運動やストライキなどを見れば、「米国程荒削りな文明は無い」が、しかし、「其皮一重の底には滾々たるプユアーな感情の流れてゐる」ことがすぐにわかる。[142]

「最も健全なるピユリタンの血」、すなわち、米国文明の底流に流れる精神の一例として清沢は、ブライアン国務長官の辞任を挙げている。ブライアンの平和論（厳正中立）には賛成できないが、しかし、清沢は「此主義の為めに国務卿と云ふ椅子を弊履の如く抛つて、又一個の平民に立ち帰り自己の主義を宣伝せんとする其シンセリチー」を賞賛する。さらに、清沢は、ブライアンの辞職を許したウィルソンの「公明正大」さも高く評価しているのである。

もう一つの具体例として、清沢は、排日運動を批判し、「日本人の為めに万丈の気焔を挙げつゝある」知識人が存在することを挙げている。ここで清沢は、アメリカの政治家・知識人が、「理想を望み此高い見地から事物を批評し国民を指導する」点を高く評価している。さらに、日本社会の現状と比較して、清沢は、米国文明の底流に流れるピユーリタニズムをうらやまざるを得ないと率直に述べている。

排日運動にもかかわらず、清沢が反米主義者にならなかったのは、アメリカのピューリタニズムに対する共感と世論の大勢に抗してでも自らの主義・理想を貫くアメリカの政治家と知識人の誠実さ、さらに、〈モラルとしてのキリスト教〉をより強固なものにする契機となったアメリカ人の勤勉さに心打たれたからである。

おわりに

これまでの検討を踏まえて、最後に、清沢洌の「自由主義」の原型とアメリカ経験の意味を明らかにすることにしよう。

清沢の「自由主義」の原型のうち、第一に「自我の確立」は、精神的にはキリスト教信仰との葛藤と棄教、社会的には国家に頼らずに経済的に自立すること、さらに、ジャーナリストとして主体的な批判精神を確立することによって形成された。とりわけ重要なのは、「自我の確立」において経済的自立が非常に重視されたことである。したがって、経済的自立と結びつかない「自我の解放」は厳しく批判されたのである。[143]

第二に「権力からの自由」は、「所謂大逆罪」を契機とした国家権力からの監視・尾行や移民社会の事大主義に対する反発、とりわけ、日本領事館と結びついた在米日本人会批判から生じたものである。清沢にとって国家権力は最初から自らを監視し、場合によっては弾圧する存在であった。清沢は終生「リベラル・デモクラシー」を堅持したが、しかし、明らかに「権力への自由」(民主主義)よりも「権力からの自由」(自由主義)に軸足を置いていた。アメリカ時代から国家権力の監視を受け、また、日本社会・移民社会において「少数者」の立場にいた清沢にとって、国家権力との距離感には敏感にならざるを得なかったのである。

第三に「漸進主義」は、清沢の移民問題論に見ることができる。清沢は、移民問題の短期的な解決には期待せず、日本政府に頼ることなく実力を養成し、漸進的に解決しようと主張した。長期的かつ漸進的な移民問題の解決を展望していたがゆえに、清沢は性急な解決を目指して政府に安易に頼ろうとする移民社会の主流派・在米日本人会を批判することができたのである。

最後に、清沢にとってアメリカ経験とは何だったのか、明らかにすることにしよう。

第一に、約一二年に及ぶアメリカでの生活の中で「自由主義」——自我の確立・権力からの自由・漸進主義——の原型を獲得したことである。(144)

第二に、一九二〇年代以降の言論活動につながるいくつかの視座・方法を得たことである。一点目は、日本社会をアメリカと比較しながら、換言すると、相対化しながら論じる視座を得たことである。一九二〇年代以降は、アメリカのみならず、イギリス・ソ連・中国なども比較軸として取り上げられるようになる。二点目は、身近な題材を切り口に、その背景にある日本人のメンタリティや思考様式の問題点を批判するという方法を得たことである。三点目は、「事大主義」や「官僚主義」の批判と自主性の強調という視点から、植民地における日本政府の過剰な保護とそれに依存する日本人批判を展開することが可能になったことである。四点目は、アメリカの政治・社会・文化を的確に理解することで、その後の日米関係論・アメリカ認識の基礎を確立したことである。

第三に、東穂高禁酒会の経験から生み出された〈モラルとしてのキリスト教〉は、アメリカ人の勤勉さに触れることによって、普遍的な価値意識としてより強固なものなった。

以上の検討から明らかになったように、約一二年に及ぶアメリカ経験を通じて、一九二〇年代以降日本で本格的に活躍する自由主義的言論人・清沢洌は準備されたのである。

注

（1）清沢の思想形成期（一九〇〇～一九一〇年代）を検討した主な研究に、伊藤一男「野に咲いたバラ・清沢洌」（伊藤『続・北米百年桜〔4〕復刻版』ＰＭＣ出版、一九八四所収）、宮沢正典「清沢洌」（同志社大学人文科学研究所編『松本平におけるキリスト教――井口喜源治と研成義塾』同朋社出版、一九七九所収）、山本義彦「清沢洌の生涯と自由主義の立場」、同「清沢洌の人物像」（山本『清沢洌の政治経済思想――近代日本の自由主義と国際平和』御茶の水書房、一九九六所収、いずれも初出一九八二）、同「ある渡米体験と日米文明比較――自由主義的外交評論家・清沢洌の場合」、同「清沢洌渡米期の排日運動状況――在米領事館等の報告による」、同「清沢洌のジャーナリズム論――『非常時』日本の自由主義と新聞」、同「清沢洌の平和主義」（山本『清沢洌――その多元主義と平和思想の形成』学術出版会、二〇〇六所収、初出二〇〇二、二〇〇五、一九九七、二〇〇五）、北岡伸一『増補版 清沢洌――外交評論の運命』（中公新書、二〇〇四）第一章、同「若き日の清沢洌――サンフランシスコ邦字紙『新世界』より」（『増補版 清沢洌』所収、初出一九八八年三月）、松田義男「清沢洌とキリスト教」（松田『清沢洌研究ノート』私家版、二〇〇二所収）がある。

（2）たとえば、前掲『増補版 清沢洌』、前掲「清沢洌の生涯と自由主義の立場」。

（3）前掲「清沢洌の生涯と自由主義の立場」一一頁。

（4）前掲「清沢洌のジャーナリズム論」一七二頁。

（5）清沢洌展実行委員会の主催により、碌山公園研成ホール（長野県安曇野市）にて開催された（会期：二〇〇九年八月一一日～三一日）。筆者は実行委員の一人としてアメリカ時代の清沢に関する展示などを担当した。なお、本展示の記録に関しては、清沢洌展実行委員会編『清沢洌展記録』（清沢洌展実行委員会、二〇一〇）を参照のこと。

（6）内務省警保局が作成した「在米日本人社会主義者・無政府主義者名簿」のなかに清沢が含まれていた。清沢の名簿（調書）（以下、「清沢名簿」と略記）は、社会文庫編『社会文庫叢書Ⅶ 社会主義者無政府主義者人物研究史料（1）』（柏書房、一九六四）二三五～二三六頁に収録されている。「清沢名簿」については、松本衛士『長野県初期社会主義運動史』（弘隆社、一九八七）二三一～二三二頁に言及があるが、管見の限りでは、先行の清沢研究では参照されていない。

「清沢名簿」作成の経緯を簡単に説明しておくと、ワシントン州タコマにある太平洋公論社発行の雑誌『太平洋公論』（第二巻第五号、一九一一年三月一日）に信濃太郎のペンネームで寄稿した「所謂大逆罪」が、大逆事件を受けて警戒していた官憲の目にとまり、在シアトル領事代理の報告（五月）を受けて、六月一六日に特別要視察人（乙号）に編入された。清沢の系統は「社会主義」だが、これは大逆事件を批判し、幸徳秋水らに同情を示したからであろう。「清沢名簿」は、適宜補足・整理されたようであり、一九一三年の一時帰国時の動静まで記載されている。監視・弾圧のための名簿ではあるが、それゆえに一定の信頼性があると考えられる。

なお、「清沢名簿」については清沢洌顕彰会事務局長の永沼孝致氏のご教示によって知ることができた。また、引用に際しては、清沢洌展実行委員会が翻刻したものを参照した。

(7) たとえば、前掲『増補版 清沢洌』、前掲「清沢洌の生涯と自由主義の立場」、前掲「清沢洌とキリスト教」。
(8) 前掲「清沢洌とキリスト教」。
(9) 前掲『増補版 清沢洌』四頁。
(10) 同前、四～五頁。
(11) 以下、特に断りがない限り、井口の足跡については、前掲『松本平におけるキリスト教』所収の年譜と南安曇教育会・井口喜源治研究委員会編『井口喜源治と研成義塾』（南安曇教育会、一九八一）所収の年譜による。
(12) 相馬愛蔵「研成学院と往年の思い出」（『相馬愛蔵・黒光著作集 2』郷土出版社、一九八一所収、初出一九三八）一一六頁。
(13) 前掲『井口喜源治と研成義塾』一九二頁。
(14) 相馬愛蔵「穂高の聖者」（斎藤茂・横内三直編『井口喜源治』増補改版、井口喜源治記念館、一九七六所収）九三頁。
(15) ただし、一九〇一年の愛蔵と妻・良（黒光）の上京前後から禁酒会の性格は変質する。
(16) 山田貞光「相馬家の人々――相馬愛蔵・黒光を中心として」（前掲『松本平におけるキリスト教』所収）二〇八頁。
(17) 葛井義憲「井口喜源治とキリスト教――明治三〇年前後を中心に」（葛井『闇を照らした人々――相馬黒光・山室軍平・石井十次・井口喜源治論』新教出版社、一九九二所収）二二八～二三〇頁、杉井六郎「井口喜源治と研成義塾前史」（前掲『松本平におけるキリスト教』所収）五七～五九頁。
(18) 宮沢正典「研成義塾」（前掲『松本平におけるキリスト教』所収）七三～七四頁。
(19) 同前、七四頁。
(20) 「研成義塾設立趣意書」（前掲『井口喜源治と研成義塾』所収）二六二頁。
(21) 前掲「研成義塾」七六、七九頁。

(22) とうじょうたかし（一八八八〜一九七〇）。銀座ワシントン靴店創業者。研成義塾で三年間学ぶ。一九〇六年に一八歳で同級生の清沢巳末衛と渡米し、製材所、鉄道建設現場などに勤め、共同で食品雑貨の店を経営する。一九一五年、ポートランド市で食品雑貨店ワシントン・グロセリーを設立。一九三〇年五月に帰国し、銀座五丁目にワシントン靴店を開いた。

(23) 東條𥶡『私の春秋』（東條伝上梓の会、一九六六）一六頁。

(24) 等々力古吾朗「弟子と女婿の立場より」（前掲『井口喜源治』所収）一五七頁。

(25) 斎藤茂は、英語を「重く扱うことは創立以来一貫していて、新時代の趨勢に応ぜんとするの用意」であると述べている（前掲『井口喜源治』八三頁）。

(26) 東條𥶡（一九〇一年入学）は、「毎土曜日に二時間ぶっ通しのお話の時間があり、これが先生得意で、生徒の一ばん楽みだった」と記しているが、お話とは物語としての旧約聖書であった（東條「常識の修養」前掲『井口喜源治』所収、一二〇頁）。また、等々力古吾朗（一九一五年入学）は、「義塾では週二回『道話』という科目があり、それは新約聖書の講義でありました」と述べている（等々力「研成義塾の教育と私の体験」私家版、一九八〇、二頁）。両者の入学が一四年離れているため、若干の違いがあるものの、井口が道話を重視していたことがわかる。なお、「研成義塾の教育と私の体験」は、永沼氏のご厚意で入手することができた。

(27) 東條は、「〔井口は、〕学術と共に精神教育に力を入れられ、論語・孟子の講義は丁寧・綿密・詳細を極めましたので、当時生徒はキリスト教にかぶれる前に、まず儒教精神に浸潤したように覚えています」（前掲「常識の修養」一二〇頁）と回想している。

(28) 前掲「研成義塾」七五〜七六頁。

(29) 同前、八九頁。

(30) 清沢洌「無名の大教育家」（前掲『井口喜源治』所収、原題・初出「無名の大教育家井口先生の生涯――わが少年時の記録」『雄弁』一九三九年七月）一一七頁。

(31) 前掲「研成義塾」八四頁。

(32) 久保田栄吉「偉大なる教育家」（前掲『井口喜源治』所収）一一八〜一一九頁。

(33) 前掲「常識の修養」一二〇頁。

(34) 「東穂高禁酒会会員名簿」（前掲『井口喜源治と研成義塾』所収）二三九頁。

(35) 前掲「研成義塾」六九頁。

(36)「禁酒会記録」(前掲『井口喜源治と研成義塾』所収)二一六～二二二頁。以下、特に断りのない限り、禁酒会に関する記述は本記録による。

(37)葛井義憲「井口喜源治とその仲間たち――二十世紀初頭における働き」(前掲『闇を照らした人々』所収)二五〇～二五一頁。

(38)キリスト教界の戦時協力に関しては、大濱徹也『明治の墓標――庶民の見た日清・日露戦争』(河出文庫、一九九〇)二〇四～二一〇頁を参照。

(39)ふ清生「片々」『天籟』第七集、一九〇五年一一月(前掲『井口喜源治と研成義塾』所収)三九九頁。

(40)前掲「無名の大教育家」一一七頁。

(41)「年譜」(『井口喜源治と研成義塾』所収)八四七頁。

(42)清沢冽(くも生)「我研成義塾」『天籟』第弐巻第四号、一九〇六年四月一日(前掲『井口喜源治と研成義塾』所収)四三一頁。

(43)これまで見てきたように、研成義塾での井口の教育に儒教が含まれ、重視されてきたことは確かである。しかし、山本義彦のように、研成義塾の教育を、「東洋道徳としての儒教精神とキリスト教精神との合一的方法」(前掲「清沢冽の生涯と自由主義の立場」一一頁)と評価するのは、両者の関係が具体的に説明されていない以上、論理に飛躍がある。竹中正夫は、井口が「日本や中国の思想との対比において彼が聖書のことばを理解しようとしている」点に、その聖書理解の特徴を見ている(竹中「和服のキリスト者――井口喜源治の信仰(2)」前掲『松本平におけるキリスト教』所収、一一四頁)。おそらく井口は聖書を理解するために儒教思想を参照したのではなかろうか。また、夜学、聖書研究会、東穂高禁酒会、穂高教友会までを含めると、井口の教育は相当にキリスト教色の濃いものであった。井口の教育内容や思想に過度に儒教の影響を見ようとする見解は修正される必要がある。
また、東穂高禁酒会の経験を通じて清沢は、「禁酒」というキリスト教的倫理観、すなわち、〈モラルとしてのキリスト教〉を獲得したと筆者は考えている。それは、単なる禁酒ではなく、「東穂高禁酒会申合規約」に「本会員は禁酒を主として且品行を慎しみ職業に勉強し節倹を行ひ他人の為を計ることを誓ふべし」(前掲『井口喜源治と研成義塾』所収、一九二頁)とあるように、禁酒のほかに①品行方正であること、②勤勉であること、③質素倹約を旨とし、他人の為に役立つことを目指す「積極的な意味での禁酒」であった。

(44)「解題」(前掲『井口喜源治と研成義塾』所収)三五一頁。

(45)同前。

(46)前掲「無名の大教育家」一一四頁。

(47) 前掲「我研成義塾」、清沢洌(清生)「伝道につきて」『天籟』第五号、一九〇六年一一月九日(前掲『井口喜源治と研成義塾』所収)。
(48) 前掲「研成義塾」八九頁。
(49) さいとうしげる(一八八七〜一九七四)。研成義塾で三年間学ぶ。『天籟』と並行して、農作業のかたわら、『信濃毎日新聞』、『読売新聞』などに創作、随想、評論などを寄稿した。一九二〇年には個人雑誌『山上』を創刊。桐生悠々、植原悦二郎、山本鼎らが寄稿するも一〇号で廃刊となる。斎藤の著作は、戦後、『わが日・わが道』全四巻にまとめられた。斎藤の思想については、宮沢正典「斎藤茂」(前掲『松本平におけるキリスト教』所収)を参照。
(50) 斎藤茂「くぬぎ林」(斎藤『わが日わが道 拾遺編』山上社、一九六八所収、初出『山上』一九二〇年三月)二五〇頁。斎藤は、長男のため親の許しを得られず、渡米できなかった。
(51) 前掲「研成義塾」九〇頁。
(52) 同前。
(53) 同前。
(54) 「井口喜源治宛清沢洌書簡(明治三十九年一一月(推定)二三日)」(前掲『井口喜源治と研成義塾』所収)五〇九〜五一〇頁。
(55) 前掲「無名の大教育家」一一五頁。
(56) 宮沢正典「キリスト教青年による一移民集団――穂高倶楽部について」(同志社大学人文科学研究所「海外移民とキリスト教会」研究会編『北米日本人キリスト教運動史』PMC出版、一九九一所収)四六七〜四六八頁。
(57) 前掲「無名の大教育家」一一五頁。
(58) 山本義彦によって、渡米時の旅券が発見され、清沢の渡航目的が「研学」であることが明らかにされた(前掲「清沢洌渡米期の排日運動状況」四〇〜四一頁)。また、「清沢名簿」では、渡米理由が「語学研究」となっている(二三五頁)。これまでの研究では清沢が労働移民として渡米し、その理由の一つに学問があったということは指摘されていたが、この二つの史料によって清沢の渡米目的が「学問」であったことは確定したと言える。
(59) 宮原安春『誇りて在り――『研成義塾』アメリカへ渡る』(講談社、一九八八)七四頁。
(60) ここで穂高倶楽部の北米日本人社会における位置付けについて補足しておきたい。坂口満宏によると、一九〇七年頃からシアトルでは県人会や各種職業団体・文化団体が相次いで組織された。文化団体のさきがけはキリスト教会と仏教会であり、穂高倶楽部はシアトルで数多く結成されたキリスト教団体の一つである。宗教団体が移民社会に根をはることができたのは、教義に対する宗教的覚醒というよりは、出張伝道や様々な社会事業を通して、日本人移民の精神的慰安に尽力したことによる（坂口満宏「移民のナショナリズムと生活世界——シアトル日本人社会形成小史」『立命館言語文化研究』第五巻五・六合併号、一九九四年二月、一一九〜一二〇頁）。

(61) 宮沢正典「シアトル穂高倶楽部——『新故郷』の人びと(1)」（前掲『松本平におけるキリスト教』所収）一四五、一四九〜一五〇頁。

(62) 「解題」（前掲『井口喜源治と研成義塾』所収）四九一〜四九二頁。『新故郷』は瑞穂倶楽部時代も含めて五回発行されている。

(63) 前掲「シアトル穂高倶楽部」一五〇〜一五一頁。

(64) 清沢洌（清生）「米国通信」其二、『天籟』第七号、一九〇七年五月一五日（前掲『井口喜源治と研成義塾』所収）四八五頁。「追々暖かく相成候」とあるので、春先に執筆されたのであろう。

(65) 「井口喜源治宛清沢洌書簡（推定明治四一年五月四日）」（前掲『井口喜源治と研成義塾』所収）五一二頁。なお、松田義男は、同書簡にいう内村鑑三の「列国大会に出席せざる理由」が「万国基督教青年大会に出席せざる理由」（『聖書之研究』八六、一九〇七年四月一〇日）であるとすれば、明治四〇年五月四日の書簡であると推定しており（前掲「清沢洌とキリスト教」六頁）、筆者もその指摘に従って議論することにしたい。

(66) 「斎藤茂宛清沢洌書簡（推定一九〇七年五月二日）」（前掲『清沢洌の政治経済思想』所収）五四頁。

(67) 「井口喜源治宛清沢洌書簡（推定一九〇七年一一月頃）」（前掲『清沢洌の政治経済思想』所収）六九頁。この書簡に関して北岡伸一は、内村の「聖職と職業」（『聖書之研究』九二、一九〇七年一〇月一〇日）に清沢が言及していることから、同年一一月頃のものと推定している（前掲『増補版　清沢洌』一一〜一二頁）。

(68) 前掲「井口宛清沢書簡（推定一九〇七年一一月頃）」六八頁。

(69) おきなきゅういん（一八八八〜一九七三年）。富山県出身。一九〇七年、「語学研修」を目的に渡米した。一九〇九年、『旭新聞』の新年懸賞小説に応募し、処女作「別れの間」で二等に入選し、以後、創作活動を盛んに行う。一九一四年、カリフォルニア州ストクトンに移り、雑誌編集や日本人会の書記などを務めるかたわら、「移民地文芸」論を提唱する。一九二四年、排日移民法が施行される前に帰国し、『アサヒグラフ』の編集に従事した後、『週刊朝日』の編集長を六年間務める。一九三六年、郷里の富山に帰り、郷土研究誌『高志人』（こしびと）を発刊し、死去するまで刊行を続けた。翁の作品の多くは、『翁久允全集』全一〇巻に収録されている。翁については、伊藤一男「米国西北部の知識人」（田村紀雄・白水繁彦編『米国初期の日本語新聞』勁草書房、一九八六所収）、翁久允研究会による「特集 翁久允と移民地」『立命館言語文化研究』第五巻五・六合併号、一九九四年二月、逸見久美『翁久允と移民社会一九〇七〜一九二四——在米十八年の軌跡』（勉誠出版、二〇〇二）などを参照。

(70) 伊藤一男編「北米百年桜・年表」（伊藤『北米百年桜（三）復刻版』ＰＭＣ出版、一九八四所収）一〇四四頁、前掲『翁久允と移民社会』八二〜八三頁。

(71) 「井口喜源治宛平林利治書簡（年度不明、六月二二日付）」（前掲「清沢洌」所収）二九七〜二九八頁より重引。この書簡を引用した宮原安春は文面から一九一〇年六月二二日付けであると推定している（前掲『誇りて在り』一二〇頁）。

(72) 「清沢名簿」によると、清沢の履歴は次の通りである。「明治四十年五月語学研究ヲ名トシ米国ニ渡航シ初メ『タコマ』市ニ於テ労働ノ傍ラ勉学ニ日ヲ送リ遂ニ同市『ハイスクール』ニ入学セシモ僅カ数月ニシテ退学シ其ノ後同地第一流ノ旅館『タコマホテル』ニ雇ワレ□（一字不明）モナク仲間ノモノト衝突シテ之ヲ辞ス（明治四十四年五月□（一字不明））其ノ後北米時事『タコマ』支社ニ記者トナル」（二三五頁）。なお、清沢の米国渡航を「明治四十年五月」とする記述は明白な誤りである。

『北米時事』はかなりの部分が失われて現存しておらず、渡米期に清沢が同紙に執筆した記事を検討することは残念ながらできない（田村紀雄「概説 初期米国日系新聞の流れ」前掲『米国初期の日本語新聞』所収、二五頁）。

(73) 「井口喜源治宛清沢洌書簡（年月日不詳（明治四三・四年タコマハイスクール在学中））」（前掲『井口喜源治と研成義塾』所収）五一三頁。この手紙は、おそらく一九一〇年一〇月〜翌年初頭にかけての執筆と推定される。

(74) 以上述べた北米時事入社に至るまでの経緯は、清沢本人の回想とは異なる。清沢によると、ハイスクール在学中に、生計を立てる手段としてスクールボーイの代わりに支社をやろうと考え、主筆・藤岡鉄雪に手紙を出したという（清沢「故国より」『羅府新報』一九二八年七月八日）。しかし、ハイスクール在学中に清沢が関わっていたのは太平洋公論社であり、少なくとも「所謂大逆罪」が『太平洋公論』に掲載された一九一一年三月まで同社との関係は続いていたはずである。タコマホテルでの勤務を考えると、清沢の回想には記憶違いがあり、清沢が『北米時事』タコマ支社主任となったのは同ホテル退職後の六月以降のことだと筆者は考える。ただし、タコマ支社主任になる前から『北米時事』に何らかの形で寄稿していた可能性は考えられる。

(75) 前掲「清沢名簿」二三六頁。これまでの研究では、一時帰国中に清沢は早稲田大学を受験し、入学許可を得たものの、資金面で家族の協力が得られず、失望して再び渡米したとされていた（前掲「清沢洌の人物像」三三頁、前掲『増補版 清沢洌』一六頁）。しかし、「清沢名簿」には、早大受験に関する記述はない。また、帰省と入院治療のため、長野県に約二ヶ月滞在しており、日程的にも受験するのは難しかったのではないだろうか。

(76) 翁久允「わが一生——海のかなた編」『翁久允全集　第2巻』（郷土出版社、一九七二所収）三一九頁。また、清沢は、一九二七年に井口に宛てた手紙のなかで、アメリカで新聞記者をしていたがゆえに、警官が「危険思想視」して警戒していることを記している（「井口喜源治宛清沢洌書簡（昭和二年三月二十九日）」前掲『井口喜源治と研成義塾』所収、五一四頁）。
(77) 前掲『増補版　清沢洌』一六頁。
(78) 前掲「清沢洌」二九七頁。
(79) 「年譜」（前掲『井口喜源治と研成義塾』所収）八四九頁。
(80) 前掲「井口宛清沢書簡（明治三十九年一一月（推定）二二日）」五一〇頁。
(81) 前掲「井口宛清沢書簡（推定明治四十一年五月四日））」五一二頁。
(82) 同前。
(83) 前掲「井口宛清沢書簡（推定一九〇七年一一月頃）」六八～六九頁。
(84) 内村鑑三「聖職と職業」『聖書之研究』九二、一九〇七年一〇月一〇日。
(85) 内村鑑三「神学耶農学耶——実験的に科学と宗教との関係を論ず」『聖書之研究』八〇、一九〇六年一〇月一〇日。
(86) 前掲「井口宛清沢書簡（推定一九〇七年一一月頃）」六九頁。
(87) 前掲「井口治宛平林書簡（年度不明、六月二二日付）」二九八頁より重引。
(88) 「井口喜源治宛平林利治書簡（年度不明、九月二五日付）」（前掲「清沢洌」所収）二九八頁より重引。筆者は前掲「井口宛平林書簡（年度不明、六月二二日付）」と文面から一九一〇年九月二五日付と推定した。
(89) 前掲「井口宛清沢書簡（年度不明、九月二五日付）」二九八頁より重引。
(90) 前掲「井口宛清沢書簡（年月日不詳（明治四三・四年タコマハイスクール在学中））」五一三頁。
(91) 同前。
(92) 同前。
(93) 清沢はある座談会でキリスト教について次のように発言している。「僕は一時非常に熱心だつた。内村鑑三さんの感化を受けて、一時は牧師に迄ならうと思つた。併し実に之は窮屈で困る。それがストイックな生活が急に何かの拍子で横を向き出したら、其の方が非常に気楽になつた」（座談会（深井英五・白石幸三郎・木村毅・清沢洌・今井邦子・後藤登喜男）「深井総裁に話を聞く

会」『経済知識』一九三六年一月）五八頁。

(94) 前掲「清沢洌の人物像」三〇頁。「贖罪」思想の問題は、清沢の「自由主義」を考える上で重要な論点である。武田清子は、明治の自由主義の系譜の一つとして、キリスト教（プロテスタント）の自由観を挙げている。植村正久や内村鑑三らの「自由観」は、武田によると、「神に従うことによって自己中心の罪から解き放たれて真の自由なる主体、独立的人間となる」というものであった。換言すると、「自己否定、すなわち〝我儘〟の超克の上に立った自由を説いているのである」（武田清子「序論 日本リベラリズムの課題」武田『日本リベラリズムの稜線』岩波書店、一九八七所収、一三～一四頁）。つまり、植村や内村の自由主義は、人間の自己肯定、自己主張によって自由になるのではなく、神に従い、自己を否定することによって自由になるというものであった。しかし、清沢の「自由主義」は、自己批判能力は重視されていたが、自己否定の契機は存在せず、むしろ、清沢は、「心構えとしての自由主義」の提唱にみられるように、自己を確立することで自由になると考えていた。両者の「自由主義」の相違は、「贖罪」思想を受容するか否かの対立によると筆者は考える。

(95) 「井口喜源治宛平林利治書簡（一九一三年四月一二日）」（前掲『井口喜源治と研成義塾』所収）五〇〇頁。

(96) 『新故郷』の個人消息で清沢の新聞記者としての活躍ぶりは次のように描かれている。「当沿岸に於ける同胞中著名の文士なり。『信濃太郎』とは其の雅号なり。当地発行の北米時事タコマ支社主任として在勤二ヶ年君が振へるペンは蓋し当沿岸出色の大文字たりき。年尚春秋に富める少壮の君は万人をして其の有望なる未来に渇仰嘱目措く能はざらしめたり。誠に君の如きは天才の人と謂ふべきか其益々研偕琢磨怠りなからむを望む」（『新故郷』第一巻第一号、一九一三年三月一日、前掲『井口喜源治と研成義塾』所収、五四九頁）。

(97) 前掲『翁久允と移民社会』一九六～一九八頁。

(98) 翁久允「わが一生――金色の園」『翁久允全集 第3巻』（郷土出版社、一九七二所収）二八～二九頁。

(99) 清沢洌（清澤生）「自づから立つ強き心――キリストに対する不満の一端を申上げる」『新世界』一九一五年七月二五日。

(100) 前掲「清沢洌とキリスト教」二～四頁。

(101) 前掲「自づから立つ強き心」。

(102) 内村鑑三「迫害とキリスト教」『聖書之研究』一七五、一九一五年二月一〇日。

(103) 内村鑑三「近代人」『聖書之研究』一六二、一九一四年一月一〇日。

(104) 前掲「清沢洌とキリスト教」三頁。

(105) ただし、アメリカ在住の研成義塾出身者と清沢の関係が直ぐに断絶した訳ではない。義塾出身者の動静は清沢に通知されており、また、清沢も評論「悲観か楽観か其後の日米問題　加州桑港に於て」を『新故郷』（第五号、一九一七年三月二五日、前掲『井口喜源治と研成義塾』所収）に寄稿している。しかし、清沢は、一九二九〜三〇、三一〜三二、三七年に訪米しており、その際、『北米時事』の同僚や親交のあった邦字紙記者と旧交を温めているにもかかわらず、いとこの高田格司を除き、研成義塾出身者とは再会していない（『清沢洌日記』）。管見の限りでは、高田と日本に帰国する東條轄を除いてアメリカ在住の研成義塾出身者との交流は確認されないので、清沢と彼らは別々の道を歩んでいったと考えるのが妥当であろう。
(106) 前掲「自づから立つ強き心」。
(107) 前掲「清沢洌とキリスト教」三頁。
(108) 前掲「無名の大教育家」一一八頁。
(109) たとえば、前掲「深井総裁に話を聞く会」。
(110) 『清沢洌日記』一九三八年四月一三日。
(111) 清沢洌「山室軍平氏の死」（『東洋経済新報』一九四〇年三月二三日）一四頁。
(112) 清沢洌（清澤生）「如是我観—我輩の日本土産——基督教主義を根本思想にせよ」『新世界』一九一九年四月二二〜二三日、二五日。
(113) 同前、一九一九年四月二三日、二五日。
(114) 同前、一九一九年四月一五日。
(115) 〈モラルとしてのキリスト教〉は、アメリカ人の勤勉さに触れることによって、普遍的な価値意識としてより強固なものなった。「アメリカ人の勤勉さ」に関して清沢はアメリカ時代の論説では言及していないが、一九三〇年執筆の論説と『戦争日記』に言及がある（この点に関しては、第Ⅲ章第4節第1項および第Ⅵ章第3節第2項も参照）。
(116) 前掲「清沢名簿」二三六頁。以下、「所謂大逆罪」の引用は本名簿による。
(117) 清沢洌「日本の社会と、其の感想」『新故郷』第二号（暑中号）、一九一三年七月一五日（『井口喜源治と研成義塾』所収）。
(118) 同前、五五八頁。
(119) 同前、五五八〜五五九頁。
(120) 同前、五五九頁。

(121) 同前。
(122) 清沢洌(清澤生)「加洲同胞の固疾」『新世界』一九一五年一月二五日、二七〜二月一日。
(123) 同前、一九一五年一月二八日。
(124) 同前、一九一五年一月二九〜三〇日。
(125) 同前、一九一五年一月三一日。
(126) この点に関しては、第Ⅱ章第3節第2項を参照されたい。
(127) 日本人移民問題・排日運動と日米関係に関する主な先行研究については以下を参照。若槻泰雄『排日の歴史——アメリカにおける日本人移民』(中公新書、一九七二)、麻田貞雄「人種と文化の相克——移民問題と日米関係」(麻田『両大戦間の日米関係——海軍と政策決定過程』東京大学出版会、一九九三所収)、簑原俊洋『カリフォルニア州の排日運動と日米関係——移民問題をめぐる日米摩擦一九〇六〜一九二一』(有斐閣、二〇〇六)。
(128) 清沢洌「日米問題の現状」『新故郷』第三号(新年号)、一九一四年一月一日(前掲『井口喜源治と研成義塾』所収)。
(129) 同前、五九四頁。別の記事で清沢は、八時間労働制を獲得しようとするアメリカ労働総同盟(AFL)の動きを紹介し、日本人労働者にも利益をもたらすのだから、AFLに感謝し、別方面からこの運動を支援する義務があると主張している(清沢洌(清澤生)「労働大会と在留同胞の自覚」『新世界』一九一五年六月二七日)。
(130) 前掲「日米問題の現状」五九五頁。
(131) 同前、五九七頁。
(132) 同前、五九七〜五九八頁。
(133) 同前、五九五〜五九六頁。
(134) 清沢洌「日米問題と其解決の途」『新故郷』第二巻第四号(夏期号)、一九一四年八月二〇日(前掲『井口喜源治と研成義塾』所収)。
(135) 同前、六二九頁。
(136) 同前。
(137) 同前、六二九〜六三〇頁。
(138) 同前、六三〇頁。

(139) 別の記事で清沢は、日米問題の解決は「在留同胞の自覚」以外になく、「実力養成」、「力の充実」を図るように訴えていた（清沢洌（清澤生）「山脇事務官長に与ふるの書――大博参加事業を論じ併せて日米問題に及ぶ」『新世界』一九一五年一二月四日）。

(140) 前掲「悲観か楽観か其後の日米問題　加州桑港に於て」。

(141) 同前、六六四～六六五頁。

(142) 清沢洌（清澤生）「独立祭に際し米国の大を想ふ――附りに日本の現状を一瞥し未来の多幸を思ふ」『新世界』一九一五年七月四日。以下、引用は本記事による。

(143) この点に関しては、第Ⅱ章第3節第3項（2）を参照。

(144) この点に関して山本義彦は、清沢の「自由主義」の立脚点である「中庸的進歩主義」には「井口喜源治によってはぐくまれた、キリスト教的意識と儒教的意識との混合」があると主張する（前掲「清沢洌のジャーナリズム論」一七二頁）。しかし、清沢は、キリスト教を「道徳」としては評価したが、「若し儒教が民をして所謂徳を明らかにして、民を親しみ、至善に止まる事を得せしめば、……僕の如き一貧寒生をして、徒らに日本在来の宗教を蔑ろにする、不遜の言を弄せしむるの要がないであらう」（前掲「如是我観―我輩の日本土産」一九一九年四月二三日）と明確に儒教を批判しており、その「自由主義」に儒教の影響を認めることは難しい。

第Ⅱ章　日本社会の民主化論と国際協調論——イギリスをモデルとして

はじめに

本章は、新聞記者時代、すなわち、一九二〇年代における清沢洌の言論活動と思想を検討することを課題としている。具体的な論点としては、第一に、日本社会批判の原点である軍隊体験と関東大震災の「経験」の持つ意味、第二に、国際協調論と日本社会論、第三に、一連の女性論・婦人問題論を「モダンガール論」という視角から、第四に、同時代日本の「新自由主義」論争に焦点をあて、この時期の清沢の「自由主義」の特徴を明らかにする。

一九二〇年代の清沢を取り上げた研究[1]は、三〇年代以降の研究に比べて少ない。

第一に、軍隊体験と関東大震災に関しては、すでに北岡伸一が清沢のライフヒストリーも交えながら分析している[2]が、本章は、両者に対する清沢の評論活動を日本社会批判の原点と捉え、「経験」の位相も含めて検討する（第1節）。

第二に、国際協調論と日本社会論に関しては、「イギリスをモデルとした日本社会の民主化論と国際協調論」という観点から再構成する（第2節）。いわば、清沢の時代状況認識と社会認識におけるイギリスの意義を検討しようとするものである。この論点に関して清沢は、一九二九年に出版された著書『転換期の日本』の結論部分において、次のように述べている。

日本と英国とはその国情において、本質的には異なつて居らないのである。英国の歩む道は、やがてまた日本が進むべき道である。［中略］

私の主張は要言すれば、政策的には自由主義的に、経済的には自由貿易主義を以て進めといふに帰する。(3)

イギリスをモデルとする認識は一九二〇年代の評論に一貫して見られるものである。さらに清沢は、イギリスが外交的には「対米協調」の路線を選択したことを高く評価していた。なぜなら、それはアメリカの国力と世界的地位を踏まえた上で、これまでの外交・軍事政策を大きく転換し、アメリカとの戦争を国策から除外したことを意味するからである。清沢は「強者と組んで、立派に敗北を認めた英国人の聡明さを思ふ(4)」と述べたが、このイギリス人の態度は、太平洋をはさんでアメリカと対峙する日本人にも求められる態度でもあった。第2節では新聞記者時代の清沢の評論を検討するが、その際、清沢がイギリスのどのような側面に着目して、それを自身の議論に取り込んでいったのか明らかにしたい。

第三に、一九二〇年代日本の「新自由主義」論争と清沢の「自由主義」については、昭和期「自由主義」論争の前史として、石田雄と松田義男の研究(5)に依拠しながら、一九二〇年代日本の「新自由主義」論争を概観する（第4節）。清沢の「自由主義」に関しては、とりわけ、イギリス労働党論と frame of mind の提唱に着目する。

第1節　日本社会批判の原点——軍隊体験と関東大震災の「経験」

第1項　中外商業新報社入社に至るまで

一九一八（大正七）年八月中旬に帰国した清沢洌は、同月二八日夜、井口喜源治を訪問している。同年、横浜の貿易商菅川商会に入社した清沢は、翌年四月に同商会の仕事で渡米し、一二月に帰国した(6)。

しかし、清沢は、中外商業新報社に入社するまでジャーナリズムの世界と無縁だった訳ではない。帰国後の一九一八年一一月から『新世界』に寄稿している。在米日本人を対象に、日本事情を紹介する記事を執筆していた。正式な肩書きは不明だが、『新世界』の東京通信員として活動していたと思われる。

おそらく清沢は、菅川商会で働き、不定期に『新世界』に寄稿しながら、日本の新聞社に入社しようと考えていた。しかし、一九二〇年六月二九日、徴兵検査に「甲種合格」したことにより、その計画は狂ってしまった。

三〇歳を過ぎてからの入隊が清沢にとって苦痛だったことは、『新世界』に寄稿した「軍籍に入る光栄の記」を読むと理解できる。タイトルからして相当な皮肉だが、「二年間の徴兵は我々の如きものに取つては半生の蹟きである、『国民の義務』と云ふ融通の利かぬ軍国主義の名の下に日本国を呪ふては成るまいぞ！」と記した上で、徴兵検査の様子を批判的に描いている(7)。

一九二〇年八月頃、清沢は松原木公の紹介で中外商業新報社に入社した(8)。しかし、研成義塾時代以来の友人・斎藤茂に宛てた手紙には、「徴兵ニて、すっかり願望が狂ひ、目下仕方なく、中外商業新報と云ふに居り候(9)」とあり、経済専門紙である同社に入社したことが不本意であったことがわかる。

第2項　軍隊体験

一九二〇年一二月、清沢は松本歩兵連隊に入隊するが、脚部の疾患を理由に翌年一月に除隊となった(10)。

この時の体験が清沢の軍隊、とりわけ軍人の思考様式に対する批判の原点となった。軍隊体験そのものを取り上げた文章(11)は少ないものの、軍隊批判の文章は数多く残っている。たとえば、一九二一年一二月に執筆された「軍閥日本を危ふす」では、次のように軍閥を批判している。

> 日本の敵は内にある、夫は軍閥であ□〔一字不明〕〈る〉。軍閥を本陣とする侵略主義、官僚主義□〔一字不明〕〈で〉ある［中略］僕は愛する日本の為めに、一生□〔一字不明〕〈の〉大事業として軍閥の打破の為めに微力を傾くる決心で居る。[12]

このような清沢の信念は、生涯を通じて貫かれることになる。しかし、清沢の軍隊体験はわずか一ヶ月であり、かくも過剰な批判を展開する理由がよくわからない。というのは、清沢の盟友とも言える石橋湛山は、清沢とは対照的に、戦争を目的とする軍隊の職責を「嫌悪」しつつも、社会生活や団体生活の必要性と合理性を軍隊に見出していたからである。[13]

この疑問を解く鍵が、徴兵検査合格をお祝いする斎藤茂の手紙への返信から読み取ることができる。

> 米国にあって僕は絶えず米人から日本の軍国主義の攻撃を受けてきた。米国が日本の政策を飽くまで猜疑して事々抗議的態度に出るのは軍国主義に対する反感の結果たるに外ならぬ。米人は加州の排日にまでこの軍国主義の攻撃を利用して、それがために七万の我同胞に生命財産の保障をすら得させぬ。［中略］我等は在米中職業上から日本が必ずしも軍国主義にあらざることを反覆説明して彼等の妄を啓くに随分苦んだのである。[14]

つまり、清沢は渡米期に日本の「軍国主義」を理由にアメリカ人から攻撃を受け、さらに「軍国主義」批判が排日運動を過熱させた。しかも「軍国主義」に批判的だった清沢は、排日運動を鎮めるため、邦字紙記者としての職責から心ならずも日本が「軍国主義」の国ではないことを「弁明」したのである。この時に清沢が抱いた屈折した感情が、おそらく彼の軍国主義・軍隊批判の原点になったのではないか。

最後に、清沢の軍隊批判のなかでも白眉のものと言える一九二七年の南京事件[15]の結果、自殺を試みた荒木亀雄海軍大尉を取り上げた「軍人の道徳観」[16]を検討してみることにしよう。

清沢の疑問は、政府の政策を遵守して無抵抗の方針を取ったにもかかわらず、荒木が自殺しようとした点である。

清沢は、その要因として「軍人の道徳観」を指摘している。清沢によると、荒木は上官の命令（無抵抗の方針）に従ったのだが、同時に「武人の生命であり霊魂である、武器を奪はれ、その軍人のプライドを極端に傷つけられた[17]」。昨日、上官の命令を守った彼は、翌日、軍人の他の務めを破ったことを発見し、「この矛盾に耐えかねて、遂に自分の身を殺して、その立場を明らかにせんとした[18]」のである。

清沢が問題視したのは、「かれがその寄託を受けたる国家に対しては、何等生命を以て償はねばならぬ責任がないに拘はらず、敢て自殺を企てたその道徳観の矛盾である」。しかも、それは荒木個人ではなく、軍隊という社会が抱える道徳観の矛盾なのである。この点に関して清沢は次のように危惧している。

> 一般社会の思想と、かけ離れた思想の一団が、永遠に同じ国の中に存在して、手を取つて進み行き得るであらうかといふことである。一つの階級が、他の階級により重き責任と義務を課する事は、武士階級が没落して、立憲政体が出来上つてから、もう失くなつた筈〔で〕ある。そして又同じ道徳と同じ責務を背負ふて、国民が一体に進むところにのみ、進歩もまた憲政々体の妙味もあらう[19]。

一九二〇年代を通じて「軍隊の社会化[20]」の必要性を主張してきた清沢は、社会とは異なる「道徳観」を持つ集団が存在し、強大な影響力を持つことを深く憂慮していた。この論説は軍人の思考様式を的確に批判した優れた評論である。

第3項　関東大震災

除隊後、中外商業新報社に戻った清沢は、一九二二年一一月から『中外商業新報』の投書欄「青山椒」を担当することになった。表向きは読者の投書欄となっていたが、実際は社内の記者が匿名で執筆することも多く、半ばコラムとしての性格を持つものであった。清沢はこの欄が設けられた当初から、アメリカ以来の信濃太郎のペンネームでしばしば執筆し、自己の主張を展開した。少ない時で一週間に一度、多い時には、二日に一度のペースで執筆するようになった。まもなく清沢は、一九二三年九月に通報部長（のちに外報部長と改称）の地位に就いたが、「青山椒」への定期的な執筆は一九二四年五月まで続いた(21)。

一九二三年九月一日に発生した関東大震災は、清沢のライフヒストリーにとって極めて大きな出来事であった。清沢は一九二〇年一〇月に福井貞と結婚していたが、この震災で妻・娘・義母・義妹を失ったのである。渡米していたこともあり、結婚が遅かった清沢にとって、家族の死は痛切極まりないものであった(22)。しかし、清沢は悲しみにうちひしがれていた訳ではなく、渋沢栄一の「天譴論」に対しては、「天と云ふものがかりにありとしても其刑罰は社会を覚醒せしむるために、罪なき婦人や子供を殺さなければならぬものなので《ママ》せうか(23)」と反論し、また、在米日本人に宛てた「母と妻と子と妹と一時に亡ふ記」の末尾では、「裸一貫になつても、まだ私には幸ひに独力で再び運命を切り開くの決心と意志があります(24)」と決意を示している。

また、清沢は、震災後に起きた朝鮮人虐殺と甘粕事件・亀戸事件に衝撃を受けて、早速批判している。まず朝鮮人虐殺を正面から取り上げた「震災と朝鮮人(25)」を検討しよう。

清沢によると、この問題を論じるのは、「個人としても又国家としても、誤謬が罪悪を行つた場合には、屑ぎよく其過失を認めて罪を天下に謝す事の却つて自己のためにも利益である」と信じるからである。清沢は朝鮮人虐殺に至る心理を次のように説明している。朝鮮人に対する人種的偏見によって、「朝鮮人に悪い事をする者あり」との理性的な言葉は、「悪い事は朝鮮人がする」という「感情的な誤解」となって人々の頭に入る。そして、「朝鮮人は婦人だと見れば陵辱する」とか「日本人を圧殺する」という流言が広まる。清沢は、この流言に最も狼狽したのは警察であると指摘し、次のように述べている。

　九月一日の正午が地震だつたが、其晩から翌日の午後迄には日本全国に殆んど此朝鮮人襲来の説が行き亘つた。

或者は之れが軍閥の宣伝だと云つて居るが、私は必ずしもそうは信じない。それは兎に角として、此流説には上下を挙げて色を失つた。警官は自己防衛のために彼等を撲滅する事を黙認した。そこには朝鮮人を迫害すると云ふ意志はなくて、朝鮮人を恐怖する意志のみが働いてゐた。一般は実際朝鮮人が井戸に毒を投入したと信じ切つてゐた。

ここで清沢は朝鮮人に対する人種的偏見に基づく恐怖心が虐殺の原因になったことを的確に分析している。さらに、朝鮮人がこのように問題になるとその背後には社会主義者がいるという声があがり、大杉栄の虐殺や亀戸事件が起こったと指摘し、清沢は「思想が実行の果実を結んだのである〔。〕旧式な軍国的思想の当然の結論であつた」と述べている。

アメリカの邦字紙とはいえ、震災直後に朝鮮人虐殺を分析し、批判した記事を寄稿したことは言論人として評価すべきである。(26)さらに言えば、恐怖心から朝鮮人虐殺に加担した「民衆」、とりわけ、自警団のリーダーの存在が、清沢の「民衆認識」に多大な影響を与えたことをここで指摘しておかねばならない。(27)

次に甘粕事件・亀戸事件批判を検討することにしよう。甘粕事件については、後年、発表された「甘粕と大杉の対話」(28)が、右翼の批判を浴びたこともあって良く取り上げられる。しかし、清沢は『中外商業新報』を通してこの事件をほぼリアルタイムで批判していたのである。

管見の限りでは、清沢が最初に甘粕事件に言及したのは一〇月九日のことである。「外二名」と題した記事において、清沢は大杉以外の犠牲者二名を発表しようとしない陸軍の姿勢を批判している。(29)その二日後に発表された「卑劣、醜悪」では、甘粕が「国家の為」と称しながらも事件を隠蔽しようとした「卑劣漢」、「大卑怯者」であり、天皇の名の下に人を裁くことを知らず、自ら手を下した「大不忠義者」であることを厳しく批判している。(30)さらに、甘粕の裁判について論じた「甘粕を笑ふ」では、「陛下のためには、国法を破ることもある」との甘粕の発言を引用して、「陛下が即ち国法ではないか」と述べて、自己の行為を正当化しようとする甘粕の姿勢を批判している。また、「軍人社会の殆ど全部が、その思想においてかれと同じやうな傾向にある」[31]と述べていることからも明らかなように、清沢は、甘粕事件を甘粕という一軍人の暴走ではなく、軍人の思考様式に根差した行為であると考えていた。

一連の甘粕批判に対しては、「正論生」なる人物から批判が寄せられたが、清沢は「国法をおかし、職権を濫用して人を殺さなければ愛国者ではないのか。愛国とは法を破ることにあるのか」[32]と反論し、甘粕批判を緩めることはなかった。

一方、亀戸事件については、命令に従わないから刺殺したというならば、警察官は「昔の武士の切捨御免と何の相違がある」と批判し、また、自警団と同様の行為をしたにもかかわらず、警官の行為が黙認されていることも批判している[33]。

これらの一連の議論には、敵対する思想の持ち主を非合法的な手段で排除する、つまり、法律を尊重しない軍人や警官の思考様式に対する清沢の嫌悪感と、同時に、一般社会から隔絶した「軍人といふ階級」、「軍人社会」[34]への警戒感が反映されている。

以上検討してきたように、軍隊体験と関東大震災の「経験」は、国家主義・軍国主義および一般社会とかけ離れた道徳観をもち、直接行動も厭わない軍人の思考様式に対する清沢の批判意識を高め、言論人としての職責を改めて自覚する機会となったのである。

第2節　国際協調論と日本社会論

本節では、「イギリスをモデルとした日本社会の民主化論と国際協調論」という観点から、先行研究[35]に依拠しつつ、一九二〇年代における清沢洌の国際協調論と日本社会論を検討することにしたい。

第1項　国際協調論

(1)　アメリカ認識

1　カリフォルニア州排日問題とワシントン会議

中外商業新報社入社から一年程度の間の執筆記事を分析すると、清沢がアメリカ問題、とくに移民問題の専門家として起用されていたことがわかる。[36]

「加州問題対応策」[37]は、入社早々清沢が執筆したもので、一九二〇年のカリフォルニア州第二次排日土地法問題について論じている。そこで清沢はアメリカ時代と同様に、いくつかの解決策を挙げて詳細に検討し、結局いかなる方法も効果を上げえず法案は通過するであろうと述べ、にもかかわらず決して排日はおさまらないであろうとはなはだ悲観的な予測をしている。

しかし他方で清沢は、この厳重な排日法にも種々の抜け道はあり、日本人を絶体絶命の死地に陥らしめるものではないとし、「生きると云ふ問題の前には由来法律などは欠点の多いものである」と述べている。かつての根底的な楽観論もまた持続していたのである。

日本と英米を見比べるといかにも富の分配は不公正である。しかし、日本は侵略主義をとるべきではないし、とることもできない。結局日本は「此冷やかな事実を基礎として進むの外はない」というのが、移民問題を論じたこの記事において、清沢が日本の対外政策全般のために引き出した結論であった。[38]

もう一つの「日英米の経済戦」[39]は、アメリカが一九二一年七月、軍備制限と極東問題のためのワシントン会議（同年一一月〜一九二二年二月）を提唱してきたことについて書かれたものである。当時日本ではこの会議について、英米が提携して対日圧迫に出たものと考え、国難来ると叫ぶ者が少なくなかった。また、アメリカに対抗するために、日英提携を強化することを説く者も少なくなかった。しかし、清沢は、好むと好まざるとにかかわらず世界の中心勢力はアメリカに移りつつあるという認識から、イギリスと親しんでアメリカと対抗しようとすることの不可を述べ、またアメリカのアジアへの投資は日本にとって歓迎すべきものであると論じている。たしかに世界に経済戦はなくならず、むしろ激烈となるであろう。しかし、経済戦は経済戦として感情と誤解と偏見なしに直面しなければならない。このように経済問題を経済問題として見るために、この軍備縮小会議は最も重要な好機会であると述べて、清沢はワシントン会議を歓迎したのである。(40)

2 排日移民法の成立

すでに北岡伸一が明らかにしているように、一九二四年の排日移民法の成立は、清沢にとっても不快な出来事であった。法案が下院を通過した頃、清沢は「米国人が他国の感情と面目を尊重せざること、暴君の如きもの」(41)と述べて、これを批判した。また、埴原書簡問題については、「ある巨人が衆人の前で何人かを打つた。打たれた者はこの無法にして乱暴なる処置に対して抗議した〔。〕然るに此巨人はその抗議の文句が気に食はぬといつて、更に強く打ちのめした——これが米国の日本に対する態度である」(42)と、その非道に対する不快を表現した。しかし、それは不快であっても意外ではなかった。清沢はアメリカ政治における西部の比重の上昇が、この問題で不利に作用することを理解していた。また、移民問題の解決は不可能であることも熟知していた。ただ長い時間だけが問題を解決するというのが清沢の見解であった。(43)

しかし、この問題によって日米関係を悪化させてはならないと清沢は信じた。こうして書かれたのが彼の最初の著作『米国の研究』であった。(44)清沢によると、最近のアメリカに関する著作は、アメリカの「野心」と「欠点」と「暴戻なること」を指摘したものである。アメリカに欠点が無数にあることは事実だが、最近の論調に「ある種の不安」

を感じると清沢は記した上で、次のように述べている。

米国の非を攻撃するのはいゝ。けれども一の非を否定することにより、十の是をも否定し去ることは公平であらうか。日本自身に望んで、しかも期待し得ざることを、米国のみに強いて、この点だけから米国を評価し去ることは、両国の親交を庶ふもののとるべき態度であらうか。［中略］

現在の日本人にとつて『米国』といふ名前が、心地よく耳に響かない言葉であることは、繰り返し述べた通りである。併し乍ら忘れてならない一事は、日本と米国とは、好むと好まざるとにかゝはらず、永遠の昔から、永遠の未来まで、太平洋を隔てゝ、相対して生きねばならぬ運命の下に置かれて居ることである。米国人が一人も残らず死んでしまうか、日本が何かの都合で他に移転し去らない限りは、日米問題は依然として、癌のやうに残るであらう。そして隣人の間で、疑ひ、罵しり、怒り、争ふことが、相互の幸福でないことを信ずる私は、時々に見る米国及び米国人の暴若無人《ママ》の態度に甚だしき不満を覚え乍らも、出来るだけの互譲と諒解によつて、両国の関係を善導したいと懸念する一人なのである。(45)

つまり、『米国の研究』は、北岡によると、日米関係を善導するためには何よりも客観的でバランスの取れたアメリカ理解を広めることが必要であるとの意図から出版されたのである。(46)

また、清沢が「極端なる米国攻撃」を控えたのは、「対手国を敵視することによつてのみ存在できるところの軍閥と、その徒党に力を貸すこと」を恐れたからであった。その背景には次のような認識があった。

自由主義は、国際協調と世界平和を理想としてのみ完全なる発達を期し得る。牛の歩みのように遅くはあるけれども、とにかく其根を張り始めた日本の自由主義に、自から石を抛つことは、到底私の堪え得るところではない。(47)

つまり、清沢は、「国際協調と世界平和」を基調とする「自由主義」が日本において健全に発展することも意図して『米国の研究』を出版したのである。

排日移民法が通過した後、清沢は、移民問題が日米関係の火種にならないように、その沈静化に努めた。清沢によると、移民問題とは、結局のところ、「本質的に何等一国の生存に関するやうなことでなくて、要するに面目の問題である」。したがって、太平洋の平和と両国民の幸福のために、日米両国は親善関係に立ち返る必要がある。(48)

次に清沢は、移民問題におけるアメリカの不正義を批判しつつも、中国問題に力を注ぐべきだと主張した。すなわち、移民問題に対する「世界の同情と、米国の親日感情」を利用して、一切の侵略的意識を捨てて、アジア大陸に発展し、産業立国の基礎を据えるために、奮起することである。(49)

要するに、清沢は、面目の問題に過ぎない移民問題に拘泥せず、対米協調を維持しながら、産業立国の基礎を築くために、日本は中国との貿易を通じての発展を目指すべきだと主張したのである。

3　対米協調論

なぜ、清沢は一九二〇年代において一貫して対米協調を主張したのだろうか。

第一に、アメリカは太平洋問題において門戸開放主義という積極的な政策を持っている以上、日本の将来を考えると、この政策を受け入れざるを得ないからである。(50)

第二に、太平洋問題においてアメリカと協調しなければ、日本が軍拡による軍事費の負担に耐えられないことが予想されるからである。アメリカの国富は日本の一〇倍あり、日本が圧倒的な実力差に耐えて軍拡をし続けたとしても、その結果、産業的発展を期待することはできなくなる。(51)

第三に、アメリカは、ここ当分の間、「実力に於て世界の覇者の地位を占むべきこと」が明らかである。交換された条文はないけれども、アングロサクソンのアンタント（協商）は完成し、英米の提携はもはや動かし得ない。したがって、日本もこの世界の大勢に順応するほかはないのである。(52)

第四に、アメリカは近年ゴムなどの原料品の自由供給を主張しており、かねてから同様の主張をしている日本は、この際、アメリカと協調するべきだからである。つまり、日本は産業立国を国是とすればするほど、原料品の不足が目立ってくるので、原料品の「門戸開放主義」を確立するために、アメリカと提携する必要がある(53)。

第五に、東アジアにおいて、再びソ連が台頭してきており、この新しい時局に対応するためには、アメリカとの提携が必要となるからである。清沢によると、最近、ソ連は、再び満州と中国に進出し始めた。満州においてソ両国が必然的に衝突するとは信じないが、ソ連と英米の中国政策は主義において相容れないことは明らかである。ソ連の南下、外蒙古の赤化という事情を考えると、清沢は「英米―特に米国との諒解と好意とを必須の国策」とするべきだと主張している(54)。

以上の対米協調論の背景には、日本はアメリカとは戦争できない国である以上、可能な限り協調し、軍事費の削減と自由貿易を通じて日本の産業立国化を図ろうとする清沢の意図があったと判断できる。

(2)　中国認識

1　清沢洌の中国認識と対中国外交の方針

一九二四年の視察旅行(55)で満州・中国を訪れた清沢の感想は、一言で言えば、「邦人退転と支那人進出」であった。

清沢がこのような感想を抱いた第一の理由は、日本の満州経営の方針が、算盤よりも「国家の発展」、「在留同胞の発展」を重視し、その結果、たとえば、朝鮮銀行や東洋拓殖会社が多額の不良貸し付けを抱えているからであった(56)。第二に、日本人の怠惰と不真面目さである。清沢は、満州・中国在住の日本人人口に比して、「日本料理屋」、「芸者醜業婦」などが多いことを指摘している(57)。第三に、中国人の勤勉さであった。清沢は、「私が支那人に感心するのは、［中略］その国民が如何にも勤勉な点であります、生れて働くために出来たやうに、労働して倦むことを知らぬ点であります」と高く評価していた。さらに、「一国の盛衰は結局その国民が多く生産するかせぬか、即ち労働するかせぬかによつて決する」という観点から、清沢は中国の将来を次のように予見していた。

> 政治の支那を見れば支那は真つ暗やみです。その位大袈裟に賄賂横行して、現代の学理と離れた国はないでせう。［中略］けれども眼を転じて支那を経済的に見る時に、支那には何れの国にも劣らない未来があると思ふ。(58)

つまり、清沢は中国人が勤勉であるから、将来的には中国に大きな発展の可能性があると考えていたのである。(59)

清沢の対中国外交の方針は、あくまでも英米との協調を目指すものであった。なぜなら、清沢は、中国が国家としての形式を備えていない以上、抜け駆けの功名で一時的に外交上の利益を得たとしても、結局、中国に利用されて何も得るところがないと考えており、むしろ、日英米が一致した要求を出せば、中国はそれを受け入れざるを得ないと認識していたからである。(60)

要するに、清沢の対中国外交の方針は、ワシントン体制の特質、すなわち、日英米の提携システムがいわば支配的システムとして東アジアの地域政治システムで優越的な影響力を持つ一方、中国がマイナーなアクターとして従属的な地位を与えられることを前提としたものであったと言える。(61)

2　中国ナショナリズムへの批判

ワシントン体制を前提とした対中国外交方針を抱いていた清沢にとって、一九二〇年代を通じて台頭する中国ナショナリズム、とりわけ、反帝運動は、ワシントン体制への「挑戦」であった。したがって、清沢は中国ナショナリズムの急激な展開に対しては極めて批判的だったのである。

中国の昂揚するナショナリズムと、東アジアの支配・従属システムの大規模な激突をもたらしたのは、一九二五年の五・三〇事件であった。そして、一九二六年七月九日に北伐が開始されると、国民党が指導した反帝闘争は、主目標をイギリスに向けて、一九二七年一月三日に漢口の英租界が、一月七日に九江の英租界が国民革命軍の手で実力で接収され、上海にも内戦の戦火が及ぶ形勢となった[62]。

租界の実力接収は、清沢から見れば国際秩序への挑戦であった。清沢は中国ナショナリズムの昂揚を「プロレタリア国家の反逆」とみなした上で、「四等国、五等国――その国民が、まだ暗愚な国では、彼等自身はその道徳に束縛されないで、逆に対手の道徳を利用して、乱暴しようといふのである[63]」と述べて、「国際秩序」を無視する中国の振る舞いを厳しく批判している。

また、「上海や、天津や、漢口やは、その土地は如何にも支那人のものであるには違ひないが、その上に建てられたる文化らしい文化は、悉くが外国人の努力によつたものだ[64]」と指摘し、清沢は、外国人が租界の発展に「寄与」したことを強調した。

直接行動を批判してきた清沢にとって、暴力で租界を接収することは容認できなかったのだろう。しかし、「私は過去長い間、帝国主義を排し、侵略主義を排して来た[65]」との言葉とは裏腹に、ここで清沢は明らかに帝国主義を肯定しているのである。

3　幣原外交・田中外交への評価と満蒙「特殊権益」の返還

中国ナショナリズムと向き合った幣原協調外交と田中積極外交を清沢はどのように評価したのだろうか。

幣原外交に対しては、「その欠点として余りに所謂自主独立の名に囚へられ、かつその根本的思想が、他国を置去りにしても、自己だけが人気と利益とに居らんとする道徳的不純さ」を挙げており、これは、イギリスが提案した日英共同出兵の提議を幣原喜重郎が拒否したことに対する批判だが、しかし、「その大体の方針が示す自由主義的傾向は、将来の日本の外交が向ふ唯一つの道であらねばならぬ[66]」と概ね評価している。

一方、田中外交に対しては総じて批判的である。田中外交の展開は、日本の満蒙での「特殊権益」に対する中国ナショナリズムによる挑戦の現実化への対応として歴史的に位置づけることができるが[67]、清沢の主張は、中国ナショナリズムの台頭を踏まえて、満蒙の「特殊利益」にこだわるのではなく、中国貿易の伸展を図るというものであった。

論説「愛国心の悲劇」において清沢は、田中外交が推進した二回の山東出兵が、日本の権益を守るために、その一〇倍の軍事費を使った挙げ句、中国人の反発によって対中貿易が不振に陥ったことを厳しく批判している。また、田中義一内閣がその対外政策において重点をおく満蒙の利権については、「経済的にみて決して云ふがほどのものでなく、約四億円の資本を二十ケ年も運転して、それに軍事費、警備費その他総ゆる国家の援助を与へれば、大概の事業はあれぐらゐになる」と指摘し、「愛国心を算盤珠にのるものにせよ」[68]と主張したのである。

清沢は、満蒙の「特殊権益」の即時返還を主張した訳ではないが、「特殊権益」維持のために無駄な財力と軍事力を費やして、中国やアメリカとの関係を悪化させるよりも、自由貿易を通じて経済的利益を得る方が有益であると説いたのである。

また、清沢は日本の対外政策について次のように述べていた。もし、アメリカを「敵」とみる立場から言えば、それは弱ければ弱いほど良い。しかし、これを「お客」と見る場合、アメリカは強ければ強いほど良いのである。このことは中国にもあてはまる。中国の購買力が増せば増すほど、貿易額は増加して、日本の産業は確立する[69]。

以上のように、清沢は日本の産業立国化を実現するためには、満蒙の「特殊権益」に頼らず、アメリカと中国と協調し、貿易を拡大するべきだと考えていたのである。

第2項　日本社会論

(1) 議会政治論

ここでは清沢のイギリスをモデルとした「議会政治論」について検討する。議論の前提として、まず清沢の「議会政治」定義を見てみることにしよう。

代議政体とは、正直に国民を代表する政治である。国民の意志を如実に行政、立法、司法に現はす政治である。国民といふ実体を、議会といふ鏡に現はす政治である。即ち瓜の蔓に瓜をならせる政治である。(70)

つまり、議会政治とは、民意を反映する政治であり、その実体は国民の政治意識によって決まるのである。次に、清沢は「議会即ち政治的訓練が発達して……政治は理詰めで動く」と評価するイギリスを基準に、日本の議会政治を「政治の発達史」のなかでどのように位置づけていたのだろうか。

第一段は戦争を以て政権の授受が行はれるものであり、支那がその標本、第二段は政治機関を通じて政権の掠奪が行はれるもので、日本がその標本といふことになる。この二つを比すると後者は無論第一段より大分な進歩だが併し以上何れもそこに一貫した主張と政綱がないのは同じである。政治の運用は第三段の国民を土台にする主義綱領によつて動くやうにならねば、政治的文明国といふことは出来ぬ。(71)

つまり、清沢は、日本政治の現段階は、国家の諸機関（衆議院・貴族院・枢密院・軍部・官僚組織）や元老が相互に対立・連携しながら政策を決定している段階であって、議会政治の段階には達していないと考えていた。また、清沢は議会政治の発展段階を、「文明国」（イギリス）―「半未開国」（日本）―「未開国」（中国）の図式で見ていることがわかる。

日本政治を衆議院中心の議会政治の段階に到達させるために、清沢は、普通選挙と政党内閣の実現を主張したのである。(72)一方、清沢は、「封建的な階級を打破して、皇室と国民との間に介在するものを取り去り、いはゆる君臣一になる境遇を生み出す」(73)ために、元老による首相決定のあり方や超然内閣の存在、貴族院が衆議院と同等であることを批判し、(74)貴族院改革によって華族からの政治的特権の剥奪(75)や「軍部の制度的治外法権」の撤回(76)を主張した。

要するに、清沢の議会政治論とは、論理的には国家の諸機関や元老が国家の政策決定に介入する状況から、民意を反映する衆議院中心の政治へと転換すること、すなわち、政党政治の確立を目指す議論であった。(77)

しかし、「瓜の蔓に瓜をならせる政治」と定義づけているように、議会政治や普通選挙制に過剰な期待をしていた訳ではない。それどころか、一九二九年に出版された『自由日本を漁る』の序文で清沢は、次のように「議会政治」に対する「根本的な迷い」を訴えていた。

それは社会の事象に対する根本的な迷ひである。また自分が今まで把握して来たイズム——原則論に頼りえなくなつた悩みでもある。たとへば私は議会主義を信ずるといふ、併し議会主義を信ずるが故に、私は民意の現はれない議会、また現はれても自から泥田に落ち込むやうな議会を支持することが出来るであらうか。私はまた官僚政治を排するといふ、併し如何なる無智《ママ》なデモクラシーの弊害に会しても、私は官僚政治を排さねばならぬであらうか。

議会が醜化すれば直ちに解散を叫び、資本主義の弊害が見えれば直ちにこれを打壊することを主張するやうな気短かな新聞と雑誌の原則論に、私は近頃首を横に振り通してゐる。かつて私は新自由主義者だと思つたこともある。私はまた社会主義者だと思つたこともある。併し今は私はそのどちらも云ひたくない。私はイズムと公定式によつて生きうるもの、気楽さを羨んでゐる。(78)

北岡によると、清沢の迷いは、明らかに一つは大正デモクラシーの行き詰まりと関係していた。政党内閣は実現され、普通選挙法も成立し、第一回の普選は一九二八年に行われた。しかし画期的な変化は起こらなかった。それどころか、かつての官僚内閣以上の選挙干渉と言論弾圧が横行していた。もはや清沢は時代の進歩をオプティミスティクに信じるわけにはいかなかったのである。(79)

極めて重要な指摘だが、筆者は、ここで言う「迷い」とは、「議会主義」のあるべき「モデル」を提示して、それを基準に日本の「議会主義」を裁断するのではなく、モデルを尊重しつつも日本の現実を踏まえた「議会主義」をどのように実現するべきかという重い「課題」に清沢が直面したことにより生じたものだと読んだ。

実際のところ、清沢はどのような政治勢力に期待していたのだろうか。

一九二三年四月に武藤山治の「実業同志会」が結成されると、早速、清沢は賛意を示した[80]。そして、イギリス労働党が「其名は労働党であるが、労働者に同情を有する総ての学者と思想家を網羅して居る」と指摘した上で、清沢は、「足下の商工党〔実業同志会〕が内容に於て此英国労働党の如くになり得ないか[81]」と提案している。この提案に対し、武藤は、現代政治の革新は、まず、「政治を実業化し実業より政治の要素を除く」（More business in Politics and less politics in Business）ことにある。したがって、実業同志会は商工業者のみならず広く一般人士の入会を希望するものであり、「商工党」と呼ぶのは誤解であると応えた[82]。しかし、実業同志会の不振もあって、その後、清沢は同会に言及することはほとんどなかった[83]。

一方で、清沢のイギリス労働党に関する言及は一九二〇年代を通じて見ることができる。清沢は労働党のどのような側面を評価していたのだろうか。

第一に、労働党が労働者階級の利益を代弁する階級政党ではない点である。清沢は、労働党にH・G・ウエルズ、バートランド・ラッセルらの知識人が参加していることに着目しており、「労働党はデモクラシーに共鳴する人士に対しては、その職業と、その詳細なる意見とを問はずして如何なる人々をも歓迎」しつつあると述べている[84]。この点に関わって、清沢は、ラムゼー・マクドナルドを論じた記事のなかで、彼の社会主義を、「一階級の利益を主張するものではなく、国民全体の各人の幸福と個性を尊重するデモクラシーである[85]」と評している。

第二に、労働党がその社会主義的な政策を議会主義によって実現しようとしている点である。換言すると、労働党政権の登場によって、「社会主義は階級闘争による以外に――換言すれば非常に大きな犠牲を出さずにこれを実行する道が指示された[86]」のである。

第三に、労働党の外交政策が「平和」を基調としている点である。具体的な政策としては、①国際連盟への積極的な支持、②英ソ関係の回復、③軍備縮小、④対米協調外交を挙げている。また、対中関係については、さらに「平和主義、自由主義的傾向を見せる」と分析し、「侵略的、帝国主義的なことをなす国〔日本〕」があれば、躊躇なく中国国民に同情を示して反対し、その結果中国におけるイギリスの立場が有利になると予見している。(87)

第四に、清沢は労働党が「広義の自由主義」政党であることを評価していた。(88)

要するに、清沢は、労働党政権の誕生、とりわけ、一九二九年の第二次マクドナルド政権の成立によって、「専制主義」のソ連とは異なる、特定の階級ではなく、国民全体の利益を考えながら、デモクラシーの精神に則って漸進的かつ犠牲の少ない方法で社会民主主義的な政策の実現が可能になったことを高く評価していたのである。

（2）植民地認識

ここでは一九二四年と二五年の視察旅行を通して形成された清沢の朝鮮認識を検討する。すでに一九二〇年代の朝鮮認識をめぐっては北岡伸一と渡辺知弘による研究(89)がある。北岡は、清沢の朝鮮認識をどんなに結果が悲惨であろうとも独立を求めるとする朝鮮人独立運動家の主張に理解を示していたと主張する。(90)しかし、すでに渡辺が批判しているように、清沢が単純に朝鮮人の独立要求に理解を示した訳ではない。(91)一方、渡辺は、清沢の朝鮮論を「文明国」日本が「未開地」である朝鮮を「文明化」する必要があり、「文明化」が達成された暁には「自治」を与えるものと整理し、「未開地」「野蛮地」の「文明化」を先進国の任務と捉える、清沢の帝国主義論の延長線上にある議論と評価している。(92)しかし、清沢は議会政治論で明らかにしたように単純に日本を「文明国」と捉えていた訳ではなく、この「文明」―「未開」「野蛮」の図式のみで彼の朝鮮認識を理解することは難しい。

清沢の「朝鮮」批判を見てみると、彼の日本社会批判と共通する指摘が見られることに気付く。「私は朝鮮に来て日本の中古の風俗をマザ〳〵と見た(93)」と述べているように、清沢は日本の古い姿を朝鮮に見出しているのである。

清沢の「朝鮮」批判は、第一に、「タイムといふ観念に超越した朝鮮人の生活振り(94)」である。第二に、「家族制度」批判である。老人をほとんど絶対なものとし、家長の位置に疑問を感じなければ、イニシアティブと創造と進歩はないと述べている(95)。第三に、中国人に比べて、朝鮮人が働かないことである(96)。清沢は、植民地在住日本人の怠惰も厳しく批判しており、ここに「勤勉な中国人」―「怠惰な日本人・朝鮮人」という図式が成立する。第四に、関係者を妓生にすることを名誉とする風習に対する批判である。この風習を考えると、家庭での厳格主義も社会的には怪しくなると指摘し、貞操や風俗を七面倒にしながら、遊郭や芸者を公認する日本社会と同工異曲であると述べている(97)。以上の批判を踏まえて、清沢は「朝鮮を研究すればするほど、日本人と朝鮮人の類似点を発見する(98)」と述べている。

要するに、清沢から見れば、日本社会も朝鮮社会も「封建性」を克服できていない社会であり、両者の相違は「程度の違い」に過ぎなかったのであり、さらに言えば、勤勉な中国人に比べれば、日本人も朝鮮人も「怠惰」という点では同じだったのである(99)。

ところで、清沢は、「朝鮮は日本の統治によつて確に大変な利益を得て居る」、「通観して朝鮮の上に齎らした改良と進歩とは何人も否定出来ぬと思ふ(100)」と日本の朝鮮統治に一定の評価を与えている。また、「独立」を目指す朝鮮人独立運動家と面会した清沢は、彼等が朝鮮人に自治の能力がないことを知っているにもかかわらず独立を求めようとする姿勢を、「問題がこゝまで来れば、理窟《ママ》ではなくて信仰である、信仰は解剖を許さない、私が朝鮮問題の前途を多難なりとする理由は、それが深い信仰（恐らくは迷信であらうか）に根差してゐるからである(101)」と突き放している。しかし、清沢は「私は純然たる経済的の立場からこれに対してのみ日本の大なる利益が来ると信じ、朝鮮民の自覚の程度に応じて他日自治を許す方針で進む方が、却て両人種の共存共栄を完ふする所以だ(102)」と述べて、長期的には朝鮮に自治を与えるべきだと考えていた。

清沢がこのような判断をしたのは、第一に、朝鮮人が日本人に同化しない、すなわち、大日本帝国の忠良な臣民の一部になる可能性が少ないからである。(103) 第二に、朝鮮統治が日本の経済的利益につながらないからである。つまり、清沢によると、朝鮮統治の意義は、国防上の理由だけであり、対ソ関係と対中関係を改善すれば朝鮮を統治する必要はない。(104) しかし、「他日自治を許す」とあるように、清沢はあくまでも漸進的に自治を認めるべきだと主張したのであり、即時独立を容認していた訳ではなかった。(105)

(3) 労使協調論

ここでは清沢の「労働争議」認識を検討することにしよう。清沢の主張は、労働者に配慮しつつも、労資協調を説くというもので、その際のモデルになったのは、イギリスであった。(106)

清沢によると、イギリスでは国難に際し、ボールドウィン首相が率先して労資の協調を説いて、「極端なる左翼」は別として、労働党もこの点は同意し、一九二七年の暮に労資代表者の大協議が開かれたという。(107) そして、清沢は次のようにイギリスに期待を示している。

今、英国は再生の一路に精進してゐる。他の国が階級闘争をいひ、プロレタリアの独裁を唱へてゐる時に、かれは古臭い労資協調と、産業主義の再検査を試みてゐる。議会主義を生んだ英国からは、将来恐らく新しい産業主義が産声をあげよう。(108)

以上のような認識から、清沢は、どのような労資協調論を唱えたのだろうか。ここでは論説「人間は生存する権利ありや」を検討することにしよう。

清沢によると、近年の社会思想・運動の問題は、「生存権」を主張するあまり、生産の側面には何らの考慮を払っていないことである。(109)

抽象的な意味においては、「人間が生存する権利——文化的に生活し得る権利」は認められるべきであるが、しかし、実際に実現可能かどうかとなると別問題である。少なくともイギリスの炭坑罷業[110]の場合には、炭坑労働者の主張は敗北に帰した。しかし、イギリスはこの経験を顧みて、労資協調の必要性を感じ、今やこの方面の運動が熱心に繰り広げられている[111]。

イギリスの労働者の主張は明確である。もし、その産業が、労働者の要求する給与を支払うことができないならば、国家はすべからく補助すべしということにある。これは生存権から発した当然の結論である。そして、ボールドウィン保守党政権は、労働者とは全く反対な立場にあったけれども、時代の思想には抗することができず、生存権を原則において認め、罷業中に、罷業者の妻子を救うために多額の補助金を支出したのである[112]。つまり、保守党政権であっても、「文化的に生活し得る権利」まではともかく、「人間が生存する権利」そのものは尊重しなければならなくなったのである。

飢えんとする者に対し、適当な救済をすることは、清沢によると、国家の政策として当然のことである。しかし、問題は、労働者の生活標準を維持するために支出する補助金は、結局、国民が租税の形で負担しているのである。つまり、「租税の支出は、その国民の能力如何によるものである以上、この能力なき国民、あるひは能力の減退したる国民の形成する国家は、その国内の人民に対し、生存権を保障する実力がないといふ結論に到着する[113]」。

「富む、富まないは、結局その国民が労働して生み得るものが、大い《ママ》か少ないかによつて定まる」と考える清沢は、「極めて平凡なる経済原則をも諒解せずして、彼等の幸福が資本家を攻撃し、その獅子の分け前を取ることによつてのみ得られる」と誤解する中国の反帝運動や日本の社会運動に「甚大なる同情」を示しつつも、厳しく批判している[114]。

清沢の結論は、「生産の伴ふ生存権」、「生産なきところ生存権無し」であった[115]。要するに、清沢は、資本家に無謀な要求を突きつけるのではなく、労資が協調しながら生産を拡大して富を得ることで、労働者が「文化的生活[116]」を送ることを可能にしようと考えていたのである。

（4）産業立国論

すでに指摘したように、清沢は日本の行くべき道としてイギリスを挙げていた。このような観点から展開されたのが、清沢の産業立国論である。資源もなく国土も狭小で食糧の自給もままならない日本[117]は、どのようにして産業立国を目指すべきだと清沢は考えたのだろうか。

第一に、軍事費を削減して、その経費と労力を国内産業の改善、満州・朝鮮・シベリアなどの産業的開発に回すことである[118]。

第二に、「農村の工業化」の必要である。「農村の工業化」とは、具体的には、町村を単位に「協同経営機関」を設置し、農作業の合理化を実施すると同時に一括して市場と取引をする道を開くことである。また、この協同機関を活用して、その土地に適当な小工業を起こすことである[119]。

第三に、教育の改善である。具体的には、「学校の農業化、工業化」と「工手専門教育」の普及である。英語、国語、漢文、図画、修身、体操を廃止しても、その代わりに「実験科学」を加えて、農学校の普及を図るべきである。なぜなら、農具の発明も、農種の改良も、科学教育の基礎なくしてできないからである[120]。また、これと並行して「国際主義の教育」が必要である。日本が国際経済の単位となるためには、風俗習慣をも国際化するほかはないのである。つまり、清沢は、「教育を国際的にし、かつ工手教育を施して、始めて労働者の能率問題にも及ぶ」ことによって、「富源なき日本が唯一の便る《ママ》べき……マン・パワー（人間動力）」の有効活用が可能になると考えたのである[121]。

最後に、保護関税を撤廃し、「自由貿易主義」を採用することである[122]。

要するに、清沢は、軍事中心の国家から、「加工輸出工業[123]」を中心とした産業と自由貿易によって繁栄する平和で民主的な社会への転回を目指したのである。

第3節　モダンガール論

第1項　はじめに

本節は、清沢洌が一九二〇年代に出版した著作『米国の研究』（日本評論社、一九二五年）、『モダンガール』（金星堂、一九二六年）、『自由日本を漁る』（博文堂、一九二九年）、『転換期の日本』（千倉書房、一九二九年）に収録された一連の女性論・婦人問題論を「モダンガール論」と捉え（表2－1参照）、以下の課題について検討するものである。

① 清沢は、一九二〇年代にモダンガール論をどのような問題意識のもと、継続して執筆したのか。清沢がモダンガール論を執筆したのは、当時の論壇や言論界の流行を追ったからなのか、それとも、個人的体験に基づく内発的な関心があったのか。

② そのモティーフと論理はいかなるものなのか。

③ 一九二〇年代日本社会におけるモダンガール論および女性解放思想／運動のなかにその議論をどのように位置づけることができるか。

④ 清沢のモダンガール論にみえる彼の「自由主義」とはいかなるものなのか。

以上の検討を踏まえて、清沢のモダンガール論を一九二〇年代における彼の「自由主義」論の一つとして捉え、その特徴を提示することを目指したい。

さて、これまで清沢の女性論／モダンガール論は、清沢洌研究と日本モダニズム研究の視角から検討されてきた。

表 2-1　清沢洌のモダンガール論

『米国の研究』（日本評論社、1925 年 11 月）

第 5 編　米国の社会

　1　威張る女、実力の女（初出『中外商業新報』1925 年 5 月 15 ～ 18 日）

『モダンガール』（金星堂、1926 年 11 月）

第 1　職業としての結婚（初出『雄弁』15-11、1926 年 11 月）

第 2　職業としての細君（初出『婦人公論』11-6、1926 年 6 月）

第 3　職業婦人の話（初出『現代』7-10、1926 年 10 月）

第 4　職業としての淫売婦

第 5　明治天皇の婦人観（日本の行くべき道）（初出『婦人公論』10-8、1925 年 8 月）

第 6　女の国、米国の話（初出『婦人公論』11-6、1926 年 6 月）

第 7　ハルピンの夜の女（初出『太陽』32-7、1926 年 6 月）

第 8　モダーン・ガール（初出『太陽』32-10、1926 年 8 月）

　婦人問題時事（婦人陵辱の流行、久野女史の自殺、少女の外人射殺、公娼を廃止せよ、ある夜の電車、男装の川島芳子、西園寺公と白蓮、毒を仰いだ女）

『自由日本を漁る』（博文堂、1929 年 4 月）

第 2 編　明日の婦人問題

　1　百年後の結婚（初出『婦人公論』11-12、1925 年 12 月）

　2　九條武子夫人の結婚生活（初出『女性』13-4、1928 年 4 月）

　3　モダーンガールの解剖（初出『女性』12-6、1927 年 12 月）

　4　伴侶結婚の話（初出『婦人公論』12-10、1927 年 10 月）

　5　黒い爪の恋愛（初出『婦人公論』13-6、1928 年 6 月）

第 5 編　自由日本を漁る

　6　婦人の権利と男（初出『中外商業新報』1924 年 12 月 26 日夕刊）

　7　女給取締りとチツプ（初出『中外商業新報』1924 年 10 月 7 日夕刊）

　62　芸者亡国論（初出『現代』9-6、1928 年 6 月 1 日）

『転換期の日本』（千倉書房、1929 年 10 月）

不安相の日本（3）

3、女性日本の発足

　第 1　女性支配時代の開幕（初出『婦人公論』14-8、1929 年 8 月）

　第 2　結婚制度の崩壊（初出『婦人公論』12-4、1927 年 4 月）

前者の研究においては、北岡伸一と山本義彦の研究[124]がある。北岡『増補版 清沢洌』は、清沢が日本社会を批判する時、最も力を入れていたのは女性の隷従の問題であり、モダンガールは彼にとって決して突飛なテーマではなかったと指摘し、新聞や雑誌がモダンガールの登場を興味本位で捉えたのに対し、より暖かい視点で観察し評価しているとする。しかし、北岡は、清沢の外交評論に着目してその生涯を論じているため、『モダンガール』およびその他の女性論については、内在的な分析をしていない。また、清沢は実際に出現したモダンガールには手厳しい批判をしていた。山本「民主主義論と女性の地位」は、管見の限りでは、清沢の女性論を主題とした唯一の論文であり、『モダンガール』の内容を丹念に紹介しながら論評する方法を採用し、その議論を「男女平等の社会的実体化の必要性」を鮮明に主張したものと高く評価している。また、清沢の女性論の歴史的位置を、公娼問題については先行する社会主義的女性運動家山川菊栄の議論を紹介し、女性論そのものについては、最後に石橋湛山・吉野作造との比較を試みている。山本論文に対し、本節は、第一に、『モダンガール』に収録されていない女性論・婦人問題論も分析の対象に含めることで、清沢の結婚・結婚制度改革論、芸者批判、イプセン『人形の家』のノラ批判という論点も組み込んで議論することにしたい。第二に、『モダンガール』は体系的な著作ではなく、評論集であり、清沢の女性論の論理が容易につかめる構成にはなっておらず、読み手の側が、その他の著作に収録された評論も含めて論理的に整理・分析する必要がある。第三に、清沢の思想的位置については、当時のモダンガール論および女性解放思想／運動のなかに位置づけることを試みたい。最後に、清沢のモダンガール論の底流にみえる「自由主義」の特徴を明らかにしたい。

一方、日本モダニズム研究[125]においては、いずれも清沢がモダンガールを「風俗」として捉えずに、伝統と隔絶した新しい女性としてモダンガールを捉えていたと主張する。清沢のモダンガール理解については当を得ているが、清沢のモダンガール論そのものには踏み込んで分析していない。本節では、「思想」としてのモダンガールという視角から、どのようなモダンガール論が展開されたのか、清沢の問題意識も含めて見ていくことにしたい。

第2項　モティーフと論理

本項では清沢のモダンガール論を、「思想」としてのモダンガール論と「ハルピンの夜の女」にみる日本社会批判の二つの側面から明らかにする。

1　清沢洌のモダンガール論

(1)「思想」としてのモダンガール認識

モダンガールの出現に注意を払うのは、清沢によると、この出現が良い意味でも悪い意味でも「時代の先駆」だからである。積極的な意味から言えば、それは「旧来の習慣に対する反抗運動の出現」であり、消極的な意味から言えば、「新時代の男子の趣味に応ずるために出来あがつた流行」である。[126]

このように述べた清沢は、自分の考える〈モダンガール〉を「近代の女」、換言すると、「時代の精神を表現する女」と定義し、その具体的な中身を三点挙げている。第一に相当な教育があり、時代の流れと婦人の位置がおぼろげながらもわかる者であり、第二に旧来の風習や道徳に対し批評的で、自己一身を極めて自由な立場に置く人であり、第三に生活意識と経済観念を持っている人である。彼の〈モダンガール〉認識は、先述の定義・内容と、不良少女や婦人参政権論者をそれに含まないことからもわかるように、相当に理念的である。[127] したがって、当時、実際に出現した「風俗」としてのモダンガールに対しては、次のように厳しく批判している。

惜し気もなく緑の黒髪を切り落した断髪は、……軽薄なるニヤケ男の愛を買はんがためではなかつたのか。……日本服姿を投げ出して、洋服に着代へたのは、身軽になつて新しく戦線に立たんがためではなくて、男の後を追はんがための武装ではなかつたか。[128]

つまり、清沢の言う〈モダンガール〉とは、その出現を目指すべき「理念」としてのモダンガールであった。したがって、清沢のモダンガール論は、「思想」としてのモダンガールを、「生活者」としてのモダンガールに深化させることを目指した議論なのである。

以上の議論の背景には、男子専制と婦人圧迫からきた社会的欠陥が日本の政治経済停滞の原因であり、それは婦人だけの問題ではなく、社会全般の問題であり、また、「日本の国運の消長に関する問題」との認識があった[129]。

要するに、清沢のモダンガール論とは、単なる女性論ではなくて、〈モダンガール〉を切り口にみえてくる日本社会の現状を民主化するために、どのような変革が必要なのか検討した議論と言える。

2　清沢洌の結婚・結婚制度批判

結婚・結婚制度に関する清沢の問題意識は、第一に「家族制度」という男子専制の下に苦しめられてきた日本婦人の置かれた境遇に対する義憤であった[130]。第二に、産業革命の結果、家と家との結合であった結婚が、個人と個人の結合に変化せざるを得ないとの認識があった[131]。

このような問題意識の下、日本婦人が置かれている状況について、清沢は二つの視角から検討している。一つは「職業としての結婚」[132]である。清沢によると、現在の日本において女性が生き得る唯一の道は結婚である。その背景には、結婚以外に生計を立てる手段がほぼなく、また、未婚の女性は一人前とみなされず、離婚した女性は「出戻り」と蔑視される状況がある。しかし、清沢は、時代の進歩によって結婚だけを女性唯一の職業とする状況ではなくなってくるとの展望を示している[133]。

もう一つの視角は、「職業としての細君」である。日本において結婚した女性は、「無料の女中」である。結婚することによって女性は収入を絶たれ、本来ならば二人の努力で築かれるはずの家庭と財産は出来上がってしまうと男のものになってしまう。しかし、アメリカでは、「妻君《ママ》業」を職業と認めて妻に給料を支払うという議論や、家庭を夫婦が共同で運転すべき株式会社とみなす議論が登場している。清沢は、家庭を株式会社とみなす議論を日本においても多少の修正を加えて実行するべきとの考えを示している(134)。

つまり、結婚を女性唯一の職業、妻は無料の女中とみなす考え方は、将来的には改めざるを得なくなるというのが清沢の見通しである。

以上の清沢の認識からどのような結婚・結婚制度改革論が提起されたのだろうか。ここでは「百年後の結婚」というエッセイを検討してみたい。このエッセイは、太郎と花子の兄妹の対話を軸に、一九二九（昭和四）年から百年後の結婚・結婚制度の様子を描くことを通じて、当時の結婚・結婚制度を批判し、自身の改革案を示すことを目指したものである(135)。

清沢によると、百年後の結婚は、当人同士が市役所に行って登録すれば成立する。一九二九年の頃とは異なって、結婚に際し、親の承諾や証人の捺印もいらない。家族は夫婦が単位になって、その上に「産児調節」が行われるので、五人以上の家族はほとんどいない。よって、結婚が家と家との結合であることを意味する結納、清沢の言葉を借りれば、「人身売買の手打金」の習慣は存在しない。男女間の道徳のダブルスタンダードは無くなり、男女は同じ権利、道徳の下に生存するべきだとの考えが一般的になる。したがって、結婚に際し、女性の貞操が問題となることはない。また、「男が飯を焚いて女が稼ぐ」という言葉に象徴されるように、性別役割分業はほとんどなくなり、百年後の東京には「婦人大使」が存在する。産業主義の進歩と婦人の経済的独立の結果、離婚の手続きは簡便になるが、離婚の件数は、「人智の発達」によって案外少ない。また、清沢は、外国の例として、離婚を防ぐために一定期間妊娠しない準備をし、結婚生活の実験をする「試験の結婚《エキスペリメンタルマリージ》」という制度を挙げている(136)。

以上検討した改革案は、家父長的な家族から民主的な家庭への転換を図るものだが、「百年後の結婚」というタイトルからもうかがえるように、清沢はそれがすぐに実現するとは考えていない(137)。このように結婚・結婚制度の改革を長いタイムスパンで考える清沢と、早急な改革を目指す社会主義者の議論とは当然のことながら対立する。

清沢は、社会主義者の家族・結婚制度論を、家父長的な家族制度を廃止し、自由恋愛を法律化して、夫と妻の自由な意志で離婚できるようにし、子供は両親が養育の責任を負わないで、国家がそれを引き受けるものと整理している。この議論を社会制度に取り入れようとしたのがソビエト連邦の結婚法である。清沢によると、この法律の眼目は、登録する結婚と無登録の結婚の法律上の区別をなくす、つまり、結婚制度の廃止だが、ソ連国内では賛否両論で議論が紛糾し、施行が延期されている(138)。結婚法をめぐるソ連の混乱を記した清沢は、社会主義者による家族・結婚制度論を以下のように批判している。

> いかにも人類の長い歴史は婦人虐待の歴史であつた。単に女に生れて来たといふ一瞬間の運命のために、かの女がどれだけ悲しい犠牲を払ひ、男子が身勝手に造つた鉄則の下積みになつて、可憐な涙を流したか《ママ》……これを解放せんとしたマルクスの目がけたところは決して悪いとはいへない。たゞかれらの手段は余りに性急に過ぎ、歴史の環境に培はれた人間の習性を無視しすぎてゐる(139)。

清沢は社会主義者が目指す目標には同意したものの、そこに至るまでの手段が余りにも性急すぎる点を批判したのである。

3　清沢洌の職業婦人論

職業婦人登場の背景について清沢は、産業革命により、家族主義が動揺したことを指摘している。その結果、家庭は経済の単位ではなくなり、男性は外（会社や工場）に仕事を求めるようになる。一方、従来の家族制度の下では男と一緒になって働いていた女性は、家庭では従属的な立場になると同時に衣類や家庭用品を購入できるようになったため、時間を得るようになった。資本家側は安い労働力として女性を必要とし、女性も家にいるよりも外で仕事をする方が得なのだから、ここに相互の必要から職業婦人が登場することになったのである(140)。

このような歴史的背景を持つ職業婦人とは、清沢によると、Women in Industry、すなわち、「産業に於ける婦人」を意味し、具体的に言えば、「工場に働く婦人」と「大都市に於ける職業婦人」に大別される。ここで注目すべきことは、清沢の職業婦人定義には、女工も含まれるということである。後者の職業は、たとえば、事務員、タイピスト、電話交換手、店員などである。彼女らの仕事は誰にでも多少練習をつめばできる非熟練労働であり、その教育程度は低く、勤続期間も短く、希望者は多い。よって、給料は低く、結婚という職業に移る準備行為に過ぎない。つまり、日本の職業婦人は、「未だ家族主義と産業主義との間に挟まつて、両方に片足をかけてゐるにすぎない状態」なのである[141]。

しかし、英米の婦人が、現在の職業を一生の仕事として精進していることからわかるように、婦人の社会進出、換言すると、職業婦人の増加を押しとどめることはできない。清沢によると、近年、女中のなり手が払底してきたが、「それは女が自由を欲する心、解放されやうとする努力と見れば、大体間違ひはない」。さらに、家庭の婦人もこれまでのように自由のない、奴隷のような境遇にいられずに、外に飛び出そうとするのは不思議ではなくなる。すなわち、「女中も家庭を飛び出せば、娘や妻君《ママ》も外に出る。かうして自由を追ひ求める時代の要求は、是が非でも、職業婦人を作るのである[142]」。ここで清沢は、職業婦人の出現が歴史の必然であるとの認識を示しているのだ。

職業婦人増加のもう一つの理由は、結婚難である。家庭で商売や仕事をしたりするのと違って、夫婦共稼ぎが出来ない以上、夫が妻を養うだけの給料を得なければならない。したがって、晩婚となり、結婚せずに仕事に専念する女性も出てくる[143]。

よって、職業婦人の出現がもたらす結果は、清沢によれば、一つは、「家庭の改善」である。敷衍して言えば、女性の人格を認め、男子専制から男女対等な家庭に転換することである。もう一つは、今の職業を一生の仕事とする女性が増えてくるということである[144]。

以上検討してきた清沢の職業婦人論の要点は、第一に、女性の社会進出は世界の趨勢であり、例外は許されないということであり、第二に、職場においても家庭においても男女の平等が必須になると整理することができる。

4　清沢洌の公娼制度・私娼論・芸者批判

公娼制度の廃止を主張する清沢の問題意識は、第一に、身を売るという女性が置かれた境遇に対する怒りであった。よって、清沢には公娼への差別意識はなかった。公娼存置論者に対し、清沢は、「君は君の可愛い娘を、吉原や洲崎の遊郭に身を沈ませる決心があるか」と詰問している。第二に、公娼制度とは、国家が人身売買を容認する制度との認識があった。清沢によると、「『娼妓に身を売る』『前借二千円』からしてどう間違つたつて人身売買である公娼制度は、公然国家の保護の下に営業として存在」している。よって、「改革の手は、第一にまづ公娼廃止より始められねばならぬ(145)」。

このように清沢が公娼廃止を主張する背景には、公娼は、「文化の尺度」、「一般婦人問題の発展の謂はゞ尺度(146)」との認識があった。つまり、公娼制度を容認するということは、日本は人権意識の低い国であり、婦人の解放は遅れていることを意味する。

しかし、清沢によると、公娼制度は直ちに廃止しなければならないとしても、それには時間が必要である。公娼制度廃止のために必要なことを清沢は三つ指摘している。一つは、「因襲的家族制度」を解体し、家族のために女性が身を売らざるをえないような道徳を打破すること。もう一つは、これまでのように婦人が自身のことを安易にあきらめてしまわないこと。最後に、婦人も男子もこの問題の解決に真剣に考えて取り組むことである(147)。

次に清沢の私娼論を検討することにしよう。この問題に対する清沢のスタンスは、私娼を生み出す社会の構造や習慣を変更しない限り、私娼の問題は解決しないというものであった。したがって、教条的な私娼撲滅運動には極めて批判的であった。

清沢は、サンフランシスコで記者をしていた時に、そこで私娼撲滅運動を主導したポール・スミス牧師と、欧米漫遊の途上に同地を訪れた丸山鶴吉——当時、警視庁保安課長の彼が猛烈な私娼狩りをしたことは、アメリカにも知られていたという——がキリスト教青年会主催の夕食会に主賓として招かれたエピソードを紹介している。清沢は、列席した教会の信者の様子を「如何にも善人らしい顔——私娼駆逐といふことに、大変な英雄的意義を発見して、二人を大救世主でもあるかのやうに見上げてゐる顔が、今でも頭の底に残つている」と描写してから、両者を次のように批判している。

> ポール牧師はバイブルの規法に、丸山君は国家が作つた規法に、少しのいがみもなく、少しの妥協もなく、忠実に実行しようといふ厳格さがあつた。かれ等の絶対善は、与へられた律法に、一字の間違ひもなく従ふことであつた。彼等はこの規法に従ふためには、泥足で奥座敷に踏みこむこともしようし、そのために犠牲者が道にへたばつても、それはかれ等の関するところではなかつた。一人は国家から一直線に法律といふ線を引張つて、また他の一人は神様から道徳といふ線を画いて、その中にのみ彼等の善、彼等の理想はあつた。
>
> 『そこであなたがたの方法で、風紀の改善と、女性の救済は出来そうですか』
>
> 私はかう口から出そうになつたのを押へた。若い記者で、偉い人に議論めいたことを話しかける勇気に欠けてゐたことも、その一つだが、その答へが、きまつて
>
> 『無論だらうじやないか、それが神様の教へであり、国家の法律なのだから』
>
> といふにあるやうな気がして、不必要な問題を改めて出すことを躊躇したのだつた。[148]

ここで清沢は、私娼が置かれた現状を直視せずに、聖書や法律に従って、彼女らを排除・処罰しようとする彼らの独善的な姿勢を厳しく批判しているのである。

一方、「社会主義の淫売婦観」についても清沢は批判している。清沢によると、社会主義者は、「淫売婦」発生の原

因を、現代の資本主義──私有財産制度に求めてしまう。たとえば、ベルフォート・バックスは、娼婦が存在するのは、なかなか結婚できないからであり、結婚を宗教上の儀式とするのではなく、自由恋愛、自由結婚を断行すべきであると主張する。また、アウグスト・ベーベルは、娼婦が存在するのは、婦人の俸給では生活できないからであり、男子と女子に同じ待遇と同じ俸給を要求するべきであると主張する。しかし、清沢は、確かにこれらの原因は「醜業婦」存在の一つの原因だが、その罪を全部資本主義に押しつけるのは我田引水であると批判する。なぜなら、もし、「醜業婦」が公娼を意味するのであれば、公娼を許しているところは、「君子国の日本」を除いてそれほどなく、多くの資本主義国は公娼を廃している。一方、それを私娼だとすれば、「共産国の労農ロシア」にさえ数多く存在する。「社会主義者は、とかく制度だけが目に見えて、人間そのものにつき纏ふ弱点と、欠点と、自然力と、習慣とを無視したがつて困る」(149)と清沢は批判している。

最後に清沢の「芸者」(150)批判を、「芸者亡国論」に即して検討することにしよう。清沢によると、青年が料理屋に通うことにより、農家は法外な借金を抱え、一家破綻の危機に瀕している。これは日本の疾患である。なぜなら、日本の芸者組織が人身売買を黙許しているという人道上の問題にとどまるのではなく、「産業日本を破壊する魔の手」だからである。一回の料理屋遊びは、田舎でも十円を下ることがなく、農家や小売業者にとっては莫大な負担となる。また、日本では事務所で話せば済むことを料理屋に持って行く習慣があり、この費用が結果的に生産費に転嫁され、物価高の有力な要因となる。また、中国や満州を旅行した時に、どこに行っても感じたことは、料理屋・芸者がその土地の日本人人口に比較して数多く存在することであった。中国や満州にいる日本人は、収益の多くを芸者遊びに使ってしまい、いつまで経っても資本の蓄積ができず、日本人の発展は覚束ないのである。このように述べて、最後に、清沢は、読書クラブを作って、芸者に消費する金と時間を読書にあてるべきと提案している(151)。

これらの問題の背景には、「男女間の〔道徳の〕ダブル・スタンダードがある」と考える清沢は、「男と女とが異なつた道徳律を有する時代が過ぎて、男に許されることは女にも許される時代が来れば、この売淫は最後まで存在する問題であるには違ひないが、社会的罪悪ではなくなる」[152]と主張する。つまり、国家による女性だけの人身売買である公娼制度が廃止され、家族のために女性が身売りをするのは当たり前とみなす道徳がなくなれば、売買春の問題は、少なくとも社会的な罪悪ではなくなるというのが清沢の見通しであった。

（2）「ハルピンの夜の女」にみる日本社会批判

「ハルピンの夜の女」は、自由で束縛のない都市ハルピンの「夜の女」――ハルピン名物の「裸体ダンス」の踊り子、売春婦、「トルコ・バス」、フランス製のポルノ映画など――を切り口に、女性を圧迫する日本社会の現状と日本人の思考様式を徹底的に批判したエッセイである。清沢の問題意識は、このエッセイの扉に、以下のように鮮明に描かれている。

日本の官憲ほど、他人の事件に立ち入りたがる人種はない。薄い着物を着る、それが不可ん《ママ》と差し止める。ダンスをやる、風俗を紊すと圧迫する。裸体画を陳列しても、絵葉書を持つてゐても、ほとんど悉くが干渉の種になるといふ有様である。

ところがその日本ほど、外国人から見ては、不道徳な国はない。公娼がある、芸者がある。立小便は自由。着物を股までまくつて歩くぐらゐは無論当然の話しである。ことに女と見ると悪さをしたり、ふざけたりする国は、世界広しと雖も、日本だけの専売特許だ。だから『日本の取締りといふもの丶標準こそ、われ等には分らない』と外国人は云つてゐる。

こゝから足を抜いて、支那大陸に行くと、この様子はガラリと変つて来る。特にハルピンにおいては、全くこの辺については無警察といつてもい丶。併しそれが故にハルピンの男女は他に比して非常に不幸だらうか。[153]

官憲が個人の私生活や趣味に介入する一方で、公娼や芸者は認められ、女性に対する悪ふざけも何ら問題とならない日本社会をどのように批判し、改善するか。それが彼の問題意識だと言えよう。

ここでは行論の関係上、ハルピンの「夜の女」を詳細に描くことは控え（伏字の関係でうまく紹介できないという事情もある）、以下、批判の要点を紹介しながら検討したい。

横浜正金銀行支店主催の歓迎午餐会に招待された清沢は、礼式にこだわらないロシアの自由な食事作法に感銘を受けて、これとは対照的なエピソードを紹介している。ハルピンに行く前に送別会で鳥屋に赴いた清沢は、鶏鍋を頼んだが、鍋もコンロもあるにもかかわらず、「夏は鍋は出すもんでないから」という理由で注文を拒まれた。この時の女中が、まだ夏の暑さにもかかわらず、もうセルの時候だからという理由で、合い着のセルの着物を着用していたことも含めて、清沢は「日本では、自分の味覚や趣向を他人様に預けてあるんだな」[154]と記している。これは、旧来の習慣や風習にがんじがらめになってしまい、主体的に物事を判断しようとしない日本人に対する厳しい批判である。

また、ハルピンに在住する日本人の誰からも「強大なる国家」の必要を説かれ、参観した日本人小学校で国家主義的な教育が行われていることを知った清沢は、国家に依存する満州の日本人を次のように批判している。

かれ等が朝晩『国家』『国家』とだけ云つてゐる間に、個人的の経済戦争には、惨めに打ち敗れて、南満洲から北満洲どこに行つても衰退の影に追はれてゐるわが同胞の心理状態であつた。[155]

このような批判の背景には、国家から何の支援も受けず、厳しい排斥運動の下、自力で生活を築き上げる必要にせまられた在米日本人移民の経験があったはずである。

また、「裸体ダンス」や売買春に関する規制がないハルピンの自由さを受けて、清沢は、警察官による私娼狩りを例に挙げて、次のように国家権力のあり方を批判している。

血の気のない、すさび切つた女を、暗い街の隅々から引つ張り出すことが、果してそれ程風紀の廓清なのか。『今日は私娼狩りだ。《ママ》といふ日は、警官はまるで勇み立つさうだぜ』とある男が話したが、さうした官権の力が人間の私生活に、靴の儘で踏み込むやうな国家権力の行使が、実際日本の道徳的生活を、一寸でも向上させるのに力があるのか……。《ママ》[156]

ここで清沢は、私娼を生み出さざるを得ない社会構造や封建的な習慣に目を向けずに、「私娼狩り」と称して、個人の私生活に土足で入り込んでくるような国家権力のあり方を厳しく批判しているのである。

しかし、清沢は決してハルピンの抱える問題を見逃している訳ではない。ロシア人と中国人と日本人が相交叉する都市ハルピンは、関東軍に秩序維持を頼らざるを得ない。また、「醜業婦」を生み出さざるを得ない歴史的背景や社会構造もある。それにもかかわらず、清沢は、ハルピンの自由さに惹かれてしまう理由を次のように述べている。

ハルピンの『自由市』が、いゝ意味でないのは無論である。けれども僕は、その活動写真見物の帰りに、……独り手に頭に浮び出た疑問を、今も解くことが出来かねてゐる――『お前が、今、かりにハルピンを自由にする位置に据つたら、これ等の醜窟やら、魔性の女を一網打尽に一掃するか』と。〔中略〕醜業婦がいゝ、といふ結論は、どう考へたつて出つこはない。併しどうしたらいゝんだ。〔中略〕

君等から、冷かし半分にもせよ『聖人』を以つて呼ばれる僕が、ハルピンの夜を語るに比較的に詳細であることに、君と雖も少し意外であるかも知れぬ。併し私娼厳禁の都……から私娼公開……の都に来て、この辺に殆んど何等の趣味を持たぬ僕すらも、なんとはなしに座敷牢の中から野原へ出たやうな気がするのだ。生真面目なバートランド・ラッセルが、何故支那を好むかの気持も、よく呑みこめた。[157]

ここで清沢は、ハルピンの「醜業婦」の存在を踏まえつつも、そこで国家権力の統制から感じる日本社会の息苦しさから解放されたことを率直に告白している。

（3）小　括

本項では清沢のモダンガール論を、「思想」としてのモダンガール論と「ハルピンの夜の女」にみる日本社会批判の二つの側面から明らかにすることを試みた。

前者のモティーフは、「思想」としてのモダンガールという理念を切り口に、日本の女性を封建的な習慣や道徳から解放することを目指すものであった。同時にそれはこのような習慣や道徳を許容する日本社会の構造を変革することを意味する。したがって、清沢のモダンガール論は、単なる女性論ではなく、婦人問題を社会問題と捉え、その解決を図ることにより、日本社会の民主化を目指した議論なのである。

このような清沢の「思想」としてのモダンガール論の論理とは、まず〈モダンガール〉という理念を立ち上げることにより、女性を中心に日本社会が抱える問題を抽出し、その上で英米やソ連の議論を参照しながらその具体的な解決を図るものであった。清沢のモダンガール論には二つの柱――「結婚・結婚制度批判」と「公娼制度・私娼論・芸者批判」――があった。この二つの問題の根底には「男女間の性道徳のダブルスタンダード」があり、これが日本の女性問題の最大の宿痾であった。清沢は産業革命後の社会の変遷と女性の社会進出を踏まえ、この宿痾の解決を課題としたのである。しかし、清沢はラディカルな改造を志向したけれども、あくまでも漸進的な方法を採用したのだ。

一方、後者の「ハルピンの夜の女」とは、自由で束縛のない都市ハルピンの「夜の女」を切り口に、女性を圧迫する日本社会の現状と日本人の思考様式を徹底的に批判したエッセイであった。その要点は、①旧来の習慣や道徳を批判的に検討せず、盲目的に従う日本人への批判、②個人の私生活に介入する国家権力に対する批判（国家主義批判）、③生活意識を持たず、国家に依存している植民地の日本人に対する批判の三点に集約することができる。このエッセイには、閉塞感漂う日本社会に対する危機意識が一貫しているが[158]、これは一九二〇年代後半の清沢の評論の底流にある認識であった。

以上のように、清沢のモダンガール論は、〈モダンガール〉と「ハルピンの夜の女」という二つの切り口から、女性を圧迫する日本社会の現状を厳しく批判し、女性の解放とその民主化を目指すために展開された議論だったのである。

第3項　一九二〇年代日本社会における思想的位置

（1）一九二〇年代日本のモダンガール論における思想的位置

ここでは先行研究に依拠しながら、まず一九二〇年代日本におけるモダンガール論を概観し、その上で清沢の思想的位置とその議論の特徴を考察する。

1　一九二〇年代日本におけるモダンガール論の概観

モダンガールがジャーナリズムの話題にのぼりはじめたのは、バーバラ・ハミル・佐藤によると、関東大震災のしばらく後、東京がようやく落ち着いてきたころからであった。モダンガールたちは、まずそのヘアースタイルと服装によって世間の人々の注目を集めた。派手なワンピースやセーラーズボン、断髪の上に帽子を被ったいでたちは、とても人目を引くものであった。それは当時の婦人の装いがまだほとんど和装だったからだけではなく、モダンガールたちの洋服がアメリカの映画女優を真似た最新流行の奇抜なスタイルだったからである。そのため、新しい風俗が流行する時の例にたがわず、モダンガールも同じ年頃の子供を持つ親はむろんのこと、世間の大人たち一般からも軽蔑の目で見られていた(159)。

現実に存在する流行風俗としてのモダンガールを「にせもの」、自らの理念を投影したモダンガール像を「ほんもの」と位置づけるのは、知識人の間では一般的な風潮であった。清沢のように、評価の低い現実のモダンガールとは別に、理念化したモダンガールにたえず言及するのは、「モダンガール」という言葉そのもののもつイメージに影響されていたためと考えられる。「モダン」、あるいは日本語での「近代」という語には、このころから既に特別な意味合いをもたせようという共通の認識が知識人にあった。それは進歩的、合理的であり、伝統的なものとは決定的に対立するものであると位置づけられたのである。したがって、北沢秀一や清沢をはじめとする知識人が、「モダンガール」の名にふさわしい新時代の女性の資格として認め、また西洋を理念化して求めたものは、なによりも、何者にも束縛されない自由な自我の実現だった。しかしながら、多くの知識人は、実在のモダンガールにそのような意義が具備していることは認めなかった。彼らが近代性、進歩性を認めたのはモダンガールという言葉そのものであって、現実のモダンガールについては、ただファッションだけを西洋の女性の最新流行を物真似しているに過ぎないとみなしたのである。モダンガールという言葉に由来する期待の大きさと、実際にモダンガールと呼ばれている女性たちへの軽侮と失望、これがモダンガールの評価に両義性を持たせた原因だった。[160]

また、マルクス主義者にしてみれば、アメリカこそ代表的資本主義国であり、そしてまた映画こそアメリカ文化、それも退廃したものを象徴するものであった。したがって、それを模倣するモダンガールは、まさに退廃したブルジョワ文化を日本で体現するものとみなされたのである。一方、保守的知識人が、モダンガールについて、伝統的美風を破壊するものとして反対したのはもちろんである。[161]

モダンガールの断髪、洋装の外見が、近代以来の女性の歴史で大きな画期であったことも、一面では否定できない事実である。モダンガールを観察した知識人が、このような事実の意味を評価できなかったのは、モダンガールが登場する背景となったマスカルチュアそのものに、彼らの大半が違和感をもっていたことと関連する。マスカルチュアの成立とモダンガールの登場を、ただ影響とか模倣の関係でなく、社会の構造変化の視点から論じたのが、評論家の平林初之輔だったのである。[162]

2　一九二〇年代日本のモダンガール論における思想的位置と特徴

清沢のモダンガール論は、マルクス主義者や保守的知識人とは異なり、モダンガールを「新しい女」や女権拡張論者、婦人参政権論者とは異なる新しい時代のもしくは次世代の何物にも束縛されない自由な自我を持つ女性として理念的に捉えようとするために、実際に出現した「風俗」としてのモダンガールを批判する（あるいは言及しない）モダンガール論の潮流に位置づけることができる。

また、その特徴として、清沢と同じ潮流に位置する北沢秀一や千葉亀雄の議論[163]は、モダンガール出現の意義やその定義を論じることが主眼となっているのに対し、清沢は、〈モダンガール〉を切り口に日本社会とそこにおける男女道徳を変革することに議論の力点を置いていることが挙げられる。確かに清沢は、現実のモダンガールを非難し、その登場とマスカルチュアの成立を社会の構造変化の視点から論じなかった。しかし、清沢は、産業革命以降の時代の趨勢と女性の社会進出を展望し、〈モダンガール〉という切り口から、日本社会が抱える結婚・結婚制度、職業婦人、公娼・私娼・芸者の問題にまで視野を広げて建設的に論じたのである。また、現実のモダンガール批判も、女性に期待するがゆえのものであった。

（2）一九二〇年代日本の女性解放思想／運動における思想的位置

清沢は、管見の限りでは、日本の女性解放思想家・運動家の議論や日本における女性解放運動を参照して議論を展開していない[164]。わずかに日本における婦人運動の三段階——青鞜社の「新しい女」、社会運動家、モダンガール——を提示し、若干の批判をしているだけである[165]。また、「良妻賢母思想」を参照して自身の議論を展開していない。したがって、ここでは日本の女性解放思想／運動や「良妻賢母思想」との具体的な連関を解明することよりも、清沢のモダンガール論の思想的位置を示すことに重点を置きたい。

1　廃娼運動とその思想における清沢洌の思想的位置

清沢の「思想」としてのモダンガール論の重要な柱の一つである「公娼制度・私娼論・芸者批判」は、結果として、日本におけるキリスト教の影響を受けた廃娼運動／思想に対する厳しい批判を意味した。

キリスト者による廃娼運動の思想は、鈴木裕子によると、男権家父長社会がつくりだしたジェンダー・イデオロギー、すなわち、性の二分法（女性の性を「娼婦」性と「聖母」性の二つに分断する）と性のダブルスタンダード規範にはまり、芸娼妓を「汚れた」性として排斥したのであった。そこではまた社会科学的分析の視点が軽視・無視されがちで、「純血」思想と「貞操」道徳がことさら強調されがちであった。総じて婦人矯風会や廓清会にとっては、芸娼妓がおかれていた社会の仕組みや制度を根本的に変えていこうとする発想は希薄だった[166]。また、小野沢あかねは、大正デモクラシー期の廃娼運動が、広範な民衆からの支持を得ていたことを指摘し、その論理を次のように整理する。空前の好況、それに続く戦後恐慌のなかで、飲酒・買春を含む様々な享楽的、営利的な行為の結果、ともすれば生活破綻に陥ることに対して反省が芽生えかけたことを契機とし、キリスト教会は完全な一夫一婦に基づく「健全な」家庭を核とした、新しい生活を確立することで、精神的・経済的な生活破綻を避けられると提起したのである。このようなキリスト教会の主張は、新中間層・知識人の夫人や幼稚園教諭によって支持された。彼女らが理想とした子供の情操面の育成をも含めた育児、科学的・衛生的知識に基づいた合理的な家事運営を使命とした新しい家庭像からすれば、外観がいかにも「伝統的」で、「人身売買」的な買春を営む貸座敷や、家庭の経済・衛生や子供の情操に多大な弊害を与える買春行為を公認・助長する公娼制度は、廃止すべき「旧弊」「前近代的遺物」となったのである[167]。

鈴木と小野沢が明らかにした廃娼運動の思想は、いずれも公娼制度や公私娼を生み出した社会的構造に目を向けることはなく、公娼制度を罪悪視することにより、彼女らは蔑視され、社会から排除されようとした。また、完全な一夫一婦に基づく「健全な」家庭の強調は、貞操観念や純血観念のさらなる強化につながったはずである。清沢は、貞操を問題視せず、男女間の道徳のダブルスタンダードの解消を主張したのであり、キリスト者による廃娼運動に対しては極めて批判的な立場に位置したと言えるだろう。

一方、社会主義者の廃娼運動／思想と清沢の議論は、公娼や私娼を生み出す社会構造に着目するという共通点を有したが、解決に至るまでの手段をめぐって対立していた。ここでは、山川菊栄の議論と比較しながら検討することにしたい。

山川の廃娼論の要点は、鈴木によると、①「売淫」制度の基礎を、「私有財産制の確立による富の懸隔」つまり貧困問題と、「婦人の屈従」に求めていること、②山川が資本制・男権家父長制社会における「男女道徳標準の差」を指摘していること、③男権家父長制社会が女性に課す奴隷道徳の最たるものは「貞操」だと喝破したこと、にある。(168)興味深いことに、鈴木裕子が指摘した山川の議論の要点は、清沢の「公娼制度・私娼論・芸者批判」ですべて指摘された論点である。(169)管見の限りでは、清沢が山川の議論を参照した証拠はないが、海外も含めて社会主義者の廃娼思想を批判的に参照した上で、自身の議論を構築したものと思われる。ただし、山川は「売淫」の根絶には「経済革命と婦人解放」によるほかはない(170)との考えを示しており、この点で清沢と対立したであろう。

つまり、売買春の主因を資本主義に求め、革命を目指す社会主義者に対して、清沢は人間の性格や習慣を考慮する必要性を指摘し、売買春の問題を撲滅することは難しくとも、社会的罪悪にはならないように漸進的な問題の解決を主張する立場に位置したのである。

2　青鞜社の「新しい女」とノラ批判の意味するもの

青鞜社の「新しい女」批判自体は取り立てて珍しいものではないが、ここでは清沢の批判の論理に着目することにしたい。「新しい女」の出現を「『将来の婦人』の風がどう吹くかを日本の社会に示すには充分であった」と評価した上で、清沢は次のように批判している。

併し彼等の運動は、華々しくはあり、旧い道徳に反抗することには力強いものではあつたけれども、たゞ足が地に即してゐない憾みがあつた。そこには反抗はあつたけれども、生活がなかつた。多分のローマンチシズムはあつたけれども、リアリチーはなかつた。理想はあつたけれども、経済がなかつた。(171)

つまり、清沢は、「新しい女」の運動に、生活意識が欠如していた点を批判したのである。また、当時、「新しい女」と絡めて論じられたイプセン『人形の家』の主人公・ノラに対して清沢は、「イプセンの時代に新しいとされた婦人のタイプすらが、現代の婦人に比しては、気の毒なほど生活意識がなかったことだ(172)」と批判している。

両者への批判に共通するのは、生活や生活意識の欠如である。「生活」とは、清沢の思想の核となる概念であった。そこには二つの意味が込められている。一つは、他者や国家に依存せずに、自分の力で生計を立てるということである。この背景には、日本人移民の経験があった。もう一つは、一九三〇年代に入ってからより強調されることになるが、左右のラディカリズムに抗して、日々の生活を重視し、そこから物事を考えていこうとする姿勢である。(173)要するに、「生活」を重視する清沢は、青鞜社の「新しい女」出現の意義を一定程度は認めつつも、〈モダンガール〉に比べて理想主義的な一昔前の女性と批判的に捉えていたのである。

3　「良妻賢母思想」と清沢洌のモダンガール論との距離をめぐって

ここでは「良妻賢母思想」を戦前日本の特殊な女性規範としておさえるのではなく、第二次世界大戦後の日本社会や欧米近代国家における女性像との共通点・連続性をもち、「近代」の思想と捉える小山静子と牟田和恵の研究(174)を参照し、「良妻賢母思想」と清沢のモダンガール論との距離について検討したい。(175)

「良妻賢母思想」とは、「家庭内に女性を位置づけ、良き妻・母としての役割を第一に求めるイデオロギー」であり、一八九九（明治三二）年の高等女学校令は、「良妻賢母思想」を現実に教育政策に取り入れる契機となった。つまり、「良妻賢母思想」は、女子中等教育の整備の当初から女性教育の骨格として存在したのである。[176]

しかし、「良妻賢母思想」は、第一次世界大戦を契機に転換を迫られることになる。一方では、「婦人問題」が社会問題として意識されるようになり、また、女性運動が進展するが、このような変化の背景にあったのは、女子中等教育の飛躍的な普及と職業婦人の増加であった。他方では、初めての本格的な総力戦であった第一次世界大戦における欧米女性の銃後活動は衝撃的な出来事として受け止められ、単なる「良妻賢母」にとどまらない、女性の新たな能力の開発が自覚され、それまでの良妻賢母思想を一歩乗りこえた女子教育論が展開されていくのである。[177]

第一次世界大戦から戦後にかけて「良妻賢母思想」は再編を余儀なくされ、新しい女子教育論や良妻賢母像が提起されていくことになる。前者に関しては、欧米の女性に匹敵するための改善策として、高等教育の必要性や体育の充実、科学思想の導入による生活改善や家事の合理化が検討された。後者に関しては、家庭にとどまらない幅広い活動が女性に期待されるようになった。具体的には、職業への進出、「女の特性」を社会に向けて発揮すること、家庭内においてある程度夫と対等な存在へと上昇する可能性を持った「主婦」としての女の登場を指摘することができる。[178]

新しい良妻賢母像の模索は、女子教育論の展開にとどまらず、女子教育政策にも影響を与え、一九一八年九月の臨時教育会議第二三回総会では女子教育の「改善」が審議され、一九二〇年には、高等女学校令が改正された。[179]臨時教育会議答申や高等女学校令改正を検討した小山は、「『良妻賢母』という枠組みに女性をはめながらも、女のもつ社会的可能性を引き出し、それを国家に吸収していこうとする試み」として、この時期の女子教育論を捉えることができると主張している。[180]

上述の再編を余儀なくされた「良妻賢母思想」や女子教育論を清沢がどの程度参照していたかは疑問だが、彼のモダンガール論との距離を感じずにはいられない。第一に、これらの議論は、家庭における女性の地位を「向上」させ、さらに、彼女らの社会的可能性を引き出そうとしたかもしれないが、しかし、性別役割分業は否定しておらず、男女平等は「幻想」に過ぎなかった。性別役割分業を否定し、徹底的な男女平等を求めた清沢との違いは明瞭である。第二に、結局のところ、これらの議論は国家中心であり、女性の主体性を喚起するとはいえ、その目的は国益のためなのである。一方、清沢は、「日本の教育には『国家』はあるけれども『社会』はない」と批判していた。「われ等の平生の生活において、国家人たるわれ等の必要は、ほとんどなくて、社会人たるわれ等が極めて必要なことだ」という理由から、社会意識の涵養など「社会人としての訓練」を教育に求めていた[181]。

つまり、清沢は、国家中心の教育を批判し、「社会」の視座を教育に組み込むことを強く主張したのであり、小山が紹介した女子教育論とは意図するところが違ったのである[182]。

「良妻賢母思想」と清沢のモダンガール論との間には相当な距離があったと言えよう。

4　女権主義に立つ清沢洌のモダンガール論

周知のように、女性解放思想には二つの潮流——女権主義と女性主義／母性主義——があった。これまで検討してきた清沢のモダンガール論は、男女間の政治的経済的道徳的不平等を解消し、日本社会の民主化を目指す議論であることから、女権主義に立つ議論であると評価できる。ただし、清沢の議論は、男性優位の社会や制度を是認し、女性を同等の地位に引き上げようとするものではなく、それらを改善しながら、男女同権の達成を目指したものであった。

したがって、理知的な男性に対して感情的な女性は、人間の理知を極度に発達・応用させる文明社会に適応できないので、女性の特異性を現代文明に付加するべきだと主張する女性主義的な議論に対し、清沢は、「もし女の性格なり、特異性が境遇によって生れ出たものとすれば、男の社会をモデファイし、譲歩し、同時に婦人を教育することによって、結構、男女共通の文明を作り得る筈である[183]」と反論したのである。

また、清沢が徹底した女権主義者であることは、行き過ぎた女性解放への批判からもうかがえる。「女性支配時代の開幕」と題したエッセイで清沢は、英米の支配権はすでに女性の手にあると主張する。女性が社会道徳を左右し、その上、財産権を持つようになると、男性は「只もう金を儲けるために奴隷のやうになつて働く」。それを使って、女性は様々な会合や社会運動に参加するようになり、「かうして男は益々動きが取れなくなる」。清沢によると、「元来、女は組織や支配には得手である」。女性の長所が自由に発揮される組織・管理の時代を迎えつつあるという意味で、「女性支配時代が来た」のである。(184)

英米が「女性支配時代の開幕」を本当に迎えたのか疑問だが、清沢は、全般的に批判的な筆致で英米の女性優位の社会を描いている。このエッセイの解釈は難しいが、清沢の意図は、一つは男性優位の社会と同様に女性優位の社会も批判すること、もう一つは、将来的には日本も女性優位の社会になるのは必然との見通しを示すことにあったのではないか。

要するに、清沢のモダンガール論とは、徹底的な男女平等による社会の民主化を目指した議論なのである。

第4項　おわりに

これまで見てきたように、清沢は、一九二〇年代にモダンガール論を継続して執筆していた。その問題意識は、第一に日本女性が置かれた悲惨な境遇に対する怒りがあった。それは清沢にとって単なる感情の問題ではなくて、人道上および社会的に解決すべき問題として理解された。この背景には、棄教後にも彼の意識に残っていた〈モラルとしてのキリスト教〉とアメリカの女性との比較があったと思われる。第二に、女性をこのような境遇に置くことを認める男性優位の日本社会への批判があった。〈モダンガール〉という切り口を採用したのは当時の論壇や言論界の流行を利用したのかもしれないが、清沢のモダンガール論自体は彼の個人的体験に基づく深い問題意識によって展開されたのである。

しかし、清沢のモダンガール論は、日本社会の現状を見据えた議論ではあったけれども、日本の女性解放思想家・

運動家の議論や日本における女性解放運動を参照して展開されたものではなかった。もし、清沢がこれらの議論や運動を踏まえて論じていたら、青鞜社の「新しい女性」批判や「社会運動家」批判もより厚みをもったものとなり、女性による労働組合運動にも言及することができたであろう。清沢は、その職業婦人定義に女工を含めていただけに残念である。また、清沢は、「母性保護論争」[185]で議論された母性の保護については全く言及していない。清沢は職業婦人の増加を展望しており、それ自体は妥当な認識だが、職業婦人の出産を社会としてどのようにサポートするのか、あるいは、個人の自助努力に任せるのか、検討する必要があったのではないか。さらに言えば、清沢は、農村女性の問題を全く取り上げていないが、その問題をも論理的に組み込むことができたならば、農村の民主化というより大きな論点が浮上し、一九二〇年代日本社会へのトータルな批判となったはずだし、顕在化しつつあった都市と農村の対立を認識することができたと思われる。残念ながら清沢のモダンガール論は、農村女性の問題も含んだ日本社会の民主化論になってはいない。

ところで、本節は、清沢のモダンガール論を一九二〇年代日本における「自由主義論」の一つとして捉え、さらにその「自由主義」の内実に踏み込んで検討した点に意義があった。最後に、清沢のモダンガール論の底流にみえる彼の「自由主義」を検討することにしよう。第一に、「思想」としてのモダンガール論は、一見するとラディカルな議論だが、全体を通して漸進的に解決する姿勢が強く表れている。たとえば、清沢は、「風俗」としてのモダンガールを批判したが、しかし、「先覚者は徒らにモダーン・ガールを罵しり、攻め、批評する代りに、この犠牲者の一人でも少なかるべきため、彼等の行く道を示すに同情がなくてはならない[186]」と述べているように、徹底的な男女平等による社会の民主化に至る長い道のりにおいて実際の犠牲が少ない方法を採ることを主張していた。また、結婚制度改革論に関しては、「百年後の結婚」というタイトルが示しているとおり、長いタイムスパンで結婚制度改革を考えていたことがわかる。さらに、「公娼制度・私娼論・芸者批判」に関しても、公娼制度の即時撤廃や私娼の早期撲滅を唱えた訳ではない。人間の性格や習慣を軽視し、急進的な変革を主張する社会主義者への批判が随所に見られたように、清沢は、日本社会の民主化を犠牲の少ない方法で漸進的かつ建設的に進めようとしたのであり、これらの点に清沢の「自由主義」の一つの特徴である「漸進主義」を見ることができる。第二に、「職業としての淫売婦」にみえるポール・スミス、丸山鶴吉への批判は、公娼や私娼を生み出す現実を理解せず、自分が信奉する考えを絶対的に正しいとみなし、公娼や私娼を社会から排除しようとする偏狭な思考様式に対する厳しい批判であった。清沢はポール・スミスを批判するだけではなく、彼を支持する善良な市民の様子をシニカルに描いている。事実を直視し、あらゆる角度から物事を考える姿勢を強調した清沢の「心構えとしての自由主義」が、教条的な私娼撲滅運動批判のベースにある。また、第三に、「ハルピンの夜の女」は一見すると旅行記だが、自由で束縛のない都市ハルピンの「夜の女」を切り口に、女性を圧迫する日本社会の現状と日本人の思考様式を徹底的に批判したその骨子は、旧来の習慣や道徳を批判的に検討せず、盲目的に従う日本人への批判を意味し、また、個人の私生活に介入する国家権力への批判（国家主義批判）を意味し、さらに、生活意識を持たず、国家に依存している植民地の日本人に対する批判がある。その根底には閉塞感漂う日本社会に対する危機意識があった。ここに「自我の確立」と「（国家）権力からの自由」という清沢の「自由主義」の二つの特徴を読み取ることができる。有名な「甘粕と大杉の対話」[187]と並んで、一九二〇年代における清沢の「自由主義」を象徴するエッセイと言っても過言ではない。

要するに、清沢の「自由主義」とは、体系化されることを清沢本人が繰り返し拒絶したことからもうかがえるように、思想体系として産み出されたのではなく、個々の出来事に対する反応の仕方であり、そこにジャーナリスト清沢の個性が現れるのである。したがって、清沢の「自由主義」を実態として捉えるのではなく、「機能」として捉えて議論する必要があるだろう。すなわち、本節は、清沢がモダンガールについて議論するプロセス、換言すると、個々の出来事に対応する反応の仕方から、その「自由主義」を読み取ろうとした試みなのである。

以上検討してきた清沢のモダンガール論は、外交評論を得意とした彼の言論活動全体のなかにどのように位置づけることができるだろうか。筆者は、清沢の言論活動の主題は、一貫して「日本社会の民主化」であったと考えている。清沢の外交評論は、国際協調と「デモクラシー」の精神を重視し、外交問題で排外主義に陥りがちな日本人に向けて、相手の立場を尊重する必要性を繰り返し強調したものであった。本節で検討したモダンガール論もその一環をなすものであり、女性の解放と男女の徹底的な平等によって日本社会の民主化を目指す議論だったのである。また、清沢は、一九二〇～四〇年代にかけて教育論を数多く発表しているが、それは社会の民主化を担う主体形成論であった。

一九三〇年代に入ると、清沢は女性論・婦人問題論を執筆することはほとんどなくなり、むしろ、女性を対象に外交や政治をわかりやすく解説した時評をアジア太平洋戦争の開戦直前まで『婦人公論』などに継続して寄稿するようになる。この背景には、左右のラディカリズムに抗し、女性が社会の民主化を担う主体になるためには、国内政治および国際関係認識を持つ必要があるとの強い問題意識があったのである。

第4節　一九二〇年代日本の「新自由主義」論争

第1項　一九二〇年代日本の「新自由主義」論争

一九二〇年代後半に上田貞次郎や鶴見祐輔らによって「新自由主義」が提唱され、社会主義者との間で論争が起きた[188]。

一九二六（大正一五）年四月、東京商科大学教授上田貞次郎は、雑誌『企業と社会』を創刊し、「新自由主義」を提唱した。上田の新自由主義[189]の提唱に対して、吉野作造は、『中央公論』（一九二六年六月、八月号）で賛意を示したが、雑誌『改造』（一九二六年一〇月号）は、新自由主義批判の特集を組んでいる。一方、雑誌『現代』（一九二七年四月号）は、新自由主義を歓迎する特集「新自由主義の第一声」を組み、田沢義鋪が主宰する雑誌『新政』（一九二七年一、三、四月号）は三回にわたって「新自由主義」特集を組んでいる。新自由主義の提唱者・賛同者は、上田貞次郎、山中篤太郎、猿谷善一ら『企業と社会』執筆陣のほか、清沢洌、鶴見祐輔、前田多門、石井満、沢田謙、川原次吉郎、塩沢昌貞、那須皓らであった。[190]

ところで、同じく一九二〇年代後半から鶴見の新自由主義も論壇の注目を浴びていた。[191]自由主義政治団体結成を構想していた鶴見は、一九二八年七月、新自由主義協会（会長・新渡戸稲造）を創立し、機関誌『新自由主義』を創刊した。[192]また、鶴見は、同年四月一六日には、政治家の同志五名とともに明政会という政治集団を結成していた。この明政会は、一九二九年二月の総選挙後の議会でキャスティング・ボードを握るものとして注目されたが、政友会の多数派工作によって、満二年の生命を保つこともできなかった。[193]

新自由主義協会は一九三五年頃まで存続しているが、一九三〇年二月の衆議院総選挙での鶴見の落選によって、新自由主義運動としては事実上終焉したと思われる。[194]

論壇の寵児であった鶴見の「新自由主義」は、普通選挙実施後の政界進出とあいまって、ジャーナリスティックな注目を浴びた。しかし、上田の「新自由主義」と鶴見のそれは、イギリス新自由主義をモデルにしていること、既成政党および無産政党に対抗して日本の政治・社会システムの中道改革を主張するものであることなど、共通性を持っていることは確かだが、「自由主義」の捉え方における相違は無視できない。[195]

上田の新自由主義は、産業社会論を基礎として展開され、現実の社会過程における諸個人の自治共同・自主独立を説いて、国家権力からの自由を主張する。社会政策立法の主張は積極国家（国家干渉）の主張であるが、その目的とするところは、国家から独立した個人・団体の活動の自由を促進することにあり、その意味では、イギリス新自由主義の精神を継承するものである。一方、鶴見の「自由」論は、教養主義的な個人人格理念を基礎としているために、現実の社会過程から抽象された個人人格の自由の礼賛に傾斜している（その極限は、鶴見の「英雄崇拝」論である）。個人人格の自由は、言葉として多く語られるが、自由な個人によって支えられる社会像が見えてこない[196]。

ところで、上田の「新自由主義」は、決して孤立して出現した突然の現象ではなかった。その主張を社会的に支えているものとしては、武藤山治の実業同志会（一九二三年四月創立）に典型的にみられる実業界の政治的発言への動きがあったのである[197]。

石田雄は、新自由主義をめぐる論争の意義を、「〔論争自体は〕短期的なものに過ぎなかったが、昭和初期に華々しく展開された社会主義対自由主義という論争のさきがけをなすものとして注目に値する[198]」と評価している。いわば、一九二〇年代の「新自由主義」とそれをめぐる論争は、昭和期「自由主義」論争の前哨戦だったのである。

一九二〇年代日本の「新自由主義」論争に清沢はどのように関係したのだろうか。既成政党には多くを期待しなかった清沢ではあるが、実業同志会には期待するところがあった。創立直後の一九二三年五月には、「武藤山治氏に」と題した清沢の論説が『中外商業新報』に掲載されている[199]。また、新自由主義協会の評議員に就任し（一九二九年）、機関誌『新自由主義』に寄稿していたのである[200]。

第2項　清沢洌の「自由主義」

一九二〇年代日本の「新自由主義」論争と一定の関わりをもっていた清沢は、この時期においていかなる「自由主義」を主張していたのか。一九三〇年代における清沢の「自由主義」の前史として、以下、検討してみたい。

一九二〇年代半ばにおける清沢の「自由主義」とは、①国際協調と世界平和、②普通選挙制と政党内閣、③国家主義・軍国主義批判を意味した。このような「自由主義」を基調として、清沢は左右のラディカリズムを批判したのである。しかし、一九二〇年代後半になると、清沢の「自由主義」は変容し始めるようになる。

清沢によると、自由主義運動の標的とは、偶像破壊である。[201]「自由主義」の源流が、教会からの解放だったことを考えれば妥当な指摘である。そして、この運動はイギリスでは成功したが、最近転換期を迎えた。今までの自由主義運動の中心は、レッセフェール（自由放任主義）の思想であった。しかし、「産業組織の発達と、近代国家の構成の複雑さ」により、ケインズの"The End of Leissez-Fair"（自由放任の終焉）にも述べてあるように、この「旧自由主義」は改訂を迫られ、「新自由主義――国家社会主義に似たやうな主張」に転換したのである。それは「個人の自由を基調としながら、社会一般の幸福のために国家権力が、適当に発動するところに、その真髄があると思ふ」[202]。要するに、清沢はケインズらを援用しながら、イギリスの自由主義が、レッセフェール自由主義から「新自由主義」（New Liberalism）へと変容したことを理解したのである。

清沢は、「実際運動」については全く興味もなければ関係もないが、新たに各方面から提起された新自由主義の運動に対しては、心から賛意を表するという。ここでいう「新自由主義の運動」とは、上田や鶴見らによる「新自由主義」の提唱を指すのだろう。清沢は、「新自由主義運動」の意義について、次のように結論づけている。

新自由主義運動とは、本質的に偶像破壊運動であることである。思想的、社会的の偶像を破壊して『自己』を社会の中心に樹立し、そこから国家と社会とを改善せんとする運動であることである。自己の知識と理性とを通して、それによる判断と結論によるものでなければ、一物と雖も信じ得ざる立場にあることである。われ等はこの運動が、無産政党の指導精神であり、これによつて日本の政界を革新するに到るべきことを希願《ママ》するものである。[203]

つまり、清沢は、「新自由主義運動」が、これまでの社会の慣習やしがらみを打ち破り、個人主義を打ち立てて、国家と社会の改善を目指す偶像破壊運動であると理解したのである。さらに、清沢は、この運動が無産政党の指導精神になることを期待したが、具体的にはどの政党に期待したのだろうか。この論説からうかがい知ることはできないのだが、『清沢洌日記』のなかに、第二回普通選挙（一九三〇年二月）の結果に関する次のような記述がある。

> 鶴見〔祐輔〕君落選の報あり、また安部磯雄氏も落つたといふ。その代り大山郁夫君当選。安部氏、鈴木文治氏の如く、中道を歩むものが落つるのは、他に理由もあらんかなれど、日本か《ママ》如何に右翼か、然らずんば左翼に傾倒してゐるかと知ることが出来る。(204)

清沢は無産政党右派の社会民衆党から立候補して落選した安部磯雄と鈴木文治に言及しており、中道の政治勢力として論理的には同党に期待を寄せていたことがわかる。(205)

さて、イギリスの自由主義について論述した別の論説のなかで、清沢は、以下に示すように、管見の限りでははじめて「心構えとしての自由主義」に言及したのである。

> 広い意味の自由主義といふものは、……モーレ《ママ》ン〔J・モーリ〕の所謂心の枠《フレーム・オブ・マインド》であつて政策ではない。共産主義は政策であり、社会主義は政策であるが、自由主義そのものは政策ではない。(206)

しかし、この論説で清沢は frame of mind の内実と「心構えとしての自由主義」が採用する「政策」については明らかにしていない。

この論説における清沢の主張は、二点に要約できる。一点目は、総選挙の結果、労働党が政権を獲得したことから、自由主義がイギリスからなくなったように言われるが、しかし、イギリス社会の底流には自由主義思想が流れており、労働党も「広義の自由主義」であるということである。(207) また、二点目は、自由主義が社会主義に接近しつつあることである。「個人の自由をその目的とし、その事業の活動についても国家の干渉を出来るだけ排斥せんとする」自由主義に対し、社会主義は、「個人の意志を国家機関によつて抑制し、かつ誘導せんとして居る」。確かに、両者の相違は大きいようにみえるが、「新自由主義」は、自由競争ではなく、国家による統制へと政策を転換しており、「産業界の趨勢に対して社会主義と新自由主義が手を握る距離は益々狭められつゝある」[208]。要するに、清沢は、イギリス労働党も「自由主義」政党であること、そして、「自由主義」が国家による統制を認めることから「社会民主主義」に接近しつつあることを明らかにしたのである。

最後に、一九二〇年代における清沢のframe of mindを知るための手がかりとして、手紙形式のエッセイ「故国より」を取り上げることにしよう。東洋大学で行った講演後の茶話会で清沢は、「国際問題」を研究することは、「フエアプレイの精神」の涵養につながると主張したという。なぜなら、「国際問題」は、性質上、双方の言い分を聞く必要があり、そうすると、無理のないと思うことがどちらの側にもあることがわかるからである。つまり、「問題の真相を把握するのでなければ、匆急《ママ》な結論を下さないこと」、「一つの理論も自由討議の結果でなければ信じないこと」が今の日本には必要なのである[209]。

しかし、清沢は、「両方の立場を研究もせずして、頭から信じてかゝる青年学徒の余りにも多いことが日本現在の悩み」であると指摘し、次のように述べている。

人間には殊に学生や智識《ママ》階級には心の持方――メンタルアチチユードといつてもよかろうし、フレーム・オブ・マインドといつてもよからうが、この心持が大切だと思ふ。リベラルな、寛容な心持がそれである。そしてこれは国際問題を研究することによつて最もよく得られると思ふ[210]。

以上の記述から、frame of mindとは、たとえば、国際問題や理論の問題（清沢はマルクス主義を意識している）を研究するにあたって、独断と偏見にとらわれることなく、物事を多角的に、あるいは、「自由討議」によって検討してから結論を下す寛容な姿勢と定義することができる。また、「フェアプレイの精神」と言い換えることもできるだろう。

一九二〇年代において清沢の「自由主義」は、①国際協調と世界平和、②普通選挙制と政党内閣、③国家主義・軍国主義批判を基調としつつも、「新自由主義」（New Liberalism）と「心構えとしての自由主義」に変容したのである。しかし、この時点では清沢のなかで両者は関連づけて認識されていたとは言えない。

要するに、清沢が、「心構えとしての自由主義」と「新自由主義」を有機的に関連づけられるようになるのは、一九三〇年代半ばの昭和期「自由主義」論争を待たなければならなかったのである。

注

（1）主な研究に、北岡伸一『増補版 清沢洌――外交評論の運命』（中公新書、二〇〇四）第一章、山本義彦「帰国後のジャーナリストとしての出発」（山本『清沢洌の政治経済思想――近代日本の自由主義と国際平和』御茶の水書房、一九九六所収、初出一九八七）、「渡辺知弘修士論文」、渡辺知弘「清沢洌の思想史的研究」（『信大史学』第二八号、二〇〇三年一一月）、松田義男「清沢洌と新自由主義」（松田『清沢洌研究ノート』私家版、二〇〇二所収）がある。

（2）前掲『増補版 清沢洌』三一～三三、三八～四〇頁。

（3）清沢洌「結論（一） 日本の国策」（清沢『転換期の日本』千倉書房、一九二九）四三七頁。

（4）清沢洌「沈み行く大英帝国」『清沢洌選集 第2巻』（以下、『清沢選集』と略記）一〇八～一〇九頁。初出『中外商業新報』（以下、『中外』と略記）一九二六年一月一一、一三～一九、二一日。

（5）石田雄「『自由』の様々な意味」（石田『日本の政治と言葉 上 『自由』と『福祉』』東京大学出版会、一九八九）第三章一・二、前掲「清沢洌と新自由主義」。

（6）以下の叙述に際しては、松田義男編「清沢洌年譜」改訂版（私家版、二〇〇七）を適宜参照した。

（7）清沢洌（清澤生）「軍籍に入る光栄の記」『新世界』一九二〇年七月二六日。

（8）松原木公「清澤君の片鱗（下）」『日米時代』八八、一九五四年九月。松原は除隊後に清沢を中外商業新報社に紹介したと回想しているが、これは記憶違いである。なお、松原の回想は、升川清雄の回想と併せて、東京大学大学院の北岡伸一教授（当時）より提供して頂いた。

(9) 「斎藤茂宛清沢洌書簡(一九二〇年九月七日)」(前掲『清沢洌の政治経済思想』所収)五四頁。
(10) 前掲『増補版 清沢洌』三一〜三三頁。
(11) たとえば、清沢洌「軍事教育」『清沢選集 第3巻』。初出『中外』一九二四年一一月一二日夕刊。
(12) 清沢洌(在日本 新世界通信員発)「軍閥日本を危ふす」『新世界』一九二一年一二月一六日。
(13) 姜克実『石橋湛山の思想史的研究』(早稲田大学出版会、一九九二)第一章第二節。
(14) 清沢洌「二等卒として」(斎藤茂『わが日わが道』拾遺編、山上社、一九六八所収)一六九頁。文末に八月二一日とあるので、一九二〇年八月二一日付の手紙と推定される。
(15) 臼井勝美「南京事件」『国史大事典』第一〇巻(吉川弘文館、一九八九)七七五頁。
(16) 清沢洌「軍人の道徳観」『清沢選集 第3巻』。原題・初出「荒木大尉の自殺行為」『中央公論』一九二七年五月。
(17) 同前、二五四〜二五七頁。
(18) 同前、二五七頁。
(19) 同前、二五九〜二六〇頁。
(20) 清沢洌(信濃太郎)「大佐の処分」『中外』一九二一年二月一〇日。なお、大佐とは、水野広徳のことである。
(21) 前掲『増補版 清沢洌』三六〜三七頁。
(22) 清沢洌「御挨拶」(一九二三年一〇月一九日付)(前掲『清沢洌の政治経済思想』所収)五八〜六二頁、同「母と妻と子と妹と一時に亡ふ記」『新世界』一九二三年一〇月二五、二六、二八日〜一一月一日。なお、「御挨拶」は四十九日にあたって親戚や関係者に送付されたものである。
(23) 前掲「御挨拶」六一頁。
(24) 前掲「母と妻と子と妹と一時に亡ふ記」(七)一九二三年一一月一日。
(25) 清沢洌(清澤生)「震災と朝鮮人」『新世界』一九二三年一一月六〜九日。以下、引用は本記事による。
(26) 朝鮮人が暴動を起こすという噂に接した清沢は、後年、「この場合に朝鮮人がそんな謀反を起すことのありえないことを逢つた人に話した」と記している(清沢洌「九月一日」(中)『羅府新報』一九三〇年九月五日)。
日本のメディアに比べて邦字紙の方が自由な言論活動が可能であった。しかし、絶対に安全という訳ではなかった。というのは、在米邦人からの「密告」があったからである(清沢洌(清沢生)「在米邦人を罵る(余を密告したる人に答ふ)」『新世界』一九二五年二月一九〜二〇日)。また、後に清沢は、『中外』から『新世界』に転載した記事が「不敬記事」として通報され、特高の訪問を受けたことを明らかにしている(清沢洌「米国を報ずる手紙」(四)『羅府新報』一九三〇年一〇月七日)。

(27) この点に関しては、第Ⅵ章第3節第2項で議論する。

(28) 清沢洌「甘粕と大杉の対話」『清沢選集 第3巻』。初出『我観』一九二七年一〇月。

(29) 清沢洌(信濃太郎)「『外二名』」『中外』一九二三年一〇月九日。

(30) 清沢洌(ケイ生)「卑劣、醜悪」『中外』一九二三年一〇月一一日。

(31) 清沢洌(非軍人)「甘粕を笑ふ」『中外』一九二三年一一月二〇日。

(32) 清沢洌(非軍人)「単純な頭」『中外』一九二三年一一月二八日。

(33) 清沢洌(有明生)「切捨御免」『中外』一九二三年一〇月二〇日。

(34) 前掲「甘粕を笑ふ」。

(35) ここでは本節の主題に関わる先行研究を概観しておくことにしたい。

北岡伸一は、「新聞記者時代」の清沢の論調を「国際協調と政党政治」と捉え、清沢のライフヒストリーも絡めながら、『中外商業新報』に掲載されたコラムによる国内問題批判、『米国の研究』にみる日本の対米政策批判、『黒潮に聴く』・『転換期の日本』にみる日本の満州・中国政策の批判を検討している(前掲『増補版 清沢洌』第一章)。

山本義彦は、一九二〇年一〇月末〜二三年八月末までの『中外商業新報』に掲載された清沢執筆記事を検討し、カリフォルニア州排日問題と東アジアの帝国主義の二つのテーマに絞って分析をしている。とりわけ、後者に関しては、清沢の議論に「経済的帝国主義論」とでも呼ぶべき論理が貫かれており、後発帝国主義としての位置を有する日本の特殊性への理解=容認がみられると指摘している(前掲「帰国後のジャーナリストとしての出発」)。

松田義男は、一九二〇年代における清沢の「議会政治観」を分析し、現実政治論における吉野作造との相違を明らかにしている。また、清沢が具体的な政治勢力としては実業同志会に期待し、同会の政治教育雑誌『公民講座』、『婦人と生活』の常連執筆者であったことを指摘している(前掲「清沢洌と新自由主義」)。

渡辺知弘は、清沢の帝国主義・朝鮮論を検討し、その国際協調主義が国際社会における階層構造の存在を前提とした議論であったことを指摘している。また、清沢の軍縮論、日本議会政治観をその社会観と連関させて分析している(前掲「渡辺知弘修士論文」、前掲「清沢洌の思想史的研究」)。

(36) 前掲『増補版 清沢洌』三四～三五頁。
(37) 清沢洌（清澤生）「加州問題対応策」『中外』一九二〇年九月二一～二七日。
(38) 前掲『増補版 清沢洌』三五頁。
(39) 清沢洌（一記者）「日英米の経済戦」『中外』一九二一年八月二五日～九月一日。
(40) 前掲『増補版 清沢洌』三五～三六頁。
(41) 清沢洌（無署名）「米国の排日的示威運動」『中外』一九二四年四月一五日。
(42) 清沢洌（無署名）「排日案の上院通過」『中外』一九二四年四月一七日。
(43) 清沢洌（一記者）「いよ〳〵重大となつた米国排日問題早わかり」『中外』一九二四年四月二〇～二二日。前掲『増補版 清沢洌』五三～五四頁。
(44) 同前、五四頁。
(45) 清沢洌「序」『米国の研究』一～二、四頁
(46) 前掲『増補版 清沢洌』五四～五五頁。
(47) 前掲「序」二頁。
(48) 清沢洌「日米移民問題の重要性」『清沢選集 第2巻』二七四、二七六頁。初出『龍門雑誌』一九二六年三月。
(49) 同前、二七六～二七七頁。なお、「米国の親日感情」という表現は、アメリカにおける排日移民法に反対する勢力をイメージしている。
(50) 清沢洌「日米両国提携の必要」『清沢選集 第2巻』三〇〇～三〇一頁。原題・初出「日米両国提携の必要――米国の東洋政策と米国の世界に於ける地位」『国際知識』一九二六年三月。
(51) 同前、三〇一～三〇二頁。
(52) 同前、三〇三頁。
(53) 同前、三〇三、三三〇頁。
(54) 同前、三〇三、三三一～三三三頁。
(55) 一九二四年と二五年の二回の視察旅行は、清沢の植民地認識（朝鮮・満州）と中国認識に多大な影響を与えた。一九二四年の旅行は、朝鮮・満州・中国の視察が目的であり、康有為・段祺瑞らと会見した。一方、翌年の旅行は、中外商業新報社の満鮮シベリ

ア視察団に同行したもので、朝鮮総督斎藤実と会見した。

二回の視察旅行にみえる清沢の取材方法の特色は、第一に、政治や経済もさることながら、人々の暮らしに着目していることである。第二に、可能な限り政治家や著名人に会見し、その個性に触れようとしていることである。これらの特色は以後の視察旅行にも見られる。

(56) 清沢洌「行詰まりの満州　邦人退転と支那人進出」『中外』一九二四年七月二八～二九日。
(57) 清沢洌「見たまゝの支那」『清沢選集 第2巻』四二八頁。初出『中外』一九二四年八月一三、二一～二六日。
(58) 同前、四一一～四一二頁。
(59) 中国人の「勤勉さ」への着目は、〈モラルとしてのキリスト教〉によるところが大きい。
(60) 前掲「見たまゝの支那」、四三一～四三二頁。
(61) 細谷千博「ワシントン体制の特質と変容」(細谷『両大戦間の日本外交――一九一四～一九四五』岩波書店、一九八八所収、初出一九七八）七六頁。清沢の国際協調主義は、国際社会における階層構造の存在を前提とした議論であったと理解する渡辺の主張に筆者は同意する（前掲「渡辺知弘修士論文」、前掲「清沢洌の思想史的研究」)。
(62) 前掲「ワシントン体制の特質と変容」八三、八八頁。
(63) 清沢洌「プロレタリア国家の反逆」『清沢選集 第2巻』四七五頁。初出『海外』一九二七年三月。
(64) 清沢洌「支那国民運動に対する疑問」『清沢選集 第2巻』四三五頁。初出『太陽』一九二七年四月。
(65) 同前、四三七頁。
(66) 清沢洌「田中外交の文明史的批判」『清沢選集 第2巻』五六二～五六三頁。初出『中央公論』一九二七年七月。
(67) 前掲「ワシントン体制の特質と変容」一〇六頁。
(68) 清沢洌「愛国心の悲劇」『転換期の日本』一二〇～一二六、一三二頁。原題・初出「愛国心の悲劇――経済的に観た田中外交」『中央公論』一九二九年五月。
(69) 清沢洌「国際的新時代来たる」『転換期の日本』三六八～三六九頁。
(70) 清沢洌「嘘だらけの政治」『清沢選集 第3巻』二四九頁。初出『現代』一九二七年二月。
(71) 清沢洌（清澤生）「海の彼方 二」『中外』一九二五年一一月一三日。
(72) 清沢洌（在京新世界通信員）「議会より」(三)『新世界』一九二一年三月二二日、同（信濃太郎）「再び霞南生へ」『中外』一九二二年七月二二日。
(73) 清沢洌（一青年）「階級打破」『中外』一九二四年一月二九日。
(74) 清沢洌（在日本新世界通信員）「現政界では先づ第一人者 高橋新首相の出現 望む所は軍閥に対する戦闘力」『新世界』一九二一年一二月一五日、前掲「階級打破」、同（信濃太郎）「有爵議員の選挙」『中外』一九二五年六月一四日夕刊。
(75) 清沢洌「華族制度を如何にする」『清沢選集 第3巻』四二七頁。初出『現代』一九二八年四月。
(76) 清沢洌「軍備問題の再吟味」『転換期の日本』一四六頁。第三節以下の初出・原題は、「軍部大臣制度改革の必要——何故総選挙の題目とならざる」『公民講座』一九二八年三月。清沢によると、「軍令と軍政とを明瞭に区別」することである（一四七頁）。
(77) 北岡は、「青山椒」や「自由槍」に掲載された政治とくに内政を論じる清沢のコラムに何か物足りなさを感じることがあると指摘している。たとえば、馬場恒吾の政治家論と比べると、清沢のコラムはやや一面的で単調なところがあり、よりよい結果をもたらすための最善の方法を、現実政治の文脈のなかで考え抜いているとは感じられないという。つまり、北岡によると、今日の新聞が大所高所からする道徳主義的政治批判と同様の物足りなさが、清沢の場合にも見られたのである。北岡は、その要因の一つに寸鉄人を刺すことには優れるが、問題をじっくり解明し、建設的な方法を提案することには必ずしも適さないコラムという媒体の性格を挙げている（前掲『増補版 清沢洌』四五〜四六頁）。筆者には、北岡が感じる「物足りなさ」の要因は、コラムという媒体というよりはむしろ、あるべき理念型から「議会政治」を論じてしまう清沢の評論の傾向にあるように感じられた。理想とするモデルを現実の日本政治の文脈を踏まえてどのように実現させるかという問題に対して、この時点の清沢はまだ適当な処方箋を見出しているとは言えない。
(78) 清沢洌「自序」『清沢選集 第3巻』二〜三頁。
(79) 前掲『増補版 清沢洌』四八頁。
(80) 清沢洌（青山生）「武藤君の態度」『中外』一九二三年五月三日。
(81) 清沢洌（信濃太郎）「武藤山治氏に」『中外』一九二三年五月二四日。
(82) 前掲「清沢洌と自由主義」二五頁。
(83) すでに紹介したように、松田によると、清沢は具体的な政治勢力としては実業同志会に期待していた（同前、二五〜二六頁）。しかし、清沢が実業同志会への期待を示した論説は二本程度であり、イギリス労働党に対する言及に比べると明らかに少ない。その理由は、労働党が一九二〇年代に二回組閣したからであろう。筆者は、具体的な政治勢力として清沢は労働党に注目していたと考えている。

(84) 清沢冽（一記者）「世界の動き方（下）」『中外』一九二四年一月二日。
(85) 清沢冽（無署名）「世界の男(4)」『中外』一九二六年一月五日。
(86) 清沢冽「新世界への発足」『転換期の日本』二八五～二八六頁。
(87) 清沢冽「英国労働党の内外政策」（『外交時報』一九二九年六月）一〇二～一〇七頁。
(88) 清沢冽「社会主義と新自由主義」『転換期の日本』。原題・初出「社会主義と新自由主義の接触点――英国労働党内閣と自由党」『法律春秋』一九二九年七月。
(89) 前掲『増補版 清沢冽』六〇～六一頁、前掲「清沢冽の思想史的研究」六～七頁。
(90) 前掲『増補版 清沢冽』六一頁。
(91) 前掲「清沢冽の思想史的研究」六～七頁。
(92) 同前、七頁。
(93) 清沢冽（清澤生）「時間に超越してゐる朝鮮の人たち しかしいかにも親孝行だ」『中外』一九二四年七月七日。
(94) 同前。
(95) 同前。
(96) たとえば、清沢冽（清澤生）「支那人と朝鮮人」『中外』一九二四年七月一四日。
(97) 清沢冽（清澤生）「視察団同伴記 京城より平壌へ」『中外』一九二五年九月一八日。
(98) 同前。
(99) ただし、清沢は朝鮮人に対し、人種的偏見を抱いていた。朝鮮人の困窮を描いた記事のなかで、清沢は、朝鮮人の生活を「豚の如き生活」と形容し、「米を食ふのはむしろ稀で、腹がよく持つといふので、ある種の土をまぜて食つてゐるものも少くない」と記している（清沢冽（清澤生）「みじめな暮しをする朝鮮の人たち 米に土をまぜて―など」『中外』一九二四年七月八日）。もちろん、清沢はこのような朝鮮人の惨状を改善するように主張したのではあるが。
(100) 清沢冽（清澤生）「日本の方が物騒 上（丸山警備局長の云ひ分）朝鮮の治安に就て」『中外』一九二四年七月一〇日
(101) 清沢冽（清澤生）「日本の方が物騒 下（丸山警備局長の云ひ分）朝鮮の治安に就て」『中外』一九二四年七月一一日。
(102) 清沢冽（清澤生）「先き〴〵の朝鮮 下 これこそまじめに研究したい問題だ」『中外』一九二四年七月一三日。

(103) 清沢洌（清澤生）「先き〴〵の朝鮮 上 これこそまじめに研究したい問題だ」『中外』一九二四年七月一二日。
(104) 前掲「先き〴〵の朝鮮 下」。
(105) ロンドン海軍軍縮会議の折、清沢は、朝鮮の統治をめぐって、全権若槻礼次郎と議論していた。その様子を清沢は次のように記していた。「『かれ〔若槻〕は朝鮮は朝鮮人では自治が出来ぬ、日本の統治を感謝せねばならぬ』といふ。それは事実だがそれを感謝してゐるかどうかが問題の分れるところで、かうした楽観論は官僚のみが持つ議論である。かれもついに官僚の一型にすぎないか」（『清沢洌日記』一九三〇年一月八日）。これまでの記事と併せて検討すれば、朝鮮人には自治能力がないが、日本の統治を感謝していない以上、長期的には自治を認めた方が日本の利益になると清沢は考えていたのではないだろうか。
(106) 清沢はイギリスにおける労資協調やストライキに関心を持っており、以下の記事を執筆していた。清沢洌（無署名）「英米諸国における労資協調の声 覚めた資本家と労働者」『中外』一九二五年八月二三～二四日、同（一記者）「英国大罷業 後日物語」『中外』一九二六年六月一三～一八日。また、日本の労資協調論者としては鐘紡の武藤山治を評価していた（清沢洌（信濃太郎）「一寸持つ武藤君の提灯」『中外』一九二五年六月九日夕刊）。
(107) 清沢洌「沈み行く大英帝国」『清沢選集 第2巻』一〇七頁。初出『中外』一九二六年一月一一日、一三～一九日、二一日。
(108) 前掲『清沢選集 第2巻』七八頁。
(109) 清沢洌「人間は生存する権利ありや」『清沢選集 第2巻』四九四～四九五頁。原題・初出「人間は生存する権利ありや――近代思想に対する一苦言」『公民講座』一九二七年五月。
(110) 一九二六年のゼネラル・ストライキを指している。このゼネストに関しては、関嘉彦『イギリス労働党史』（社会思想社、一九六九）第三章第三節参照。
(111) 前掲「人間は生存する権利ありや」五〇四頁。
(112) 同前。
(113) 同前、五〇四～五〇五頁。
(114) 同前、五一〇、五一三頁。
(115) 同前、五一四頁。
(116) 同前、五〇五頁。
(117) この点に関する清沢の分析は、同「日本はどんな国か」『転換期の日本』を参照のこと。

(118)　清沢冽「軍備撤廃の期到る」『清沢選集 第2巻』五四九頁。初出『中央公論』一九二七年三月。ただし、清沢は軍備の完全な撤廃を求めたのではなく、「最小限度の兵力」は認めていた。また、同様の議論は前掲「軍備問題の再吟味」にも見られた。

(119)　清沢冽「農村産業化の必要」『清沢選集 第2巻』五七八〜五八一頁。初出『中央公論』一九二五年七月。この点に関しては、同「産業主義対農村」『転換期の日本』も参照。

(120)　前掲「農村産業化の必要」五八二頁、清沢冽「不景気対策論」『転換期の日本』四〇三頁。原題・初出「『好景気』美酒の酔醒」『中央公論』一九二五年九月。

(121)　前掲「不景気対策論」四〇三〜四〇四頁。

(122)　前掲「農村産業化の必要」五八三頁、前掲「結論（一）　日本の国策」四三七頁。

(123)　前掲「不景気対策論」四〇四頁。

(124)　前掲『増補版 清沢冽』七〇〜七二頁、山本義彦「民主主義論と女性の地位――『モダンガール』に見る」（前掲『清沢冽の政治経済思想』所収、初出一九九五）。

(125)　佐藤毅「モダニズムとアメリカ化――一九二〇年代を中心として」、植田康夫「女性雑誌がみたモダニズム」（南博編『日本モダニズムの研究――思想・生活・文化』ブレーン出版、一九八二所収）、バーバラ・ハミル・佐藤「モダンガールの時代的意味」（『現代のエスプリ』No.一八八、一九八三年三月）、同「モダンガールの登場と知識人」（『歴史評論』No.四九一、一九九一年三月）。

(126)　清沢冽「モダーン・ガール」『清沢選集 第1巻』一九三頁。

(127)　同前、一九三、一九七、二二六〜二二七頁。

ここで清沢が〈モダンガール〉としてイメージしているのは、日本の「新しい女」ではなく、おそらくアメリカのThe New Womenであろう。牟田和恵と慎芝苑は、The New Womenについて、スミス・ローゼンバーグの「富裕な階層の出身で、独身であり、高等教育を受け、一九世紀末の都市に増えた政府機関やその他公的機関に専門職として活動の場所を得ていた経済的に自立していた女性たち」との定義を引用している（牟田和恵・慎芝苑「近代のセクシュアリティの創造と『新しい女』――比較分析の試み」『思想』八八六、一九九八年四月、九三頁）。清沢が女性の高等教育を重視していたことは、「英国でも米国でも、モダーン・ガールが大体に教育ある大学生などの間に生れたものである」（前掲「モダーン・ガール」一九九頁）と指摘していることからわかる。また、清沢はアメリカに女性外交官が誕生したことを紹介しているが、〈モダンガール〉の具体的なモデルの一つだと考えているのだろう（清沢冽「女の国、米国の話」『清沢選集 第1巻』一三五〜一三八頁）。

(128) 前掲「モダーン・ガール」二一四頁。同様の批判は、「モダーンガールの解剖」『清沢選集 第3巻』にも見える。

(129) 清沢洌「明治天皇の婦人観（日本の行くべき道）」『清沢選集 第1巻』一二九頁。なお、婦人問題を、婦人だけの問題ではなく、社会問題と捉えるべきとの発想はジョン・デューイから得ており、清沢は一二八〜一二九頁にかけてデューイの文章を引用している。ただし、出典は明記していない。

(130) 清沢は、放縦な夫の暴力と浪費に苦しみ続けた女性が、自分の娘に「今度の世には、猫でもいゝから男に生れて来たい《ママ》……」と述懐したエピソードを紹介している（清沢洌「職業としての細君」『清沢選集 第1巻』五七〜五八頁）。

(131) 清沢洌「結婚制度の崩壊」『転換期の日本』一〇二〜一〇四頁。

(132) 典拠は示していないが、「職業としての結婚」という視角は、アウグスト・ベーベル『婦人論』から得たものであろう。「職業としての細君」では、『婦人論』を援用して議論しているところが二箇所あり、おそらく、清沢は英語版を読んでいたと推定される。

(133) 清沢洌「職業としての結婚」『清沢選集 第1巻』一五、一七、二八〜二九頁。

(134) 前掲「職業としての細君」三一、三三、三五、四八〜五七頁。なお、家庭を株式会社とみなす議論の要点を整理すると、①婦人の家庭における仕事を貨幣価値のある仕事とみなすこと、②家庭を二人の共同重役を有する共同的機関と認めること、③貨幣資本と労力資本を合わせ、それが如何に僅少であっても余剰金の分配方法を決めること、④両者が希望すれば、双方に満足なように、法律上有効な相互扶助の契約を締結し、適宜修正することとなる。

(135) 清沢洌「百年後の結婚」『清沢選集 第3巻』。太郎と花子は、おそらく二人兄妹であり、百年後の家族が基本的に核家族であることがうかがえる。また、彼らの家は富裕だが、女中は一人いるだけであり、「同居者」という位置づけである（七三、八六〜八七頁）。

(136) 同前、七一、七三〜七四、七九、八一〜八六頁。なお、清沢の結婚制度改革論のベースには、当時、米国のリンゼー博士らが提唱した「伴侶結婚」（Compassionate Marriage）という考え方があると思われる。「伴侶結婚」とは、論者によって細かな定義は異なるが、産児制限を合法化した結婚を意味する（清沢洌「伴侶結婚の話」『清沢選集 第3巻』）。なお、大宅壮一はこれに「友愛結婚」という訳語をあてて紹介し、批判している（大宅壮一「新台風を見る——『友愛結婚』と日本」『大宅壮一全集 第2巻』蒼洋社、一九八一所収、初出『新青年』一九二九年四月）。

(137) このエッセイの初出が『婦人公論』であることからもわかるように、清沢は、第一次世界大戦後に登場した新中間層を意識している。小山静子によると、新中間層は、明治二〇年代から語られていた言説としての家庭——「男は仕事、女は家事・育児」という性別役割が貫徹し、女と子どもの空間と化していた――を実体化していく（小山静子『家庭の生成と女性の国民化』勁草書房、一九九九、二九～四一頁）。このエッセイを通して、清沢は性別役割分業にとらわれない結婚や家庭のあり方を新中間層の人々に提示しようとしたのである。太郎と花子の一家は、百年後の、言い換えれば、男女平等が実現した後の新中間層の家族と言えるだろう。

(138)　前掲「職業としての細君」三六～四〇頁。なお、一九二七年一月一日に実際に施行されたソビエト連邦の結婚法の概要については、前掲「結婚制度の崩壊」一〇九～一一一頁に解説がある。
(139)　前掲「職業としての細君」四一頁。
(140)　清沢洌「職業婦人の話」『清沢選集 第1巻』六五～六六頁。
(141)　同前、六八、七〇～七三頁。
(142)　同前、七三～七六頁。
(143)　同前、七六～七八頁。
(144)　同前、八一頁。
(145)　清沢洌「婦人時事問題（四）公娼を廃止せよ」『清沢選集 第1巻』八四頁。初出『中外』一九二六年五月一日夕刊。
(146)　清沢洌「職業としての淫売婦」『清沢選集 第1巻』一〇二～一〇三頁。
(147)　同前、一〇三頁。
(148)　同前、九〇～九二頁。
(149)　同前、九四～九六頁。
(150)　清沢は、「芸者の売淫は公然の事実」であり、警察に黙認された私娼であると認識していた（同前、一〇〇頁）。
(151)　清沢洌「芸者亡国論」『清沢選集 第3巻』四三七～四三八頁。
(152)　前掲「職業としての淫売婦」一〇四頁。
(153)　清沢洌「ハルピンの夜の女」『清沢選集 第1巻』一五三頁。
(154)　同前、一五八～一六二頁。
(155)　同前、一七五頁。
(156)　同前。

(157) 同前、一七二～一七三、一七七～一七八頁。

(158) 清沢は、このエッセイの最後をジョン・デューイ“Letters from China and Japan”所収の子供にあてた手紙の一節を引用して締めくくっている。デューイは、日本のこれまでの発展を「世界の驚異」と評価しつつも、「併し彼等の総べては少し造り過ぎてゐる。何にもかも規則づくめのやうである。彼等の手ぎわはを賞賛するものは、それと同時に余りに技巧的な点を感ぜざるを得ぬ。従つてこゝ〔上海〕に来て裕く《ママ》りすることは如何にも解放されたやうな気がするのである」と日本社会の息苦しさを率直に語っている（同前、一七九頁）。

(159) 前掲「モダンガールの時代的意味」八四頁。

(160) 前掲「モダンガールの登場と知識人」二〇～二一頁。

(161) 同前、二三頁。

(162) 同前、二三～二四頁。

(163) 両者の議論に関しては、北沢秀一「モダーン・ガール」（『女性』一九二四年八月）、千葉亀雄「何がモダアンか」（『女性』一九二七年六月）を参照のこと。

(164) その理由として、第一に、一九〇六～一八年にかけて清沢は渡米しており、大正デモクラシー期前半に展開された女性解放思想／運動論を参照する暇がなかったこと、また、第二に、日本社会を外から相対化しようとする彼の方法を指摘することができる。

(165) 前掲「モダーン・ガール」二一五～二一七頁。

(166) 鈴木裕子「解説」（鈴木編『日本女性運動史料集成 第8巻 人権・廃娼Ⅰ 自由廃業運動と廃娼連盟の創立』不二出版、一九九七所収）三二頁。

(167) 小野沢あかね「大正デモクラシー期の廃娼運動の論理――長野県を中心として」（『歴史学研究』№六六八、一九九五年二月）。

(168) 前掲「解説」三一～三二頁。

(169) 清沢は、公娼に満足な教育を受けていない者が多いことを指摘した上で、「これは教育のないものが、最もこの方面に堕つる危険があることを示すと同時に、学校にも行けぬほどの貧乏な家の娘だから、娼妓に身を落すのだといふ解釈もできる」（前掲「職業としての淫売婦」九九頁）と述べており、「公娼制度」の背景に貧困問題があると考えていた。

(170) 山川菊栄「現代生活と売春婦」（鈴木裕子編『山川菊栄 女性解放論集 1』岩波書店、一九八四所収）六一頁。初出『新社会』一九一六年七月。

(171) 前掲「モダーン・ガール」二一六頁。
(172) 清沢洌「黒い爪の恋愛」(『清沢選集 第3巻』一四三〜一四四頁。
(173) このような視角から執筆された著作に、清沢洌『混迷時代の生活態度』(千倉書房、一九三五)がある。
(174) 小山静子『良妻賢母という規範』(勁草書房、一九九一)、牟田和恵「『良妻賢母』思想の表裏——近代日本の家庭文化とフェミニズム」(青木保ほか編『近代日本文化論 8 女の文化』岩波書店、二〇〇〇所収)。
(175) 「良妻賢母思想」については項を改めて議論することも考えたが、牟田の「『個』としての女性のウエイトの置き方が異なりはするけれども、良妻賢母思想のめざす女性像と『新しい女』とは、女性を劣ったものとして扱ってきた社会や慣習を乗り越え女性の能力の開発と地位の向上をめざす点においては共通している」(前掲「『良妻賢母』思想の表裏」三九〜四〇頁)との指摘を踏まえて、「新しい女」批判と連続して検討することにした。
(176) 前掲「『良妻賢母』思想の表裏」二六〜二七頁。
(177) 前掲『良妻賢母という規範』第三章。
(178) 同前、第四章一・二節。
(179) 同前、一七〇頁、前掲「『良妻賢母』思想の表裏」三一〜三二頁。
(180) 前掲『良妻賢母という規範』一九一頁。しかし、牟田は、改正された高等女学校令の目的規定に「婦徳の涵養に留意すべきこと」の文言が付け加えられたことから、「良妻賢母教育の強化によって『不穏』にうつる新思想や風俗に対処していくことがめざされていたのは間違いない」との解釈を示している(前掲「『良妻賢母』思想の表裏」三二頁)。
(181) 清沢洌「教育から来る不安」『転換期の日本』四五〜四七頁。
(182) 清沢の教育論は、小学校を卒業してから正規の学校教育を受けてこなかったという事情を反映してか、制度改革論という形では展開せず、主体形成論である点に特徴がある。清沢の教育論については、別稿で検討することにしたい。
(183) 前掲「モダーン・ガール」二〇五、二〇八〜二一〇頁。
(184) 清沢洌「女性支配時代の開幕」『転換期の日本』七一、八三〜八五頁
(185) 「母性保護論争」については、香内信子「解題」(香内編集・解説『論争シリーズ1 資料 母性保護論争』ドメス出版、一九八四所収)を参照のこと。
(186) 前掲「モダーン・ガール」二一八頁。

(187) 前掲「甘粕と大杉の対話」。大杉栄虐殺の罪に問われて収監されていた甘粕正彦憲兵大尉のもとを死後の大杉——実は清沢自身の考えを体現しており、生前の大杉を「自己批判」している——が訪れて議論をするというこの架空対話には、物事を総合して考えることができない軍人の思考様式——清沢は軍人の頭脳を「コンパートメント式頭脳」と名付けて皮肉っている——批判、偏狭な愛国心批判、左右ラディカリズム批判が含まれている。

なお、「甘粕と大杉の対話」は、『自由日本を漁る』(一九二九年五月)に収録された際に、右翼の攻撃対象となり、清沢は同年七月に東京朝日新聞社(一九二七年二月入社)を退社し、以後、フリーランスのジャーナリストとして活躍することになった。

(188) 管見の限り、一九二〇年代日本の「新自由主義」論争を主題とする研究はないが、石田前掲「『自由』の様々な意味」第三章一・二、および、松田前掲「清沢洌と新自由主義」七〜三五頁に言及がある。以下の記述は、主に石田と松田の研究による。

(189) 上田の「新自由主義」の評価について、石田と松田は対立している。石田は、「上田の所論は、積極的対策には具体性を欠く面はあった」と述べている(前掲「『自由』の様々な意味」一一二頁)。一方、松田は、「上田が提唱した『新自由主義』は、通商産業政策、社会政策、税制改革、教育改革など多方面にわたる政策・改革提言の集大成であった」と述べている(前掲「清沢洌と新自由主義」一〇〜一一頁)。

(190) 前掲「清沢洌と新自由主義」一〇頁。

(191) 鶴見祐輔の自由主義を検討した研究に、藤野正「昭和初期の『自由主義者』——鶴見祐輔を中心として」(『日本歴史』四一五、一九八二年一二月)がある。

(192) 前掲「清沢洌と新自由主義」一二頁。

(193) 前掲「『自由』の様々な意味」一一九頁。

(194) 前掲「清沢洌と新自由主義」一三頁。

(195) 同前。

(196) 同前。

(197) 前掲「『自由』の様々な意味」一一五頁。

(198) 同前、一一一頁。

(199) 前掲「清沢洌と新自由主義」二五頁。

(200) 同前、一三頁。

(201) 清沢洌「新自由主義といふ事」『清沢選集 第2巻』五二一頁。原題・初出「新自由主義者の一群と其の使命」『現代』一九二七年四月。

(202) 同前、五二二～五二三頁。

(203) 同前、五二三～五二五頁。

(204) 『清沢洌日記』一九三〇年二月二一日。

(205) 第Ⅳ章で触れるが、河合栄治郎が「第三期自由主義」のなかに「旧社会民衆党の一部」と清沢が含まれると考えていたのは興味深い（河合栄治郎「自由主義の再検討」『河合栄治郎全集 第十一巻』三一四頁、初出『改造』一九三二年一〇月）。また、安部磯雄に関して清沢は、「人格者の安部磯雄さんには、とても暴力革命鼓吹は出来まい」と述べていた（清沢洌「思想宿命論」『激動期に生く』一五三頁、初出『新自由主義』一九三二年一〇月）。

(206) 清沢洌「「社会主義と新自由主義」『転換期の日本』三〇四～三〇五頁。原題・初出「社会主義と新自由主義の接触点——英国労働党内閣と自由党」『法律春秋』一九二九年七月。

(207) 同前、三〇四～三〇六頁。

(208) 同前、三〇九～三一六頁。

(209) 清沢洌「故国より」二『羅府新報』一九二八年七月一〇日。

(210) 清沢洌「故国より」三『羅府新報』一九二八年七月一一日。

第Ⅲ章　欧米旅行の「経験」

はじめに

東京朝日新聞社を退職した清沢洌は、一九二九（昭和四）年八月、中央公論社から「米国の忌憚なき批評」を依頼され、渡米した。その後、ロンドン海軍軍縮会議を取材し、さらに、ヨーロッパの主要国を歴訪して翌年一〇月に帰国した。

一九二〇年代から三〇年代への「転換期」にあたるこの「欧米旅行」を通じて得た清沢の国際関係認識・社会認識と「経験」は、一九三〇年代以降の清沢の「自由主義」および言論活動に多大な影響を与えた。

本章は、未公刊の『清沢洌日記』の内容も適宜織り込みながら、次の課題を検討する。

第一に、ロンドン海軍軍縮会議の取材とそれに関する論説を検討することで、この時期における清沢の国際関係認識を明らかにすること。第二に、清沢の世界恐慌認識と、それと表裏の関係にあるアメリカの資本主義認識・評価を明らかにすること。第三に、欧米旅行の「経験」が清沢に与えた影響を、①アメリカ人の勤勉さ、②イギリスの自由主義、③ムッソリーニとの会見（ファシズム批判）の三つの視角から分析すること。

すでにこの「欧米旅行」については、未公刊の『清沢洌日記』も含めて分析した北岡伸一と山本義彦の研究(1)が公表されている。両者の研究は、いずれも①ロンドン海軍軍縮会議の取材、②世界恐慌認識（アメリカの資本主義認識・評価を含む）、③ムッソリーニとの会見を中心に検討している。以上の論点に関して言えば、筆者の議論は両者の研究と重なる点がある。しかしながら、一九三〇年代以降の清沢の「自由主義」と言論活動を分析する上で、この「欧米旅行」は極めて重要であり、重複する論点も含めて改めて検討することに研究史上の意義があると考える。

第1節　欧米旅行の行程

一九二九（昭和四）年八月一〇日、中央公論社からの依頼を受けて渡米した清沢洌は、シアトルを経て、サンフランシスコ近郊、ロサンゼルスにて在米日本人を対象とした講演を行っていた(2)。

ロンドン海軍軍縮会議を取材することになった清沢は、同年一二月、ロンドンに向かう若槻礼次郎・財部彪両全権とシアトルで会見し、記者団とともに同行してニューヨークに向かった。一二月二七日にロンドンに到着した清沢は、軍縮会議を取材しながら、翌一九三〇年二月一六日にはマルクスを墓参し、二二日はマクドナルド英首相の招待を受け、会見している。

開会中ではあったが、清沢は、三月四日、欧州大陸旅行に出発し、オランダ、ドイツを経て、一一日プラハでチェコスロバキアのベネシュ外相と会見し、二四日はローマにてローマ法王、ムッソリーニと会談した。

四月三日にロンドンに戻った清沢は、再びアメリカに戻り、五月二三日にフーバー大統領と会見した(3)。六月一日にナイアガラの滝を見物して、二日にフォードと会見し、三日はフォード工場を見学している(4)。シカゴを経て、ロサンゼルスに戻った清沢は、以後、西海岸各地で講演旅行を行い、一〇月四日帰国の途に就いた。

第2節　ロンドン海軍軍縮会議の取材

本節では清沢洌のロンドン海軍軍縮会議の取材を、「楽屋から見たロンドン会議[5]」を素材に検討することにしたい。清沢は、『不安世界の大通り』に軍縮会議批判を収録した理由を二点挙げている。第一に、「この重大な会議を批判したものが、日本に著書として殆んど一つも現はれてゐないから」である。第二に、「この会議の始めから、私は対米比率七割を無用なりと主張し、今なほ悔ゆる所以を知らない[6]」からであった。清沢はこの取材中一貫して「対米比率七割」にこだわる日本外交と世論を批判し続けたのである[7]。

すでに清沢は、「巨大なる軍隊の存置は、国運の発展に大害がある」との理由から、「軍備撤廃」を主張していた。ただし、日本国内・朝鮮での内乱に対処し、満州その他の経済的利益を守るための「最小限度の兵力の存置」は容認していた[8]。また、不戦条約の締結に関しては、「戦争は不正不義なものとなった[9]」と高く評価していたのである。

ロンドンに向かう日本全権団に同行した清沢は、全権の若槻礼次郎が、交渉に入る前にシカゴで補助艦の「対米比率七割」を要求する声明を出して妥協の余地がなくなってしまったこと、そして、不戦条約を基礎とする言いながら、最初から比率の問題を持ち出した矛盾を批判している[10]。さらに、「対米比率七割」に固執する日本の世論に対して次のように主張した。

日本は七割の比率をさへとれば、この軍縮会議が成功したといふであらう。軍縮会議に沢山の比率を割あてられることがどうして成功なのか。不戦条約を有して、これを発足点とするといふものが、軍備という不生産的なものに、沢山の費用を支出して、観兵式観艦式だけをやらしてをくことがどうして成功なのか[11]。

ここで清沢は、軍縮会議の目的が対米戦争を可能とする比率を確保することではなくて、軍縮にあることを強調している。

ロンドンに到着した清沢は、日本全権団の交渉姿勢を「もし若槻氏の声明する如く今回の軍縮会議がケロッグ平和条約を前提とし、人類の福利を目的とするものであるならば七割以外に、もつと日本の理想を世界に明らかにするものがあつてもい丶筈である」[12]と批判した。さらに、清沢は日本にとって対米七割の比率が本当に必要なのか問いかけている。

日本の悩みは今、どこにあるのだ。［中略］失業難と経済難と階級闘争的意識は七割比率で解決出来るか。日本は現在の国情を以てして世界の一等国と交戦する意志があるか、また水平線上に国を賭して戦はねばならぬやうな何等かの問題があるか。更に近来の国際的傾向は将来――少なくとも一等国にとり戦ふに難く戦はざるに易き方向に行つて居るのではないのか。[13]

ここで清沢は対米七割の比率を確保することが日本経済の重荷になると指摘し、日本には列強と戦争をする意志も理由もないこと、さらに、将来的には列強間の戦争は困難になるとの見通しを示している。

開会後の時評では、清沢は「七割比率を排す」との立場を重ねて明らかにしている。対米七割はアメリカを仮想敵国とする政策から出ているが、「日本現在の事情は、米国を想定敵国として七割海軍勢力を保持し、莫大なる軍事費を負担して行くことは、結局国力の発展を妨ぐるものである」[14]との考えを示していた。

清沢によれば、アメリカを仮想敵国としなければ、新たな発足点に立つことができる。それは、「日本が東洋の平和を維持するに足る海軍力」を維持することである。[15]

さらに、清沢は比率について相互に譲歩する代わりに、国民の安心を買うために「太平洋協定」を締結することを提案していた。[16]つまり、ここでも清沢は、アメリカを仮想敵国としないように訴えているのである。

最後に清沢は、ロンドン海軍軍縮会議について次のように結論付けている。まず会議が成功したのか、それとも失敗したのかについては、「軍備といふものが元来自国本位のもので、国際標尺の上にのらないものなので、このことは寧ろ当然であるが、併し各方面が不満だといふことそれ自身が、当然落ちつくべき中心に落ちついたといふことは出来ると思ふ(17)」と一定の評価を与えている。一方で、「日本が現在の陸海軍の組織を有する間、軍備縮小といふことは不可能に近いぐらゐ困難な一事である」と今後、再度軍縮を行うことは難しいと指摘した上で、「対米仮想敵国の考へを、国民の頭から取り除く(18)」必要性を課題として強調している。

要するに、清沢は、一貫して国際協調・軍備縮小の観点から、「対米比率七割」が日本にとって無用なことを指摘し、同時にアメリカを仮想敵国とする考えを批判したのである。

第3節　世界恐慌認識

帰国直後に出版した『アメリカを裸体にす』の序文で、清沢冽は世界恐慌下のアメリカを次のように評している。「アメリカは今、生れて始めて自身に対する疑ひを持ち始めてゐる(19)」。清沢によると、アメリカ人は「機械人の心構へ」でこの難局に対している。この難局をアメリカ人が乗り切れるかどうかはわからないが、しかし、「疑へないことは、かれ等の試練が、また人類の試練であり、やがてまた日本自身の試練である(20)」ことである。

このような問題意識から、世界恐慌下のアメリカを分析したのが、論説「社会主義化の米国」である。清沢によると、アメリカは裏口から社会主義の道をたどりつつある。本家本元の個人主義、資本主義の国であるアメリカは、正面から社会主義を認める訳にはいかないからだ(21)。

清沢は、アメリカの社会主義化を論じる前に、日本のアメリカ批判を「余りにモスコウ《ママ》製の眼鏡を使ひすぎやしないかネ」と指摘する。マルクス主義者によるアメリカの資本主義批判に対し、清沢は、資本主義の欠陥を攻撃するのは良いが、しかし、「米国に関する限り、その資本主義が礎きあげた驚ろくべき繁栄と富力といふ事実だけは、まづ認めておいて、そこから議論を出発するのでなければ、論理にもなにもなりはしないよ」[22]と批判している。

アメリカ資本主義の繁栄と富力は、清沢によると、たとえば、最下級の労働者が食べている「駒下駄大のビフテキは……正真正味の牛肉」であること、また、日本語新聞の工場で働いている職工の半分以上は自動車を所有していて、自宅から車で通勤していることからうかがい知ることができる。[23]

要するに、清沢はアメリカの資本主義が様々な問題をはらんでいることを認めつつも、資本主義がもたらした繁栄と富力、民衆の豊かな生活は認めるべきだと主張しているのである。このようなアメリカ資本主義への信頼と高評価は、とりわけ、資本主義の「生産力」に向けられており、昭和期「自由主義」論争における「修正資本主義」の主張とマルクス主義批判、さらには、戦時下の非効率な統制経済批判につながっている。

ところで、これまでアメリカは反トラストを信条とし、大資本の合同や価格の協定は断じて許可しなかった。しかし、政府は鉄道会社の合同を認め、また、農業の不況に対しては、新たに政府機関を新設して、農業救済に乗り出したのである。この他にも銀行の合同や、公共事業に関わる企業（ガス、水道）の合同も進んでいる。[24]

これらの事情を清沢は、「一つは国民が資本の力に頭を下げて、トラスト破壊といふやうな古い個人主義に執着しないことを示すものであり、第二にはそれと同時に、政府も（一）産業の要求と（二）自己が繁栄を看板とする関係から、ビジネスに干渉、協力、交渉を有するに至つた」[25]と分析している。

「個人主義的資本主義」からの転換期にあるアメリカは、どのような方面に向かっているのだろうか。清沢によると、すでに農業・鉄道・石炭などの「旧産業」を政府が救済した以上、将来、自動車・ラジオ・飛行機などの「新産業」が不振になった際も政府は介入するだろう。また、失業者と「老年者の処分問題」のためには「国家政策の発動」を必要とする。つまり、「かうして米国の政治が、経済の責任をとらねばならぬ時期は目の前にある」。また、個人主義の権化のようなフーバー大統領が産業の統制を行いつつあるが、これに対してアメリカ国民は何等の抵抗も示さないのである。(26)

最後に清沢は、「米国は資本主義下にあつて、社会主義統制の準備ができあがつてゐる」のだから、アメリカの社会主義化は避けがたいが、しかし、それはプロレタリア革命による共産主義の樹立ではないと付言している。(27)

この論説を通して、清沢はアメリカの社会主義化を肯定的に捉えているが、その判断の前提には、国家が経済に介入する時代になりつつあるとの認識があった。

第4節　欧米旅行の「経験」から得たもの

第1項　「排日緩和」とアメリカ人の「勤勉さ」

清沢洌が一〇年ぶりに訪れたアメリカ・シアトルは、以前とは異なってすでに排日の動きは収まっており、白人から差別されることはなかった。また、在米日本人は白人の間でホテル業やグロッセリー業（食料品店経営）を営み、経済的基盤を着実に築きつつあった。(28)

在米日本人の先輩が軽快かつ真面目に仕事や勉強に取り組む様子を紹介した清沢は、その理由を次のように説明している。

米国に在る人々が誰でもかれでも青年のやうな意気で働いてゐることに強い興味を覚えたからである。働いて生産する国のみが栄える。支那が政治と経済において無茶でありながらなほ生存して行つてゐるのは、国民が働き好きだからだ。

誰もかれも働いて、誰もかれも生産する。それがアメリカの繁栄の最も大きな秘密だ。元来、富といふものは存在するものでなくて造り出すものだ。たとへばそこにどんな富源が転んでゐても、これに人間の力を加へなければそれは実際の意味の富になるものではない。働くところにのみ富がある。(29)

ここで清沢は、在米日本人が国家に頼らずに勤勉であることを中国人の勤勉さと重ね合わせながら指摘している。さらに、アメリカの繁栄の原因が自然資源の豊富さのみにあるのではなく、一人一人の勤勉さと生産力にあることを再認識したのである。

第2項　イギリスの自由主義

清沢がイギリスの自由主義に興味を覚え、共感していたことはすでに第Ⅱ章で見た。しかし、それは言うなれば読書から得た、あるいは、「学習した自由主義」(鶴見俊輔)であった。

この旅行を通してイギリスの自由主義を実際に「経験」することによって、清沢の共感はさらに高まっていったのである。ここでは清沢がそれをどのような「情景」から感じとったのか、見ていくことにしよう。

清沢がイギリスの自由主義を体感したのは、第一に、イギリス議会の傍聴であった。ロンドン海軍軍縮会議の合間に、議会の傍聴に出かけた清沢は、討論の様子に注目している。清沢によると、英国議会における演説は、雄弁ではなくて、「相談式」である。たとえば、ある弁士の演説中に政府側から質問が出る。そうすると、その弁士はそのまま座って相手の主張を聞き、また立ってこれに説明や弁駁をしながら、議論を進めていく。清沢は、「議会の会場の模様、討議の様子から見ても、英国の議会が、ほんとの会議相談から始まつてゐることが分る――(30)」と感想を記している。雄弁と野次の応酬が目立つ帝国議会とは異なり、建設的な「会議相談」を基調とする英国議会に、清沢は議会政治の可能性を見ていたのである。

さらに清沢は、イギリスの議会史に言及する。英国議会は専制君主に対する苦闘の歴史であり、現在の人民の「自由独立」はこの苦闘に負うところが多い[31]。清沢によると、「英国に何の誇るところがなくても議会政治だけは、どこの国でも遙かに及ばない。英国の議会を見ると、ウエストミンスター・アベーの塔のやうに、その附近では及びもつかないほど高く見える」[32]。ここで清沢は、英国議会が人民の「権利」のために、専制君主に抗して「独立」を主張したことに率直に敬意を示しているのである[33]。

第二に、ハイドパークにあるスピーキング・コーナーであった。その情景を清沢は次のように描写している。

キリスト教を説いてゐるのもあれば、無政府主義を説いてゐるのもある。カソリック教の隣りには、共産主義がある。聴衆は演説中でも盛んに弥次を飛ばせたり、質問したりする。弁士は之に一々答える。それが英人流のユーモアのあるものなので、みんなドツと笑ふ。

中には随分激しい質問をするものもあるが、決して目角を立て丶云ひ争つたりするやうなことはない。小癪に障るほど落付き払つてゐる。そして両方笑ひながら分れる[34]。

清沢がスピーキング・コーナーを評価するのは、そこに「世界の人類社会で持ちうる最大の自由がある」[35]こともあるが、それだけではなく、ユーモアを交えた、誰にでも開かれた対等な議論の場であるからだと筆者は考える。

さらに、「言論の自由」に関して決定的だったのは、バーナード・ショウの『アップル・カート』（『デモクラシー万歳！』）の観劇であった。清沢によると、この戯曲はイギリスの君主を主題とし、デモクラシーを皮肉ったものであった。また、そのなかには共和制の主張や、英国皇帝が自己の意志を発表することができず、ただのスケープゴートに過ぎないことや輿論の名によって押さえられていることへの風刺もあった[36]。

観劇した清沢は、「これが日本において問題としたら如何」、「われ等は皇室存続論者だが、これが議論を許さぬところに危険性がある」[37]との感想を記していた。つまり、清沢自身は、「皇室存続論者」と自己規定していたが、皇室をめぐっては共和制も含めて言論の自由が認められるべきだと考えていたのである。

第三に、清沢は"Live and let live"(「生きよ、そして生かしめよ」)という言葉(ことざわ)を紹介し、「自分も生きる代りに、人の生きる権利も認める」、「自分の内的生活に、他人の立ち入ることを許さない代りに、自分も他人を犯さない」[38]というイギリス社会の有り様を高く評価している。具体的には、たとえば、交通巡査は、人々がどこでバスを乗り降りしても一々指図をしない[39]。また、ロンドンのピカデリー街には、夜になると「摩窟の女」が出没するが、巡査などは何とも言わない。よって、「東京などのやうに、食ふ道も作つてやらずに、私娼や、密会をまるで強盗を追かけるやうに、追ひまはすことなどは想像も出来ぬ」[40]。また、ロンドンには様々な人種が集まっているが、誰と一緒に歩いて、誰と同棲していようが、人は人だから、振り向いて見もしない[41]。このような「情景」から清沢はイギリスの自由主義を感じ、さらに、個人の行動やプライバシーに官憲やメディアが土足で入ってくる日本社会を批判的に想起しているのである。

清沢は、「英国に行つて、『自由主義』といふものが、心から会得できる」[42]、「ロンドンに居れば居るほど、自由主義、個人主義が、かうも深く染み込んで居るかと感ぜられる」と記して、「わたしは矢張り英国が好きだ」[43]と率直に述べている。

第3項　ファシズム批判の原体験――ムッソリーニとの会見

すでに一九二〇年代後半に清沢は、ムッソリーニ批判を公表していた[44]。ここでは清沢の批判の要点を確認し、その上で、ムッソリーニとの会見を『清沢洌日記』も織り込みながら検討することにしたい。

清沢がムッソリーニとファシズム批判を行った理由は、『時事新報』が各方面の名士に尋ねた最も尊敬する人物のアンケートにおいて、ムッソリーニが一位だったからであろう[45]。

清沢によると、ムッソリーニ治下のイタリアには個人の自由がない。そこには反対党は存在しないし、また、当局者に対する批評もない。あるのは、ムッソリーニ礼賛の声のみであり、この法則を破ったものは誰彼の区別なく放逐、あるいは惨殺される。また、清沢は、彼を尊敬し、崇拝する日本人が、同時に「憲法政治の保持者なり」と自称しているのを不思議に感じている。というのは、彼は「憲法政治――多数政治」を極端に排斥し、嘲笑しているからである。イタリアでは議会とは全くの名ばかりで、実際の憲法政治は実在しないと言っても過言ではない。(46) つまり、イタリアには言論の自由と政治的自由が存在しないのである。

社会の現象は、必要と原因があって生まれるのであり、清沢によれば、イタリアのファシズムも「必要の産物」である。つまり、第一次世界大戦後のイタリアの赤化に対する反動として登場したのが、ムッソリーニとその一団であった。左翼による混乱に飽きていた国民の同情はファシストにあり、彼らは国民の喝采を受けて権力を得たのである。(47)

もし、ムッソリーニに教養があり、かつ、性格的にカブール（イタリアの政治家）の流れを汲んでいたら、彼は議会の権利と憲法の運用を完全にするために努力すべきであった。しかし、彼にはそうした理想と修養はなく、自らを独裁者の位置に置いたのである。(48)

清沢は、ムッソリーニの思考・行動様式について以下のように述べている。

かれは社会主義を信じても国家主義を信じても、その一貫した根底は直接行動である。元来議会政治といふものは教育と、手続き、投票といふやうな、廻りくどい方法をとつて後行はるゝものである。直接行動主義は、結果を目がけて直ちに近道を切る主義である。(49)

つまり、ムッソリーニの思考・行動様式は、一貫して直接行動主義であり、議会主義とは対立する。さらに、清沢によると、彼の政府は、「その根本の存在理由と運用において、所謂フレーム・オヴ・マインドにおいて、ソヴイエツト政府、レニン政府と同じ」である。もちろん、主張は異なるが、少数者の意志を大衆に押しつけようとする態度（少数者独裁）、直接行動によって権力を奪取する態度（反対者の存在を許容しない態度）をとる点で両者は同じなのである。換言すれば、「ムッソリニとレニンとは直接行動主義の幹に咲いた黒と赤との二つの花である」[50]。「革命否認論者」と自己規定する清沢は、左右を問わず革命が社会の進化を助けるという論理を信じないと主張する。よって、清沢はソビエト主義（共産主義）とムッソリーニ主義（ファシズム）を否定する。なぜなら、「日本の行く道は頗ぶる廻り遠くはあるけれども、教育と漸進とによる議会政治以外にはないと信ずるからである」[51]。要するに、清沢は、「自由主義」、とりわけ、議会政治と言論の自由の観点から、ファシズムを共産主義と共に批判したのである。

以上のように批判していた清沢は、実際にムッソリーニと会見してどのような印象を持ったのだろうか。オーストリアからアルプスを越えてイタリアに入った清沢は、「イタリーの印象は僕に甚だよからず」[52]との感想を日記に記している。清沢がイタリアに最悪の印象を覚えたのは、イタリアが「警察国」であること、また、釣り銭のごまかしに代表されるイタリア人の不誠実さと怠惰さ[53]、さらには、偶像（聖像）崇拝によるところが大きかった[54]。ローマでムッソリーニとの会見が決まった清沢は、会見時間が限られていることもあって、以下の五つの質問を事前に用意していた。

① What is the secrets, sir, of this wonderful success, to say it in a few words?
（あなたの驚くべき成功の秘訣はどこにあるのですか?）

② Can you principles and "ism" be applied to the other countries-say to Japan?
（あなたの原理原則やイズムを他の国に適用できますか。たとえば日本に?）

③ Who or what will succeed you-permit me to put a hypothetical question-sin case you retire? A man or

organization?
（仮定の質問をお許しください。あなたが引退した後、後を継ぐのは人でしょうか、それとも、組織でしょうか？）

④ What will be your aim of the future, on which you will put special stress, after 11 years experiences of administrations?
（一一年に及ぶ統治を経験して、あなたが特に重点を置きたいこれからの目標は何ですか？）

⑤ Any message to Japan and her peoples?[55]
（日本と日本人に何かメッセージはありますか？）

簡単な挨拶の後、清沢は早速①の質問をムッソリーニに尋ねた。彼の回答は「成功でもなんでもありません。たゞ働くこと、、規律だけです」（Work and discipline）であった。[56]

②の質問に対し、「私の主義はイタリーだけのもので、他の国に適応はできません」との回答を聞いて清沢は、ムッソリーニを尊敬する気になったという。なぜなら、清沢は実際にイタリアを訪れて、ファシズムの存在理由を認識したからである。[57]

清沢によると、イタリア人の特長は、一つは彼らがアングロ・サクソンのように、自治を行うことができない国民であるということであった。イタリア最大の産業は、外国人観光客の落とす金（観光産業）であり、イタリア人はこの「容易な金」を目がけて堕落した。よって、「外国人を欺すことだけを考へてゐる」ような国民を統治するためには、上から強い制裁と規則を押しつける必要がある。もう一つの特長は、イタリア人の信仰心の強さである。清沢は、その具体例として聖像に接吻する習慣を挙げている。[58]

ファシズムが「イタリーの国民性に咲いた花」であることを再認識させられた清沢は、ファシズムに反対であると断った上で、次のように述べている。

が、『イタリー国民の性格からいつて、これでなければ秩序と統一が保つて行けないのだ――少なくともそれがイタリーには最もい、ことなのだ』といつたら、外国人たるわれ等は何がいへるだらうか。

自国の国民性を深く掘つて、服従性と迷信（信仰心）に根差した政策をとつて、宗教尊敬だの、秩序維持《ヂスプリン》だのとひた押しに押してゆくところは、かれまた決して凡でない。(59)

イタリアを訪れ、ムッソリーニと会見した清沢は、問題はファシズムよりも、むしろ、それを生み出したイタリアの社会構造と国民性にあると考えた。資本主義の生産力と〈モラルとしてのキリスト教〉を重視した清沢にとって、何も生産しない観光産業に依存し、釣り銭をごまかすような不誠実かつ怠惰な国民を許容することはできなかった。さらに、清沢のイタリア人批判には、「服従性と迷信（信仰心）」を批判する点で彼の日本国民批判と通底する論理が見られた。一九三〇年代に入って清沢が「心構え」や「生活態度」を繰り返し主張した背景の一つに、このイタリア訪問があったと言えるのではないか。

最後に、清沢はこの会見記を次のように締めくくっている。「労働と規律《ジスシプリン》と――ムツソリニは何故、も一つをこれに加へて国民に教へないか。正直《アネスチー》と……《ママ》」(60)。この一節からはムッソリーニとイタリア人に対する痛烈な皮肉と不信感を読み取ることができる。(61)

おわりに

以上の「欧米旅行」の検討を通じて明らかになったことは、次のようにまとめることができる。

第一に、清沢洌はロンドン海軍軍縮会議の取材を通じて国際協調・軍備縮小の観点から一貫して「対米七割」比率を批判し、アメリカを仮想敵国とせず、対米関係の改善を主張したことを指摘した。これ以降も清沢は、可能な限り国際協調（とりわけ対米協調）・軍備縮小の観点から外交評論を執筆したのである。

第二に、清沢の世界恐慌認識は、「米国の社会主義化」というものであった。清沢は、レッセフェール自由主義ではもはや世界が立ちゆかないことを自覚したが、しかし、すぐに資本主義の没落を主張するマルクス主義者とは異なり、アメリカ資本主義によって米国の繁栄と富力、民衆の豊かな生活が実現されたことを高く評価していた。アメリカ資本主義への信頼と高評価は、とりわけ、資本主義の「生産力」に向けられており、昭和期「自由主義」論争における「修正資本主義」の主張とマルクス主義批判、さらには、戦時下の非効率な統制経済批判につながっている。

第三に、欧米旅行の「経験」は、①清沢にとって在米日本人とアメリカ人の「勤勉さ」を中国人の勤勉さと重ね合わせて認識させる機会となった。また、②イギリス滞在は、清沢の「自由主義」を実感のレベルで強固なものにしたと言えるだろう。清沢は、英国議会の傍聴から議会政治の可能性を、ハイドパークのスピーキング・コーナーやバーナード・ショウの『アップル・カート』（『デモクラシー万歳！』）の観劇から「言論の自由」を、さらに、個人の行動やプライバシーに介入しない自由な社会の有り様を学んだのである。とりわけ、ハイドパークのスピーキング・コーナーで体感した「ユーモアを交えた、誰にでも開かれた対等な議論の場」の重要性は、「心構えとしての自由主義」の高唱につながった。また、イタリア訪問とムッソリーニとの会見は、清沢に、ファシズムを指導者・政治思想の次元で批判するのではなく、それを生み出した社会構造や国民性の次元から批判する必要性を認識させる契機となった。清沢が「心構え」や「生活態度」を繰り返し主張した背景の一つに、このイタリア訪問があったと筆者は考えている。

ところで、帰国直前に執筆したと推定される評論で、清沢は日本の現状について次のように心配していた。

わたしは日本といふ国に、なんだか今、危険信号がなつてゐるやうな気がして仕方がないのだ。智識階級の失業と、社会相の不安が、一団の黒雲となつて、太平洋の西の方を蔽うてゐるやうな気持がする。［中略］

私は日本といふ病人の枕頭に走せ《ママ》つけるやうな気がしてゐる。私は欲目か知らないがこの病人の本来の健康体を信じてゐるから、結局恢復するであらうことを信じているけれども、併しその病気が仮りに一時的であつても、それは責任ののがれることのできぬ病人である。［中略］私の看護がどれだけ有効であるかは疑はれるけれども、私は私のベストをつくすより外はない(62)。

ここで清沢は昭和恐慌とそれによる社会不安を危惧している。一九三〇年代の日本と清沢の困難な歩みを予見する記述である。清沢の「欧米旅行」を追体験した我々は、この旅行を通じて清沢が「看護」＝言論活動を展開する上で糧となる貴重な発想や認識を得たことを確認できたはずである。

注

（1）北岡伸一『増補版　清沢洌――外交評論の運命』（中公新書、二〇〇四）第二章、山本義彦「世界大恐慌期の国際協調と日米関係論――ロンドン軍縮会議、『満州事変』と国際協調の帰趨」（山本『清沢洌の政治経済思想――近代日本の自由主義と国際平和』御茶の水書房、一九九六所収、初出一九九四）。

（2）以下、欧米旅行の行程に関しては、特に断りのない限り、松田義男編「清沢洌年譜」改訂版（私家版、二〇〇七）を参照した。また、この旅行中に執筆された文章は、主に清沢洌『アメリカを裸体にす』（千倉書房、一九三〇）、同『不安世界の大通り』（中央公論社、一九三一）に収録された。

（3）『清沢洌日記』一九三〇年五月二三日。もっとも会見と言っても、フーバーは事前に用意したステーメントを読み上げただけで、質問は一切許されなかった。清沢は「一体米国のやうな国で不思議千万」と感想を記している（同前）。

（4）この時の取材とフォードを論じた書籍を踏まえて執筆したのが、清沢洌『フォード』（三省堂、一九三一）である。

（5）清沢洌「楽屋から見たロンドン会議」『不安世界の大通り』。なお、本論説はロンドン海軍軍縮会議を取り上げた最新の研究において全体を通じて参照されている（関静雄『ロンドン海軍条約成立史――昭和動乱の序曲』ミネルヴァ書房、二〇〇七）。同時代のロンドン海軍軍縮会議批判として、本論説は、今なお通用する価値を持っていると評価できるだろう。

(6)　清沢洌「序」『不安世界の大通り』四頁。
(7)　このような清沢の姿勢は、海軍側からは「弱気の大将」、「六割居士」と揶揄された（『清沢洌日記』一九二九年一二月三〇日、一九三〇年一月一八日）。
(8)　清沢洌「軍備撤廃の期到る」『清沢選集 第2巻』五四六、五四九頁。初出『中央公論』一九二七年三月。
(9)　清沢洌「不戦条約調印の日」『清沢選集 第3巻』四九二頁。原題・初出「時代を画する不戦条約——珍らしや敵味方握手の光景」『現代』一九二八年一二月。
(10)　前掲「楽屋から見たロンドン会議」第一「アメリカの若槻全権」二八九〜二九二頁。ニューヨークにて一九二九年一二月二〇日執筆。
(11)　同前、三〇七頁。
(12)　前掲「楽屋から見たロンドン会議」第二「ロンドン会議の前景気」三一九頁。ロンドンにて一九三〇年一月一三日執筆。
(13)　同前、三三一頁。
(14)　前掲「楽屋から見たロンドン会議」第四「軍縮時代劇の展開」三五九〜三六〇頁。一九三〇年二月一三日執筆。
(15)　同前、三六二頁。
(16)　同前、三六七頁。
(17)　前掲「楽屋から見たロンドン会議」第五「ロンドン会議総まくり」三九三頁。
(18)　同前、三九五〜三九六頁。
(19)　清沢洌「序」『アメリカを裸体にす』二頁。
(20)　同前、四頁。
(21)　清沢洌「社会主義化の米国」『アメリカを裸体にす』一七八〜一八〇頁。初出『中央公論』一九三〇年一一月。
(22)　同前、一八一〜一八二頁。以上の批判は、橘和雄「アメリカ恐慌より世界恐慌へ」（『中央公論』一九三〇年五月）に対するものだが、当時、清沢は『中央公論』に寄稿していた関係もあって批判は抑えてある。しかし、『清沢洌日記』には次のような辛辣な批判が見られる。「中央公論の橘なる人の米国産業の記事は第三インターナショナルのプレス・コレスポンデンスから盗んだもの。／少し経済界に動揺があると、直ちに資本主義がつぶれてしまふと思つてゐる気の早さ。無論資本主義は何かの形ちには変るけれども」（一九三〇年五月一五日）。

(23) 前掲「社会主義化の米国」一八二〜一八三頁。
(24) 同前、一九三〜一九五頁。
(25) 同前、一九五頁。
(26) 同前、一九三、一九六〜一九八頁。
(27) 同前、一九九頁。
(28) 清沢洌「十年振りのアメリカ」『アメリカを裸体にす』三二〇〜三二五頁。
(29) 同前、三二二頁。
(30) 清沢洌「会議を他所に英国議会の見物」(三)『羅府新報』一九三〇年二月二一日。
(31) 清沢洌「会議を他所に英国議会の見物」(四)『羅府新報』一九三〇年二月二二日。
(32) 同前。
(33) 一九三〇年三月四日から清沢は欧州大陸旅行に出るが、この旅行中、ドイツ、イタリアの議会を傍聴していた(『清沢洌日記』一九三〇年三月八日、二二日)。フランスでは議会に赴いたものの、傍聴することはできなかった(同前、一九三〇年四月二日)。この「欧米旅行」において、清沢の主要な関心の一つに「議会政治のゆくえ」があったことは間違いない。
(34) 清沢洌「米国と英国の相違」『アメリカを裸体にす』二七八〜二七九頁。原題・初出「アメリカとイギリス管見」『新世界』一九三〇年一月二八日〜二月六日。ハイドパークに関する言及は、清沢洌「アメリカと英国」(『不安世界の大通り』一八〜一九頁、初出・原題「アメリカと英国の巻」『現代』一九三一年一月)にも見える。
(35) 前掲「米国と英国の相違」二七八頁。『清沢洌日記』のなかで清沢は、ハイドパークのもう一つの「自由」について次のように記している。「ロンドンではどんな演説をしても、どんな過激なことをいつても、ハイドパークでは許される。その同じハイドパークは晩には女が自由に出没し、小陰で二つの影が動ゐてゐても何人も咎めない。この自由さが英国の特長だ」(一九二九年一二月三〇日)。
(36) 『清沢洌日記』一九三〇年三月一日。
(37) 同前。
(38) 前掲「米国と英国の相違」二七九頁。
(39) 前掲「アメリカと英国」一九頁。

(40) 清沢洌「欧州踏査の実感」『不安世界の大通り』七二～七三頁。原題・初出「欧州巡遊雑記 大西洋上にて」『羅府新報』一九三〇年五月二～四日、六～九日。
(41) 前掲「アメリカと英国」二〇～二一頁。
(42) 同前、一九頁。
(43) 前掲「欧州踏査の実感」七〇、七四頁。
(44) 清沢洌「ムッソリニを排す」(『清沢選集 第3巻』所収、原題・初出「ムッソリニとその主義を排す」『自由評論』一九二七年一一月)、同「ムッソリニ」(清沢『巨人を語る』三省堂、一九三〇所収、原題・初出「鍛冶屋の息子からイタリー独裁者 ムッソリニと其の思想」『現代』一九二七年九月)。
(45) 前掲「ムッソリニを排す」四九五頁。
(46) 同前、四九四～四九六頁。
(47) 同前、四九七～四九八頁。
(48) 同前、四九八頁。
(49) 同前、四九九頁。
(50) 同前、五〇一～五〇二頁。
(51) 同前、五〇三～五〇四頁。
(52) 『清沢洌日記』一九三〇年三月一六日。
(53) 『清沢洌日記』のなかで清沢は、イタリア人と日本人の相似性を四点挙げているが、そのうちの一点は「かけ引きや嘘を何とも思はない」ことであった(一九三〇年三月二三日)。
(54) 清沢洌「中央欧州の巻」『不安世界の大通り』四三～四八頁。初出『現代』一九三一年二月。
(55) ムッソリーニへの質問は、『清沢洌日記』(一九三〇年)の「自由記述欄」に記載されている(日付・頁数なし)。なお、日本語訳は筆者によるが、清沢「ムッソリニ会見記」を参照した。
(56) 清沢洌「ムッソリニ会見記」『不安世界の大通り』一〇七、一〇九頁。原題・初出「ムッソリニと語る 彼が大成功の秘訣は何?」『現代』一九三一年三月。
(57) 同前、一一〇～一一三頁。

(58) 同前、一一三~一一五頁。聖像を接吻する習慣について清沢は、別の論説では「衛生に悪い信仰」と批判している（前掲「中央欧州の巻」四五~四六頁）。清沢の偶像崇拝批判には、プロテスタントによるカトリック批判と通底するものがある。

(59) 前掲「ムッソリニ会見記」一一五~一一六頁。

(60) 同前、一三〇頁。

(61) イタリアを出国した日の日記には次のような記述がある。「イタリー人よ、ごまかし、不正直、ほんとにいやになる。イタリーを出てホッとする」（『清沢洌日記』一九三〇年三月二五日）。

(62) 清沢洌「日本に入る日」『アメリカを裸体にす』三六五~三六六頁。初出『北米時事』一九三〇年一〇月（日付不明）。

第Ⅳ章　昭和期「自由主義」論争への参加

はじめに

本章は、一九三〇年代半ばの昭和期「自由主義」論争[1]における清沢洌の「自由主義」とその思想的位置を解明することを主題としている。具体的な課題は、第一に、清沢の「自由主義」の形成過程およびその歴史的展開、第二に、清沢の「自由主義」の思想的位置、第三に、論争に「参加」したことが、清沢にどのような影響を与えたのか、最後に、清沢の「自由主義」を逆照射するために、その人民戦線論を明らかにすることである。

すでに昭和期「自由主義」論争については「不毛な論争」という評価が定着している[2]。本章は論争そのものの再評価を意図してはいないが、清沢を中心にこの論争の積極的な側面・意義を可能な限り明らかにしたい。たとえば、松沢弘陽が指摘しているように、この論争において「自由主義あるいは個人の自由という価値を固守する人々（河合栄治郎・清沢洌・馬場恒吾・三木清ら）の間の、自らの思想を再構築し、発展させることによって時代と対決しようとする思想的な営み[3]」は見られたのであり、清沢の「自由主義」に関わる思想的な営みを検討することは、清沢研究のみならず、昭和期「自由主義」論争の再評価をめぐっても意義深い試みとなるだろう。

ところで、この時期の清沢の「自由主義」に関しては、清沢洌研究と戦前期日本リベラリズム研究[4]の二つの視角から検討されてきた。後者については序章で紹介したので、ここでは割愛する。

これまでの清沢研究において、清沢の「自由主義」に関しては、次の諸点が明らかにされている。①清沢が政策としての自由主義と、より根源的な――態度、心構えないしフレーム・オブ・マインドとしての――自由主義を区別していたこと。[5] ②その政策としての自由主義とは、古典的な自由主義ではなく、マルクス主義とは異なる「自由主義的な社会主義」であること。[6] ③一九三四年頃から清沢が、そのリベラリズムを一層明確に定義し、読者の前に率直に訴えかけるようになったこと。[7] また、④清沢による労農派マルクス主義者批判、河合栄治郎による清沢の「心構えとしての自由主義」批判、戸坂潤による清沢の「自由主義」評価、東洋経済新報社主催「自由主義を語る座談会」（一九三五年一〇月一一日・一二日）の検討を通じて、不十分ではあるものの、清沢の「自由主義」の思想的位置を探る試みが行われてきた。[8] これらの研究に対し、本章は、昭和期「自由主義」論争における清沢の「自由主義」とそれをめぐる議論を、次の論点に即して経年的かつ包括的に検討することにした。

① 「思想」としての「心構えとしての自由主義」と「政策」としての「社会民主主義」の形成過程およびその歴史的展開

② 主に女性を対象とした講演における清沢の「自由主義」の啓蒙とその意味

③ 清沢の「自由主義」の思想的位置づけ

本章では、一九三〇年代半ばに自由主義が「後退」し、さらに「転落」していく状況のなかで、時代状況と正面から向き合い、かつ、知識人との論争を通して、清沢が自らの「自由主義」を再構築し、勇気をもってその思想を世に問うていく姿を見ていくことにしたい。

第1節　「社会民主主義」の提唱

第1項　一九三〇年代初期の時代状況認識

(1)　非常時日本

一九三一(昭和六)年九月一八日、満州事変が勃発した。満州事変を引き起こした関東軍は、事変を拡大することで第二次若槻礼次郎内閣を崩壊させ、さらに一九二〇年代日本の国際関係の基調となったワシントン体制そのものを解体させることをねらっていた。軍部の動きに同調することをためらい、満州国承認を拒んでいた犬養毅首相は、五・一五事件で殺害され、八年に及んだ政党内閣はここに崩壊したのである。(9) 事件後に成立した斎藤実内閣は、一九三二年九月に日満議定書を締結して、満州国を正式に承認した。しかし、国際連盟は満州国を認めず、日本は三三年三月に国際連盟に脱退を通告し、国際的に孤立化の道を進むことになった。(10)

一九二九年七月に東京朝日新聞社を退社した清沢洌は、八月に訪米し、その後、ロンドン海軍軍縮会議を取材して、三〇年一〇月に帰国した。そして、清沢は、翌三一年四月に、『報知新聞』の北太平洋横断旅行の取材と準備のために再度訪米し、三二年八月に帰国した。つまり、清沢は、満州事変と五・一五事件の発生時には国内にはいなかったのである。(11)

帰国した清沢は、精力的に評論活動を展開した。満州事変をめぐって日米関係は悪化し、日米開戦論まで出ていたが、清沢は、一〇月に『アメリカは日本と戦はず』(12)をほぼ書き下ろしの形で出版し、様々な条件を検討しながら日本とアメリカは戦争しないということを懸命に説いた。

満州国をめぐる国際連盟との交渉については、内田康哉外相の「焦土外交」を批判した「内田外相に問ふ[13]」、また、内田に国際連盟臨時総会代表に任命され、ジュネーブで実際の交渉を担当した松岡洋右を批判した「松岡全権に与ふ[14]」をそれぞれ発表した。

この二つの論文で清沢は、ポーツマス講和会議全権を務めた小村寿太郎を引き合いに、外交は、国民感情を押し切ることが国益につながることもあるにもかかわらず、国民に迎合する外交を行っていると両者の姿勢を厳しく批判したのである。

清沢は国際協調の観点から外交評論を数多く発表し、日本の孤立化を押しとどめようとしたのである。

(2) 滝川事件[15]

一九三三年二月、衆議院議員宮沢裕が鳩山一郎文相に「赤化教授追放」を要求した[16]。これを受けて、文部省は京都帝国大学法学部教授瀧川幸辰の刑法学説を調査し、瀧川の自由主義的学説をマルクス主義的で大学令の「国家思想の涵養」義務に違反するとして、京大側が反対したにもかかわらず、文官高等分限委員会に諮問の上、五月に瀧川を休職処分とした。また、著書『刑法読本』、『刑法講義』も発禁処分となった。法学部の抵抗派の教授たちが抗議して辞職し、学生も抗議行動を起こしたが、結果は、京都帝大法学部の敗北に終わったのである。

マルクス主義者ではなく、自由主義者であった瀧川の刑法学説が弾圧されたことは、論壇の知識人にとっては意外なことであったが、それは「自由主義の後退」と受け取られた。清沢は、滝川事件に対して、どのように反応したのだろうか。

清沢は、文部省が右翼団体のお膳立てによって、思想を圧迫したことを批判しているが[17]、しかし、以下に見るように、事件の遠因について帝大教授の待遇に対する不満が一般人の間にあるのではないかと指摘している。

タンマリ月給を貰つて本を読む機関が充分に完備してゐてそれで一週間に僅かばかり講義して――余は雑誌原稿や、読本を書いて、マルクスがどうだのジヤナーリズムがかうのでは、少し他の平民に比してぶがよすぎるといふ気持ちが、一般人の間にある。

もし階級闘争みたいなことをいふのならば、その特権的位置から下りて来い。そんな塹壕の中から鉄砲を打つやうなことを止して平地の上で尋常に戦つたらどうか。そんな気持ちがあるからではないかと思ふ。〔中略〕瀧川教授が官吏の特権地位から下りて来て裸体で『研究の自由』のために戦ふ時に、一般の同情は同氏の上に行くと思ふ。(18)

この記述は、一般人の不満だけではなく清沢自身の不満も反映している。フリーランスのジャーナリストであった清沢は、特権的な地位から言論や研究の自由を主張する帝大教授や学生に対して複雑な感情を抱いていたのではないだろうか。(19) つまり、清沢は滝川事件が文部省や右翼団体による思想弾圧であると考えていたが、帝大教授の特権的地位に対する不満と在野の言論人としての自負から、すんなりと瀧川本人を擁護することはできなかったのである。

(3)「一九三五、三六年の危機」

ここでは「一九三五、三六年の危機」および「陸軍パンフレット(20)」について清沢がどのように分析したのか、具体的に史料を提示しながら検討したい。

一九三三年秋頃から「一九三五、三六年の危機」が軍部を中心に唱えられた。「一九三五、三六年の危機」とは、具体的には、三六年に期限が終了するワシントン・ロンドン両海軍軍縮条約の再検討、国際連盟脱退の実効（三五年）、ソ連の第二次五ヶ年計画の完成（三六年）を指し、それに備えて軍備増強に全力を注がなければならないとする主張であった。(21)

清沢は、一九三三年秋から三四年にかけて「一九三五、三六年の危機」を批判する論説を数多く執筆した(22)。「一九三五、三六年の危機」説に対する清沢の批判は、四点に集約できる。一点目は、国際連盟の脱退やワシントン・ロンドン両海軍軍縮条約の失効が危機につながるのかというものであった。二点目は、「国際危機」と叫ぶことによって、かえって「国際危機」が惹起される。三点目は、「一九三五、三六年の危機」を唱えているのが、かつて連盟脱退や軍縮条約の廃棄を主張していた連中であり、矛盾していることである。四点目は、「一九三五、三六年の危機」を煽り立てる前に、いかなる努力を試みたのか、外交が不在であるということである。このように日本の膨張主義的傾向を批判した清沢は、以下の対案を提示する。

この際日本の目的が世界平和にある事、日本は正義にそむいて一寸の土地をも必要とするものにあらざる事、日本は満洲国を守り育て、そこに王道政治を布くためにも、他国とは協調する意思あることを、たゞに首相の談話によつてゞなく国民の声として世界に言動を以て表示すべきである。そしてこれがためには自主的態度を以て、如何なる国との不侵略條約、平和條約をも進んで締結し、また北満鉄道その他の懸案も眼を大局に置いて解決すべきだと思ふ(23)。

すでに清沢は満洲国の存在を前提にしており、日本の膨張主義的傾向に歯止めをかけるために、あえて満州国を守り育て、「王道政治」を布くための協調外交を主張したのである(24)。また、国際協調の必要性から、共産主義国のソ連とでも不可侵条約を締結するべきだと提案しているのである。

しかし、事態は清沢の提案と全く異なる方向に展開する。一九三四年一〇月に、陸軍省が「国防の本義と其強化の提唱」を発表したのである。「たたかひは創造の父、文化の母である」という有名な書き出しで知られるこのパンフレットは、軍備増強と国家社会主義的な改革を訴えたマニフェストであった。陸軍の政治的要求が、公然と主張されたことの衝撃は大きく、論壇では「陸軍パンフレット」特集が組まれた。清沢も「『第三党』の出現」と題した論説を『中央公論』（一九三三年一一月号）の特集「陸軍国策の総批判」に寄せている[25]。「陸軍パンフレット」発表の事実を知って、清沢が感じたのは、「強力なる『第三党』の出現」ということであった。なぜなら、「それは総ゆる方面に亘つて、一貫した政策と立場を有して」おり、「現在の経済機構を批判して、富の分布に及びその主張は根強い国家社会主義に発してゐる」[26]からである。

「陸軍パンフレット」が提起した政策について清沢は、既成政党（立憲政友会と民政党）とは異なり、農村の救済に力点を置いていることを指摘した上で、次のように述べている。

> パンフレット案は問題を根本から見ようとしてゐる。経済機構そのものにまで触れて、農民貧困の原因にさかのぼつてゐる。総べての右翼人の案がそうであるやうに、それは恐ろしく左翼主義的公式論であつて、どれだけ実行的であるかは問題であるが、しかし今までの政党の農村救済案で救はれなかつた農民の多数と、今一つは軍部の発案でさへあれば、それに絶対的価値ありとする少なからざる数の群衆に、強い刺激と同感を呼び起すであらうことは疑へない[27]。

清沢によると、こうして農村対策および一般政策の三タイプが揃ったのである。第一は、現制度維持の既成政党である。第二には、今までの「プロレタリア主義」の流れであり、現在、気息奄々ではあるけれども、しかし、何時でも有力な潮流になりうる。第三に、今まで散在はしたが、今回初めて「陸軍パンフレット」によって、「体形《ママ》をとつたフアツシヨ的国家社会主義案」である。そして、第二と第三の政策は、「ある過程において第一に対してより多く結びつく可能性を有するであらう」[28]。つまり、ここで清沢は、マルクス主義と国家社会主義が結びつく可能性があることを指摘している。

「陸軍パンフレット」は、清沢によると、「広義なる国防の観点」から発表されたのであると同時に、これは、狭義の意味では「国防費を支出するための案」なのである。もし、軍事費が無限に増加することに反対であるならば、

「陸軍パンフレット」は「一九三五・三六年の危機」を前提していると指摘し、次のような対抗策を提示している。

もし政党乃至は他の人々にして、軍事費を無限に増加することに反対するならば、その疑問はまづ一九三五・六年は謂はる、如くに危機であるかといふ点に始められねばならぬ。そして（一）所謂国際危機は必ずしも国際危機にあらず、（二）国際危機は外交的手段によつて相当確信的に避けえられるものである事、（三）軍備の拡張は徒らに対手を刺激して、却て国際不安を増し一国の安全感を失なふものである事を反証しなくてはならぬ。軍備の問題が国際情勢の認識によつて左右さる、以上、前提の変更はその論理全部の崩壊を意味するであらう。両者の論戦と対陣は、まづこの前提から開始されねばならぬに拘はらず、政党その他の反対の陣営は、従来余りにも容易に国際危機説を受け入れすぎて来た。(29)

つまり、清沢は、「陸軍パンフレット」が「一九三五、三六年の危機」を前提にしている以上、その前提を批判することで、「陸軍パンフレット」の論理を突き崩せると指摘したのである。

「一九三五、三六年の危機」及び「陸軍パンフレット」への批判は、日本の膨張主義的傾向を何とか押し止めるための清沢の必死な抵抗であった。そして、筆者は、何よりも、「第三党の出現」というネーミングを高く評価したい。なぜなら、清沢は、潜在的な政治勢力であった軍部が顕在化したことをこの一言で言い当てたからである。まさにジャーナリスト清沢の面目躍如たる所以であった。

第2項　昭和期「自由主義」論争の概要と論壇における清沢洌の位置

「自由主義」から「民主主義」へ、「民主主義」の徹底による「社会民主主義」「社会主義」へという思想的潮流は、一九三〇年代に入って、大きな障壁にぶつかり、方向の転換・分化の様々な新しい動きが現れた。三三年から三六年にかけての自由主義をめぐる論争はこのような動きのなかで起こった。二五年の男子普通選挙制は治安維持法を伴っていた。それは政治参加としての民主主義を拡大するとともに、一九三〇年代に入ると「国体」の名において市民的自由を切り捨て、政治参加を「翼賛」へと枠づける道を開いた。三三年の滝川事件、三五年の美濃部達吉の天皇機関説問題はこうして起こった。このほか次第に強まる市民的自由の抑圧は、「ファシズムの台頭」「封建主義の復活」を危惧させ、長谷川如是閑・三木清らの学芸自由同盟や学生の大学自由擁護同盟などが組織されて、「市民的自由」(30)の擁護を主張する論陣が張られるにいたった。(31)

このような政治的状況のなかで左右両側から、自由主義に対する批判が展開された。理想主義や民主主義をくぐった上で社会民主主義となり、さらに「革新」の名において国家社会主義を志向し、「現状打破」のための独裁を認める者が右側からの批判の主力だった。他方、左側からの批判の担い手は、自由主義を切り捨てたマルクス主義者であり、その最もラディカルな主張は、デモクラシーの徹底の名においてプロレタリアートの独裁を主張していた。(32)自由主義批判、特に右の「革新」派が対象としたのは、特に元老・重臣、官僚、財閥、『朝日新聞』をはじめとするマス・メディアと寄稿者、既成政党など「現状維持勢力」としての自由主義だった。これに対してマルクス主義からの批判は資本主義のイデオロギーとしての自由主義に集中する傾向を示した。(33)

論争は、『新潮』一九三三年六月号に掲載された清沢洌の「自由主義の立場」とその前後に新聞に寄せられた馬場恒吾の二つの文章に対する批判から始まった。これから三六年半ばにかけて『中央公論』、『改造』など有力総合雑誌からマイナーな書評誌類まで、また日刊紙を場として、批判・反批判の応酬が続いた。『文藝春秋』(一九三三年九月号)の「自由主義検討座談会」や『中央公論』(三五年五月号)の特集「顚落自由主義の検討」、東京帝国大学経友会主催「自由主義批判講演会」(三五年六月一一日)のような企画も組まれた。そうした一連の企画の決定版のような形で、三五年一〇月には、一二人の知識人を集めた「自由主義を語る座談会」の記録が『東洋経済新報』に掲載された。(34)

ところで、論壇とは、「総合雑誌を舞台に展開される知識人の言論の世界」のことであり、大正中期に成立した。昭和初期の論壇を構成した主な総合雑誌は、『中央公論』、『改造』、『文藝春秋』、『日本評論』（『経済往来』）の四誌であった。総合雑誌は、巻頭論文、中間読物、創作から構成されていた[35]。

昭和初期に論壇において脚光を浴びたのは、アカデミズムとジャーナリズムの境界に位置した知識人——三木清や戸坂潤——であり、彼らは論壇ジャーナリズムの重要な担い手となった。また、社会科学者を中心とする主要大学の教員が、その思想傾向ゆえに政府の言論弾圧を受けて次々に大学を追われたことにより、一九三八年前後までは論壇ジャーナリズムの主流は、大学を追われたマルクス主義者（労農派）が形成していた[36]。

清沢は、『中央公論』、『改造』、『文藝春秋』、『日本評論』（『経済往来』）のすべてに寄稿し、また、座談会にも参加していた。海外事情紹介も含めた外交評論を得意とし、その他、政治・経済・社会に関わるテーマについても「自由主義」の立場——国際協調主義・議会制民主主義・修正資本主義・「市民的自由」の擁護——から積極的に論じていた。しかし、清沢は巻頭論文を一本も執筆したことがないように、論壇を代表する知識人ではなかった。守備範囲がひろく、しかも、執筆のスピードも速かった清沢は、論壇には欠かせない言論人ではあったが、論壇の脇役だったと言えるだろう[37]。

第3項　論争開始時における清沢洌の「自由主義」

滝川事件は、一般に「自由主義の後退」と受け取られており、事件の進展にあわせて論壇でも自由主義の問題を取り上げることが多くなった。このようななか、『新潮』（一九三三年六月号）は、特集「自由主義に就いての考察[38]」を組んだ。

本項では馬場恒吾の論説とともに昭和期「自由主義」論争のきっかけになったとされる清沢の論説「自由主義の立

場」を取り上げることとし、論争開始時における彼の「自由主義」を検討することにしよう。

はじめに、清沢は自由主義の捉え方について以下のように述べている。

私はリベラリズムは心構へ——Attitude乃至はframe of mindの問題で、政策でもなければ主義でもないと解した。即ちこれは主義と政策が、その上に建立さるべき心的基調であつて、自由主義者は同時に共産主義者であり、社会主義者でありうるのである(39)。

一九二〇年代後半に引き続いて、清沢は、自由主義を政策やイズムではなく、「心構え」として捉えていることをまず確認しておこう。さらに、重要なのは、清沢が自由主義者は同時に共産主義者・社会主義者であり得ると明言している点である。

自由主義を的確に理解するために、清沢は二人のイギリス知識人の見解を紹介している。一人は、ハロルド・ラングショーである。清沢によると、ラングショーはリベラリズムには二つの意味があると主張する。一つは「狭い意味で十九世紀の経済上の自由主義」を意味するが、もう一つは、「もつと遙かに広い——原始的な、奴隷的な、衣食住中心的な生活から、もう少し合理的な、自由な生活を求めるために人間が動いて来たところの歴史を動かした精神」である。後者がリベラリズムであるならば、二〇世紀におけるリベラリズムの表現は一九世紀の経済的自由主義と異ならざるを得ない。なぜなら、「アチ《マ》チユ《マ》ードから政策に表現する場合には、それは必然に時代によつて形ちを異にして来るからである(40)」。

したがって、清沢によると、ラングショーは、二〇世紀の自由主義は社会主義という形をとるという。というのは、一九世紀の経済上の問題は物資の不足であったが、二〇世紀は分配の問題に帰するからである。このことはイギリス労働党の台頭とともに自由党の没落においても説明される(41)。つまり、ラングショーは二〇世紀のリベラリズムは社会主義であり、その政治的な担い手はイギリス労働党であると主張したのである。

一方、もう一人の知識人であるH・G・ウェルズのリベラリズムの定義を、清沢は彼の著書“After Democracy”から翻訳する形で引用している。すなわち、「リベラリズムとは正しい、親切な、自由精神の、自由に考へうるそして自由に言論をなす人間の一つの繁栄的かつ進歩的世界社会の可能性を明白に認めることであり、そしてそれはその可能性の実現を願ふ総べてのものから人類を救ひ出すための闘争である」。ウェルズはリベラリズムを平生主張する世界国と結びつけている。

清沢によると、両者の議論は、いずれも自由を基調としており、この点はアナキズムの境域にまで行っているが、しかし、法律と秩序を認める点において異なる。(42)

以上の二つの定義を紹介した上で、清沢は次のように自身の考えるリベラリズムについて改めて説明している。

ただ私は思想的にいへばリベラリズムは左右両翼のイデオ《マ》ロギツシユ《マ》な観方に対して、フリーな立場に立つものであり、従つて普通リベラリストと呼ばるるものは、Free intellect またリベラリズムといはれるものはフリー・インテ《マ》レクチユアリ《マ》ズムとも云つた方が、従来の伝統的リベラリズムと混同される危険から避けられるのではないかと信ずるのだ。(43)

ここで清沢は「心構えとしての自由主義」が、左翼と右翼のイデオロギー的な「心構え」と明確に対立し、さらに、従来の経済的自由主義とは異なると主張している。ただし、「イデオロギツシユな観方」と限定しているように、清沢は、イデオロギーにとらわれすぎない左翼とは協力することができると間接的に指摘しているのである。

しかし、この「自由知識人《フリーインテレクト》」は、清沢によると、最終の理想と過去の歴史に対する断罪において共産主義者とそれほど相違のあるものではない。ただ、自由知識人は、「一つの統制社会を描きながら、それに達するのに最も犠牲の少ない道を歩まうとする」(44)。したがって、自由知識人は共産主義者と同じ目標を持ちながら、そこに至る手段において対立するのである。

ところで、清沢はリベラリズムに対する非難は二つあるという。一つは、「亡び行くリベラリズム」という批判である。この批判は、自由主義を一九世紀の経済的自由主義に限定して捉えるものである。この批判に対し、清沢は、「漸定的な、公式的な、独断的な、一階級の立場からのみ観るアチチユードに対して、どうして批判的な、自由な、総意的な心構へが亡びゆくのであらうか」と反論している。もう一つの批判は、リベラリズムには政策がないという批判である。この批判に対し、清沢はリベラリズムそのものには政策はないが、リベラリズムの「心構え」から政策が生まれないというのならば、間違っていると反論する。清沢によれば、政策がないのはむしろマルクス主義者の方である。というのは、マルクス主義者には共産主義社会に至るまでのいわば過渡期の政策と、共産主義社会が実現してからの具体的な政策がないからである。(45)

最後に、清沢はリベラリストと左翼の相違について次のように説明している。

リベラリストは、公式的でなく、一々経験されたる方法により、その左翼が目がける社会実現の可能を信じてゐる。即ち目的において同じく、手段において異なる。ただその表面に現はれる著しい相違は、左翼が憎悪と階級的意識を動機としてゐるに対し、リベラリズムは愛と総意を根源としてゐることが出来るといへよう。(46)

この論説において清沢は、一九二〇年代後半に提唱した「心構えとしての自由主義」をラングショーやウェルズに言及することで、そのブラッシュアップを図ろうとした。しかし、この論説を通じて清沢は、「心構えとしての自由主義」から成立する政策、換言すると、「統制社会」に至る「最も犠牲の少ない道」の内実を読者に明らかにしているとは言えない。

第4項　労農派マルクス主義者との論争(1)

(1) 労農派マルクス主義者の「自由主義」批判①

ここでは、清沢の論説「自由主義の立場」とその前後に発表された馬場恒吾の文章[47]に対する労農派マルクス主義者の「自由主義」批判について、包括的かつ自由主義者の思考様式にまで踏み込んだ批判を展開した向坂逸郎を中心に検討する（(2)は第2節第3項）。

向坂は、滝川事件とともに、「進歩的インテ《マ》リゲンツィ《マ》ヤ」から「自由」を求める声が高まってきたが、しかし、実際のところ、「自由」を求める声は小さくてか弱いし、しかも、自由主義者は、「実行の勇気」を示さないと批判する[48]。

しかし、向坂は自由主義の台頭を無用だと考えているわけではないが、現代の自由主義が、「歴史的発展の方向に、如何なる程度において寄与するであらうか」、また、「どれだけの実勢力となり得るであらうか」と考えざるを得ないと主張する[49]。

以上の状況認識と問題関心から展開される向坂の「自由主義」批判は、二点に集約することができるだろう。批判の一点目は、「自由主義の主張者達」が「自由主義を一切の社会的内容から抽象してゐる[50]」ことである。清沢、土田杏村、馬場の文章を引用した後に、向坂は次のように批判している。

> 社会的な内容を有たない純粋な『形式』や『心構へ』や『心持』は、吾々の頭の抽象の産物であつて、現実には存在してゐない。現実に存在する心持や心構へは、必ず一定の方向を内容によつて規定されてゐる。その心持や心構への働きには必ず一定の内容から来る限度が与へられてゐる。何ものかを喜び、何ものかを憎む社会的情熱は存在するが、一切空虚な社会的情熱は存在しない。自由主義は決して単なる形式主義ではない。必ず一定の

歴史的内容を有し、歴史的限度を以てのみ存在するものである。[51]

つまり、向坂によれば、「心持」や「心構へ」は「一定の社会関係」[52]によって規定されるのであり、何物にもとらわれない「心持」や「心構へ」はあり得ないのである。[53]したがって、清沢・土田・馬場の主張する「自由主義」は、「今日は右に、明日は左に、時勢によつてオッポ《マ》チュニ《マ》ズムとなり終る危険を示してゐる」[54]。この向坂の批判は、決して的外れではない。「心構えとしての自由主義」には、現状追認の「無限状況適応型自由主義」[55]となる可能性があったからである。しかし、藤田省三が指摘しているように、「無限状況適応型自由主義」と「気分的自由主義」（清沢の「心構えとしての自由主義」も含まれる）の差は、フレーム・オブ・マインド、すなわち、「自己批判能力が出てくるのと出てこないとの差」であった。[56]そして、清沢の「心構えとしての自由主義」は「自己批判能力」を兼ね備えていたのであり、「無限状況適応型自由主義」に陥る可能性はなかったのである。

「心構えとしての自由主義」は、社会関係によって意識は規定されると考えるマルクス主義と厳しい緊張関係にあったのである。

批判の二点目は、「自由主義」はブルジョアジーの歴史的発展と結びついたイデオロギーであり、ブルジョア階級と共に闘った時は積極的かつ闘争的だったが、現在はその階級的基礎を失うと共に「足を大地につけてゐない一つの思想」になり終わってしまったことである。[57]したがって、向坂によると、階級的基礎を失った現在の自由主義・自由主義者が取るべき道は、以下のようになる。

自由主義の完全なる使命、即ち、ブルヂ《マ》ョ《マ》ア的自由の実現といふことは、今日、プロレタリアートの力をまつ事なくしては不可能となつてゐる。

中立的な立場は許されない。自由主義者にとりては、問題は『自由』を拘束する者（反動的なブルジョアジー、ファシズム）に味方するか、これを促進するものに味方するかの二つ以外にはない筈である。[58]

つまり、向坂は、「自由主義」をブルジョアジーのイデオロギーと捉えており、階級的基礎を失った「自由主義」は、プロレタリアートの力に頼ることなしに、自由を得ることはできないと主張したのである。(59)

(2) 清沢洌の反論

清沢は、「マルキスト連の呪文——自由主義批判の批判」と題した論説を、『新潮』(一九三三年八月号)に寄稿し、マルクス主義者からの批判に応えた。以下、反論の骨子を簡単に整理したい。

反論の一点目は、資本主義が自由を圧迫するという批判(60)に対してである。清沢は、イギリス・アメリカ・フランスを例に挙げて、「自由が兎にも角にも尊重されるのは資本主義が最も発達してゐる国ではないか」と指摘し、自由を圧迫しようとするのは資本主義だけではなく、第一に「封建制度と思想」、第二に「宗教的頑固と熱情」であると反論する。(61) また、ソ連に自由があるという主張(62)に対しては、①「宗教的熱情を有するマルキストは、絶対に他宗を入れない」、②「暴力を以て政権を建てたものが、同じ暴力を恐れるのは当然」であり、「暴力的反動を恐れることは、やがて対抗的勢力と思想を絶滅せんとする方法手段に転化する」(63)と指摘する。

二点目は、「プロレタリアートのみが強い」という公式に対する批判である。プロレタリアが勝ったのはソ連だけであり、その理由——①第一次世界大戦中の無秩序と軍隊の混乱、②レーニンが天才だったこと、③クーデターの手際よさ、④中産階級がほとんどいなかったこと——もソ連の特殊性に根ざしている。(64)

三点目は、社会がブルジョアとプロレタリアの二大陣営に分かれているとのマルクス主義者(大宅壮一)の主張に対し、プロレタリアが数的にも勢力的にも圧倒的に不利であると反論している。清沢によると、イギリスの共産党員は五〇〇〇人に満たず、また、一九三二年一一月のアメリカ大統領選で共産党の候補者に投票したのは六万九〇〇〇人である。たしかにドイツではこの前の総選挙で共産党に投票した人が五〇〇万人を越えており、マルクス主義者が最も期待していたが、しかし、現在はナチスが政権を握っているのである(65)。
四点目は、マルクス主義者による「批評家が総意的な心構へにおいて批判が出来ぬといふ議論」に対する反論である。これについて、清沢は以下のように述べる。

　すでに社会科学といふ。この科学はどうして、始めから態度を決定し、『公平』に対して眼を閉ぢなければ、結論を生むことが出来ないのか。どうして諸種の材料を組み立て、自然科学者が顕微鏡をのぞくやうに私心なき態度を以て臨み、その論理の謬《ママ》りと、その戦術の謬《ママ》りと、かれ等が全身の意味をかけてゐる前提の謬《ママ》りを指摘することが出来ないのか(66)。

清沢は、マルクス主義の「社会科学」が、プロレタリアートの立場から、階級闘争の激化によって革命が必然となるとみなす点を宿命論であると批判し、その前提と理論をあらゆる角度から検討する「心構え」の重要性を提起しているのである。さらに、ここで重要なのは、マルクス主義者と自由主義者の社会認識の「方法」の違いが示されている点である。すなわち、マルクス主義者は一貫した立場から「社会科学」という方法によって現実を分析するのに対し、清沢は「ジャーナリストの経験論」の立場から、自然科学者のように、まず現実を直視し、様々な角度から対応策を考えようとしていたのである。

最後に、共産主義と自由主義の相違は、清沢によると、「搾取なき社会」を目指す点では同じだが、その実現に至る手段で対立する。マルクス主義者は革命によらずしては不可能であると考えるが、一方、自由主義者は「最も犠牲少なき方法」で可能であると考えるからである(67)。

以上検討してきた清沢と労農派マルクス主義者の「自由主義」論争は、建設的な議論を行う雰囲気のなかで展開しなかったが、「心構えとしての自由主義」の問題点、すなわち、現状追認の「無限状況適応型自由主義」に陥る可能性があることや、マルクス主義者と自由主義者における社会認識の「方法」の相違が明らかになるなど、この時期の思想史を考える上で重要な論点が提起されていたのである。

第5項　「社会民主主義」をめぐる「自由主義」論争

本項では「社会民主主義」をめぐる「自由主義」論争を検討するため、『文藝春秋』（一九三三年九月号）に掲載された「自由主義検討座談会」[68]を取り上げることとする。

最初に清沢の「心構えとしての自由主義」に対する三木清の批判と清沢の応答から検討することにしよう。

三木　併しさうすると非常に身勝手ではありませぬかね。自分丈はどうぞ自由にして呉れといふのであつて、積極的な、例へばマルキシズムとかファシズムとかにおけるやうな積極的な政策といふものを自分には持たないで、たゞ自分丈は自由にして呉れといふならば……《ママ》

清澤　僕の言ふのはさうぢやない。政策はあるんですけれども、われ等の云ふリベラリズムは政策ではないといふのです。〔中略〕。併し政策としてなら、搾取なき世界の実現を企図する社会主義の目掛けるものと変つたことはないと私はくり返し書いてゐます。〔中略〕十九世紀の自由主義といふものは御承知の通り資本主義と共に発達したそれであるけれども、現在目前の問題で、アメリカであのルーズヴェルトがやつて居るやうなことですね、これは従来の自由主義から転換して統制主義になつて居るんです、所がその統制主義をやつて居る人を今リベラリストと言つて居る。[69]

ここで清沢は「心構えとしての自由主義」の上に打ち立てられる政策が、社会主義とほぼ同じであることを主張し、さらに、アメリカの「統制主義」、すなわち、ニューディール政策が現段階でのリベラリズムであることを明らかにしている。

清沢の応答を受けた三木は、その議論がイギリスのラングショーと同じであることを指摘した上で、「現代の我々の求める自由の心構へはどういふ具体的の形をとるか」と述べ、「現段階の自由主義」をめぐる議論を出席者に提起する(70)。

三木自身は、現段階の自由主義は「社会民主々義」になるとの見解を示すが、佐々弘雄は「社会改良主義」、麻生久は「資本主義と結び付いた自由主義」、石浜知行は「資本主義的自由主義」と答えている(71)。一方、清沢は、三木の問題提起に次のように答えている。

　つまりわれ等の目がける政策は搾取なき世界の実現だ。［中略］われ等は現在よくても悪くても資本主義機構の下に生活してゐます。せめて現に持つてゐるわれ等の自由が奪はれないやうに現実の問題に打つ《マ》かつ《マ》て行く。それがわれ等の立場なのです(72)。

ここに現段階の自由主義を資本主義から切り離し、「社会民主主義」と捉えようとする三木、清沢と、資本主義と結びつけて捉えようとする佐々、麻生、石浜の間に意見の対立がみられることがわかる。

ところで、現段階の自由主義を「社会民主主義」とみなすことに関してはすでに自由主義者から批判が出ていた。芦田均は、「社会民主党になれば、個性の自由発展といふことよりも社会といふものを一つの機械的組織と見て個人の平均とか均一とかいふ点に重を置いて居る」ので、「個人といふものは社会民主党の立場から見れば極めて軽いものとして取扱はれるんぢやないんですか(73)」と指摘し、社会民主主義が個人の自由よりも社会の平等を重視しているとの見方を示していた。つまり、以下に示すように三木・清沢と芦田の間に「社会民主主義」をめぐるもう一つの対立軸があった。

　清澤　自由主義をそう狭く、詰り十九世紀の自由主義そのものだと云ふ風に解してしまへば殆ど議論が出来なかないか。詰り問題は英国の労働党、ドイツのソチ《マ》ア《マ》ル・デモクラツト、さう云ふ風なもの迄がファツシズムとマルキシズムに対して自由主義の中に入れられないか。問題はそこにあると思ふ。

三木　さういふ風なものを今日では自由主義の一環と見なければ、現在政治的に考へられる自由主義はあまり狭くならないでせうか。
芦田　イギリス人の書いた説明、ラムゼー・ミユアー〔Ramsay Muir〕あたりの書いたニユー・リバアテ《ママ》イの説明に依ると、イギリスの労働党と云ふものは、全く自由党とは立場を異にして居ると見て居ります。
三木　然し先に云つたラング・ショ《ママ》ーの意見では、今日のリベラリズムを代表するのはもはや自由党でなくして、労働党だといふのですが・・・・《ママ》
芦田　それは理論的に言へるかもしれないが、社会通念としては、まだイギリスの労働党が自由主義なりと云ふ説明はつかないのぢやないかね[74]

つまり、清沢と三木は、イギリス労働党やドイツ社会民主党を「自由主義」と捉えるのに対して、芦田はイギリス労働党は理論的にはともかく「自由主義」ではないと主張する。

さらに、清沢と芦田の議論は、日本の社会民主主義をめぐって長谷川如是閑も交えて次のように展開する。

芦田　清澤さんはソシアル・デモクラットを自由主義者の中に入れたがる傾向があるが、具体的政策を見れば、成程君の言ふ通り、安部先生の書物の中にある社会大衆党の政策に今では自由主義の政党でも異存は無いかも知れないが、然し思想的の態度はソシアル・デモクラットと自由主義と云ふものは全然区別しなければ意味を為さんと思ひます。
清澤　［中略］資本主義に賛成するか、資本主義に反対するかと云ふ場合に、自由主義はどちらに傾くかといふことが大切だと思ふのです。そして無産党の勢力は反資本主義の方に行くべきものだと思ふ。其中には共産主義もあるだらうけれども、……其反資本主義の陣営の中に自由主義、社会民主々義と云ふものを入れないと・・・・《ママ》

長谷川　是は芦田さんの方が多少譲歩しても宜いでせう。ロイドジ《マ》ョーヂ《マ》の一九一〇年の所謂『革命』予算、あれは矢張社会民主主義を余程加味して居たのですからね。(75)

「個人の自由」を重視する観点から、社会民主主義と自由主義の思想的態度の相違を主張する芦田に対し、一方、現段階の「自由主義」を反資本主義として捉えている清沢は、その観点から社会民主主義を主張する無産政党と「社会民主主義」の段階に進んだ自由主義者との間に連携の可能性があることを示唆している。ただし、この場合の連携は、芦田が指摘しているように社会大衆党の安部磯雄のライン（旧社会民衆党系）だったと思われる。

以上の論争は、これまで明らかにしてきたように、英独の社会民主主義とアメリカのリベラリズム（ニューディール政策）を踏まえて、現段階の自由主義を「社会民主主義」とみなすか否かをめぐって、建設的な議論が展開されていた。

第6項　「社会民主主義」の提唱と「自由主義」の啓蒙

（1）「社会民主主義」の提唱

これまで見てきたように、清沢は、自身の考える「自由主義」をイズムではない「心構えとしての自由主義」と規定していた。しかし、「心構えとしての自由主義」の上に打ち立てられるべき政策について問われると、明らかに「社会民主主義」を志向してはいるものの、「搾取なき世界の実現を企図する社会主義の目掛けるものと変ったことはない」(76)という曖昧な回答を繰り返していた。

ところで、一九三四年七月、清沢は『激動期に生く』を出版した。本書はこれまでに発表した論説を集めたものであり、「自由主義の立場」、「マルキスト連の呪文――自由主義批判の批判」が、一部の字句修正を除いて、そのまま収録された。

本書がこれまでの清沢の著作と異なるのは、序文の後に自身の思想的立場を明らかにするために新たに書き下ろされた「読者への言葉」が付されていることである。(77) この「読者への言葉」は、「友よ」という呼びかけが繰り返されている。気障な書き方ではあるが、「友よ」と書き出すことで、著者と読者が対等の立場にあることを清沢は主張しているのである。ここには、相手の主張を「認識不足」と切り捨てる風潮に対する清沢の厳しい批判(78)と、異なる意見の人も自分たちの同胞であることには変わりないとの意識がある。

この「読者への言葉」において、清沢は、以下のように、自身の政策が「社会民主主義」であることを明らかにしたのである。

> 私の自由主義は『心構へ』であり、『心の枠』であり、アティチュードであります。［中略］従つて政策を現はす主義は、それとは別になくてはなりません。
> ［中略］私は自由を求めます。昔し《ママ》は自由そのものを求めて自由になりえたのですが、現在では経済機構そのものを変更しなければ、自由は得られません。故に私は自由を得るために社会主義者なのです。
> 貴方は私が社会主義者であることをお驚き《ママ》にならないと思ひます。……ナチスさへ国家社会主義党と名乗る当節です。社会主義は最早一般社会の常識です。問題の分れるところはこの社会主義社会を如何にして持ち来たすかにあります。(79)

つまり、清沢によると、現段階の政策が「社会主義」であることは常識であり、問題は、どのような「社会主義」を選択するかにあるということである。しかし、残念なことに、ここでは「最も過激なる理想を最も平和なる方法を以て実現することを期する」(80)という説明しかしておらず、清沢の考える「社会主義」が、共産主義ではなく、「社会民主主義」であることが推測できる程度である。

しかしながら、一九三三年前後に清沢が発表したニューディール論、ケインズの転向論、スウェーデンの修正資本主義論を検討してみると、清沢の「社会民主主義」の輪郭・イメージを把握することができる。[81]

第一に、ニューディール論である。すでに第Ⅲ章で明らかにしたように、清沢は一九二九～三〇年の欧米旅行時に、アメリカの資本主義が「社会主義化」せざるを得ないと予測していた。一九三三年一一月に発行された『革命期のアメリカ経済』[82]は、同年三月に成立したローズヴェルト政権による初期ニューディール政策を解説したものである。とりわけ、下篇は、「ローズヴェルトの施設《ママ》と関係諸法律」と題されており、「大統領事績の月別経過一覧表」と全国産業復興法（NIRA）、農村救済並通貨増発法、アメリカ新銀行法が収録されている。

言うなれば、本書はローズヴェルト政権成立直後の初期ニューディール政策と併走しながら執筆されたものであり、その歴史的評価は非常に難しい。というのは、NIRAは一九三五年五月に、ニューディール農業政策の中心である農業調整法は一九三六年一月にそれぞれ最高裁判所から違憲判決を受けており、ニューディール政策は変容を迫られたからである。

清沢がローズヴェルト政権下のアメリカを「革命期」と評価する理由は、第一に、同政権の施策が「資本主義のラヂカルな修正」を意味するからである[83]。第二に行政権の拡大である。清沢は、「三権分立を確立して、チエツキ・エンド・バランスによつて運転する筈だつた米国の政治機構の中で、大統領に産業統制権を与へるなどは全く思ひつかなかつたに違ひない」[84]と指摘している。つまり、清沢は、ニューディール政策が資本主義のラディカルな修正と行政権の拡大を企図したことから、「革命期」と評したのである。

続けて、第二期（第二次）ニューディール政策についてローズヴェルト再選後の清沢の談話記事を検討することにしよう。ローズヴェルトのニューディール政策は、清沢によると、世界のどこの国もやっている「行政改革」と同じ線に沿うものである。しかし、その実行にあたっては国民性によって方法が異なる。ローズヴェルトの特徴は、第一に、いかなる国よりもドラスティックな改革をしているにもかかわらず、革新や庶政一新といえば直ちに「決死の覚悟」を意味する日本とは異なり、「笑ひながら、スマイルしながら社会革新を実行しようとしてゐる」ことである。第二に、「革新・政策」を一つの試みとして考える点である。何でもやってみるが、うまくいかなければ方法を改める。また、失敗した場合には何時でも自分の失敗を認める。これらのローズヴェルトの特徴を、「一つのイデオロギーから出た信念を以てある革新を押し通さう」とする、あるいは、社会は複雑であるにもかかわらず、「自分の原理をあてはめようとして従順に客観的情勢にしたがふ事をしない」ソ連の共産主義や独伊のファシズムと比較して清沢は高く評価している。(85)

清沢は、第二期のニューディールに関して次の点に着目している。一つは、大統領の権限拡大を目指している点である。すなわち、閣僚の増員、スポイルズ・システム（猟官制）の改革、大統領直属の補佐官を置くことなどである。もう一つは、違憲判決を受けての最高裁の改革である。これらの改革が成功するかどうかはわからないが、ローズヴェルトが、アメリカにおいて統制の必要から今までの機構ではやっていけないという事実を実践的に示している点は注目される。(86)

ニューディールと民主主義・議会主義の関係について、清沢は次のように述べている。

このアメリカに於ける統制的傾向が必ずしも民主々義、議会主義を否定した事にならぬことであつて、不景気時代には大分否定的に傾いた社会も、その恢復とゝもに相当根強く議会支持する□〔一字不明〕〈様〉になつて来てゐる。即ちアメリカの統制主義は議会否定主義に結果しないで、寧ろ散り〲になつてゐた議会を含む多くの機構を統一的なものとしようとしてゐる点が重要視すべきものなのである。(87)

要するに、清沢は、ニューディール政策実施に伴う行政権の拡大、すなわち、大統領の権限を拡大し、効率的な行政・統制政策を行うことを、民主主義・議会主義の否定ではなく、むしろ議会も含めた国家機構の再編と捉えているのである。

第二に、ケインズの転向論である。[88] 清沢によると、ケインズは、現在の世界情勢を踏まえて、「自由貿易主義（経済的国際主義）」から「経済的国家主義（国家自給主義）」へ「転向」した。[89]

ケインズは、一九世紀の自由貿易主義者の信条を四点指摘している。①自分たちばかりが頭脳明晰で、彼らの理想とする国際的分業に反対するものは無知の結果であると考えた。②彼らは「世界の主婦《ママ》」と自認し、全世界の富源と実力を開発して、貧困の問題を解決することができると信じた。③彼らは、単に優勝劣敗によって世界を改善するばかりではなく、世界各国を独占と特権と退廃から救って、個人の自由と創造を創り出せると信じた。④彼らは平和と国際協調の信仰者であり、国家間の経済的正義および進歩をあまねく享受できるようにしたのである。[90]

清沢は、ケインズが整理した一九世紀の自由貿易主義者の信条が、日本における自由貿易主義、すなわち、関税低下を目標とする一個の経済政策とは異なり、イギリス国民の道徳観・人生観にまで深く浸透している点に注目している。[91]

ケインズによると、これまでは自由貿易は世界平和を樹立する道だと信じられてきた。換言すると、各国間に自由に物品と資本とが交換され、それによって利害を密接にすることは各国間の平和につながると考えられたのである。しかし、事実は、製造工業の国際的分業と、資本の地理的拡散が経済的帝国主義を生み、かつ、新市場の獲得に対する各国の競争は、協調よりも敵意を生じさせているのである。[92]

現在、世界各国は、自由貿易主義を捨てつつある。ソ連は新しい経済観（共産主義）に基づいて出発し、また、イタリアもドイツも新経済政策（ファシズム）を採用している。イギリスおよびアメリカは、「古い経済組織」、すなわち、レッセフェールに執着を持っているが、しかし、一皮むけば、新しい経済政策（修正資本主義）を採用しようとしているのである。[93]

ケインズによると、これらの政策の結果がどうなるかはわからない。しかし、各国がその歴史的伝統と国民的傾向の線に沿って、自国の救済に努力しているのは確かなことである。したがって、少なくとも各国が自国の理想とする経済政策を試験しつつある以上は、我らは外国に干渉せず、同時に外国からの影響をできるだけ少なくして、各国好むところの政策を試してみることが世界のためになるのではないか。ケインズは、国家自給主義自体は望ましいとは考えないが、各国がその理想とする政策を実行する状況を作り出すことは望ましいと主張している。(94)

しかしながら、清沢によると、ケインズは経済的国家主義の危険を三点挙げている。①純理論家の「愚鈍」。いままで華やかな理論を説いていたのが、実際の問題には対応できず愚鈍さを示すことがよくある。②結果を急ぐことであり、これは愚鈍よりもさらに危険である。経済的過渡期の社会は、成功するためには、漸進的に進まなければならない。急激に事を運ぶ（ケインズは「革命」を念頭に置いている）と、富の破壊が避けられず、新しい社会における各種事業は、旧社会よりも悪くなり、結局、新しい経済政策の試験は失敗に終わるのである。③さらに危険なことは、「建設的批評」を排斥することである。新しい経済政策は、試験である以上、顧みるべき前例はなく、ゆえに常に「建設的批判」が必要なのである。しかし、スターリンはすべての批判を排斥したのであり、我々は「スターリンを以て恐るべき前車の覆る戒め」としなければならないのである。(95)

以上の議論を紹介した清沢は、「もし、自由な建設的批判が許されないやうならば、少なくとも自分は再び十九世紀の理想に帰るであらう」とのケインズの言葉を引用し、彼の議論が「あくまでも自由主義を基調とする英国流のものである」と高く評価している。(96)

第三に、スウェーデンの修正資本主義論(97)である。清沢によると、スカンジナビア諸国の経済統制は、「無制限なる資本主義」（ニューディール以前のアメリカ）と「極端な共産主義」（ソ連）の中間を歩いている。この統制は、急に完成したものではなく、過去三〇年以上の間、消費者の協力と、国家が重要産業に乗り出したこと、それから労働運動の力強い進展および国民の社会教育の普及によるものである。また、この資本主義統制は、スカンジナビア諸国において国民の数が少なく、教育の機会を与えられる関係から、堅実に、そして漸進的に進むことができる。[98]

スウェーデンは、清沢によると、国家機関[99]・消費組合との競争によって資本家の暴利と搾取を掣肘することができている。[100]清沢は、国家機関による事業として電力・酒・放送事業の事例を取り上げている。一方、消費組合は、バター製造業者のトラストに対し、バター製造に乗り出して価格の引き下げに成功したという。さらに、国際電球カルテルに対しては、スウェーデン・デンマーク・ノルウェー・フィンランドの中央消費組合が国際消費組合を結成して、電球事業に乗り出して価格を引き下げた。つまり、組合の発達、国家による事業経営などにより、スウェーデン国内においては、資本家が消費者を無制限に搾取することはできなくなっているのである。[101]

上記の政策はスウェーデンの社会民主党が行っており、清沢は同国の資本主義統制に学ぶ必要を主張している。[102]

以上の議論から浮かび上がっている清沢の社会民主主義イメージは、古典的自由主義が変容を迫られるなかで、共産主義ともファシズムの国家社会主義とも異なる、議会制民主主義による漸進的な資本主義の変革（修正資本主義）だったと言えるだろう。

（2）『混迷時代の生活態度』にみる「自由主義」の啓蒙

『混迷時代の生活態度』は、一九三五年一月に千倉書房から出版された清沢の一五冊目の著作である。[103]清沢本人が、「過去二十年ばかりの間、同じ立場を守り続けてきたこの書の著者の立場を知つて下さるのには、従来のもの、何よりも好適なもの[104]」と自負しているように、清沢の社会認識のみならずその思想のエッセンスが平易な形で説かれている。その理由は、本書が一九三四年八〜一〇月にかけて行われた『婦人公論』新生活運動全日本講演会の講演録と推定されるからである。[105]

清沢は、序文において自身の立場を「合法主義」であると明らかにしているように、本書は「合法主義」の立場からの「心構え」・「生活態度」、社会批判、社会変革を論じたものである。[106] ここでは、清沢が女性を対象に講演という形式を通してその「自由主義」をどのように説いたのか、「合法主義の立場に基づいた生活態度」および「目指すべき理想社会」の二つの視点から見ていくことにしたい。

はじめに、「合法主義の立場に基づいた生活態度」について検討することにしよう。清沢は、「われ等の心的態度」について次のように述べている。

私共は思想問題、社会問題を研究する時にあたつて一番禁物は、既成観念をもつて相手の説を初めから敵視するとか、初めから自分の心を閉ぢてうけいれないといふ心構へをすることであります。〔中略〕自分の抱く考へがまちがつて居るかどうかを常に顧みることは、私共には是非共必要だ。無論如何なる問題に対しても飽くまで突込んで正しいか間違つてゐるかを検討する必要はある。だがその必要があるからこそ、われ等は心を開いて異説に耳を傾け、総ゆる角度から見なければならぬ。[107]

ここで清沢は、思想問題や社会問題を考える時には、相手の立場に寛容であること、そして、異説に耳を傾け、自分の考えをあらゆる角度から検討することの必要性を主張しているのである。つまり、「心構えとしての自由主義」の重要性を説いているのである。

また、清沢は、もし自分が教育家だったとしたら、「一生を通じて真理を探究する心構へ」を生徒に教えたいとも述べている。そして、「真理を探究する心構へ」と同時に、清沢は「科学的精神」を持つ必要を訴える。当然のことながら、清沢は、「科学」を「マルクス主義」という意味に限定しておらず、「宗教〔キリスト教〕及び迷信に対する反抗」を基礎とする西洋の科学と捉えている。つまり、清沢は、近年の「右翼的傾向」、すなわち、「感情と伝統のみを尊重する思想」にとらわれることがないように、「検討的精神」を養う重要性を主張しているのである。[108]

以上見てきたように、清沢は、「合法主義の立場に基づいた生活態度」として、「心構えとしての自由主義」と「科学的精神」（批判精神）の重要性を主張したのである。

ところで、清沢によると、「科学的精神」を持つことだけで世の中はよくなるわけではない。我々の生活の目標は正しいことをして幸福になることにあるが、そのためには、進んで社会そのものを改革する必要がある。(109) 以下、清沢の考える「目指すべき理想社会」について見ていくことにしよう。

清沢は、「理想的な社会」を「互ひの生産がお互ひの幸福を齎らす社会」を定義し、さらに、バートランド・ラッセルを援用しながら、この社会に必要な要素を四つ挙げている。第一に人間が幸福であること、第二に友達、隣人、社会に友情があること、第三に美を享楽すること、第四に知識を愛する自由があることである。(110)

したがって、このような社会においては、「現在のやうな資本主義機構はどうしても潰れるべき」であり、「搾取なき社会」でなければならない。というのは、清沢によると、かつては、「自由競争」によって物資も多くなり、社会も進歩したが、現在は、配給の問題で行き詰まっているからである。つまり、問題は生産から分配に移っており、「社会主義社会――国内的に、また国際的に――の招来」が、理想となるのである。(111)

では、このような「社会主義社会」は、どのような手段で実現するのか。清沢は、「人間の力によつて、――正確に言へば知識と努力によつて、この社会を理想社会に改造することが出来ると信ずる」(112) という。この発想は、マルクス主義にみられる宿命論的な考えに対する批判であると同時に、一人一人の努力によって社会を変革することができるという清沢の信念を反映したものと言えるだろう。

さらに、清沢は現在の資本主義の機構を変えることには賛成だが、「暴力を行使して無理やりこれを変へるといふことには不賛成だ」と述べて、以下のように主張する。

この結局極めて平凡な合法主義、進歩主義といふことにしか落着かないのであります。これは左翼論者からも右翼論者からも随分攻撃される立場でありますけれども、私どもは依然として急がば廻れといふ立場を採つて居るものなのである。

法律といふものは人類の未開時代からお互ひが問題の解決に暴力を揮ふことが相互の利益でないことを覚つて、そこで平和的に解決するために、衝突する社会要素を取入れて、拵へたものなのです。それはお互ひを縛します。だからわれ〳〵の立場は、『社会が命ずるならば、いかなる命令も聴かう、それにはまづ法律を変へて来い、一定の機関を通して法律を以てわれ等に命ぜよ、さうしたら！　これに従ふであらう』といふのであります。[113]

つまり、清沢は、「一定の機関」、すなわち、議会によって制定された法律によって、漸進的に社会主義社会に到達するとの見通しをここで示したのである。要するに、清沢は、マルクス主義ではなく、「社会民主主義」による社会主義実現を主張したのである。

もちろん、「合法主義」にも欠点がある。清沢によれば、第一に現状維持に堕する傾向があること、第二に法律制定の実権が常に時の権力者にある以上、彼らによって社会改革を行うのは不可能に近いこと、第三に支配階級と被支配階級の利害の衝突は、究極において合法的には解決できないことである。これらの議論はたしかに力強いものではあるが、「この同じ議論によつて、戦争は繰り返され、国内紛擾は絶え間がなかつた」のであり、その苦い経験が法律を発明したと清沢は指摘する。そして、法律の形式に従えば、法律の範囲内で、あるいは、法律を変えて平和裡に権力者を交代できるが、独裁的な政治になるとそうはいかない。[114]

過去の長い歴史をみると、漸進的に行くよりこの世の中をよくする方法がないと述べて、清沢は、以下のように結論づけている。

私どもの立場はこの人々〔左翼や右翼〕とは異つて居ります。中々急なことはゆかず、遅くはなりますけれども、合法主義の道を採りたいと考へる。他人の立場も尊重したい。自分が自分の主義に忠実でありますやうに、他人の主張にも傾聴したい。私共から見れば急に断行することは、一見早いやうだが、その反動は却つてやらない前よりも怖くて、国民及び社会に対して悪い結果を与へると考へて居る。早いといつて無茶に飛んで、息を切らしてしまつては困る。長距離マラソンなのですから大道をユックリ、併したゆまずに飛ぶことを心がけてゐます[115]。

要するに、清沢は、女性を対象にした一連の講演を通じて、「合法主義」という立場から、人々に他者の意見や批判に寛容になり、あらゆる角度から物事を考察することや真理を探求する心構えを身につけること、そして、社会主義社会を目標とする点では、マルクス主義とも一致するけれども、議会制民主主義によって漸進的にその実現を目指すと主張したのである。また、清沢は、一連の講演を通じて、建設的な批判や意見を述べるために、言論と思想信条の自由が必要であることを繰り返し主張している。

以上検討してきたように、この一連の講演で清沢は、「心構えとしての自由主義」と「社会民主主義」をわかりやすく説くことで、論壇を越えて自身の主張する「自由主義」の「啓蒙」を行ったのである[116]。

第2節　「転落自由主義」をめぐる論争

第1項　一九三五～三六年の時代状況認識

(1)　天皇機関説事件[117]

一九三五（昭和一〇）年二月一八日、貴族院本会議で退役陸軍中将の菊池武夫は、同じく貴族院議員であった美濃部達吉の天皇機関説はあきらかなる「反逆」だと攻撃したのをきっかけとして、貴族院と衆議院で美濃部非難が相次いだ[118]。

美濃部の天皇機関説とは、統治権は法人である国家に属し、天皇はその最高の機関として統治権を行使するという国家法人説の立場に立ち、統治権は絶対無限に天皇に属するとした天皇主権説に対立してきたとともに、統治権は国民の幸福の増進のためにあるとして、議会と政党を基礎とする立憲政治の憲法学的基礎を築いてきた。ロンドン海軍軍縮条約批准の際、当時の浜口雄幸首相は、美濃部憲法学説に依拠して反対派と闘ったのである。したがって、美濃部とその憲法学説を攻撃することは、第一に、天皇主権の絶対性を強調する右翼勢力や軍部に対抗しうる憲法理論を議会と政党から奪い取ることとなり、第二に「現人神」天皇や日本精神といった、日本主義者が強く求めていたイデオロギー的中核を国民の間に深く浸透させることとなるのであった。さらに、第三に、美濃部の学問的な師であり、天皇機関説論者として著名な枢密院議長の一木喜徳郎を辞任に追い込むことによって、元老西園寺公望・牧野伸顕内大臣・鈴木貫太郎侍従長・湯浅倉平宮内大臣とつながる「現状維持」派重臣ブロックに大きな打撃を与え、平沼騏一郎枢密院副議長の議長への昇任など、「革新」派の勢力拡大につながることになるのである。(119)

このような背景の下、衆議院では政友会が岡田啓介内閣倒閣の目的で天皇機関説排撃の主要な担い手となり、院外では帝国在郷軍人会を先頭に、右翼諸団体が連合してこの排撃キャンペーンに加わった。三月二〇日貴族院で、同月二三日に衆議院でそれぞれ国体明徴決議がなされて天皇機関説が非難され、同月二九日、林銑十郎陸軍大臣と大角岑生海軍大臣が、政府として速やかに明確な処置を取るように要求した。また、四月六日には真崎甚三郎陸軍教育総監が、天皇機関説は国体に反するとの訓示を全軍に発した。(120)

天皇機関説排撃運動に対応して内務省は、四月九日、美濃部の『憲法撮要』など三著を発禁とするなどの処置をとったが、運動はおさまらず、一九三二年に結成された右翼国家主義団体の連合体である国体擁護連合会は、七月に有志大会を開き、倒閣を決議した。(121)

このような圧力を受け、政府は、八月三日、天皇機関説は国体に反するとの第一次国体明徴声明を出したが、依然として排撃運動は続いた。運動を背景に、林陸相、大角海相は、第二次声明の発表および機関説論者の徹底的処分を要求した。その結果、一〇月一五日、政府は、天皇機関説を除去するとの第二次国体明徴声明を発表せざるを得なかった。(122)

この運動の結果、美濃部は、九月、貴族院議員の辞任と引き換えにからくも起訴を免れ、一二月には牧野内大臣が辞任し、翌一九三六年一月に機関説信奉者として攻撃の対象の一人となっていた金森徳次郎内閣法制局長官が辞任した。(123)

滝川事件に引き続き、天皇機関説排撃運動で大きな役割を果たしたのが、蓑田胸喜と原理日本社であった。滝川事件以降、蓑田は、帝大教授たちの単なる言論攻撃だけでなく、三室戸敬光、井田磐楠、菊池武夫らの貴族院議員とのネットワークをつくり、国体擁護連合会などの右翼団体ネットワークを利用しながら、院外運動と議会での追及によって、つぎつぎと帝大教授たちをその著書の発禁と辞職に追い込んでいくようになる。(124) その格好のターゲットが美濃部だったのである。蓑田の美濃部批判は、すでに共産党一斉検挙事件（一九二九年）から統帥権干犯問題（三〇年）、天皇機関説問題（三三年～）と中心的な論点を移動させながら、長期にわたって展開されていた。(125) 三三年以降、蓑田は、天皇機関説排撃を中心に美濃部を批判し、原理日本社も、三四年三月一五、一六日に「美濃部憲法論抹殺」講演会を開催している。(126)

ところで、蓑田は、天皇機関説をどのように批判したのだろうか。ここでは蓑田の講演録『天皇機関説を爆破して国民に訴ふ』を取り上げて検討したい。本書は、徹頭徹尾、美濃部の機関説を批判しているのだが、ロンドン海軍軍縮条約批准時の統帥権干犯問題を再び取り上げ、浜口雄幸首相に助言し、統帥権を干犯させたのが美濃部であると非難している。(127) 憲法の条文解釈をめぐる蓑田の批判にまで立ち入って検討することはできないが、蓑田の批判の要点は、おおよそ以下の通りであろう。

倫敦條約の締結、満洲事変、五・一五事件等現下の内外国難非常時の原因を、政党、財閥、特権階級の罪に帰するといふことが、一般的風潮でありますが、実は、その根本原因は、全体として、明治以来の我が帝国大学を中枢とする国民教育、社会輿論上の欧米崇拝、唯物的個人主義思想の累積重畳の禍殃《かおう》の結果に外ならぬのであります。〔中略〕

それら〔一木、美濃部、末弘厳太郎〕の不忠凶逆思想の禍殃はひとり青年学生より政党、財閥、特権階級、新聞雑誌記者にとゞまらず、官僚、司法官また、帝国軍人の一部の間にさへ、憂ふべき思想傾向の浸潤を見るに至らんとする不気味なる社会情勢に直面してゐるのでありまして、こゝに、国家社会主義、ファツ《マ》シズム《マ》の『実力』行使は、実は、一木、美濃部思想——天皇機関説の実行に外ならぬのでありまして、若し、万一にも、今度の美濃部問題を、無解決に放置することあらんか、万邦無比の光輝ある国体に、如何なる暗影を印するに至るやも知られず、満洲事変、五・一五事件の犠牲も、満洲帝国の建立、国際連盟離脱、華府條約廃棄の惨憺たる国民的苦闘の結果も、あたら徒労に終るに至らんことを、深く〳〵憂ふるものであります。(128)

つまり、蓑田によれば、非常時日本の最大の元凶は、政党や財閥、特権階級よりも、明治以来の帝国大学の教育なのである。そして、天皇機関説を排撃しなければ、満州事変以降の国民の努力はすべて無駄に終わるというのである。一見すると狂信的に思える蓑田の批判だが、その論理は、帝国大学の重視を除いて中野正剛ら国家社会主義者の「自由主義」批判とほぼ同じである。つまり、「自由主義」的な制度や学説、「自由主義現状維持派」を排撃し、国体を革新するということである。

その後、時流にうまく乗った蓑田と原理日本社は、美濃部と天皇機関説の排撃に成功し、これ以降、河合栄治郎や津田左右吉の著書の発禁と辞職に追い込んでいくのである。(129)

一方、論壇では、美濃部の著書発禁や天皇機関説排撃が正面から取り上げられることはほとんどなかった。管見の限りでは、美濃部の著書発禁を取り上げたのは、『経済往来』の特集「美濃部問題と発売禁止」と河合栄治郎の論説(130)

ぐらいである。清沢洌は、この特集に論説「美濃部著書の発売禁止」を寄せているので、以下、この論説を検討したい。

清沢は、まず政府の発禁という処置に対する批判が新聞には全くないことを批判した上で、以下のように述べている。

かりに不心得ものがあつて、多少常軌を逸したることをする場合がありとしても、それが国家のため、また社会のためなりと信ずれば敢然として、その思ふところを発表することが国民としての義務ではないか。それが出来ないとすれば、一般のインテリ階級は、その信念に対して右翼主義者ほどの熱意も勇気もなく、一つの平凡なる問題に対してイエス、ノーすらもいへない存在だといふの外はない。殊に今回の事件で明かにされたことは、かうした問題については、一方が団結的に強くさへ出れば、言論機関や学者などは『御時勢』だとか『時代の力』などと泣き事をいひながら、それが人間の働きの力であるがの如くに考へて黙り腐つてしまうことだ。今回の経験で味を占め、今後は必ずこの方法が取られるであらう。(131)

清沢は、言論と思想信条の自由を擁護した上で、今回の発禁に対し、賛否を明らかにしようとしない知識人を厳しく批判している。右翼団体の圧力が内務省の発禁処分を後押ししたと読んだ清沢は、ここで知識人が抵抗しなければ、今後もこのような形で発禁処分や右翼からの批判が続くと考えたのであろう。機関説事件以降の蓑田と原理日本社の動きを考えれば、この指摘は的を射ていると言える。

要するに、清沢は、美濃部著書の発禁を団結した右翼団体による攻撃の結果と考え、それに対して言論によって抵抗することが最大の防御策であると考えた。そして、多くの知識人が沈黙した状況のなかで、清沢は自由主義者として言論と思想信条の自由を擁護する立場から敢然と立ち上がったのである。

（2）二・二六事件

一九三六（昭和一一）年の二・二六事件は、事件の詳細が七月になるまで明らかにならなかった事情もあり、事件直後にそれを主題とした清沢の論説は見あたらない。ここでは、二・二六事件の約一年後に書かれた論説「二・二六事件一周年」を取り上げて検討する。

この論説で清沢は青年将校を批判するのではなく、二・二六事件を批判しようとしなかった、民衆やマスコミ、政党をそれぞれ批判している。たとえば、民衆に対しては「公民的勇気の欠乏」と、また、民衆と政党に対しては「正義的観念の欠乏」と、さらに、マスコミに対しては、以下のように批判している。

> つまり善い事はいい、悪い事は悪いと明瞭《はつき》り云へずに、支配勢力の顔色ばかり伺つてゐるところはないかね。近頃、新聞や雑誌で何かといへば持ち出す言論不自由なんてことは、多くの場合、自分の卑怯をかくす大嘘だよ。現在許されてゐる範囲の中で、物をいへることは幾らでもあるぢやないか。[132]

つまり、清沢は、「言論不自由」を理由に「現在許されてゐる範囲」、すなわち、二・二六事件の軍法会議の判決書程度の批判さえできないマスコミと言論人の勇気のなさを自身への批判も含めて追及したのである。

最後に清沢は、以下のように指導者の責任を追及している。

> 結局お互ひに勇気がないことが問題の根本だよ。春秋の筆法を用ふれば、この国の指導者の道徳的勇気《シヴィック・カレージ》の欠乏が、二・二六事件において純粋無垢な青年を犠牲にしたのだ。[133]

国を憂えて行動した青年将校を責めることが清沢にはできなかった。彼らよりも無責任な指導者の方が、罪が重いと考えたからではないだろうか。そして、何よりも清沢は、ファシズムの攻勢に対してあきらめを感じてしまう人々の「心構え」を批判したのである。なぜなら、ファシズムに対抗するには、一人一人の勇気と正義感が必要だからである。

第2項　自由主義者間の相克——河合栄治郎と清沢洌

本項の課題は、「『社会民主主義』にまで発展した『自由主義』」[134]と評価される河合栄治郎と清沢洌の「自由主義」の相違を明らかにすることである。（1）では、先行研究を参照しながら、河合の自由主義を簡潔に整理する。（2）では、河合と清沢の「自由主義」の相違を検討することにしたい。

（1）河合栄治郎の自由主義

河合栄治郎は、社会思想としての自由主義を以下のように定義している。

自由主義とは自由を最大限度に実現せんとする思想である。自由とは強制なき状態を云う。最大限度に自由を実現せんとする点に於て、自由主義は絶対的に自由を実現せんとする無政府主義と異なる。[135]

河合によれば、自由主義は、「形式上の自由主義」と「実質上の自由主義」に大別することができる。形式上の自由主義とは、「言論上（思想上）の自由」と「政治上の自由」を指す。「此を形式上の自由と云うのは、此の二つの自由はそれ自体実質内容を持った自由ではなくて、いかなる実質の思想に対して表現の方法として役立つものだからである」。換言すると、形式上の自由主義とは、実質上の自由主義を実現するための手段なのである。一方、実質上の自由主義とは、具体的には、「身体上の自由」、「信仰上の自由」、「社会上の自由」、「家族上の自由」、「地方的自由」、「団結の自由」、「団体の自由」、「国民的自由」、「経済上の自由」を指す。[136]

周知のように、河合は「思想体系としての自由主義」を構想していた。[137] 彼によれば、すべての社会思想はそれ自身を上部構造とし、その基礎に下部構造としての哲学をもっている。簡単に整理すると以下のようになる。

上部構造——社会思想（自由主義）

下部構造——基礎的世界観（社会哲学、道徳哲学、人間観、認識論、本体論）[138]

要するに、河合は、一貫した思想体系を作り上げるためには、上部構造と下部構造を明確に区分するべきだと考えていたのである。

また、河合は、ヨーロッパ自由主義の歴史を以下に見るように、三期に区分していた。

第一期——「原型としての自由主義」（一八世紀末〜一九世紀はじめ）

↓経済的自由主義（自由放任主義）、啓蒙哲学あるいは功利主義、（英国）保守党

第二期——「新自由主義」（一九世紀後半〜一八八〇年代）

↓社会改良主義（＝資本主義の改善）、理想主義、（英国）自由党

第三期——「第三期自由主義」「自由主義的社会主義」「理想主義的社会主義」（二〇世紀初頭〜）

↓社会主義（生産手段の共有化、私有財産制の否定）、理想主義、（英国）労働党

第一期の自由主義は、啓蒙哲学あるいは功利主義の哲学を基礎とし、経済上の自由主義を確保する為に政府の自由放任主義を採った。第二期の自由主義は、理想主義を哲学とし、政府の資本主義に対する局部的干渉を認めた。いわゆる社会改良主義である。第三期の自由主義は、引き続き理想主義を哲学とし、生産手段の共有化、私有財産制度の廃止を主張する。すべての自由主義者は、第一期から第三期のいずれかの自由主義に分類される。ルソーやフランス革命論者、ケネー、テュルゴー、イギリスのヒューム、スミス、マルサス、リカードなどは第一期の自由主義に属し、ジョン・スチュアート・ミルやトーマス・ヒル・グリーンなどは第二期に、現在のイギリス労働党の人々は、第三期の自由主義に所属する。[139]

河合は、自身の自由主義が第三期に属すとし、以下のように述べている。

現代に於て自由主義の名を以て呼ばれるに値するものは、唯第三期の自由主義のみである。封建主義の尚多分に

残存し、而も他面に於て資本主義が急速に発展した特殊の国々、私の所謂中間国家〔イタリア、ドイツ、日本〕に於て正に要望さるべき改革原理は、第三期の自由主義である。それは理想主義的個人主義を以て、右に国家主義に対立し、左にマルキシズムの唯物弁証法に対立する。又個人及び団体の自由を力説することに於て、右に専制独裁主義に対立し、左にマルキシズムの暴力革命主義と無産者独裁主義とに対立する。又右に資本主義の維持又は延命に対立すると共に、左に資本主義の崩壊を袖手傍観する宿命論に対立する。第三期の自由主義は〔中略〕資本主義と封建主義とに対抗して、旧自由主義と社会主義とを有機的に統一したる思想体系である。それはマルクス以前の思想ではなくて、マルクス以後の思想である。(140)

要するに、河合の自由主義は「思想体系としての自由主義」であり、歴史的には第三期の自由主義に属するものであった。第三期の自由主義は左右のラディカリズムに対立し、自由主義と社会主義の有機的な統一を目指したのである。さらに、河合は、「自由主義は時代錯誤の思想どころか、現代の日本に於て特にその必要の痛感される思想である(141)」と日本における自由主義の必要性を強く主張したのである。

（2）河合栄治郎と清沢洌の比較——同床異夢の「第三期自由主義」

河合と清沢の「自由主義」の相違についてはすでに先行研究(142)で一部明らかになっているが、しかし、河合が清沢の「自由主義」を批判したことはあまり知られていない。ここではまず河合が清沢の「自由主義」をどのように認識・批判していたのか、検討することにしよう。

河合は、清沢の「自由主義」について、一九三三年一〇月の段階で、「第三形態の自由主義に至っては、旧社会民衆党の一部に之を採るものがあるようであり、清沢洌《ママ》氏等も此の部類に入るが如くであるが、その思想の全貌は未だ明らかにされるに至らない(143)」と述べている。つまり、この段階では河合は、清沢の「自由主義」が、旧社会民衆党の一部と同様、「第三期の自由主義」に該当すると考えていたが、立ち入った分析・批判は行っていない。

河合が清沢と馬場恒吾の自由主義を批判するのは、一九三五年に入ってからである。河合は、両者の「自由主義」を「第三期の自由主義」とみなした上で[144]、以下に見るように、批判したのである。

　自由主義を「心の態度」「心構へ」「心待ち」と規定して、一定の内容を持つ主義でないと云った馬場氏と清沢氏の説は、誤りであった。〔中略〕「心の態度」や「心構へ」や「心持ち」は、夫々の社会情勢に対して夫々の社会思想を産むべき心的基調ではあろう、然しかくして産まれたものが社会思想であり、自由主義はその一種であるから、「心的基調」自体は自由主義ではない。若し「心的基調」自体を自由主義と云うならば、名称は各人の随意であるが、所謂自由主義の上に建立される社会思想がなければならないが、両氏はその社会思想を何と名づけるのであろう、若しそれをも自由主義と云うならば、同語多義の誹りを免れない。〔中略〕自由主義者である私には、両氏が心情を重要視する所以を、充分に理解することが出来る。〔中略〕だが理論上に於ては哲学と社会思想、理想主義と自由主義とは峻別されねばならないのである[145]。

つまり、河合は、清沢と馬場が「哲学」（理想主義）と「社会思想」（自由主義）を混同していると批判したのである。もっとも清沢は、「思想」としての「心構えとしての自由主義」と「政策」としての「社会民主主義」を一九三五年時点では明確に区別していたのだが、河合は労農派マルクス主義者の「自由主義」批判から孫引きの形で引用して批判しているため、清沢の「自由主義」を十全に理解していなかったようである。いずれにせよ、自由主義の体系性を重視する河合と、イズム以前の「心構え」を重視する清沢の間には、「自由主義」認識をめぐって明確な対立があった。

さらに、河合によると、かつてイギリスにもおいて同様にラムゼー・ムーアが自由主義を「心の慣習」と捉える誤りを犯したことがあった[146]。このような見解に対し、河合は一九二八年に発表した「自由主義」で次のように批判したという。

之等の人々〔J・モーリ、ウィーゼ（L. von Wiese）〕の自由主義の定義として挙げる特質は、それは……自由主義が下部構造として所有する理想主義の特質である。上部構造と下部構造とは此では混同されてゐるのである。またラムゼー・ムーアとラングショーとは、自由主義を定義せんとして理想主義を捉へてゐる。〔中略〕自由主義を窮境より救はんとして、理想主義を反省しそこに新な出立を試みやうとしたことはよい。然しそのことは自由主義と理想主義とを混同せしめてはならない(147)。

ここで河合が批判しているイギリスの政治学者や政治家はいずれも清沢や馬場にとってはなじみのある名前である。J・モーリは、清沢が frame of mind を主張した時に援用したイギリスの政治家（自由党）であり、また、同じくイギリスの政治学者・政治家であったH・ラングショーからは二〇世紀のリベラリズムは社会民主主義を採り、その具体的な政治勢力が労働党であることを清沢は学んでいた。また、R・ムーアは、馬場が自由主義を「心的態度」と捉えるときに言及した思想家であった。

要するに、河合にとってみれば、清沢や馬場は、自身が「第三期の自由主義」「思想体系としての自由主義」を構築する上でかつて批判したイギリスの自由主義者と同様の見解を繰り返していたことになる。

一方、清沢は、「河合栄治郎氏の如きが現在の自由主義を第三期と規定してゐるのは首肯しうる(148)」と述べており、しかしながら、経済的自由の問題に関しては両者の見解は対立している。河合と清沢はともに「社会民主主義」を両者とも歴史的には現段階の自由主義を「第三期」とする点においては見解が一致していたのである。

主張したが、河合の場合、「社会主義」とは、「私有財産と自由競争との撤廃(149)」を意味した。

この問題に関しては河合門下生を中心とした座談会における彼らの回想が参考になる。熊谷尚夫によると、資本主義経済に対する河合の見方は、マルクス経済学をそのまま借りてくることによって、かなり偏ったものになったという。よって、この見方が「資本主義の修正という段階を飛びこして、一足とびに生産手段の私有撤廃という形の社会主義というほうへ、考え方の上で飛躍されてしまったこととかなり関係があるんじゃないか[150]」と指摘している。つまり、河合はマルクス主義批判を展開していたにもかかわらず、資本主義経済の分析においてはマルクス主義経済学に依拠しており、それが原因で修正資本主義の段階を飛び越して、「生産手段の私有撤廃」という形の社会主義に飛躍したのである。

また、当時、助手を務めていた安井琢磨は、この問題に関して興味深いエピソードを紹介している。安井が、経済的自由を否定して、その結果、たとえば、当時の日本に直ちに社会主義社会が出現したとするならば、生産量はたちまちガタ落ちになるが、それでも社会主義を主張するのかと尋ねたところ、河合の回答は、「たとえ生産量が十分の一に落ちたとしても、社会主義によって正義が実現されればそれでよいのだ」というものだったという。安井によると、河合の経済的自由の否定には、経済学の問題と同時に、当時の知的雰囲気が関係していた。すなわち、「河合先生の活躍された時代において、……もし修正資本主義というようなことを、いやしくも進歩的な社会科学者として主張したならば、それはもう大変な嘲笑と軽べつの的で、とても研究生活は続けられなかったでしょうね[151]」。

要するに、河合の「社会主義」は、マルクス経済学と当時の知的状況にあずかって、相当急進的なものだったのである。

一方、管見の限りでは、清沢は「私有財産と自由競争との撤廃」を主張することはなかった。前節で明らかにしたように、清沢の「社会主義」とは、修正資本主義を越えるものではなかったのである。資本主義に対する自由主義者の態度について、清沢はフランス人民戦線内閣の首相を務めたレオン・ブルムの次の言葉を引用している。

資本主義は我等にとつて金持の叔父さんだ。かれが死んで、その後を継ぐのが我等なんだ。だから叔父のやり方が悪いといつても、これを打つ壊す気にはなれまいではないか[152]

この引用と、石橋湛山研究の端緒となった論文における石橋＝清沢の資本主義認識とは符合するように思われる。資本主義の修正乃至変革を今や課題とする。その場合、修正と変革はいわゆる修正主義と正統派革命主義との対立としては考えられず、状況に応じての方法の差異として考えられる。しかし、あくまで平和的方法・漸進的方法が原則的立場であるから、資本主義を批判するが直接に否定はしない。資本主義の階級矛盾に決して盲目ではないが、それを生産力的側面において評価することを忘れない。従って、議会制民主主義をブルジョア的独裁の方法と考えず、平和的に人間的自由を実現してゆく方法と考える[153]。

ここで筆者が着目したいのは、資本主義を生産力的側面の観点から評価する点である。清沢論の文脈に引きつけて言えば、一九二九〜三〇年の欧米旅行で「米国の社会主義化」を予見していた清沢が、なぜ、世界を代表する産業資本家のヘンリー・フォードを取材し、その伝記を執筆したかという問題につながる[154]。清沢は、フォードを「能率と機械」の側面から着目しているが、換言すれば、「生産力」の側面からフォードとその会社を分析したのではないだろうか。つまり、清沢は、資本主義の「生産力」を維持・拡大しながら、国家が市場経済に介入することにより、資本による搾取、不公平な分配の問題を解決しようとしたのである。

さらに、「私有財産の撤廃」に関して言えば、「持てる者の疚しさ」をもたず、むしろ、独力で自身の生活基盤を築き上げたと自負していた清沢が、これに同意する可能性は全くなかっただろう。また、フリーランスのジャーナリストであった清沢にとって、言論の自由を守るためには経済的自由が必要という事情もあった[155]。一方、「自由競争の撤廃」に関して言えば、清沢は、民衆の自由と幸福にそぐわない統制経済には反対していたのである[156]。

以上の検討から明らかになったように、河合と清沢の「社会民主主義」とは、「私有財産と自由競争との撤廃」と修正資本主義をそれぞれ意味しており、対立していたのである。この対立は、言い換えれば理想主義的な社会思想家と理想主義的ではあるものの漸進性を重視する言論人との思考様式の相違とも言えるだろう。

最後に、「寛容」の問題について考えてみたい。周知のように、「自由主義」を論じるにあたって、「寛容」の問題を忘れることはできない。河合は、「形式上の自由」である「思想上の自由」を重視していた。しかし、河合は自由主義の体系化を目指すあまり、対立するマルクス主義を徹底的に批判し、また、清沢や馬場のような数少ない自由主義者と建設的に議論したり、反ファシズム・反マルクス主義の観点から共闘したりする姿勢を示すことはなかった[157]。また、河合の文章には、読者との対話よりも、読者に対して自説を押しつけようとする「独裁的」な印象を感じる。さらに言えば、河合が自由主義の体系化を突き詰めれば突き詰めるほど、その自由主義は非寛容の思想体系、マルクス主義の亜流[158]となり、根底にあったはずの自由を追求する精神――清沢は何よりもそれを重視した――は失われていったのではないだろうか。

一方、清沢も左右のラディカリズムを批判してきた。しかし、清沢は、思想を「性格」、「人間の力でどうにもならないほど先天的なもの[159]」と捉えており、行動に至らなければ「否定」することはなかった。また、自身の「自由主義」を説く場合でも、聞き手や読者に押しつけることはなく、むしろ、彼ら／彼女らにその当否の判断を任せる姿勢を取っていた。要するに、河合よりも清沢の方が「思想の多様性」という側面において「寛容」であり、さらに、思想の社会的機能という観点から言えば、その「自由主義」は左右ラディカリズムに対する解毒剤の働きをしたのではないだろうか。

これまでの議論から明らかになったように、両者の「第三期自由主義」には共通点よりも相違点が多いのであり、「同床異夢」であったと言わざるを得ない。

第3項　労農派マルクス主義者との論争(2)

天皇機関説事件の進展と並行して、総合雑誌の一九三五年五月号は、揃って「自由主義」・「自由主義」批判を取り上げた。『中央公論』は、特集「顚落自由主義の検討」[160]を組み、『経済往来』は、座談会「『自由主義の危機』をめぐるサロン」[161]を掲載した。『改造』は大森義太郎の、また、『文藝春秋』は向坂逸郎の「自由主義」批判をそれぞれ掲載した。[162]本項では当時の「自由主義」をめぐる清沢洌の状況認識を踏まえた上で、労農派マルクス主義者との「自由主義」論争を時代状況に留意して検討することにしたい。

(1)「自由主義」をめぐる清沢洌の状況認識

ここでは『中央公論』の特集「顚落自由主義の検討」に寄稿された清沢の「封建主義思想の復活」を取り上げて、「自由主義」をめぐる彼の状況認識を検討することにしよう。

「転落する自由主義」という「不明瞭な表現法」を清沢は、二つの意味に解釈している。もし自由主義という文字が、普通、新聞などで見られるように、国粋的、ファッショ的なものに対処する政治思想だとすれば、それは決して「転落」していない。なぜなら、現代日本の最高支配機構は、ことごとく「自由主義」人によって占められているからである。[163]つまり、「自由主義」を「自由主義現状維持派」と解した場合、それは転落しているとは言えないのである。

一方、「転落する自由主義」の意味が、現在の時代において公正な議論も研究も発表できず、憲法政治下において、それによって約束された「自由」の行方も判明しない状勢にあるのならば、それは確かに事実である。[164]つまり、ここで清沢は、「自由主義」を「言論の自由」と解しているのである。

ただし、この場合にも二、三の留保がいる。第一に、日本に「転落」するような自由主義がはたしてあったかどうか疑問だ。第二に、自由主義が仮に転落したとしても、これだけに「転落」の文字を課すのは公平ではない。マルクス主義、左翼主義、社会主義は更に一層転落して、その所在すらも不明である。第三に、思想的な意味で自由主義が没落したとみるのは独断である。左翼主義者は、自由主義を資本主義の一支柱とみている。しかし、資本主義の没落が目前の事実でない以上は、左翼論者の論理によっても、これが転落し去ったとみるのは正しくない[165]。

しかし、清沢によると、これらの留保はつけても、進歩的、自由主義的な立場をとるものが、全面的な暴圧を受けているのは明らかである。彼らは、合法的な自説を発表し、また、国家非常時に際して、その立場から国家に貢献しようとする自由すらも奪われている。しかし、少し考えてみると転落したものは、自由主義ではなくて、政治であることがわかるはずだと清沢は主張する。自由主義の一貫した主張の一つは暴力の排撃である以上、相手に対して暴力で対抗する訳にはいかない。自由主義を保護するのは、政治の任務であり、それができないならば「政治の破綻」であり、自由主義の責任ではない[166]。

右翼による言論の自由の圧迫を清沢は、「政治の没落」、さらには「封建思想の復活」と捉えており、「転落自由主義の再検討は、実は封建主義思想が、何故に今頃復活したかの検討から始らねばならぬ[167]」のである。

以上の問題関心を踏まえて、清沢は、日本主義者が西洋近代の物質文明を積極的に摂取しているにもかかわらず、西洋思想を排斥する理由として四点挙げている。

第一に、西洋思想（リベラリズムとマルクス主義）が日本主義者の生存理由を脅かすものだからである。リベラリズムが説く国際平和や民主的思想はその根底において彼らの存在を排撃するものであることは否定できない。また、マルクス主義によって更生が期待できる者は、工業労働者という一部の者だけであり、それ以外の者が救いを求めて封建主義思想に走るのは明白である[168]。

また、清沢によると、日本の反動が満州事変を契機として起こったが、その遠因にソビエト連邦の問題があると指摘する。というのは、ソ連の主張（共産主義）が、封建思想と根本的に対立するからである[169]。

第二に、リベラリズムもマルクス主義も、機械文明の生産品として、社会の機械的部面に力を入れて、伝統の力を軽視しすぎたからである。清沢は、「特にマルキシズムの救ふべからざる誤謬は、プロレタリア共通の利害は、国家主義的な感情を忘れて、各国民が横に握手しうると考へたこと」にあると指摘し、マルクス主義者がナショナリズムの問題を軽視したことを批判している。[170]

第三に、日本は封建主義時代から抜け出てから極めて短期間であり、かつ、特殊な事情と制度により、その封建主義思想が、少しも損なわれることなく保存されている部分があるからだ。[171]

第四に、教育の結果である。日本の教育は、結局のところ、右翼の主張以外の何物でもない。[172]

最後に、清沢は、自分が普通に言われるところの自由主義者の立場（資本主義容認の立場）をとっていないと主張した上で、以下のように述べている。

リベラリズムは『中庸的進歩主義』といふ心構えとしては、いかなる政治々下においても永遠に残るであらうが、主義《ドクトリン》としては英国、仏国その他で見られるやうに社会主義と結びつくであらうことは明白だ。[173]

ここで清沢は、「リベラリズム」を「中庸的進歩主義」と言い換えている。「中庸的」とは、the middle（中道）という意味であり、左右のラディカリズム（共産主義とファシズム）とは異なる「社会民主主義」を意味する。また、「進歩主義」とは、議会制民主主義による漸進的な資本主義の変革（修正資本主義）を意味すると言えよう。

この論説の重要なポイントは、第一に社会における「自由主義」イメージが交錯していることを指摘したことである。つまり、「自由主義」を「自由主義現状維持派」と捉える見方もあれば、「言論の自由」と捉える見方もあるということである。第二に、清沢の批判の力点が、天皇機関説事件により、マルクス主義よりも日本主義に置かれていることである。

（2）労農派マルクス主義者の「自由主義」批判②

ここでは労農派マルクス主義者の「自由主義」批判の論理を、包括的な「自由主義」批判を展開した大森義太郎の議論を中心に検討することとし、適宜向坂逸郎の議論を補足することにする。

天皇機関説事件は、人々にどのような意味で自由主義に対する新たな認識を喚起したのだろうか。大森によると、第一に、自由主義の根幹をなす立憲主義が危機に瀕しているのが明白になったことである。第二に、従来、自由主義者と言えば、消極的かつ非戦闘的というイメージがあったが、今回の事件で美濃部博士が示した果敢な態度によって、人々は現代の自由主義者に対して、いくぶん信頼の念を起こしたことだろう。[174] 第三に、「ファッシズム的形態の台頭、進展に伴つて」、一般の人たちが自由主義の必要を痛感していることである。[175] つまり、大森は、天皇機関説事件に見られるように、ファシズム勢力の台頭により、自由主義の必要性が切実に高まったとの認識を示している。

その上で、大森は次のような問題を提出している。「現代わが国に現実に存在する自由主義は、はたしてこの〔自由主義の〕必要に全的に応じうるものであらうか[176]」。

自由主義は、大森によると、西欧における新興ブルジョアジーのイデオロギーであったが、歴史の進展に伴って、「社会的＝階級的基礎のまつたく薄弱なものとならざるをえなかつた」。したがって、現代日本の自由主義の社会的＝階級的基礎は、「産業資本家群のほんの一部、小ブルジョア層の例外的な部分、知識階級の上層と中層、プロレタリアートの極少数の部分」に過ぎないのである。[177] そして、自由主義の社会的＝階級的基礎の弱体化と同時に、現代日本の自由主義そのものも次のように変貌しているのである。

> 自由主義の基礎部分たる経済的自由主義はまつたく失はれてゐるし、政治的自由主義としての部分もまた色褪せてゐる。今日わが国において自由主義と云はれるもの、多数は、かゝる基礎を取り除いた単なる心的姿態としての自由主義である。それは消極的、無内容である。〔中略〕

わが国現代の自由主義はまことに力弱いものである。それは、過去のものより一層力弱くなつてゐる。[178]つまり、現代日本の自由主義は、経済的自由主義・政治的自由主義から切り離された消極的な「心的姿態としての自由主義」に過ぎないということである。これは名指しはしていないものの、清沢や馬場のように「自由主義」の現代的意義を強調する自称自由主義者に対する批判である。[179]

それでは、自由主義・自由主義者に対するマルクス主義の立場はどうなるのだろうか。大森は、これまで自由主義がつぎつぎとブルジョア的自由を実現してきたことを評価しつつも、しかし、プロレタリアートの経済的自由や政治的自由を実現することはできない以上、マルクス主義が自由主義によって「遺棄された自由の要求を拾ひあげ」るように主張する。換言すると、「社会主義（マルクシズム）は、現代において痛感せられる自由主義の必要を、力弱い自由主義に代つて、果たしうるのである」。[180]

要するに、大森や向坂は、滝川事件当時に比べると、ファッショ化という状況を踏まえて「自由主義」の必然性を認識するようになったものの、ファッショによって圧迫されている「自由」や自由主義が遺棄した「自由」を実現するのはマルクス主義であると主張したのである。

（3）清沢洌の反論

清沢は、天皇機関説事件を踏まえて、日本主義者を意識した自由主義論を公表していた。しかし、労農派マルクス主義者の「自由主義」批判に接して、その反批判を『経済往来』（一九三五年六月号）に寄稿した。ここでは清沢の反論を検討する。

清沢によると、マルクス主義者による自由主義批判の第一の特徴は、自由主義に対する嘲笑と敵視である。[181]第二の特徴は、宿命論、勝つためには手段を選ばないことだが、これは左翼右翼に共通するところである。[182]

さらに、清沢は、自由主義批判の論文を読んでも、何が自由主義か判然とせず、「いづれも自分で人形を造つて、それを攻撃したり、批判したりして居る形ちである」[183]と批判した上で、次のように反論している。

第一に、自由主義を「経済（的）自由主義」と考えている者が少なくない。[184] しかし、「自由主義＝経済自由主義」とみなすことは、自由主義者自身から否定されている。そして、清沢は、河合栄治郎の「改革原理としての思想体系」[185]を援用した上で、「すでに資本主義を、その克服の対象として居るとすれば、自由主義を資本主義と一緒にするほど滑稽なことはない」と反論する。[186]

第二に、マルクス主義者が、「心構えとしての自由主義」を異口同音に無内容であると排撃することである。清沢は、以下のように反論する。

一国の文化といふものは要するに精神的姿態ではないか。また資本主義が危機に瀕したつて、どこの国も同じ程度に言論圧迫や、反対思想の弾圧に出るのでないことは、少し事情に通ずるものには分ることだ。それは国民の心的姿態によることではないか。更にこの心的姿態が、外交に現はれる結果に至つては、消極的に無内容どころではなくて、頗る積極的な結果をその国へ与へるのである。

英国だけには、……革命はまづあるまいといはれるのは、自由主義の心的姿態以外に何を数へることが出来るだらうか。[187]

ここで清沢は、「心構えとしての自由主義」が決して消極的かつ無内容ではなく、むしろ国民の「心構え」がその国の内政と外交を積極的に規定する要因であると主張しているのである。

第三に、マルクス主義者が依然として「一種の観念論的な議論」を展開していることに関して、大森義太郎を取り上げて批判している。批判の一点目は、自由主義の社会的＝階級的基礎の弱体化に関する議論である。清沢は、「階級意識にますますめざめつゝ、あるプロレタリアート」、「知識階級のうちの下層は、プロレタリアートに近きものとして、社会主義（マルクシズム）の支配のもとにある」[188]との大森の主張に対し、その主張を実証するように求めている。二点目は、マルクス主義が自由主義の代わりをなすという主張に関して、清沢は、「大森君が『社会主義、従つてマルクシズムは、自由主義の、仮りに譬喩的にいふとすれば、代りをなすのである』といふのであれば、現在の当主は自由主義であり、後で代りをなすものよりも、少なくとも現実的に優勢」であると反論している[189]。

以上検討してきた労農派マルクス主義者と自由主義者の論争は、基本的には一九三三年と同じ論点をめぐって応酬されたが、この時点では、向坂と大森が自由主義者とマルクス主義者の提携を提起するなど、反ファシズムに向けた統一戦線の志向が見られた点に一定の意義があったと筆者は考える。

しかし、両者の論争は、その後、清沢の代わりに河合栄治郎が「参戦」することによって不毛な論争になってしまった。かつて東京帝国大学で師弟関係にあったにもかかわらず、思想上の対立から破局した事情もあってか、河合と向坂・大森は、自説の正当性を高唱する一方、相手の主張を徹底的に批判・罵倒したのである。両者の間にはそもそも建設的な議論が展開される雰囲気がなかった上に、反ファシズム統一戦線構築の可能性を断ち切ってしまったのである[190]。

さらに、河合は向坂・大森の批判を最優先したために、唯物論者・戸坂潤の批判に応答する機会を逃してしまったのである。

第4項　唯物論者と自由主義者の相克――戸坂潤と清沢洌

一九三五年六月一一日、東京帝国大学講堂（安田講堂）にて「自由主義批判講演会」（東京帝国大学経友会主催）が開催された。講師として招かれたのは、藤沢親雄（日本主義）、清沢洌（自由主義）、戸坂潤（唯物論）。開会の挨拶に立ったのは河合栄治郎であった[191]。

本項ではまず天皇機関説事件前後の清沢の「自由主義」の要点を確認し、その上で、戸坂の「自由主義」批判を検討する。とりわけ、清沢に代表される「気分的自由主義」の評価を検討することで、この時期における「自由主義」をめぐる思想状況を考えることにしたい(192)。

（1）天皇機関説事件前後の清沢洌の「自由主義」

清沢によると、人生の目的は幸福であり、その実現には物質的安定が必要になる。しかし、現在の社会には様々な不公平と弊害があり、「隣りの大工の娘が、向ふの大地主の息子と結婚しうるやうな社会」、「私利なき社会」の出現を目指すべきである(193)。

このような社会を「できるだけ犠牲の少ない方法」で実現するためには、どうすればよいのだろうか、あるいは、どうしてはならないのだろうか(194)。

第一に必要なことは、「国民性の線に添ひながら、新しい時代を展開させてゆく」こと、換言すると、次のようなスタンスになるだろう。

私共は伝統と歴史の力強さを認めながら、しかしながら他面人類に共通する法則を承認して、その線に添ふて進歩の足どりを進めやうといふのです。目は常に国境を無視した人類の進歩と幸福を追ひます。同時にまた脚は厳に、間違つた教育と認識の結果、幕末時代とほとんど相異のない程度に、狭量で、独断で、無鉄砲である大衆の現状から離れないことを心がけてゐます(195)。

つまり、清沢のスタンスは、「人類の進歩と幸福」と「伝統と歴史の力強さ」、「大衆の現状」を等距離でみながら、日本社会の進歩を目指すというものであった。

第二に必要なことは、「資本主義を克服すると同じ熱力を以て、封建主義を克服する」ことである。清沢によると、左翼と右翼の共通点は、①いずれもその意志を通すのに、「暴力的革命」に訴えることを是認すること、②「少数者の独裁」を主張すること、③国家もしくは社会の絶対性を信じて、「個人の極端なる圧迫」を主張すること、④憲法による個人の権利の放棄を是認すること、⑤両者ともリベラリズムを敵とみなすことである。つまり、左翼と右翼は同じなのである。[196]

自由主義者は、「現代社会の弊害を認め、かつ資本主義に対する憎しみを持つてゐる」にもかかわらず、なぜ、「革命」に反対するのだろうか。その理由は、清沢によると、①革命によって新しい制度ができたとしても、それが現在よりも良いという保証はないからである。②革命時に、何人が支配勢力になるかの見通しが全くつかないからである。③現在において社会革命があるならば、それは共産主義でも社会主義でもなく、「野蛮主義《バーバリズム》への還元」だからである。[197]

さらに、清沢は革命に反対する根本的な理由として、右翼と左翼の独裁の下には、言論の自由と研究の自由がないことを強調している。[198]つまり、清沢は、人類と社会の発展には、人間が過ちを犯すことも考慮して、批判の自由が必要と考えていたのである。

左翼や右翼は、以上の批判に対して、「大きな目的に達するために過渡期にすぎない」と答えるに違いない。しかし、自由主義は、「過渡期を造ること」に反対するのである。[199]

最後に、清沢はその「自由主義」の要点を次のように整理している。

第一に、資本主義は、その為すべき任務を終えたのだから、新しい社会では社会主義が要望される。第二に、資本主義の清算と同様、あるいは、現在の状況を考えるとそれ以上に封建主義の克服が必要であること。第三に、「結果の明らかでない冒険に突入しようとするマルキシズムに反対する」こと。清沢は、自由主義とマルクス主義の違いを次のように説明している。「自由主義者はある人がいつたやうに、汽車が走つてゐる間に、停車場を改造しようとする主義で、停車場を改造するために、汽車の運転をとめることに反対なのです」。第四に、「自由主義は……〈絶対《ママ》〉[200]なものを造りません」。左翼や右翼とは異なって、自由主義者とは、「自国も、人間が運転してゐる以上は、間違つたこともやるのではないか考へてみる者」なのである。第五に、「自由主義者は平和を愛します」。第六に、「自由主義者は自由主義以外に実際政治を行ふ有力なるウォーキ《マ》ング・プリンシ《マ》プル〔working principle〕はないと考へてゐます」。

要するに、清沢によると、「左翼と右翼の間に挟まつて、唯一の実行的プリンシプルは、中庸的進歩主義」以外にはないのである[201]。

（2）戸坂潤の「自由主義」批判

ここでは一九三五年六月頃の戸坂潤の「自由主義」批判を検討することにしたい。

戸坂によると、昨今の日本社会状勢は特に自由主義の問題に世間の注意を一時集中したように見える。「自由主義は転落した」と世間の編集ジャーナリストは叫んでいるが、だが最近まで、転落するような自由主義が一体どこにあったか。「今まであったのはなけなしの自由でしかなく、単にそれが今日改めて圧迫され始めたというのが正直な有体の事実に過ぎぬ[202]」。ここで戸坂は、清沢と同様に、日本に転落するような自由主義はあったのかと疑問を呈しており、自由主義の転落、没落を主張した労農派マルクス主義者とは異なる状況認識を持っていた。

その上で、戸坂は、「自由主義は少くとも日本ファシズムに対抗するためには、唯物論と共同の理論的利害に沿う他に、足場はないのである」と主張する。しかし、自由主義者は、そのような勧告には、習慣的に、また情緒的に同意することを望まない。自由主義には「自由主義独特の、独立な哲学がある」と自由主義者達は想定しまたは主張するので、唯物論者は、この自由主義哲学なるものを批判し克服する必要がある[203]。

戸坂は、自由主義哲学を「文化的自由主義を地盤として発生する自由主義哲学」（たとえば、西田哲学）と「経済的乃至政治的自由主義を地盤として発生する……自由主義哲学」に大別している[204]。ここでは行論の関係上、後者の批判を検討する。

後者の「自由主義哲学」の代表例として戸坂は河合栄治郎の自由主義哲学を取り上げている。戸坂の批判は、河合が現段階の自由主義を「理想主義」として捉える点に向けられる。戸坂によると、「理想主義が意味を有ち得るのは、単に倫理的な態度、そういう人間的情緒、そういう心構え（清沢洌氏は自由主義をこうした『心構え』と考える）としてだけであって、哲学体系となればそれは他ならぬ観念論の体系なのだ[205]」。つまり、戸坂は河合の自由主義哲学が、「観念論の体系」であることを批判しているのである[206]。

さらに、戸坂は、河合の自由主義哲学を次のように批判している。

> もし自由を愛好するということから（唯物論者は恐らく誰よりこの自由を愛求しその妨害を誰よりも憎悪するが）、自由主義という独自な哲学体系がすぐ様約束されるとしたならば、靴屋は靴哲学を、床屋は頭髪哲学を有つことになろう。――豊かな情緒の自由主義は哲学組織となろうとする時、忽ち平板な貧寒な理論となる[207]。

要するに、戸坂は、自由を求める情緒や心構えから、哲学体系は成立しないのであり、したがって、「事物の現実的な秩序」を解明できるのは、「従来から伝統的にも一個の独立な包括的な組織を持った理論体系[208]」である唯物論だけであると主張したのである。

戸坂と河合の対立は、唯物論と観念論（理想主義）といういわば哲学の方法に基づくものであったため、両者の間には妥協の余地はなかったと言えるだろう[209]。

ところで、戸坂は、清沢の「心構えとしての自由主義」を河合と同様に「理想主義（観念論）」と捉えていた。しかし、別の論説では、「馬場恒吾氏や清沢洌氏は、世界観的背景と論理組織とがハッキリしていないから、十分な意味で思想家に数えることは出来ないやうだ[210]」と評しており、この時点では立ち入った批判を行っていなかった[211]。

（3）戸坂潤による清沢洌の「自由主義」評価

戸坂と清沢は、東洋経済新報社が主催した「自由主義を語る座談会」[212]（一九三五年一〇月一〇日・一一日）に参加し、討論した。ここでは戸坂が出席した初日の議論を取り上げて、戸坂による清沢の「自由主義」評価を見ていくことにしたい。

天皇機関説事件を念頭に、近年、リベラリズムが攻撃される状況をめぐる討論のなかで、戸坂は、室伏高信の質問に答える形で、清沢の「心構えとしての自由主義」について次のように言及している。

戸坂　リベラリズムといふのは積極的なシステムといふものがその場合はなくて、モッと一般のリベラリズム的のものを持つて来て、その壇上で〔「自由主義」批判や自由の圧迫に対し〕抵抗を試みている。

室伏　さういふ場合の自由主義といふことになれば清澤君の言ふ社会主義も共産主義も入つて来ることになる。

戸坂　さうです、だから清澤氏なんかの心の持ち方だといふことは非常に賢明な言ひ方なのです[213]。

戸坂の発言を敷衍すると、右翼から攻撃を受けた「自由主義」側は、積極的な思想体系によって抵抗しているのではなく、言論・思想の自由圧迫に対し、自由を求める気分・心構え（気分的自由主義）によって抵抗している。したがって、清沢の「心構えとしての自由主義」も、言論・思想の自由を擁護する上で、重要な役割、意義を持っている。

しかし、初日の議論の最後で唯物論と自由主義の関係が話題になると、戸坂は、次のように清沢と河合栄治郎の「自由主義」を批判している。

戸坂　自由主義に対して私の実際の考〔え〕を言へば、自由を追求するといふ点に於ては私は完全に自由主義を採る。……例へば清澤氏の自由主義であるとか、河合氏の自由主義であるとか、そういふ自由主義のシステムであると、これは他のシステムを排撃する自由主義であるからこれは不賛成だ、こんな風に考へるのです(214)。ここで戸坂は、清沢と河合の自由主義は思想体系であり、他のシステム、すなわち、唯物論を排撃する自由主義であるから、不賛成だと答えているのである。さらに、「唯物論と自由主義とは必然的に対立するのですか」と質問した室伏に対して、戸坂は「対立するだろうと思ふのです(215)」と答えている。

ここでは清沢の「自由主義」に対し、「気分的自由主義」と好意的に評価する見方と、河合と同様に思想体系として排撃する見方が戸坂から提出されている。一見、矛盾した評価だが、「自由主義」の捉え方をめぐる清沢と戸坂の応答がこの問題を解く鍵を提供している。

清澤　……僕は自由主義の要素は三つあつて、一つは資本主義に対立し、一つはマルキシズムに対立し、一つは所謂国粋主義と言ふか、保守主義、封建主義と言ふか、それに対立するといふことになるんだネ。［中略］

戸坂　今の三つのそういふ要素を挙げて言ふと、自由主義といふのは一つの観念の体系になりますが、先刻から議論して居るやうに一向体系が出来ないやうに思ふ(216)。

要するに、戸坂による清沢の「自由主義」評価は、それが言論・思想の自由圧迫に対する自由を求めるという消極的な意味での「気分的自由主義」ならば評価するが、マルクス主義にも対立する積極的な意味での自由主義、すなわち、観念論の体系としての自由主義を目指す場合は唯物論の立場から反対するということになるだろう。

ところで、山田渉がすでに明らかにしているように、戸坂潤の「自由主義」評価は、一九三六年頃から変化していた(217)。以下、戸坂の論説「自由主義・ファッシズム・社会主義(218)」を取り上げて、検討することにしたい。

戸坂は、本論説において、引き続き、自由主義を経済的自由主義、政治的自由主義(219)、文化的自由主義の三つに分類している。そして、現下の「政治的自由主義」が「消極的」であることから、今日の自由主義には以下のような特色が見えるという。

今日の自由主義者の大多数は、かつての多少は積極的な攻勢をもって来た伝統にぞくするブルジョア（又地主を含めて）政党自身に身をおく者ではなくて、之から比較的独立した言論家に過ぎないという点に注意する必要があるだろう。馬場恒吾、清沢洌、長谷川如是閑、更に尾崎咢堂さえが、そうだ。そしてこの特色は更に、この自由主義が殆ど何等の思想体系としては現われずに、主として自由主義的気分として現れているという、もう一つの特色ともなっている。[220]

つまり、今日の自由主義の特色は、戸坂によると、第一に、自由主義者の大多数が比較的独立した言論家である。第二に、彼らの「自由主義」が、思想体系ではなく、「気分的自由主義」に過ぎないことである。

もっとも「気分的自由主義」は、政治的活動からさえの自由（政党その他からの自由）のことであるかのようにも見えることがあるが、しかし、この「何よりの強みは、社会の一部の常識を代表している」ということである。この常識は、戸坂によると、「明らかに小市民の一部のものの所有であり、主に言論能力を有った中間層の一部の政治常識に照応している」。気分的自由主義者の大多数が、新聞記者出身であるのは決して偶然ではない。なぜなら、かつて自由民権時代に封建的な支配の残滓と命がけの闘争をしたのは新聞記者の内に多かったからである。[221]

要するに、戸坂は、気分的自由主義がファシズムによる自由の圧迫——とりわけ言論の自由に対する圧迫——に対し、反発を覚える中間層の一部の常識を反映している点を評価しているのである。

ところで、気分的自由主義、体系的自由主義（河合栄治郎の自由主義）、文化的自由主義は、唯一の科学的社会主義であるマルクス主義に対し、それぞれ、気分的に、思想体系的に、また文学的に反対し、あるいは、ギャップを感じている。これらの「自由主義の進歩性」の測定に関して、戸坂は次のように述べている。

進歩の観点から云って原則上一等有望なのは文化的自由主義だろう。夫が政治的自由主義でない限り政治上の科学的（唯物論的）社会主義と直接に撞着する必然性をもっていないからだ。次に有望なのは気分的自由主義だ。

之は政治的自由主義ではあるが、気分は原則的には尊重されるべきものではないから、大した困難はない。一等有望でないのは体系的自由主義で、科学的社会主義にとっては問題が同じ社会主義という身近にあるので、却って直接に撞着するものを持っているのだ。[222]

かつて戸坂は、文化的自由主義者が政治・経済・社会に無関心であることを皮肉を交えて批判していたが[223]、この時点では、むしろ、それ故にマルクス主義と対立しないと判断して高く評価していたのである。また、かつては哲学体系を持たない点で批判されていた「気分的自由主義」も、それ故に評価されている。また、現段階の自由主義が「社会民主主義」であると主張した馬場・清沢・如是閑と、古典的自由主義を主張していた尾崎との相違はここでは捨象されている。しかし、「体系的自由主義」である河合の「第三期自由主義」とは、同じ社会主義であるにもかかわらず、理想主義（観念論）と唯物論との違いがあるため、必然的に対立すると考えたのである。

以上のように、戸坂が「自由主義の進歩性」を検討したのは、自由主義とファシズムとの現実的な関係を明らかにすることにより、「反ファッショ共同戦線、乃至戦線統一の問題」を考慮するという目的があったからであった。[224]

要するに、戸坂は唯物論の優位性を維持しつつも、一九三五年の段階よりも自由主義との連携の可能性を拡げようとしていたのである。[225] 清沢の「自由主義」評価の変遷もその試みの一つと評価することができるだろう。

第5項　論争終結時における清沢洌の「自由主義」

(1)　論争終結時における清沢洌の「自由主義」

清沢洌によると、自分は自由主義者の一人としてみられていると思うが、自分から進んで自由主義者と名乗って出たことはない。社会の様々な問題を批判しているうちに、世間がいつのまにか「自由主義者」の肩書きを与えてくれたのである。この点で「私の自由主義は、思想と論理を石垣のやうに積んで行つたものと異なることを自から暴露せざるをえない」。しかし、このことについて「私は弁解者《アポロジスト》である必要はないと思ふ」と述べて、清沢は、自身の思考様式を以下のようにまとめている。

私は若い時から新聞記者をやつて来て、事実《ファクツ》に打突かる習癖を有してゐる。実際の社会の実情は、講壇の上で考へたり、一人で合点したりするよりは、やや複雑で、主張を実行に移す場合には問題を異なつた角度から検討する必要あることを体験によつて知つて来た。この立場の欠点はその視野が兎角に現象的に堕することだ。目前に見る諸現象に幻惑されて、社会を歴史的に、パー《マ》スペクチ《マ》ヴに見ない嫌ひは確かにある。しかしながら、もしそれに特長があらば、自己の立場を現実社会と離脱したものとしない点にある[226]。

清沢の思考様式は、特定の理論やイデオロギーから事実＝出来事を分析（裁断）するのではなく、まず、事実＝出来事そのものを捉え、その対応策（政策）を実施するにあたっては、様々な角度から検討するというもの、すなわち、「ジャーナリストの経験論」であった。清沢自身が認めているように、この思考様式には、目前の現象＝出来事に集中するあまり、社会現象を歴史的パースペクティブのなかで位置づける作業がおろそかになる欠点があるが、しかし、逆に現実社会から遊離しないというメリットを持つ。このような認識は、昭和期「自由主義」論争を通じて、特定の理論やイデオロギーから現実を分析したり、あるいは、歴史的に位置づけたりしようとする「知識人」の思考様式との比較から認識されたと言えるだろう。「新聞記者」という自己規定は決して卑下しているのではなく、在野の言論人としての自負と「知識人」の思考様式との対比を示す意味があったと筆者は考える。

だからこそ、「私の持つ思考力の傾向は……論理の追究に心が引かれるよりも、寧ろ事実の教訓に胸をうたれるのである」。その目前の例がスペインの内戦である。スペインの内戦については、室伏高信のように、世界の人々はどちらかに加担すべきであり、中立を許さないと主張する者もいるが、清沢は、「その何れに対しても加担するやうな気持ちが起らない」。左翼が勝っても、右翼が勝っても、反対派を厳しく弾圧することに変わりなく、結局、両者の抗争は止まるところなく繰り返すことになるからである。こうなれば左翼も右翼もなく、先進国に比べて遅れているスペインの産業は大打撃を受けて崩壊し、国民は不安に陥るのである。それは「左翼か右翼かの問題ではなくて、文明か野蛮かの問題」であり、「思想の問題ではなくて、破壊か死滅かの問題」[227]である。つまり、清沢は、左翼や右翼の理論から判断するのではなく、実際に起こっている事実から考えれば、スペインの内戦は、国家の経済や国民の生活を破壊するものであり、いかなる理想があったとしても、どちらにも与することができないと考えていたのである[228]。

次に清沢は、現代における自由主義の常識的な理解を紹介し、検討している。常識的な見方の一つは、軍部と右翼の解釈で、自由主義を「現状維持又は消極政策の別名」と理解する。もう一つは、それを「少なくとも進歩と平和の味方」とする理解である。近年まではマルクス主義者はこの改良主義を社会主義実現の障害になるという理由で攻撃していたが、「フアツシヨの台頭と共に現在においては却つて同伴者として希望するやうになつて来てゐる」[229]。

このように、自由主義がいくつにも理解される理由は、大体二つある。一つは、自由主義が一七世紀以来の様々な学説と社会的発展の段階を通ってきているので、その段階のどこをとるかによってその内容が決定されるからである。もう一つは、同じ自由主義といっても社会事情によって各国同じではないからである。要するに、「すでに自由主義が時間的には歴史によつて制約され、空間的には各国の事情によつて異なるものであれば、これが種々解釈されることは当然である」[230]。

リベラリズムが資本主義の副産物であるというハロルド・J・ラスキの説に同意しない清沢は、ジョン・デューイ"Liberalism and Social Action"（一九三五）を参照する。デューイによれば、イギリスのリベラリズムは、二つの流れが一つになったものである。一つの流れは、一八世紀の終わりに起こった「人道主義的運動」である。これには、ジャン＝ジャック・ルソーや、ジョン・ウェスレーの宗教的感化などが影響を与えている。もう一つの流れは、蒸気機関の発明によって起こった製造工業および商業の発展に伴って出現した。この運動の指導者がアダム・スミスである[231]。

イギリスの自由主義は、こうして生まれたのであるが、デューイによると、そこには明らかに二つの矛盾した思潮が含まれている。人道主義的運動は、もとより個人の努力を無視するものではないが、しかし、奴隷の廃止、婦人および少年の地位向上という問題は政府の干渉なくして効果的に解決することはできない。一方、アダム・スミスの経済理論――自由放任主義――は、可能な限り政府の干渉を排除する。この矛盾を明白に含んでいるのが、ジェレミー・ベンサムである。彼は、最大多数の最大幸福を主張した点で人道主義運動の系譜に属するが、これを実現する方法はレッセフェールによったのである。言い換えれば、「政府が出来るだけ干渉を廃《ママ》して個人の自由なる創造的活動にまかせることが、最大多数の最大幸福を齎らす所以だと信じたのである[232]」。

要するに、清沢は、デューイを参照して、イギリスの自由主義に二つの矛盾した側面――政府の介入を認める側面と、政府の干渉を可能な限り排除する側面（レッセフェール）――があると理解していたのである[233]。

現代日本における自由主義理解とデューイのイギリス自由主義認識を紹介し、ようやく清沢は「私の自由主義」を次のように規定する。「屢々批難を受けて来たに拘《ママ》はらず、私は自由主義の基調を依然として生活態度――心構へに置くことに変りはない」。つまり、「自由を求めてやまない生活態度を自由主義の基調とする」ならば、自由は「現実の生活形態に応じて実質的に内容づけられるもので、その自由の実現は社会生活の客観的認識に伴つて具体的に決定」されるので、近代において台頭した自由主義を、ある過程で限局するのは理由のないことである。よって、自由主義そのものは弁証法的な発展を遂げていると見るべきであり、具体的に言えば、「英国の自由主義は現在の労働党によつて如何に発展するかを見守るの忍耐がなくてはならぬ[234]」。

清沢によると、「現代の自由主義者は、一九世紀のそれと異なつて、政府が積極的に個人の自由を確保するために

参加すること」を主張するのである。(235)

以上の「自由主義」認識から、清沢は、「現代の自由主義者」の採用する方法を次のように説明する。第一に、「自由主義者はその政治哲学において唯物論的、宿命的な立場をとらぬこと」である。清沢は、「必然」と見られるものまで、人間の「智識《ママ》と努力」によって、変更することができると主張する。ここにマルクス主義者から何度なく批判されたにもかかわらず、「心構えとしての自由主義」を繰り返し強調した理由がある。第二に、「自由主義者は現状維持主義者であるどころか、常に現状打破論者である」。現状維持派と思われるのは、急激な変化を好まないからであり、社会を発展させるためには、「常に生物学的な漸進主義」をとらなければならないのである。第三に、「自由主義者は現状を変更して、たえず最大多数の最大幸福を目指すが、その方法は常に民主的に、合法的でなければならぬと考へて居る」。すなわち、「それは多数者の同意を原則とすることを特色とする」(236)。つまり、議会制民主主義によって「現状打破」を実現するということである。

最後に、清沢は自由主義者に残された課題を挙げている。第一に、「資本主義が現在の如く独占化して来て、多数人の自由と生活が少数者によつて左右さるる事態は改変されねばならぬ」ことである。この点で「自由主義者は社会主義者」である。しかし、清沢は、資本主義の変革をめぐっても、自由主義者と左翼や右翼との間には距離があるという。一つは、「破壊的思想が少ない点」である。換言すると、自由主義者は、「左右両翼の政治哲学が余りに『憎悪』を根底にして居ることに反対してゐるのである」。もう一つは、「自由主義者は産業界の営利主義を排してゐるが、しかしながらそれは飽くまで『民衆の自由』のためである」。ゆえに、目標を国防費の捻出に置いている現代日本の産業国営論は、民衆の自由と幸福を生まないので、これに反対するのである。なぜなら、清沢によると、国防費は断じて積極的に民衆の自由と幸福につながらないばかりか、しかも一度国営化が実行されれば、それは「制度化され、恒久化されて、国民の生活安定とは反対な方向に動く危険があるからである」。さらに、日本の資本主義は開国が遅かった関係から、国家の指導によって発展した。したがって、清沢によれば、日本の鉄道と電話と電報がおそらく世界的にみて非効率的かつ不親切であるのは、競争相手が現れずに国有化してしまった結果、国民もあきらめてしまい、そこに改革意識、抗議意識が生じないからである。だから、現在の日本において単なる「社会化」ないしは国有化は国民のためにはならない。かえって、電話事業の民営化が、事業の効率化につながるのではないか(237)。つまり、清沢は日本の資本主義の特殊性を踏まえて、事業の効率化に結びつかない産業の国有化は民衆の自由と幸福に結びつかないとして反対したのである(238)。

第二に「自由主義者は現代の国家主義に対立する」ことである。国家主義は、決して国家間の懸案を解決しないからである。しかし、自由主義者が国家主義を排したからと言って、マルクス主義者と同じ結論にはならない。マルクス主義者は「階級的国際主義」であり、それは「一個の世界主義（Cosmopolitanism）」である。これに対して自由主義者は、「国際主義（Internationalism）であつて、国家の存在を確認し、国家間の衝突と摩擦を可能範囲において防止するのである(239)」。

要するに、清沢によると、自由主義が「現代の社会における唯一の建設的なる実行主義（Constructive working principle）(240)」なのである。

（２）青野季吉による清沢洌の「自由主義」評価

昭和期「自由主義」論争が終結した時点で清沢の「自由主義」は、どのように評価されていたのだろうか。ここでは青野季吉の清沢評価を検討してみることにしよう。

「新自由主義者」に分類される清沢の「自由主義」に関して、青野は以下のように興味深い批評を試みている。

清澤洌は馬場に比すると、一時代新らしいジヤーナリスト政論家であり、その自由主義も、新らたな検討を経て、若干科学的な基礎を準備して来た新自由主義である。したがつて彼の自由主義は、ファッショにせよマルクス主義にせよ相手にたいする接触面がひろく、それにたいする批判性に積極的なものが伴つてゐる。しかし彼の自由主義は、それだけに……さまざまな夾雑物や混乱をまぢへ、時とすると自らそれと意識しないでファッシズムへと転化しさうな危険もなくはないのである。それと云ふのは彼は国際的国内的の刻々に変化転変する様相にいかにも敏感であつて、その現象の面にとらはれ、重点のおきどころに大きな誤謬を冒す惧れがあるからである。しかし彼の自由主義にたいするシンセリチイは、つねに自己を批判することを忘れないから、そうした危険も一片の杞憂に過ぎないと云へば云へないこともないのである。(241)

青野の批評を筆者なりに読み替えると次のようになるだろう。清沢は、「古典的自由主義」を否定し、英米の自由主義思想を踏まえて、現段階の自由主義を考案した自由主義者である。したがって、資本主義批判という点ではファシズムやマルクス主義と共通する側面を持つが、その「自由主義」には両者とは独立した思想的要素が含まれている。清沢は、国内外の出来事に敏感であり、それ故に、現状追随に陥る（ファシズムに転向する）可能性もあるが、彼の「自由主義」には常に自己批判の契機があることから、実際にそうなる可能性は少ないだろう。総じて青野は、清沢の思考様式も含めて、その自由主義を的確に評価しているように思われる。

しかし、以上の評価を踏まえた上で、青野は清沢と馬場恒吾の「自由主義」の問題点を次のように批判している。

〔馬場・清沢の〕自由主義に一向に発展がなく、単なる批判者・警告者にとどまつて自由主義的改革者たる境地に到達してゐない。思想的の批判や哲学的の批判としてならばとにかくとして、政治的批判としての自由主義であるならば現在の政治現象にたいして、改革的又は革新的の方案を示すことによつて、その批判を実践化することに努めなければ不徹底である。(242)

同時代の批評のみならず、近年の自由主義研究(243)においても、馬場と清沢がその「自由主義」に即した政策や代案を提示することができず、批判者・警告者にとどまった点が批判されている。しかし、このような批判は率直に言って、両者にとって酷というか、ないものねだりではないだろうか。というのは、言論の自由が圧迫されていく状況のなかで、清沢はそれを押しとどめるためにまず批判せざるをえないからである。さらに、清沢の主張する「社会民主主義」が「政策」として実現する客観的条件は、時代が下るにつれて失われていった。しかし、そのような状況であっても清沢は後述する人民戦線論にみられるように、一定程度の代案は提起していたのである。

要するに、清沢と馬場が「政策」を提起できなかったのは当人の資質というよりも、時代の構造的要因に規定されるところが大きかったのではなかろうか。大多数の自由主義者が、現状に追随するどころか、その合理化さえ試みようとした時代状況を踏まえるならば、「心構えとしての自由主義」という視角から徹底的に時局批判を試みた両者の姿勢は高く評価されるべきだろう。

第6項　小　括――昭和期「自由主義」論争における清沢洌の思想的位置

本項では、第1節・第2節の「結論」として、「はじめに」で提示した四つの課題のうち、人民戦線論を除く、三つの課題に関する筆者の見解を提示することにしたい。

(1)　昭和期「自由主義」論争における清沢洌の「自由主義」

昭和期「自由主義」論争の起点となった論説で清沢洌は、一九二〇年代後半に引き続き、その「自由主義」を政策やイズムの前提となる「心構えとしての自由主義」であると規定していた。「自由主義」を frame of mind や attitude として捉える発想はイギリスのJ・モーリやH・ラングショーから得たものであった。

清沢は自由主義の普遍的な側面として「心構えとしての自由主義」を主張したが、それが採用する現段階の政策を明らかにしなければならなかった。しかし、昭和期「自由主義」論争初期の一九三三年の時点では、自身の政策を明確に提示せず、現段階の「自由主義」を「社会民主主義」と捉える三木清から批判を受けた。

一九三四年七月に出版された『激動期に生く』所収の「読者への言葉」で清沢は、自身の政策が「社会民主主義」であることを明らかにした。清沢の「社会民主主義」とは、古典的自由主義が変容を迫られるなかで、共産主義ともファシズムの国家社会主義とも異なる、議会制民主主義による漸進的な資本主義の変革（修正資本主義）であった。以上の「社会民主主義」像は、イギリス労働党、アメリカのニューディール政策、ケインズの転向論、スウェーデンの修正資本主義から得たものであり、その特徴は以下のようにまとめることができるだろう。

第一に、清沢の「社会民主主義」は、河合栄治郎と同様に、マルクス主義とは対立する「社会民主主義」であった。したがって、マルクス主義の「修正主義」であるベルンシュタインの路線（ドイツ社会民主党）とはたとえ主張が同じであったとしても思想的立場は異なる。

第二に、清沢は石橋湛山と同様に資本主義の「生産力」の側面を重視していたので、資本による搾取や不公平な分配の問題を解決しようとしたが、河合のように「私有財産と自由競争との撤廃」を主張することはなかった。また、清沢は、日本資本主義の特殊性を鑑み、事業の効率化に結びつかない産業の国有化を批判したのである。

第三に、議会制民主主義である。清沢は、議会制民主主義をブルジョア的独裁の方法と考えず、平和的に人間的自由を実現してゆく方法と考えていた。第Ⅲ章で明らかにしたように、清沢は建設的な「会議相談」を基調とするイギリス議会に、議会政治の可能性を感じていた。また、一九三八～三九年の欧米旅行時には、北欧諸国において「議会主義の正統的発達――社会民主主義」が成功しているとの認識を示していた[244]。清沢が一貫してこの時期非常に評判の悪かった「議会制民主主義」を擁護した理由は、行政権の拡大に伴う弊害や「修正資本主義」政策の「誤り」や「失敗」を建設的に批判し、修正できるのは議会政治だけだと考えたからである。換言すると、ソ連の共産主義や独伊のファシズムは建設的な批判を歓迎せず、また、政策の誤りや失敗を認めて修正する可能性が限りなく低いと清沢は考えていたのである。

第四に、運動論の欠如である。第Ⅱ章でみたように、清沢は、「労資協調」を原則としており、労働組合運動への視点はほぼ皆無であった。

ここに清沢の「自由主義」は、「思想」としての「心構えとしての自由主義」と「政策」としての「社会民主主義」の二段構えから構成されるようになったのである。さらに、清沢はその主張を「合法主義」と言い換え、マルクス主義とファシズムとは異なる「生活態度」として論壇を越えて人々にわかりやすく説いたのである。

一九三五年の天皇機関説事件を契機に、再び「自由主義」論争が活発化すると、清沢は代表的な自由主義論者として積極的に論陣を張ることになった。清沢は、「思想」としての「心構えとしての自由主義」と「政策」としての「社会民主主義」を、「中庸的進歩主義」あるいは「漸進主義」と主張することにより、ラディカルな変革を求めるマルクス主義者や日本主義者・国家社会主義者を批判したのである。

以上に見てきたように、昭和期「自由主義」論争を通じて、清沢の「自由主義」は、「思想」としての「心構えとしての自由主義」の上に、「政策」としての「社会民主主義」を置くようになり、漸進的かつ建設的な社会変革案を提示するに至ったのである。

最後に、両者の相互関係について整理しておこう。清沢の「自由主義」の基調は、あくまでも「思想」としての「心構えとしての自由主義」であった。それは、いついかなる時でも決して手放してはならない普遍的な「心構え」、「生活態度」なのである。一方、「政策」としての「社会民主主義」は、あくまでも「心構えとしての自由主義」から導き出された期間限定の政策であった。したがって、時代の課題と向き合うなかで、別の「政策」が最適と判断され、選択される可能性もあり得たのである。ただし、その「政策」は、民衆の自由と幸福を目的とし、自由な議論と批判によって議会において決定されるべきものであった。また、その政策の実施にあたっては、批判の自由が常に保障され、問題が発生したり、失敗した場合は、すみやかに修正される必要があったのである。

（2）昭和期「自由主義」論争における清沢洌の思想的位置

これまで見てきたように、昭和期「自由主義」論争を通じて、清沢は数少ない自称・自由主義者の一人として代表的な「自由主義」論争・特集に参加していた。

昭和期「自由主義」論争は、清沢と馬場恒吾の「心構えとしての自由主義」に対する左側の批判から始まった。まず左側からの「自由主義」批判を検討することにしよう。

労農派マルクス主義者の「自由主義」批判は、第一に、自由主義はブルジョアジーのイデオロギーであり、もはや階級的基礎を失った時代遅れの思想というものであった。第二に、清沢と馬場の主張する「心構えとしての自由主義」に対しては、何物にもとらわれない「心構え」はあり得ないのであり、「心構え」は一定の社会関係に規定されるとの批判が出された。労農派マルクス主義者との論争は、建設的な議論を行う雰囲気のなかで展開しなかったが、「無限状況適応型自由主義」の問題点や社会認識の「方法」の相違が争点になった点に意義があったと評価できる。また、清沢個人にとっては、マルクス主義者のメンタリティや社会認識の「方法」を再確認し、さらに、共産主義とは異なる「搾取なき社会」に至る道（社会民主主義）を主張した点において意義があったと言えよう。

一方、左側には、歴史の変化をこえて変わらない自由の普遍的価値を再確認し継承する立場をとった上で、歴史的形態としての自由主義とは異なる思想体系を築こうとした三木清のような人物もいた。[245]三木は、清沢のように自由主義者として自己規定することはなかったが、「市民的自由」を重視する点では清沢と同じ立場にいた。「自由主義検討座談会」（『文藝春秋』一九三三年九月号）の討論を通じて、両者は現時点での自由主義が「社会民主主義」であり、具体的な政治勢力としてイギリス労働党に期待する点で一致をみたのであった。

最後に、唯物論者・戸坂潤の「自由主義」批判、とりわけ、「気分的自由主義」の問題を取り上げることにしよう。天皇機関説事件に代表されるファシズムの攻勢に対し、戸坂は自由主義者に唯物論との連携を呼びかけた。しかし、戸坂は、唯物論に対立する「システム（体系）としての自由主義」（河合栄治郎）を断固排撃したのである。一九三六年に入ると、反ファッショ統一戦線の構築という観点から、戸坂は清沢・馬場らの「気分的自由主義」との連携の可能性を図ろうと試みた。つまり、一九三五年から三六年にかけて、戸坂は「自由主義」との連携を深めていったと言えるだろう。

次に右側からの批判を検討することにしよう。第一に、滝川事件や天皇機関説事件に代表される国家と右翼による思想弾圧は、広い意味での「自由主義」批判と言えるだろう。帝大教授に対する複雑な感情と在野の言論人としての自負から瀧川幸辰を全面的に擁護することはなかったが、天皇機関説問題が発生すると清沢は「市民的自由」擁護の観点から批判を試みたのである。第二に、国家社会主義者による「自由主義」批判に対しては、清沢は、「左翼と右翼は同じ」という観点からファシズム批判（封建主義批判）を展開したのである。第三に、蓑田胸喜と原理日本主義者による自由主義者批判もこの時期みられたが、彼らの攻撃対象は帝国大学教授だったため、管見の限りでは学歴のない清沢への批判は確認できなかった。したがって、清沢による反批判も見られなかった。

最後に、自由主義者間の相違についても検討することにしよう。まず清沢の「資本主義」認識は、石橋湛山と同様に修正資本主義であった。したがって、一九三六年の段階でも経済的自由主義を主張していた鳩山一郎[246]や「私有財産と自由競争との撤廃」という意味で「社会主義」を主張した河合栄治郎とも「資本主義」認識において相違があった。また、「自由主義」の規定においても、イズム以前の「心構えとしての自由主義」を主張する清沢・馬場と「思想体系としての自由主義」を主張した河合の間には明確な対立があった。なお、長谷川如是閑は、超歴史的かつ普遍的な「自由」（「市民的自由」）という意味で「道徳的範疇としての『自由』」を主張しており、河合よりも清沢・馬場の思想的位置に近かったと言えるだろう(247)。

これまで明らかにしてきたように、清沢の「自由主義」は「思想」としての「心構えとしての自由主義」と「政策」としての「社会民主主義」の二段構えで構成されていた。イズム以前の普遍的な「自由」（「市民的自由」）を追求した清沢の「思想」としての「心構えとしての自由主義」は、他者の意見や批判に寛容になり、あらゆる角度から物事を考察しようとする「心構え」であり、左右のラディカリズムとは異なる「生活態度」であった。また、それから導き出された「政策」としての「社会民主主義」は、古典的自由主義が変容を迫られるなかで、共産主義ともファシズムの国家社会主義とも異なる、議会制民主主義による漸進的な資本主義の変革（修正資本主義）を意味した。

要するに、昭和期「自由主義」論争に代表的な自由主義者として「参加」した清沢は、共産主義（マルクス主義）とファシズムとは異なり、「市民的自由」を追求しつつも、イギリス労働党・アメリカのニューディール政策・スウェーデンの修正資本主義を念頭に、一九世紀の経済的自由主義から二〇世紀の社会民主主義へと「自由主義」の漸進的発展を目指す思想的位置に立っていたのである。

第3節　人民戦線論

第1項　はじめに

本節の課題は、第一に、一九三六（昭和一一）年、とりわけ、二・二六事件以降の清沢のファシズム(248)認識を提示すること。第二に、清沢のファシズム認識と人民戦線論(249)の論理的連関を明らかにすること。第三に、清沢の人民戦線論の特徴を、ほぼ同時期に発表された他の知識人の人民戦線論と比較しながら明らかにすることである。

以上の三つの課題を具体的に検討することにより、最終的には、これまでの研究とは異なる清沢の人民戦線論の新たな解釈を提示し、さらに、そのベースにある清沢の「自由主義」を逆照射する視点を提起することを目指したい。

ところで、清沢の人民戦線論については、清沢研究も含めた自由主義研究[250]と人民戦線史研究[251]からそれぞれ検討されてきた。前者の研究は、いずれも清沢の寛容な、「心構えとしての自由主義」の論理的帰結として、その人民戦線論を高く評価している。しかし、そもそも人民戦線論とは、反ファシズムの戦線をどのように構築するのか具体的に検討する議論なのだから、まず清沢のファシズム認識とそれとの論理的連関を明らかにする必要がある。しかし、これらの研究はこの点に関して十分に検討していない。一方、後者の研究は、清沢の人民戦線論が既成政党との連携を主張した点を高く評価する。しかし、清沢の人民戦線論は、既成政党を中核とした人民戦線論なのだから、この評価はあたらない。また、渡邊一民は、清沢の人民戦線論を「ヨーロッパの人民戦線運動の本質をつかんだうえで日本における人民戦線のあり方を構想した[252]」と評価するが、清沢は労働組合の問題をほとんど視野に入れていないので、この評価もあたらない。本節では、これらの研究とは異なる清沢の人民戦線論の解釈を提示することを目指したい。

なお、本書では、人民戦線をファシズムへの抵抗として、政党、労働者、農民、市民、ブルジョアジー、知識人の広範な結集を目指した運動と定義し、人民戦線論をその運動を実現するための方法・戦術を検討する議論と定義することにする。

第2項　ファシズム認識

(1) 清沢洌の官僚批判

一九三二（昭和七）年の五・一五事件によって政党政治は終焉し、その後、「新官僚」が台頭していくという認識が知識人の間で共有されるようになった。[253]そして、二・二六事件以降、論壇では、「官僚政治とファシズムが一つになつて、強力な圧制的形態になつて行く」[254]との展望が示され、官僚批判が重要なテーマの一つになったのである。

清沢洌も「議会政治の擁護」という観点から、官僚の台頭を批判するため、二本の論文[255]を発表し、座談会[256]に二回出席している。以下、清沢の官僚批判について検討する。

清沢によると、現在の日本では、人々を現状打破、現状維持の二つの陣営に無理に押し込んで、前者を進歩的、後者を保守的と分類することが流行している。[257]

現状打破を主張する勢力の強さから、官僚の跋扈に人々は気がついていない。しかし、現代の日本を今のように規則づくめにして身動きができないようにしたのは官僚である。この官僚こそが、日本における最も強大な権力であり、また、「現状維持の本営」なのである。そして、国家権力を背景とする官僚が、政党の権威失墜に気を良くして、相当に目に余る行動をしている。[258]つまり、清沢は官僚を現状維持派の中心と捉えているのである。[259]

ここまでの議論をみると、清沢は、現状打破派（軍部およびそれを支持する国家主義勢力）と現状維持派（官僚）の対立を強調しているように思われる。しかし、清沢は、官僚を一枚岩として捉えてはいない。「青年官吏」[260]を論じた文章のなかで、清沢は彼らのなかに青年期に学んだマルクス主義思想の影響が残存していることを指摘し、次のように述べている。

その左翼思想を排撃した部門すらも却つてその心構へと、方法と、部分的目的をこれに習得した所以が諒解できると思ふ。〔中略〕この人々〔若い官僚達〕の考へ方が、案外に所謂現状打破的であり、時には非建設的な破壊主義でさへあるのに一驚を喫した。社会思想の問題としては別として、実際的にはこの場合左翼と右翼とは紙一重の相違である。[261]

「現状維持の本営」にいるところの若い官僚達は、実は現状打破的なのである。つまり、中堅官僚と軍部およびそれを支持する右派勢力の間に連携の可能性があることをここで清沢は示唆しているのである。

ところで、この「青年官吏」は、いかなる方法で「現状打破」を目指すのだろうか。清沢によれば、「支配階級的な治者心理の所有者」である彼らは、行政機構を変革し、その中心を占めようとする。この場合は、彼らは自分の専門にとらわれるあまり、問題を総合的に捉えることができないし、また、社会の複雑さを理解することができない。ただし、彼らは相互に団結しているため、上役は処分できないのである。ここにいわゆる「下剋上の現象」が生じる。このように分析して、清沢は、「広い意味の青年官吏の問題が、現在日本の直前に横はる一番大きな問題である」[262]と結論づけている。

（2）清沢洌のファシズム論

一九三六年六～七月にかけて清沢は、下記の通り、五本のファシズム論を続けて発表した。これらの論考は後に『ファッショは何故に生れたか』（東洋経済新報社、一九三六）にまとめられることになる。

①「ファアツシヨは何故に生れたか（一）」『東洋経済新報』一七一四、一九三六年七月四日
②「ファアツシヨ発生の政治的基礎――ファアツシヨは何故生れたか（二）」『東洋経済新報』一七一五、一九三六年七月一一日
③「ファアツシヨ台頭の社会的背景――ファアツシヨは何故生れたか（三）」『東洋経済新報』一七一六、一九三六年七月一八日
④「ナチスが成功した理由――ファアツシヨは何故生れたか（四）」『東洋経済新報』一七一七、一九三六年七月二五日

⑤「日本にファッシヨは生れるか」『東洋経済新報』一七一八、一九三六年八月一日

①がファシズム総論、②・③がイタリア、④がドイツ、⑤が日本のファシズムにそれぞれ言及したいわば各論である。ここでは行論の関係上、⑤に絞って検討することにしたい。

「日本にファッシヨは生れるか」、あるいは、「日本にファッシヨが生れる可能性があるか」、この論文で清沢は日本とドイツ、イタリアの共通点と相違点を検討しながら、その問いに答えようとしている。

日本とドイツ、イタリアとの共通点について、清沢は八点挙げているが、二点に集約できる。一つは、日独伊三国の後進性である。三国とも近代国家として出発したのは遅かった。したがって、英仏に比べても三国は、国力も劣り、国民は劣等感を覚えている。また、資本主義も英米仏に比べて未成熟であり、これまで国家主導的な方向をとってきた[263]。このような後進性から日本にもファッショが出現する可能性があると清沢は考えている。

もう一つは、議会主義の弱さと「市民的勇気の欠乏」である。この点に関して清沢は、次のように述べている。

イタリーにおいても、ドイツにおいても、議会も新聞も最後まで相当に奮闘してゐる。日本においてはそうした現象は、殆んどといつてもいゝほどない。徳川三百年の伝統が造りあげた道徳は、……自由と主義を死を以ても守るといふ訓練はない。これがないところに、議会政治が完成することは困難だし、強権を以て臨めばファッシヨは直ちに自己の意思を行ふことが出来よう。

それと共に絶対主義的な心構へが似てゐる。独断的で、半面的で、武断的強権を崇拝し、英雄主義的であり、また思想を蔑視して行動を無法に尊ぶから、かうした苗間に左すればマルキストになり、右すればファッシヨが育つのは説明を要しない。［中略］

これを別な言葉でいへば、日本とイタリーとドイツにおいては、極左と極右を防衛するにたる自由主義が発達してゐないといへる[264]。

「市民的勇気の欠乏」が三国に共通することを踏まえた上で、ここで清沢は、とりわけ、日本では議会とメディアの抵抗が弱く、さらに、日本人に「市民的勇気」が欠けていることを強調している。これは五・一五事件、天皇機関説事件、二・二六事件に対するメディアや国民の批判がほとんどみられなかったことを受けての厳しい批判である。

また、清沢は、日独伊三国の国民性に共通する特徴として「絶対主義的な心構へ」を挙げている。これは左右のラディカリズムに共通する特徴として清沢が繰り返し批判していることであるが、換言すれば、日独伊、とりわけ、日本には「自由主義」——ここでは議会主義と言論の自由を指す——が発達していないということを意味する。清沢は、ファシズムの攻勢が強まる一九三三年頃から評論や講演を通して、人々に対して他者の意見や批判に寛容になり、あらゆる角度から物事を考察することや真理を探求する心構えを身につけることを強く訴え続けていた(265)。清沢のイズムではない「心構えとしての自由主義」は、ファシズムの「絶対主義的な心構へ」とは対局に位置する精神のあり様だったのである。

一方、日本とドイツ、イタリアの相違点については、清沢は六点挙げているが、これも二点に集約できる。一つは、日本には、独伊と異なり、「下からのファシズム」が実現する可能性がないことである。たとえば、ムッソリーニやヒトラーのような指導者や、ファッショやナチスのような団体も日本には存在しない。また、「皇室中心主義」の信念と感情が根強いから、ファッショが独伊のような「政治的独裁」を行うことはできないのである(266)。

もう一つは、イタリアやドイツでは軍がファシズムを支持したものの、傍観者の域を出なかったのに対して、日本では軍部がファシズムを主導しているということである。この点について清沢は、以下のように述べている。

日本においては不思議なことに、フアツシヨといふのは軍隊の別名かの観を呈してゐる。この事は却つて純粋フアツシヨにならない保証にもなるもので、過去の種々の企ての経過でも分る通り、制度と伝統を持つ軍隊が、政治機構を非合法的に乗つとることは、そう簡単に出来ない(267)。

要するに、日本のファシズムは、国家機構の一組織である軍部による主導である以上、「上からのファシズム」にならざるを得ないということである。

ところで、清沢によれば、日本では満州事変（一九三一年）の頃が、ファッショ成功の客観的条件が最も整っていた。たとえば、浜口雄幸内閣のデフレーション政策、対外感情の悪化、農村の恐慌、赤化思想の開花などが挙げられる。その時に適当な指導者を得ればその成功は困難ではなかったのである。[268]

では、将来はどうなるのか、清沢は、次のように今後の見通しを述べている。

将来はノーマルなコースをとるならば、ファッショの有する合法的特権を利用して、教育と通信と法律とを道具として日本国民を根底的にファッショ心理に改造するの道程に赴くのではなからうか。[269]

ここでいうファッショとは、日本の軍部を指している。つまり、日本がファッショ化するとしたら、軍部が合法的に教育と通信と法律を利用して国民を教化することによって達成されると清沢は考えていたのである。

さらに、清沢は次のような場合は、より一層進んだファッショ形態が出現すると予測する。第一に、戦争が起こる場合。第二に、経済界の行きづまりにより、中商農層が行きづまる場合。第三に、ファッショの対抗目標――たとえば、赤化思想の復活――が出現した場合。第四に、満州や北支に出征している軍人の本国帰任である。[270]

最後に、清沢は次のように述べて本論を締めくくっている。

ファッショは日本に現はれるかも知れぬ。しかしそれは単に問題を深化させるだけだ。それには国際問題も、国内問題をも解決する能力はない。ファッショが実現するといふことは、非常時を永遠に長びかせるといふだけだ。[271]

この論文が執筆された約一年後の一九三七年七月に日中全面戦争が始まり、国家による統制が一段と進む。戦争によってより一層ファッショ化が進むという予測が不幸にも的中することになる訳だが、清沢は、本論説の結論で軍部が主導するファッショが何も問題を解決しないという悲観的な見通しを示したのである。

（3）小 括

これまで見てきたように、一九三六年、とりわけ、二・二六事件以降の清沢の評論の主要な課題は、軍部と官僚であり、さらに、中堅官僚（幕僚）を中心とした両者の連携であった。政治勢力化した軍部と官僚の暴走を阻止するために、清沢は、議会の役割に期待していた。

「議会主義者」を自認していた清沢は、これまで一貫して「議会主義」を擁護し、これを否定する議論を厳しく批判してきた[272]。清沢が議会主義を擁護する理由の一つは、軍部や官僚とは異なって選挙で国民の審判を受けており、民意を反映しているからである[273]。もう一つは、「議会主義はまた言論自由主義だ」と述べているように、憲法で議会における言論の自由が保障されているからである[274]。

しかし、清沢は、同時に、議会主義を擁護するがゆえに、現実の議会に対して厳しい批判を展開してきた。たとえば、二・二六事件後の特別議会をめぐる座談会で清沢は、議会を「兎に角大きな問題には触れないで小さな問題をほじるところ」と皮肉を込めて定義し、国家の大局、具体的に言えば、我々は戦争の方面に行くのか、それと関連して軍事費がどの程度増えるのかなどについて議論を深めるように要望している。また、言論の自由が保障されているにもかかわらず、議会がそれを行使しようとしない点も批判している[275]。

ところで、議会政治の主要なアクターである既成政党（立憲政友会と立憲民政党）に対して、清沢はどのような認識を示していたのだろうか。清沢は、政友会と民政党は二大政党として対立してきたが、政策の相違は不明であったとし[276]、両党の政策面での対立についてはほとんど触れていない。そして、議会批判と同様に、既成政党のふがいなさを厳しく批判している。たとえば、二月の総選挙前に開かれた座談会で清沢は、選挙で多数党になれば、民意を得たことになるのだから、政権獲得を目指す姿勢を示すべきだと苦言を呈している[277]。また、二・二六事件後の広田弘毅内閣成立に際して、閣僚ポストをあてがわれただけで満足した政党の無気力を皮肉混じりに批判している[278]。さらに、官僚の跳梁に対しては、挑戦する姿勢すら見せず、無力を認めていることを厳しく批判している[279]。

以上のように、議会と既成政党に対して期待するがゆえにいらだちを覚え続けていた清沢は、二月の総選挙で当選した新代議士にあてた文章のなかで次のように述べている。

諸君〔新代議士〕は死を以て国家のために議会主義と、また外交、内政に関する諸君の信念をまもれといふことなのである。〔中略〕もし諸君が毅然として起てば、国内の同志は期せずして諸君の許に集るであらう。今回の総選挙の結果が、それを指示する。かくて総ゆる勢力を集めて、諸君はその敵に対抗することが出来る。それと同時に、我等も元より我等の陣営を分散して置くことの不利益を知つてゐる。小異を忘れて大同につくのが我等の義務であり責任である。議会主義の旗は広範なる国民要素を抱擁するにたる筈である[280]。

清沢は、これまで「議会主義」への国民の期待が裏切られ続けてきたことを踏まえて、新代議士に議会主義および選挙戦を通じて訴えてきた政策と信念を守るように強く求めている。その上で、軍部と官僚に対し、まず議会が抵抗し、さらに、「議会主義」の旗の下に、国民が一致結束してファシズムの脅威に抵抗するべきだと主張したのである。

ところで、清沢のファシズム認識は、当時の日本ファシズム論のなかでどのような位置を占めたのだろうか。先行研究に依拠しながら、簡単に検討してみることにしたい。

吉見義明が指摘するように、二・二六事件以降、多くの論者が「上から」のファシズムを認めるようになった[281]。たとえば、戸坂潤は、二・二六事件以前ではあるが、日本のファシズムが、イタリアやドイツの「下からのファッショ運動」ではなく、「上からの官僚的な力」、「合法性をもつた力」によって実現されるとの見通しを示していた[282]。また、蠟山政道は、「日本ファツシズムは独伊のやうに国民層から成立つてゐる政治運動ではなくして軍部とか官僚とか、一定の国家機構を構成してゐる者がその地位に立籠つて行ふ運動であると見なければならぬ[283]」と主張する。そして、新明正道は、二・二六事件以後、日本ファシズムの進行は比較的明瞭になったとした上で、現在、日本で実現する可能性のあるファシズムの形態が、「方法的に運動的な形式を採らないで合法的に現存の政治機構を通して展開されて行く」「陰性の上からのファッシズム[284]」であると指摘する。清沢のファシズム認識も、二・二六事件後に多くの論者が認めるようになった「上からのファシズム」論に連なるものと言えよう。

この「上からのファシズム」を阻止するための方法をめぐって論者の見解は割れる。たとえば、戸坂は、知識人がファシズムに対して文化運動を通じて観念的に抵抗しなければならないと説く一方、「労働者運動」に対しては「反ファツシヨ的組合の統一拡大強化[285]」を希望している。また、猪俣津南雄は、「プロレタリアと貧農大衆は本質的に反ファツシヨ」との認識を示し、労働者と農民の果たす役割に注目していた[286]。そして、蠟山は、「国民の政治的自覚」とともに「眞に国民の意思と生活とを認識した有力な政治家」が、「今日の変局」、つまり、ファシズムを是正し、調整することに期待を示したのである[287]。清沢は、「上からのファシズム」を阻止するために、議会の役割に期待していたが、比較的蠟山の見解に近いと言えよう。また、清沢がファシズムへの抵抗にあたって議会と国民に「市民的勇気」を求めたこともここで再度強調しておきたい。

第3項　人民戦線論

一九三六（昭和一一）年二月の総選挙での社会大衆党（以下、社大党と略す）の躍進、二・二六事件、スペインとフランスにおける人民戦線の勝利を受けて、雑誌『サラリーマン[288]』、『改造[289]』、『社会評論[290]』、『セルパン[291]』、『中央公論[292]』が人民戦線特集を組んだ。これらの総合雑誌に掲載された知識人の時論を手がかりに、この時期の「人民戦線」の問題を政治史の視角から検討した研究[293]がある。

さて、このような時代状況の下、清沢洌は、『改造』の人民戦線特集に「人民戦線の政治的基礎」を寄稿した。以下、「人民戦線の政治的基礎」の特徴をほぼ同じ時期に発表された知識人の人民戦線論と比較しながら、論点ごとに明らかにしていきたい。なお、『時代・生活・思想』出版時に加筆された部分については最後に検討する。

(1) 現状分析と人民戦線の課題

清沢によると、人民戦線の問題が日本で議論されてきたのには理由がある。一方には目に余るファッショの攻勢があり、しかしながら他方にはまたスペインとフランスにおける人民戦線の結成による「左翼的勝利」の事実がある。(294) 現在、ファッショは一応退潮期にある。しかし、時代は再び転回しつつあり、不可避である軍事費の大膨張によるインフレと社会不安から、「ファッショの苗床」が再び培われつつある。このように現状を分析した清沢は、興味深い次のような展望を示す。

国民の困窮化が一定の限度に達すれば、かれ等はその不満を、それを誘致したところの責任者に持つて行かないで——国民の理解力は一方的宣伝に頼る場合に一層鈍化する——却つて逆にそれと組んで、大衆自身への圧迫といふ方向に向ふのを常とする。殊に日本のやうにその責任者が行政上の責任を負はない社会においてこの危険は真実である。(295)

つまり、国民の困窮化が進むと、軍部とそれを支持する国家主義勢力は、事実上、行政の責任者である官僚を批判するのではなく、むしろ官僚と連携して国民への統制を強化しようとする。したがって、軍部と官僚による国民への統制強化に対して、どのように対抗するのか、言い換えれば、反ファシズムの戦線をいかにして構築するのかが、清沢の人民戦線論の課題となるのである。

（2）社会大衆党を中核とした反ファシズム人民戦線構想の批判

人民戦線の中核をなすと期待される社大党は、清沢によれば、資本主義を唯一無二の敵とみなし、ファッショの勢力と結んでもこれを打倒しようとしている[296]。

社大党書記長の麻生久は、ファッショとは異なり、「憲法政治の否認」にまでは至っていない。しかし、社大党の綱領や政策を人民戦線の中心にするならば、その人民戦線は「ファッショと称せらるゝ分子」によって構成されるであろう。清沢は、長く苦闘してきた社大党の議員・党員が、「特殊勢力」との連携の道を安易に選ぼうとする心情に同情を示しつつも、以下のように厳しく批判する。

> しかしこの人々が実行運動に熱中したあまりに、歴史の研究に遠ざかつて、ファッショが社会主義でないのは無論として、結局において資本主義打倒ですらないことを直視しえないのを遺憾に思ふ。〔中略〕この麻生氏の〔議会外の革新勢力と連携しようとする〕態度が社会大衆党を代表するものであるならば、その「人民戦線」はファッショを倒す代りに、普通にファッショと解さるゝ勢力そのものと結ぶことである。人民戦線には必らずしも固定的な定義がない以上は、これを社大的新型人民戦線と呼ぶことに、少しも差支えあるわけはない。たゞこの場合、この「議会外の革新勢力」は議会主義そのものを否定するのであるから、その成功と共に「議会内の革新勢力」も、社会党《ママ》が拠つて立つ労働運動も、また無論「外国の模倣である」メイ・デーも一掃されるであらうことは、やゝ頭が混乱してゐるかに見える麻生氏も、当然覚悟せねばならぬ[297]。

ファシズムの打倒を目標にした清沢にとって、議会勢力の一つでありながら、資本主義打倒を目指して軍部との提携を辞さない社大党を許容することはできなかった[298]。さらに、清沢はファシズムに議会を中心として抵抗しようとしていた訳だから、議会外の革新勢力と提携しようとする麻生の姿勢は、利敵行為にうつったはずである。

清沢の人民戦線論の特徴の一つは、以上のように、社大党の政策や指導者を批判した上で、それを中核とした反ファシズム人民戦線を否定しているところにある。[299] 管見の限りでは、清沢と同様の評価を示しているのは以下に示すように馬場恒吾だけである。

フランスやスペインの如く、共産党の指令に基く人民戦線が日本に起る余地のないことは勿論である。然らば無産党を中心としての人民戦線が起り得るかといへば、これも実現の可能性が少い。無産党の牛耳を取る社会大衆党の中には、軍の一部には社会主義的思想があると信じて、寧ろそれと手を握つて、却つて既成政党や資本家に対する攻撃に猛進する方がよいといふものがある。人民戦線といへば、人民の味方になるべき政党が連合して、フアツシヨ的勢力に当るといふ意味である。無産党は既成政党を人民の味方と見ないで、却つてそれの攻撃に集中する。フランスやスペインの人民戦線は無産党とそれに隣接する既成政党の提携に依つて出来たのである。別にそれを真似る必要はないが社会大衆党の傾向から見れば、日本にかうした人民戦線は成立しない。[300]

馬場は、フランスとスペインにおける人民戦線の勝利をコミンテルンの指令に基づくものと理解しているが、これは一面的な評価と言えよう。また、両国の人民戦線を、無産政党と既成政党との政党間連合と認識しており、馬場の議論は、人民戦線というよりも、むしろ、社会党と共産党の戦線統一による反ファシズム運動の構築を目指す統一戦線論の色彩が強い。したがって、フランスとスペインの人民戦線の勝利に、知識人や労働組合、さらには、一般の市民が果たした役割を全く無視している。

そして、馬場の人民戦線認識の陥穽は、コミンテルンの指令の部分を除いて清沢にもあてはまる。清沢の社大党批判は、政策や綱領、中央の指導者レベルの批判としては当を得ていたと言えるが、社大党の下部組織や社大党系の労働組合における反ファシズムに向けた動きはほとんど視野に入っていないのである。

（3）清沢洌の構想する反ファシズム人民戦線

清沢によると、フランスとスペインの人民戦線の綱領に、資本主義打倒の要求は含まれていない。それは両国の人民が資本主義の害悪を軽視している訳ではなく、むしろ、人民の敵であるファシズムに対抗するためには、「資本主義的進歩分子」とも結びついて戦う必要があることに気が付いたからなのである。そして、清沢は、日本の人民戦線は、その特殊の事情から資本主義に関する限り、さらに保守的傾向を持たざるを得ないと指摘する。[301]

特殊の事情とは、第一に「日本には労働階級の広範なる結成がなく、また普通に人民戦線の有力なる一翼を形成するところの×××〈共産党がないこと〉」である。[302]よって、日本の現実は、「保守的方面」に食い込まざるをえない。なぜなら、「人民戦線はよかれ悪かれ広汎なる民衆層を自己の方面に獲得することであつて、然らずとせばそれは単に啓蒙運動に止まるからである」。第二には、日本には「社会主義的投票が極めて僅少」なことである。三六年二月の総選挙の結果は、資本主義が国民の絶対的支持を受けていることを示している。[303]

それでは、日本における人民戦線のスローガン（目標）は、一体何になるのか。清沢は以下のように述べている。

日本においては帝国憲法、従つて議会主義の擁護防衛がこの人民層を貫く共通の旗印しでなくてはならないであらう。仏国の人民戦線の言を借りれば民主的諸自由の共同闘争だ。[304]

要するに、清沢の反ファシズム人民戦線論とは、「帝国憲法＝議会主義の擁護防衛」をスローガンに、既成政党〈政友会と民政党〉を中心とした議会勢力を中核に、幅広く国民の結集を目指したものだったのである。そして、その人民戦線の具体的な目標は、大日本帝国憲法で保障されている「民主的諸自由」の擁護であった。

清沢は、このスローガンを忠実に、勇敢に戦えば、「言論自由は無論であり、少数勢力〈軍部と官僚のことか？〉の行政干渉も排しうる」し、「××〈軍事か？〉予算の問題」についても国民の意志を選挙で問うことで反対することも可能になると主張する。そして、重要なことは、「共通スロ《マ》ガン《マ》の限局でなくて、これを戦ふかどうかの勇気の有無」[305]なのである。

しかし、清沢は、この闘争は決して容易ではないという。第一に、「議会は実際勢力の極めて僅かな部分であり、しかもその勢力は分裂して居るのに対し、議会外の勢力は強大である」。第二に、人民戦線が憲法擁護にある以上は、それはあくまでも合法的でなければならないが、「しかるにその〔対手〕は非合法的なる〔方法〕を以てするのである」。第三に、フランスやスペインにおける人民戦線の勝利は、明らかに混乱に結果している[306]。最後に、清沢は反ファシズム人民戦線の構築に向けて次のように訴えている。

困難はあるけれども、しかしこの困難を克服する努力と熱意がなければ、より大なる災厄がインテリと、労働者と、自由を欲する総べての民衆と——然り、日本の国家に襲来するであらう[307]。

日本における反ファシズム人民戦線の構築が極めて困難であることを清沢は十二分に理解していたが、それにもかかわらず、否、それだからこそ、清沢は議会を中核とした反ファシズム人民戦線の構築に向けた努力と熱意を訴えたのである。

（4）同時代の知識人による人民戦線論

ここでは清沢の人民戦線論とほぼ同時期に発表された代表的な知識人の人民戦線論の要点を簡潔に提示した上で、他の知識人が、日本における人民戦線の中核としてどのような勢力に期待していたのか検討することにしたい。

最初に労農派の大森義太郎の人民戦線論を検討する。人民戦線は、大森によれば、「ファッシズムに反対するあらゆる要素を糾合しようとする」政治闘争のための組織である。したがって、人民戦線は、その下に結集されるそれぞれの要素をもつ原理の差異を抹殺しようとするものではない。換言すれば、「模範的」な人民戦線は、「原理の差異は明確に存し、しかもこれが最低綱領によつて連繋される」のである。このような意義をもつ人民戦線は、日本において実現可能なのだろうか。この問いに、大森は、重要なのは人民戦線の現在の可能性を平面的に計算するのではなく、「人民戦線をつくることが、さういふ可能性を大ならしめていく」との認識を持つことであると指摘する。日本における人民戦線の構築は、社大党のイニシアティブの下、「労農協議会、全農、全水、東交、全日本総同盟が集つて人民戦線を提唱し、これに〔既成政党の〕急進的自由主義者、学芸にたづさはつてゐるひとびと、またなんらかの形で一般のインテリゲンツィヤをも包容することを企てるならば、日本の人民戦線は一応樹立を見ること」ができると大森は主張する。そして、大森は、社大党を排除して人民戦線を作るという見解と、人民戦線の代わりに、社大党への合同を求める見解をそれぞれ批判する。[308] つまり、大森は、フランスとスペインにおける人民戦線の影響を受けて、日本でそれが実現する可能性を追求しようとしたのである。[309]

次に唯物論者の戸坂潤は、「左翼の壊滅」後の日本の文化運動は、必然的に文化的自由主義の原則を採用しなければならなかったが、今日までこの原則が社会的リアリティを与える組織を持っていなかったと指摘する。日本における文化的自由主義の運動が社会的現実性を持ち得るためには、「何等かの〔日本独自の〕意味でのフロン・ポプユレールという政治的或いは社会的組織」が必要となる。「人民戦線」は今や進歩的な労働者大衆にとって希望に満ちた言葉になっているが、それが成立するために不可欠な条件がある。それは、第一に、労働運動自身に、第二に、無産政党における戦線統一あるいは少なくとも共同戦線の成立が必要である。こうした条件を備えて初めて、文化運動における民衆のフロントも確立する根拠が持てるのである。[310] 要するに、戸坂の人民戦線論は、知識人の文化運動の思想原理である「文化的自由主義」を「人民戦線」によって社会的現実性を持たせることにより、文化運動における民衆のフロントを確立しようとした点に意義がある。

「一九二〇～三〇年代の大阪地方の労働者農民のたたかいの中からつくりだされた、民主的インテリゲンチアの典型」[311] と評価される小岩井浄によると、日本における人民戦線の問題は、それを必然ならしめる物質的条件、すなわち、上からのファシズムにより、勤労大衆の生活と自由が大きな脅威にさらされていることと、大阪港南地区の全国労働組合総同盟と日本労働総同盟の統一戦線結成によって初めて現実的に取り上げることができる。小岩井の反ファシズム人民戦線の構想は、労働組合の統一戦線を枢軸とする社大党と労農無産協議会（以下、労協と略す）の統一戦線をまず樹立し、その上で、組織の外にいる広範な労働者、農民、大衆、また、自由主義者や学生、進歩的インテリの獲得を目指すものであった。また、小岩井は、社大党の一部の幹部にみられるファッショ的傾向や労協の新党問題への姿勢が統一戦線樹立の障害となる可能性を指摘している[312]。要するに、小岩井の人民戦線論は、労働組合の統一戦線を基軸に下からの反ファシズム人民戦線の構築を目指した点に意義があると言えよう。

最後に文学者の人民戦線論を検討する。青野季吉は、ファシズムに抵抗する人民戦線運動が発展していくことにより、「新ヒユーマニズムの文学」や「新インテリゲンチヤの文学」が成長するとの認識を示す[313]。また、「行動主義」を唱えてきた小松清は、人民戦線における文化戦線を結成し、社会運動と結びつくために、知識人の主体性と《ヒューマニズムの真理》が必要であると主張する[314]。そして、貴司山治は、「人民戦線」を思想的に理解する必要が文学の側にあるという。なぜなら、日本では今やプロレタリア文学を現実的に考えることができず、全人民の利益、要求を反映した「人民の文学」が必要だからである。したがって、プロレタリア作家も行動主義文学の作家も、たとえば、独立クラブのような形で結合するべきだが、貴司によれば、これは労協、社大党の人民戦線とは全然別個の、芸術家の芸術上の仕事なのである[315]。三者ともフランスとスペインにおける人民戦線の展開を受けてこれまでの党派を乗り越えて新しい文学の必要性を強調している点に意義がある。しかし、小松と貴司が主張する文化的な人民戦線が政党や労働組合を中心とする反ファシズム人民戦線運動とどのように運動として結合するのかは不明瞭である。

以上の検討を踏まえて、日本における人民戦線の中核として他の知識人はどのような勢力に期待したのか考えてみたい。管見の限りでは、清沢や馬場の見解とは異なり、社大党に期待する知識人と、労働組合や労働者階級に期待する知識人に大別できる。

前者を代表する知識人は、先述した大森、戸坂、貴司、菊川忠雄[316]、河合栄治郎である。たとえば、戸坂は、労協を批判し、「人民戦線の母胎となり得る唯一のものは、社会大衆党以外にはないのである」[317]と言い切り、翌年、社大党に入党したことを明らかにする。[318]貴司は、「人民戦線の主体はとにかく、人民の中の労働者でなければならない」と言いつつも、「いつそ社大系以外の組合はその全国組織をやめて悉く社大党に加入したらどうだらう」[319]と主張する。また、河合は、翌年の総選挙における社大党の躍進を受けて、それへの期待を表明している。[320]戸坂、河合とも日中開戦後も社大党に期待している点に注目されよう。

一方、後者を代表する知識人は、荒畑寒村、小岩井である。たとえば、荒畑は、ブルジョア民主主義的自由の擁護や既成政党との提携の必要性を述べる一方、社大党には一言も言及せず、「吾々は反フアシスト運動の成功が、非プロレタリア勤労大衆が労働階級を中心として糾合結束された時、初めて保証せらるゝ事を知らなければならぬ」と労働階級を軸とした反ファシズム人民戦線の結成を唱えている。[321]また、小岩井は、大阪港南地区の労働組合運動の事例を紹介しながら、「日本に於ける『人民戦線』の問題は、ざつくばらんに云へば当面まづ社大党と非社大党的プロレタリア勢力（それの相当大きな部分を占めるものは労農無産協議会、それに同伴する勢力）との統一戦線が出来るかどうかといふ点にかゝつてゐるといつてもいゝ」が、「この両勢力の統一を実質的に可能にするもの――それの枢軸となるものは、云ふまでもなく労働組合の統一戦線である」[322]と述べている。

また、管見の限りでは、論壇で展開された人民戦線論のなかには既成政党との連携を視野に入れた議論はほとんどなく、せいぜい既成政党の進歩的あるいは急進的な政治家との連携が意識された程度であった。たとえば、大森は、既成政党の「急進的自由主義者」の参加のみを視野に入れており、しかもその役割は補助的なものであった。[323]また、小岩井も、「〔広範に人民戦線を闘いとるためには〕ブルヂヨア政党――尠くともその中の進歩的分子（将来ブルヂヨア政党が解体する様なことになれば猶更可能性が増すと思はれるが）との提携といふ様な問題すら必要になるかもわからない」[324]と述べているように、既成政党の「進歩的分子」との提携を想定したものだったのである。既成政党を中心とした議会勢力を中核に、幅広い国民の結集を目指した清沢の反ファシズム人民戦線論は、論壇のなかでは、ユニークな議論であった。ただし、清沢の人民戦線論がユニークであることと、彼が人民戦線の精神を理解していたかは別問題なのである。

（5）『時代・生活・思想』における加筆部分の検討

清沢は、『時代・生活・思想』出版時に、具体的な人民戦線のプランを次に示すように加筆する。この部分について以下、若干検討することにしたい。

以上の如く日本において人民戦線の問題は実際問題として困難である。その実行しうる範囲は左の三つを出ないであらう。

（1）既成政党が押し寄せて来る官僚勢力と議会否認の勢力に対して議会擁護のために立つことである。これは普通に意味する『人民戦線』とは異なつて、政党連帯の程度に落ちつくの外はない。

（2）社会大衆党が中心となつて、小さく分散してゐる政治勢力を糾合するかである。社会大衆党は種々の迷ひの末に、ファツシヨとの同伴が結局不可能であることを、最近において自覚しつゝ、あるかのやうである。しかしこの糾合が少なくとも当分の間『人民戦線』の名に値するほどの根強い運動にならないであらうことは遺憾ながら認めざるをえない。

（3）残るは文化的、精神的、智的『人民戦線』の結成だ。この運動はある程度まで可能であらうが、しかし急速に具体的果実を得ることは困難である。

一方にはフアツシヨの攻勢は、今や積極的に押し寄せて来てゐる。これに抗するためには以上あげたる三つの方法が全部、その持場々々によつて試みられる必要があらう[325]。

一つ目の提案は、官僚勢力と議会否認勢力に対する議会擁護のために、政友会と民政党の提携の提唱である。この提案は、これまで検討してきたように、清沢の人民戦線論の骨子となるものであった。

二つ目の提案は、社大党を中核とした無産政党の合同である。おそらく社大党と労農無産協議会との合同問題をイメージしていると思われるが、これは日本版社共の統一戦線の提案と評価しても過言ではなかろう。

三つ目の提案は、知識人レベルにおける反ファシズム人民戦線の結集である。しかし、具体的にどのような団体や運動をイメージしているのかは、この記述からはわからない。

さて、この加筆の意義は、第一に、官僚勢力と議会否認勢力を対象とする議会擁護のための提携を、既成政党に対して明確に促したことである。第二に、これまでの評価を変更し、社大党が無産勢力の中核として反ファシズム人民戦線の一翼を担う可能性があることを示したことである。第三に、ここではじめて知識人レベルにおける文化的な、反ファシズム人民戦線の動きに目を向けたことである。最後に、この三つの提案の実現可能性について、清沢はかなり慎重な姿勢を示していることである。

以上のように、清沢は、この加筆により、これまでの人民戦線論を修正し、さらに、新たな方法・戦術を提案した。とくに社大党評価の変更は、きわめて重要である。とはいえ、この提案には、労働組合や市民・労働者は含まれていない。人民戦線論であるならば、たとえば、社大党の下部組織や社大党系の労働組合との連携、労働組合の統一、市民と労働者の連帯、『土曜日』で模索された知識人と市民とのつながりをどのように形成するか、その可能性はわずかであっても検討する必要があったのではないだろうか。

第4項　おわりに

二・二六事件以降、清沢洌の評論の主要な課題は、政治勢力として暴走しつつある軍部と官僚であった。軍部と官僚が連携しながら国民への統制を強化すると考えた清沢は、既成政党（政友会と民政党）を中心とする議会勢力による抵抗に期待していた。

このようなファシズム認識から、清沢は、「帝国憲法＝議会主義の擁護防衛」をスローガンに、既成政党を中心とした議会勢力を中核に、幅広く国民の結集を目指した反ファシズム人民戦線論を提起したのである。

二・二六事件以降、ファシズムの攻勢が強まるなかで、清沢が議会制民主主義と言論の自由の擁護のために敢然と反ファシズムを主張したことは高く評価されるべきである。さらに、清沢は、自由主義の立場から、反ファシズム人民戦線の構築に向けた方法・戦術を提示し、時代状況との緊張した応答のなかで、『時代・生活・思想』の加筆部分にみられるように、より具体的な方向へと深化させようとした。このことは特筆に値する。

しかし、清沢の反ファシズム人民戦線論の要点は、これまで先行研究が評価してきたように、既成政党との連携を視野に入れた柔軟な議論ではなく、既成政党を中核とした人民戦線の提唱であった。したがって、社大党の下部組織や社大党系の労働組合との連携、労働組合の統一、市民と労働者の連帯、知識人と市民とのつながりは、その思想的射程には含まれず、具体的な方法や戦術は示されなかったのである。その原因は、前節で明らかにしたように、清沢の「社会民主主義」における運動論の欠如にあるだろう。残念ながら、清沢は、同時代のほとんどの知識人と同じく、人民戦線の精神――反ファシズムを唯一の目的に、対立する勢力と嫌々ながらも「合作」し、できうる限りその戦線の射程を左右に拡げ、さらに、一人一人の生活者にまで及ばせようとする精神――を理解していたとは言えない。

このことは、清沢の反ファシズム人民戦線論のベースにあった「自由主義」を逆照射する契機となるだろう。もし、清沢の「自由主義」が、鶴見俊輔の「合作の自由主義」につながるものであったならば、たとえ社大党の政策や麻生久のような指導者に問題があったとしても、反ファシズム運動を地域から創り上げようとしていた社大党の指導者・党員や社大党系の労働組合との「合作」を目指すべきであった。[326]

清沢は、論壇を中心に活動していた知識人とは異なり、決して民衆の動向に無自覚な言論人ではなかった。五・一五事件の評価をめぐって知識人と民衆の相違を自覚した清沢は、講演会や『婦人公論』への寄稿を通して、左右のラディカリズムに抵抗する「生活態度」や「心構え」、世界情勢や社会時評を人々に向けてわかりやすく説いた。しかし、そのような努力にもかかわらず、清沢の人民戦線論をみる限り、社大党との「合作」は不十分であり、市民や労働者、農民はその射程にはほとんど含まれていなかったのである。

注

（1）一九三〇年代半ばの「自由主義」論争に関しては、定着した呼称はないが、ここでは松田義男の昭和期「自由主義」論争という呼称を採用する。

（2）石田雄「『自由』の様々な意味」（石田『日本の政治と言葉 上『自由』と『福祉』』東京大学出版会、一九八九所収）一四〇頁、松沢弘陽「自由主義論」（『岩波講座日本通史 第18巻 近代3』岩波書店、一九九四所収）二六八～二七〇頁、松田義男「清沢洌と新自由主義」（松田『清沢洌研究ノート』私家版、二〇〇二所収）三八頁。

（3）前掲「自由主義論」二七〇頁。

（4）主な研究に、北岡伸一『増補版 清沢洌――外交評論の運命』（中公新書、二〇〇四）、武田清子「清沢洌のファシズム批判――"戦争責任"の所在を問う」（武田『日本リベラリズムの稜線』岩波書店、一九八七所収、初出一九八五年六月）、前掲「清沢洌と新自由主義」、山田研「清沢洌の自由主義と反ファシズム思想――清沢洌研究序説」（日本史攷究会編『熊谷幸次郎先生古希記念論集』文献出版、一九八一所収）、山本義彦「清沢洌の生涯と自由主義の立場」、同「『非常時』日本の自由主義とマルクス主義」、同「自由主義とソ連批判の立場」（山本『清沢洌の政治経済思想――近代日本の自由主義と国際平和』御茶の水書房、一九九六所収、初出一九八二、一九九六、一九九二)、同「清沢洌のジャーナリズム論――『非常時』日本の自由主義と新聞」、「清沢洌の平和主義」(山本『清沢洌――その多元主義と平和思想の形成』学術出版会、二〇〇六所収、初出一九九七)、「渡辺知弘修士論文」がある。

(5) 前掲『増補版 清沢洌』九七～九八頁、前掲「清沢洌と新自由主義」三八～三九頁、前掲「清沢洌の自由主義と反ファシズム思想」四四九頁、前掲「清沢洌の生涯と自由主義の立場」六～七頁。

(6) 前掲『増補版 清沢洌』九七頁、前掲「清沢洌と新自由主義」三八～三九頁、前掲「清沢洌の自由主義と反ファシズム思想」四四九頁、前掲「自由主義とソ連批判の立場」二六一～二六七頁、前掲「渡辺知弘修士論文」五九～六四頁。

(7) 前掲『増補版 清沢洌』一四三～一四七頁、前掲「清沢洌と新自由主義」四〇頁。

(8) 前掲「清沢洌のファシズム批判」三二四～三三四頁、前掲「清沢洌と新自由主義」四一～四二頁、前掲「『非常時』日本の自由主義とマルクス主義」二四六～二五六頁。

(9) 宮地正人『日本通史Ⅲ 国際政治下の近代日本』(山川出版社、一九八七)二二六頁。

(10) 同前、二三三～二三四頁。

(11) したがって、管見の限りでは、満州事変と五・一五事件へのリアルタイムの反応はない。しかし、後に清沢は、両者とも「本質的には没落過程にある農民――範囲を拡げていへば中産階級の下層部が、経済的破局を前にして、今まで認められなかつた闘争力を特殊な形で示したもの」であり、「同根連関の事件」だと指摘している(清沢洌「五・一五事件の社会的根拠」『激動期に生く』三九～四〇頁、初出『改造』一九三三年一一月)。

(12) もっとも、清沢は、絶対に日米間に戦争は発生しないと主張した訳ではない。本書の結論部分で、日米間に戦争が起こる可能性を二つ挙げている。第一に、「両国の国民の感情が、非常に尖つてゐる時に、何か大きな事件が勃発する場合」であり、第二に、「アメリカと日本のもしくはその内の一国の行政、立法の機関が、完全に戦争を欲するグルツプ《ママ》の手に落ちた場合」である(清沢洌『アメリカは日本と戦はず』『清沢選集 第1巻』所収、三五七、三五九頁)。また、第二のケースの直後に清沢は、「戦争は国民の心理状態であるから政府機関を手に入れたこのグルツプは、必らず宣伝をして、大々的に敵愾心を煽るであらう。新聞と、学校、団体と、公共機関は無論戦争を国民に売る役目を引き受くるであらう」と補足している(同前、三五九頁)が、アジア太平洋戦争前後の状況を見事に予測している。

(13) 清沢洌「内田外相に問ふ」(『中央公論』一九三三年三月)。

(14) 清沢洌「松岡全権に与ふ」(『中央公論』一九三三年五月)。

(15) 本事件は、瀧川幸辰という個人を越える歴史的事件であることから、常用漢字(「滝川事件」)で表記する(松尾尊兊『滝川事件』岩波現代文庫、二〇〇五、iii頁)。

(16) 宮沢の質問の資料となったのが、蓑田胸喜「瀧川幸辰教授の責任を問ふ――京都帝国大学赤化の内部光景」(『原理日本』一九二九年八月)、同「瀧川幸辰教授への公開状」(『祖国』一九二九年九月)、小冊子『日本総赤化兆候司法部不詳事件 禍根根絶の逆縁昭和維新の正義』(一九三三)である(井上義和「解題――初期論集Ⅰ・Ⅱ」『蓑田胸喜全集 第2巻 初期論集Ⅱ』柏書房、二〇〇四所収、六六三~六六四頁)。蓑田が瀧川を批判するきっかけとなったのは、一九二九年六月一一日に京大で開催された蓑田の講演会であった。この講演会およびその後の蓑田の瀧川批判については、宮本盛太郎「蓑田胸喜と滝川事件」(『政治経済史学』三七〇、一九九七年四・五・六月号所収)を参照。

また、立花隆は、蓑田が「滝川事件の仕掛人」であり、これを転機として蓑田の主宰する雑誌『原理日本』は、社会的にきわめて大きな影響力を振るうようになったと指摘している(立花隆「私の東大論 42――狂信右翼・蓑田胸喜と滝川事件」『文藝春秋』二〇〇三年一月、四〇〇、四〇二頁)。後述する天皇機関説事件は、この延長線上に位置する。

(17) 清沢洌「瀧川教授の問題」(『我観』一九三三年七月)五七頁。また、清沢は、「京大対文部省の問題」(『報知新聞』一九三三年五月二六日)でも文部省を批判している。ただし、この論説で清沢は学生にも自重を求めていた。

(18) 前掲「瀧川教授の問題」五七頁。

(19) この点に関して、北岡伸一は、清沢は本格的な著作から学び続けることを最も重要だと考え、独学にもかかわらず、学問では大学出身者に負けないと自負しており、それ故に、恵まれた境遇にある学者、とくに帝国大学教授に対しては複雑な感情を持っていたと指摘している(前掲『増補版 清沢洌』一三七~一三九頁)。極めて重要な指摘だが、筆者には北岡も引用している次の一節が気になる。「かりに十日に一冊づゝ本を読んでも、かれ(帝大教授)にどれだけの智慧が頭の中に詰こまれて居るのか。だから見ろ、彼等の『学問』は洋書の目録を並べることではないか」(清沢洌「老人国ニッポン」『激動期に生く』三七~三八頁、初出『新青年』一九三四年六月)。北岡は、「読書の量においては、(清沢には)彼らに劣らないと自負するところがあった」(前掲『増補版 清沢洌』一三八頁)と述べているが、むしろ、読書の質と方法が問題である。つまり、清沢は、本格的な読書を通じて日本の現実を分析・批判する「方法」を獲得し、さらに、対案を提出する点において帝大教授よりも優れていると自負していたのではないだろうか。ここにアカデミズムのエリート知識人と在野の言論人との学問や社会認識の「方法」も含めた緊張関係を見ることができる。

(20) 正式には陸軍省新聞班「国防の本義と其強化の提唱」（一九三四年一〇月一日）である。その略称「陸軍パンフレット」が当時の一般的な呼称であった。

(21) 前掲『増補版 清沢洌』一二七頁。

(22) 管見の限りでは、「一九三五、三六年の危機」を主題にした論説に、清沢洌「一九三六年危機説の矛盾」（『東洋経済新報』一九三三年一一月一八日、後に『激動期に生く』に収録）、同「卅五…六年を望みて」（『報知新聞』一九三四年一月八～一〇日）、同「危機を再検討す」（『経済往来』一九三四年一〇月）、同「一九三五・三六年の危機の問題」清沢『混迷時代の生活態度』（千倉書房、一九三五）などがある。また、社会時評や外交評論のなかで「一九三五、三六年の危機」に言及することも度々あった。

(23) 清沢洌「三五・六年の『危機』とは何ぞ」清沢『激動期に生く』（千倉書房、一九三四）一九九頁。原題・初出「卅五…六年を望みて」『報知新聞』一九三四年一月八～一〇日。

(24) ここで清沢は、満州国共和会などが主張した「王道政治」に賛意を示した訳ではない。「協調外交」を主張するための一つの手段として「王道政治」を持ち出したのである。

(25) 「『第三党』の出現」に関しては、橋川文三「解説」（橋川編集・解説『近代日本思想体系 三六 昭和思想集Ⅱ』筑摩書房、一九七八所収）三九七頁に言及がある。

(26) 清沢洌「『第三党』の出現」（『中央公論』一九三四年一一月）一五二頁。その後、『現代日本論』に収録された。

(27) 同前、一五三頁。

(28) 同前。

(29) 同前、一五四～一五五頁。

(30) 「市民的自由」という概念をめぐっては松田道雄の議論が参考になる。松田によると、「市民的自由」のなかで、最も重要なのは「言論、出版、集会、結社、示威の自由」であり、社会主義社会においても必要となる普遍的な自由である。そして、「市民的自由」は、被支配者にとって、時には「パン以上に生活必需品」なのである。さらに重要なことは、「市民的自由」とは、「支配者になろうとする人民の自由」ではなく、「基本的人権の壁によって守られた内側の自由」であり、また、それは自分がやりたいことをやる自由ではなく、自分がやりたくないことを行わない自由なのである（松田道雄「革命と市民的自由」松田『革命と市民的自由』筑摩書房、一九七〇所収）。

(31) 前掲「自由主義論」二六七〜二六八頁。
(32) 同前、二六六頁。
(33) 同前、二七〇頁。
(34) 同前、二六八頁。なお、昭和期「自由主義」論争に関わる文献目録としては松田義男編「昭和期『自由主義』論争主要文献(一九三三〜一九三九年)」http://ymatsuda.pro.tok2.com/ が参考になる(二〇一五年九月アクセス)。なお、タイトルに「一九三三〜一九三九年」とあるが、これは本目録が対象とする蒐集期間を指すものである。松田は、昭和期「自由主義」論争は一九三三年に始まり、一九三六年に終焉すると述べている(前掲「清沢洌と新自由主義」三八頁)。
(35) 田中紀行「論壇ジャーナリズムの成立」(青木保ほか編『近代日本文化論 4 知識人』岩波書店、一九九九所収)一八四、一八八頁。
(36) 同前、一八九〜一九一頁。
(37) ここで同時代人による清沢評価を紹介しておきたい。評論家の杉山平助によると、清沢がジャーナリズム(論壇・言論界)に華々しく登場したのは、中央公論の特派員としてアメリカから通信を送ってきた頃(一九二九〜三〇年)である。清沢の文章は、「平明で明るく、評論をかく人の筆と思はれない、社会部記者的なふくらみがあつた」。杉山は、清沢の「内田外相に与ふ」に「格別に異常な識見」がある訳ではないと断りつつ、「とにかく日本のインテリゲンチヤ《ママ》の云はんと欲するとこを百パーセントに代表し、しかも合法的発言の許される極限まで肉迫した」点を高く評価しているが、一方、次のような欠点も指摘している。「現に彼が指導的評論家としていくぶん難の感じられるのは、あらゆる方面に、あまりに何でも気軽にかきまくる傾向のあることで、それは決して彼に重きを加へない。……耳からはいつたものを彼はあまりに早く手まで伝へすぎるといふ弱みがありはせぬか」(杉山平助「当代リベラリスト評判記」『文藝春秋』一九三四年四月、七八〜七九頁)。邦字紙記者時代に培われた筆の早さと守備範囲の広さという長所が、清沢の評論の「軽さ」や「物足りなさ」につながる点を杉山は的確に指摘している。
(38) この特集には三本の論文が掲載された。土田杏村「自由主義の再検討」と清沢洌「自由主義の立場」は、マルクス主義を批判し、青野季吉「自由主義文学論」は、自由主義を批判した。土田は以前からマルクス主義(者)批判を展開していたが、この点に関しては、山口和宏『土田杏村の近代――文化主義の見果てぬ夢』(ぺりかん社、二〇〇四)第6章・1を参照。
(39) 清沢洌「自由主義の立場」(『新潮』一九三三年六月)八頁。自由主義者であると同時に共産主義者である人物として清沢はバーナード・ショウを挙げている。

(40) 同前、九頁。

(41) 同前。

(42) 同前。

(43) 同前、一〇頁。

(44) 同前、一〇～一一頁。

(45) 同前、一二頁。

(46) 同前、一三頁。

(47) この時期に「自由主義」を論じた馬場の文章に以下のものがある。馬場恒吾「自由主義者の国際観念」『読売新聞』一九三三年四月三日夕刊、同「自由主義者に対する嘲笑」『読売新聞』一九三三年五月一五日夕刊、同「自由主義をめぐる論争」『読売新聞』一九三三年七月三日夕刊。

　昭和期「自由主義」論争を通じて、馬場と清沢は一緒に批判されることが多かった。馬場は、イギリスの学者ラムゼー・ムーアに言及しながら、「自由主義」とは、「心の態度」であると述べている（前掲「自由主義者の国際観念」）。また、馬場は、「尤もこゝで云ふ自由主義者とは資本主義を奉ずる者と云ふ意味ではない。自由主義とは社会思想や政治経済の固定したる主義や政治ではない。自分の自由を圧へられるのが厭だと思ふと同時に他人の自由をも圧へ度くないと云ふ心の態度である。さうしたリベラルな心持ちを有つてゐるものを自由主義者と云ふのである」と述べている（前掲「自由主義者に対する嘲笑」）。つまり、馬場と清沢の「自由主義」は、「心構えとしての自由主義」という点で共通するものがあったのである。

(48) 向坂逸郎「現代自由主義論」（『中央公論』一九三三年七月）七九～八〇頁。

(49) 同前、八〇頁。

(50) 同前、八一頁。

(51) 同前、八二頁。

(52) 同前、九〇頁。

(53) たとえば、労農派マルクス主義者の山川均は、向坂と同様に、清沢の「心構えとしての自由主義」に関して、「かういふものとしての自由主義……は、しかしながら具体的には或何ものかに対する心構へとして現れなければならぬ」と批判していた（山川均「論壇梅雨期 自由主義の微光」『東京朝日新聞』一九三三年六月四日）。

また、労農派ではないものの、マルクス主義の影響を受けた大宅壮一は、馬場や清沢の議論を「いづれもみづから階級闘争における『審判官』の地位に擬してゐる。そしてできるだけ『公平』をよそほはうとしてゐるやうである」と評した上で、「スポーツならとも《ママ》なく、現実の闘争において『審判官』などヽいふものヽ存在が許される筈がない」と批判している（大宅壮一「新自由主義の批判」『報知新聞』一九三三年六月二〇日）。

(54) 向坂前掲「現代自由主義論」八五頁。

(55) 〔報告〕藤田省三・〔討論〕丸山眞男・石田雄・藤田省三「近代日本における異端の諸類型」（『藤田省三著作集 10 異端論断章』（みすず書房、一九九七所収）一二六頁。

(56) 同前。

(57) 向坂前掲「現代自由主義論」八二～八五頁。

(58) 同前、八八頁。

(59) たとえば、労農派マルクス主義者の鈴木茂三郎は、向坂と同様に、「マルキシズムは一つの共利社会の上に地盤を置くが、自由主義は単なる反抗であつて、拠つて立つ社会地盤を持たない。〔中略〕自由主義は、現下の情勢を以ては、国民総意を擁護するものとして、共同社会的地盤の上に立たなければならない」と述べていた（鈴木茂三郎「白髪染めで染めたブルジョア自由主義」『読売新聞』一九三三年五月三一日）。また、大宅も「今日の社会にはリベラリズムの存在する余地がなくなつてしまつた」と指摘している（前掲「新自由主義の批判」『報知新聞』一九三三年六月一九日）。

また、「自由主義」は、ファシズムと連携せざるを得ないとの議論もあった。倉田百三は、「今日自由主義者のなすべき任務はマルキシストとはつきりと手を切り、マルクス主義以外の指導原理を発見し、創造して、これをファッシストに与え、彼等を啓蒙し、指導し、これと協力することである」と述べ、自由主義とファシズムの連携を訴えた（倉田百三「自由主義者に訴ふ――反ファシズム的運動を排す」『東京朝日新聞』一九三三年七月五～八日）。これを受けて、三木清は、「ファッショの行動に対する批評の自由はそのもつとも肝要な点について許されてゐないといふことが明かな事実である以上、まことに是正のしやうもなく、指導のしやうもないではないか」と指摘し、「自由主義者とマルクス主義者との接近があるとすれば、それを喚び起したのは、実はファッショそのものの仕業ではなかろうか」と反論している（三木清「自由主義の立場――倉田氏の所論を読みて」『東京朝日新聞』一九三三年七月一三～一五日）。

(60) 佐々弘雄「自由主義とファッショ」（『東京朝日新聞』一九三三年六月八～一〇日）への反論である。

(61) 清沢洌「マルキスト連の呪文――自由主義批判の批判」（『新潮』一九三三年八月）三九～四〇頁。
(62) おそらく向坂の「現在のソヴィエトでは恐らく可なり広汎な自由がブルヂョア《ママ》文学に対しても認められてゐるのではないかと思はれる。〔中略〕充分なる『自由』を実現するために必要なる限りにおいて、『自由』が制限されてゐると見る可きものであらう。従つて、資本主義社会において、『自由』を拘束されてゐた階級（プロレタリア階級）のそれは充分に認められてゐるであらう」を念頭においた批判と思われる（向坂前掲「現代自由主義論」八九頁）。
(63) 前掲「マルキスト連の呪文」四〇頁。
(64) 同前、四〇～四一頁。
(65) 同前、四一～四二頁。前掲「新自由主義の批判」『報知新聞』一九三三年六月一九日への反論である。
(66) 前掲「マルキスト連の呪文」四三～四四頁。前掲「論壇梅雨期　自由主義の微光」、向坂前掲「現代自由主義論」、前掲「新自由主義の批判」に対する反論である。
(67) 前掲「マルキスト連の呪文」四五頁。
(68) 座談会（芦田均・麻生久・長谷川如是閑・石浜知行・清沢洌・倉田百三・三木清・佐々弘雄）「自由主義検討座談会」（『文藝春秋』一九三三年九月）。
(69) 同前、二八七～二八八頁。
(70) 同前、二八八～二八九頁。
(71) 同前、二八九～二九〇頁。
(72) 同前、二九〇頁。
(73) 同前、二八六頁。
(74) 同前、二九一頁。
(75) 同前、二九五頁。
(76) 同前、二八八頁。
(77) 序文の後に自身の思想的立場＝「自由主義」を明らかにするというスタイルは、清沢洌『現代日本論』（千倉書房、一九三五）、同『時代・生活・思想』（千倉書房、一九三六）にも見られる。
(78) 清沢によると、一九三二年八月の帰国時に流行していた言葉が「認識不足」であった。「認識不足」という言葉を使う問題性について清沢は次のように述べている。「見解の相違といふと、先方にも少し理屈があるやうで癪に障るが、認識不足といふと、こちらだけが正しくて、対手は盲目といふことだから正に日本的だ。だから新聞の雑報でも、議会の議論でも、直ぐこの認識不足で片づける」（清沢洌「海外で日本を聴く」『清沢選集 第4巻』四八頁、原題・初出「アメリカで日本を聴く」『中央公論』一九三二年一〇月）。

(79) 清沢洌「読者への言葉」『激動期に行く』一八～一九頁。

(80) 同前、一九頁。

(81) 昭和期「自由主義」論争の間、一九二〇年代とは異なり、清沢はイギリス労働党の政策には具体的に言及していない。清沢は明言していないものの、その理由としては、マクドナルド挙国一致内閣成立による党首マクドナルドの離党と一九三一年一〇月の総選挙での労働党の「壊滅的敗北」が挙げられる。一九二九年一〇月の選挙で二八八議席（得票率三七・一％）を獲得し、第二次マクドナルド内閣を成立させた労働党は、この総選挙で五二議席（得票率三〇・六％）に落ち込んだのである（関嘉彦『イギリス労働党史』社会思想社、一九六九、第三章第四節、第四章第一節）。

(82) 清沢洌『革命期のアメリカ経済』（千倉書房、一九三三）。すでに本書に関しては山本義彦「アメリカ認識の発展――『米国の研究』、『アメリカを裸体にす』、『革命期のアメリカ』を中心として」（前掲『清沢洌の政治経済思想』所収、初出一九九四）二一〇～二二七頁において詳細に紹介されている。

(83) 前掲『革命期のアメリカ経済』二四頁。

(84) 同前、五五頁。

(85) 清沢洌「ニューデールに就て――庶政一新のアメリカ的性格」『三田新聞』一九三七年二月一九日。

(86) 同前。

(87) 同前。

(88) 清沢洌（一記者）「転向したケーンズ教授」『中外商業新報』一九三三年七月三〇、八月一～二日。同（一記者）「ケーンズ教授の転向論」『中外商業新報』一九三三年八月二〇、二二～二三日。

(89) 前掲「転向したケーンズ教授」一九三三年七月三〇日。

(90) 同前。

(91) 同前。

(92) 同前、一九三三年八月一日。
(93) 前掲「ケーンズ教授の転向論」一九三三年八月二〇日。
(94) 同前。
(95) 同前、一九三三年八月二三日
(96) 同前。
(97) 清沢冽（K・K生）「資本主義修正の一角 スウエーデンの統制振——国営と消費組合で」『中外商業新報』一九三三年一二月一〇、一二～一四日。なお、同様の議論として清沢冽「資本主義制御の国家的実例——スウエーデンの興味ある変革」『日本評論』一九三五年一一月もある。スウェーデンの修正資本主義論に関しては、渡辺知弘氏のご教示によるところが大きい。
(98) 前掲「修正資本主義の一角 スウエーデンの統制振」一九三三年一二月一〇日。
(99) 清沢によると、国家が直接経営するのは、電力事業のみであり、その他の事業は官僚主義の弊害を避けるため、「特殊会社」によって経営されている（同前、一九三三年一二月一二日）。
(100) 同前、一九三三年一二月一〇日。
(101) 同前、一九三三年一二月一二～一四日。
(102) 同前、一九三三年一二月一四日。清沢には、「三等国」スウェーデンの生活水準の高さも強調することにより、「一等国」日本を相対化する意図があった。
(103) 前掲『混迷時代の生活態度』。本書は、講演録という性格もあって、これまでの清沢研究では重視されているとはいえない。
(104) 清沢冽「序に代へて」『混迷時代の生活態度』九頁。
(105) 前掲『増補版 清沢冽』一三二～一三三頁。
(106) 前掲「序に代へて」八頁。本書で清沢の主張する「合法主義」とは、「自由主義」と同じ意味である。また、「合法主義」という言葉自体に直接行動を是認する左翼と右翼に対する批判の意味が込められている。ただし、清沢の力点は当然のことながら右翼批判に置かれている。
(107) 前掲『混迷時代の生活態度』二七〇頁。
(108) 同前、二三七、二七一、二七五、二七九頁。
(109) 同前、二八〇頁。

(110) 同前、二八一、二八三～二八四頁。
(111) 同前、二八六～二八七頁。
(112) 同前、二八七頁。
(113) 同前、二九九～三〇〇頁。
(114) 同前、三〇二～三〇三頁。
(115) 同前、三〇四、三〇八頁。
(116) 念のため付言しておくと、清沢は、彼の「自由主義」を人々に押しつけた訳ではない。清沢は聞き手（読者）に対するスタンスを次のように述べている。「たゞお断りしたいのは私共は人に教へるといふやうな立場はとつて居らないのです。自分はかういふ風に考へる、その批判は全然貴方の自由である。貴方は貴方の判断で行動していたゞきたい。かういふ風な立場をいつも執つて居りますから、単に私がどう考へるかといふことをお話したいと思ふのであります」（同前、一九頁）。つまり、清沢は、一連の講演を通して、「心構えとしての自由主義」と「社会民主主義」を説明するだけではなくて、女性に主体的に物事を考えたり、判断したりする「生活態度」を身につけてもらうことを目的としていたのである。
(117) 天皇機関説事件についての最も詳細な研究に、宮沢俊義『天皇機関説事件――史料は語る』上下（有斐閣、一九七〇）がある。
(118) 前掲『日本通史 Ⅲ』二五一～二五二頁。
(119) 同前、二五一頁。
(120) 同前、二五二頁。
(121) 同前、江口圭一『新装版 昭和の歴史④ 十五年戦争の開幕』（小学館ライブラリー、一九九四）三一五、三一九頁。
(122) 前掲『日本通史 Ⅲ』二五二頁。
(123) 同前。
(124) 竹内洋「蓑田胸喜伝序説――前半生を中心に」（『蓑田胸喜全集 第1巻 初期論集Ⅰ』柏書房、二〇〇四所収）八三二頁。
(125) 井上前掲「解題」六六一頁。
(126) 今田絵里香「解題――『国家と大学』」（『蓑田胸喜全集 第5巻『国家と大学』』柏書房、二〇〇四所収）一二一〇頁。
(127) 蓑田胸喜『天皇機関説を爆破して国民に訴ふ』（『蓑田胸喜全集 第3巻『学術維新原理日本』』柏書房、二〇〇四所収）九〇九～九二六頁。初出今日の問題社、一九三五年三月。

(128) 同前、九五七、九五九頁。
(129) 前掲「蓑田胸喜伝序説」八一〇頁。
(130) 河合栄治郎「美濃部問題の批判」『帝国大学新聞』一九三五年四月一五日。
(131) 清沢洌「美濃部著書の発売禁止」(『経済往来』一九三五年五月)一一一～一一四頁。
(132) 清沢洌「二・二六事件一周年」(『改造』一九三七年二月)一二〇～一二一頁。
(133) 同前、一二三頁。
(134) 竹中佳彦『日本政治史の中の知識人――自由主義と社会主義の交錯』上(木鐸社、一九九六)二三頁。
(135) 河合栄治郎「自由主義の批判を繞る思想界の鳥瞰」『河合栄治郎全集　第一二巻』(社会思想社、一九六八)一〇七頁。初出『経済往来』一九三五年七月。
(136) 河合栄治郎「改革原理としての自由主義」『河合栄治郎全集　第一二巻』(社会思想社、一九六八)三〇～三一、三四頁。原題・初出「改革原理としての思想体系」『中央公論』一九三五年七月。
(137) 河合は、「自由主義は本来哲学から社会思想に至る渾然たる思想体系であり、その主張する自由も経済、政治、社会、外交等々に亙り十余に及ぶのであるが、之等の自由の全体を網羅する所に自由主義の意義が存在するのである」(前掲「自由主義の批判を繞る思想界の鳥瞰」一〇八頁)と述べている。
(138) 河合栄治郎『自由主義の歴史と理論』『河合栄治郎全集　第九巻』(社会思想社、一九六九)一一五頁。なお、本書は、一九三四年度の東京帝国大学経済学部特別講義の講義録であり、一九四八年に公刊された。
(139) 前掲「自由主義の批判を繞る思想界の鳥瞰」一〇七～一〇九頁。
(140) 同前、一〇九、一一〇頁。
(141) 前掲「改革原理としての自由主義」二〇頁。
(142) 多田道太郎「日本の自由主義」多田編『現代日本思想体系18自由主義』(筑摩書房、一九六五)二四～二五頁。
(143) 河合栄治郎「自由主義の再検討」『河合栄治郎全集　第九巻』(社会思想社、一九六九)三一四頁。初出『中央公論』一九三三年一〇月。
(144) 前掲「自由主義の批判を繞る思想界の鳥瞰」一〇九、一一五、一五六頁。
(145) 同前、一二五～一二六頁。

(146) 同前、一二六頁。

(147) 河合栄治郎「自由主義」(『社会経済体系 第二〇巻』日本評論社、一九二八所収)四二~四三頁。当該箇所が前掲「自由主義の批判を繞る思想界の鳥瞰」一二七頁に引用されている。

(148) 清沢洌「現代自由主義論」(『理想』六七、一九三六年一〇月)二六頁。

(149) 河合栄治郎「現代に於ける自由主義」『河合栄治郎全集 第一一巻』(社会思想社、一九六七)三七四頁。初出『社会政策時報』一九三四年一〇月、一一月。

(150) 座談会(熊谷尚夫・伊原吉之助・音田正巳・方上明・安井琢磨)「河合栄治郎とその思想を語る」(『社会思想研究』一九六六年一一月)二四頁。

(151) 同前、二六、二八頁。

(152) 清沢前掲「現代自由主義論」二九頁。

(153) 長幸男「日本資本主義におけるリベラリズムの再評価――石橋湛山論」(長『石橋湛山の経済思想――日本経済思想史研究の視角』東洋経済新報社、二〇〇九所収、初出『思想』一九六〇年一一月)九頁。なお、「石橋=清沢に代表される東洋経済新報系の自由主義」(八頁)との指摘に対しては、①石橋と清沢の自由主義を等号で結びつけることができるのか、②はたして清沢は東洋経済新報系の自由主義者なのかとの疑問が浮かぶ。しかし、「資本主義」理解に関しては共通する点があると考え、ここでは引用した。

(154) 清沢洌『フォード』(三省堂、一九三二)。

(155) この点に関しては、第VI章第2節第3項を参照。

(156) この点に関しては、本章第2節第5項および第VI章第3節第1項で触れる。

(157) この点に関しては、松井慎一郎も次のように述べている。「〔河合は〕思想体系の構築にこだわるあまり、その体系と相容れない哲学・思想に対する寛容性が欠ける嫌いがあった。……馬場恒吾や清沢洌の思想を誤りとして排斥したが、同時代の自由主義者の思想を容認して意見交換や共闘することが可能となっていたならば、その後の日本における自由主義、さらには、日本社会全体の展開も異なっていたかもしれない」(松井『河合栄治郎――戦闘的自由主義の真実』中公新書、二〇〇九、三三一頁)。

(158) 丸山眞男は、「河合栄治郎の自由主義――『存在論』の上に五段階にわたって整然と築き上げられる『思想体系』への異常なまでの熱意がいかにマルクス主義への対抗を動機としており、それ自体『図式主義』の見事なサンプルを示している」と指摘してい

る（丸山真男『日本の思想』岩波新書、一九六一、七八頁）。

(159)　清沢冽「思想宿命論」『激動期に生く』一五二頁。初出『新自由主義』一九三三年一〇月。

(160)　特集に収録された論文は、長谷川如是閑「歴史的自由主義と道徳的範疇としての『自由』」、中野正剛「自由主義の全盛」、杉山平助「二代目の悲しみ」、清沢冽「封建主義思想の復活」、石浜知行「自由主義の退却」、上司小剣「ちからぬけやま」、田中惣五郎「自由主義の使徒たち」である。ここでは行論の関係上、如是閑の自由主義論と中野の「自由主義」批判について簡単に言及しておく。

如是閑は、「歴史的の自由主義」と「道徳的範疇としての『自由』」を明確に区別している。前者は、特定の時代における経済や政治に規定された自由主義を指し、後者はあるゆる時代、社会において求められる超歴史的かつ普遍的な「自由」（「市民的自由」）を意味する。要するに、「歴史的の自由主義」の一つである経済的自由主義は、一九世紀の思想であり、統制主義の登場により、その歴史的な役割を終えたとしても、普遍的な「自由」の価値は依然として残るということである。「自由主義」という規定はしていないが、「道徳的範疇としての『自由』」という主張は、清沢と馬場の「心構えとしての自由主義」と通底するものがある。

一方、中野によると、現在、日本の内閣は自由主義者以外の者では組織することはできず、「転落する自由主義」どころか、自由主義は没落前の全盛を示している。すなわち、現在の日本は、元老、重臣、官僚、富豪、ジャーナリズム、そして既成政党から構成された「自由主義現状維持派の共同戦線」に支配されており、それらを打破する必要性を中野は唱えているのである。中野の「自由主義」批判は、国家社会主義者の「自由主義」批判の典型例であり、石田雄も指摘するように、赤松克磨の「自由主義」批判とも通底するものがある（石田雄「わが国における『自由主義』の一側面」石田『日本近代思想史における法と政治』岩波書店、一九七六所収、初出一九六一、二二七頁）。

石田は、この特集名を踏まえて、「なぜ『顚落自由主義』として『自由主義』が脚光をあびるようになったか」という問いを提起している（同前、二二三～二二四頁）。この問いに対して、筆者は、当時、「自由主義」は、滝川事件（一九三三年）で「後退」し、さらに、天皇機関説事件（一九三五年）で右派からの攻勢を受けて、「転落」したというイメージが論壇において共有されていたからではないかと考える。

(161)　座談会（谷川徹三・阿部知二・村山知義・春山行夫・大宅荘一・室伏高信）「『自由主義の危機』を語るサロン」『経済往来』一九三五年五月。

(162)　大森義太郎「現代における自由主義の効用と限界」『改造』一九三五年五月、向坂逸郎「知識階級と自由主義」『文藝春秋』一九三五年五月。

(163) 清沢洌「封建主義思想の復活」（『中央公論』一九三五年五月）一二二頁。その後、『現代日本論』に収録された。

(164) 同前、一二三頁。

(165) 同前、一二三～一二四頁。

(166) 同前、一二四～一二五頁。

(167) 同前、一二五頁。

(168) 同前、一二六頁。

(169) 同前。

(170) 同前。

(171) 同前、一二七頁。

(172) 同前。

(173) 同前。

(174) ただし、大森は、本論の後半で「美濃部博士はほとんど孤立無援」であり、「全体としての自由主義者がいかにも積極的でなく戦闘的でないことを痛感した筈である」と述べている（前掲「現代における自由主義の効用と限界」一六頁）。

(175) 同前、一～六頁。

(176) 同前、一二頁。

(177) 同前、一二～一五頁。

(178) 同前、一五～一六頁。

(179) 同様の批判は向坂も行っている。向坂によると、知識階級の自由主義は、「今日甚だ積極性を欠いてゐる。単に気分といふ程度のものであつたり、ある人の表現を借りれば『心構へ』といふ程度であるのを常として、集団的積極的な精神を有たない。それは、資本主義の独占的段階が自由主義の大衆的基礎を奪ひ去つたからであらう」（前掲「知識階級と自由主義」一五五頁）。「心構へ」という表現から清沢を念頭に置いていることがわかる。

(180) 前掲「現代における自由主義の効用と限界」一六～一九頁。

若干ニュアンスは異なるものの、自由主義者とプロレタリアートの提携について向坂は次のように述べている。「自由主義者の言説が、不当にファシズムの脅威の下におかれてゐる具体的事実は、必ずや労働者階級をして、かゝる問題に関する限り、協力を与へしめる筈である。［中略］しかして、これと共に、自由主義者は恐らく悟るであらうかと思はれる。即ち、彼等の主張に真実に協力する者が、今日では、ブルヂョアジーでないといふことを。資本主義の限度内において可能なる研究や言論の自由すらいま、資本主義は自らの力を以つて実現する意志を有しないことを」（前掲「知識階級と自由主義」一五六〜一五七頁）。

(181) 石浜知行、大森義太郎、向坂逸郎を意識している。石浜は、天皇機関説問題を「自由主義のファッショへの屈服の第一歩」と批判していた（石浜「自由主義の退却」『中央公論』一九三五年五月、一一五頁）。

(182) 清沢洌「自由主義批判の批判」（『経済往来』一九三五年六月）一四五〜一四六頁。その後、『現代日本論』に収録された。

(183) 同前、一四六頁。

(184) 前掲「自由主義の退却」と今中次麿「日本ファッシズムの現段階」（『改造』一九三五年五月）を念頭に置いている。

(185) 前掲「改革原理としての思想体系」。

(186) 前掲「自由主義批判の批判」一四六〜一四七頁。

(187) 同前、一四八頁。向坂と大森の「心構えとしての自由主義」批判を念頭においている。

(188) 前掲「現代日本における自由主義の効用と限界」一一五頁。

(189) 前掲「自由主義批判の批判」一五〇頁。なお、大森論文からの引用は、前掲「現代日本における自由主義の効用と限界」一九頁。

(190) 当初、河合は、向坂・大森を批判した最初の論文で、「第三期自由主義」が「ファッシズムへの抗争のために、統一戦線を形成するに役立つ」と主張していた（河合栄治郎「自由主義とマルクス主義の相克──自由主義に対するマルクス的批判の再批判」『河合栄治郎全集 第一二巻』社会思想社、一九六八、二三二頁、初出『日本評論』一九三五年一一月）。しかし、翌年になると、両者の合同は、「主義が明白に対立する以上、合同は固より問題とならない」と述べた上で、次のように述べている。「いかなる場合にも『ある種の』マルクス主義者との提携は、絶対に拒否すべきである。彼等を清掃することこそ、言論の自由の為であり、思想尊重の為である、かくてそれ自身反ファッシズム闘争の主要なる内容を形成する」（河合栄治郎「自由主義論争の結末」『河合栄治郎全集 第一二巻』社会思想社、一九六八、二五二頁、初出『日本評論』一九三六年二月）。「『ある種の』マルクス主義者」とは、向坂・大森を念頭に置いているが、ここで河合は彼らとの反ファシズム統一戦線を拒絶したのである。この論争が「決裂」したのは、二・二六事件の一月前のことであった。

(191) 三人の講演録と河合の挨拶が『講演』（一九三五年七月一〇日）に掲載された。タイトルは下記の通り（掲載順）。河合栄治郎

「自由主義批判講演会を開くに当りて」、藤沢親雄「自由主義と其批判――日本主義の立場より」、清沢洌「自由主義と其批判――自由主義の立場より」、戸坂潤「自由主義と其批判――唯物論者の立場より」、清沢「戸坂氏に問ふ」、戸坂「清澤氏に答ふ」。

この講演会の聴衆のなかに、当時東京帝国大学法学部二年の丸山眞男がいた（松沢弘陽・植手通有編『丸山眞男回顧談』上、岩波書店、二〇〇六、一六九頁）。丸山は清沢の「自由主義」に関して次のように回想している。「清沢さんは、河合さんとちょっと立場が違って、心構え論なのです。自由主義というのは世界観ではなくて自分の心構えの問題であるという。それは河合さんと非常に違うのです」（同前）。

(192) 一九三五年から翌年にかけての戸坂の「自由主義」批判に関しては、すでに山田渉『戸坂潤とその時代』（花伝社、一九九〇）V章で言及されている。ここでは山田の議論を踏まえた上で、これまで指摘されてこなかった戸坂による清沢の「自由主義」評価の変遷を明らかにしたい。

(193) 清沢洌「何故に自由主義であるか――読者への言葉」『清沢選集　第5巻』二～六頁。なお、本論説と前掲「自由主義と其批判――自由主義の立場より」は、表現の違いはあるものの、論旨は同じである。

(194) 前掲「何故に自由主義であるか」六、九頁。

(195) 同前、九～一〇頁。

(196) 同前、一一～一二頁。

(197) 同前、一四～一六頁。

(198) 同前、一六～一七頁。

(199) 同前、一八～一九頁。

(200) 前掲「自由主義と其批判――自由主義の立場より」三一頁を参考に復刻した。

(201) 前掲「何故に自由主義であるか」二〇～二三頁。

(202) 戸坂潤「自由主義哲学と唯物論――自由主義哲学の二つの範型に対して」（戸坂『日本イデオロギー論』岩波文庫、一九七七所収、初出白揚社、一九三五年七月）三三一頁。本論説の初出は、『唯物論研究』一九三五年七月。なお、本論説と前掲「自由主義と其批判――唯物論者の立場より」の論旨は同じである。

(203) 前掲「自由主義哲学と唯物論」三三二頁。

(204) 同前、三三九頁。

(205) 同前、三四一、三四四頁。なお、理想主義と観念論は、共にidealismの訳語である。
(206) 戸坂は、「自由主義哲学」の特徴を「解釈の哲学」と評し、その問題点について次のように述べていた。「事物の現実的な秩序に就いて解明する代りに、それに対応する意味の秩序についてだけ語るのが、この哲学法の共通な得意な手口なのである」（戸坂潤「現代日本の思想上の諸問題」前掲『日本イデオロギー論』所収、二一一～二一二頁）。なお、本論説は、『日本イデオロギー論』の「序論」として収録された。
(207) 前掲「自由主義哲学と唯物論」三四五頁。
(208) 同前、三三〇頁。
(209) しかし、筆者は、戸坂と清沢の間には社会認識の方法をめぐって妥協の余地はあったと考えている。というのは、戸坂の唯物論と清沢の後述する「ジャーナリストの経験論」には、「事実を認識する」という共通点があるからである。すなわち、時代状況認識・社会認識のレベルにおいては、両者の間に一致する側面もあったのではないだろうか。この論点に関しては、たとえば、人民戦線論などに即して具体的かつ実証的に検討する必要があるが、ここではとりあえず論点として指摘しておくことにしたい。
(210) 戸坂潤「現代日本の思想界と思想家」（前掲『日本イデオロギー論』所収）三五九頁。なお、本論説は、『日本イデオロギー論』の「結論」として収録された。
(211) 東京帝国大学経友会の講演でも戸坂は、河合が臨席していたこともあって、その自由主義哲学を中心に批判していた（前掲「自由主義と其批判――唯物論者の立場より」）。
　三人の講演の後に、清沢と戸坂の間に応答があったが、それは社会認識の方法に関するものであった。清沢は、「吾々は如何にも今後この社会がどうなるか、この社会に必ず斯ういふ事件が起つてプロレタリアとブルジョアとに分れて斯ういふ争闘が起るなど﹅いふことの予言をするほど社会科学といふものが発達したといふことを信じ得ないほど非科学的なのであります」と階級闘争論を中心にマルクス主義の「社会科学」を批判した（前掲「戸坂氏に問ふ」五三～五四頁）。

　これを受けて、戸坂は、「清澤氏は一種の懐疑論者であると私は思ひはじめた。（笑声）社会変革をやつて良くなるか悪くなるか判らない。それからして野蛮行為を一時惹き起すかも知れない。それもしかし起さないかも知れない（笑声）誰がどう独裁権を握るかそれも皆目判らない。総てさういふ風な過激な懐疑主義だと思ふ。で、吾々は斯ういふ懐疑主義に反対して、もう少しリベラルな懐疑主義を欲する。それが私達の科学だ」と反論した（前掲「清澤氏に答ふ」五四頁）。
(212) この座談会の記録は、『東洋経済新報』（一九三五年一〇月二六日）に掲載され、その後、同じ号に掲載された大島豊「ジョン・

デューイの自由主義」と併せて東洋経済新報出版部編『自由主義とは何か』（東洋経済新報社、一九三六）として単行本化された。ここでは、戸坂による「自由主義」評価を検討するためにこの座談会を取り上げたので、行論の関係上、その全体像と思想史的意義については省略する。

(213) 座談会（戸坂潤・室伏高信・石井満・清沢洌・赤松克麿・杉森孝次郎・加田哲二・蠟山政道・今中次麿・大島豊・長谷川如是閑・石橋湛山）「自由主義を語る座談会」（『東洋経済新報』一九三五年一〇月二六日）四六頁。

(214) 同前、六〇頁。

(215) 同前。

(216) 同前、五七頁。

(217) 前掲『戸坂潤とその時代』一五七頁。

(218) 戸坂潤「自由主義・ファシズム・社会主義」（前掲『日本イデオロギー論』所収）。初出『日本評論』一九三六年三月。「一九三六年二月中旬の事情」との一節から、本論説は、一九三六年二月二〇日に実施された第一九回衆議院総選挙の直前に執筆されたと推定される。

(219) 戸坂によれば、政治的自由主義は、大体「民主主義（ブルジョア・デモクラシー）」のことだが、大体というのは、デモクラシーの方は台頭期におけるブルジョアジーの政治的イデオロギーであるとすれば、自由主義の方は主として資本主義の没落期やまたは大きな抵抗に遭遇した場合の受動的な（消極的な）政治的自由主義を指すことが往々だからであるという（同前、四一〇頁）。

(220) 同前、四一一頁。

(221) 同前、四一二頁。

(222) 同前、四一五頁。

(223) 東京帝国大学経友会の講演で戸坂は、西田哲学に対して次のように批判していた。「例へば、京都の西田幾多郎博士の哲学から如何なる社会理論を吾々は期待し得るか如何なる経済施設《ママ》〔施策〕に関する意見を聴くことが出来るか、これは絶対に不可能です。聴き得るとすれば極めて凡庸な、なにもあの先生を俟つまでもなくどんな人間でも考へ得るやうな最低水準の意見でしかない」（前掲「自由主義と其批判——唯物論の立場より」四三頁）。

(224) 前掲「自由主義・ファシズム・社会主義」四二一〜四二二頁。

(225) なぜ、戸坂は、「自由主義」評価を転換したのだろうか。一九三五年六月の時点から「文化的自由主義」への評価が一変していることを考えると、筆者は、ファシズムの台頭という理由の他に、一九三五年七～八月に開かれた第七回コミンテルン大会における反ファシズム人民戦線結成の新方針に影響を受けたのではないかと推測する。また、神田文人の研究によれば、戸坂は、一九三六年一〇月以降執筆と推定される「所謂『人民戦線』の問題」において労農無産協議会の政治結社化を批判し、社会大衆党を中心とした反ファシズム人民戦線の構築を主張していた（神田『日本の統一戦線運動――その歴史的経験』青木書店、一九七九、八九頁）。

(226)　清沢前掲「現代自由主義論」一八頁。「時代と生活」と改題の上、清沢洌『時代・生活・思想』（千倉書房、一九三六）の序文の後に「巻頭論文」の形で収録された。なお。この論説は『理想』（一九三六年一〇月号）の特集「現代自由主義論」に寄稿されたもので、この他に桑木厳翼「自由主義の本質」、山川均「自由主義の功罪」、新明正道「自由主義の将来」、北昤吉「自由主義か国民主義か」、青野季吉「わが国自由主義者批判」が掲載された。

(227)　同前、一九～二〇頁。

(228)　本論説におけるスペイン内戦に関する清沢の評価は、左右ラディカリズム批判を鑑みても、消極的であると言わざるを得ない。ただし、次節で検討する反ファシズム人民戦線論から論理的に言えば、清沢は左翼の側を消極的に支持したと考えて良いだろう。

(229)　清沢前掲「現代自由主義論」二一～二二頁。

(230)　同前、二二頁。

(231)　同前、二三～二四頁。

(232)　同前、二四頁。

(233)　ここで清沢はジョン・デューイ〝Liberalism and Social Action〟（一九三五）のイギリス自由主義認識を参照しているだけであり、デューイの自由主義が清沢の「自由主義」の形成に影響を与えたことを資料的に実証することはできない。また、同書の刊行は一九三五年であり、その時点ですでに清沢の「自由主義」は形成されていた以上、デューイと清沢の間に思想的連関を見ることはできない。

(234)　清沢前掲「現代自由主義論」二五～二六頁。以上の見解を清沢は、長谷川如是閑の「道徳的範疇としての『自由』」と河合栄治郎の「第三期自由主義」に言及しながら展開したのである。

(235)　同前、二六頁。

(236)　同前、二七～二八頁。

(237) 同前、二九〜三〇頁。国防費の捻出を目的とした産業国営論への反対は、社会大衆党の広義国防論に対する批判を意味するものと思われる。

(238) このような観点から、清沢は電力事業の国営化に反対していた(清沢洌「電力国営の意義」『時代・生活・思想』、原題・初出「電力国営の第三者的批判」『日本評論』一九三六年一〇月)。

(239) 清沢前掲「現代自由主義論」三〇〜三一頁。

(240) 同前、三一頁。

(241) 青野季吉「わが国自由主義者批判」(『理想』一九三六年一〇月)七四頁。

(242) 同前、七五頁。

(243) 前掲「自由主義論」二七二頁。

(244) 清沢洌「陣痛期の欧州」(清沢『現代世界通信』中央公論社、一九三八)二〇三頁。初出『中央公論』一九三八年三月。

(245) 前掲「自由主義論」二七三頁。

(246) 鳩山一郎「自由主義者の手帳」『中央公論』一九三六年一月。
伊藤隆は、鳩山が議会制民主主義と古典的な自由主義経済を主張した点をもって「自由主義者」と規定している(伊藤隆「『自由主義者』鳩山一郎——その戦前・戦中・戦後」(近代日本研究会編『年報・近代日本研究 四 太平洋戦争』山川出版社、一九八二)。しかしながら、本書の問題関心から言えば、滝川事件時に文部大臣と務めた鳩山と吉田茂には「市民的自由」の観点が決定的に欠落している。換言すれば、両者には人権意識が希薄なのである。鳩山と吉田は、「自由主義者」というよりも、「保守主義者」と規定するべきであろう。

(247) ただし、「ファシズムへの抵抗」という観点から言えば、積極的に抵抗した清沢・馬場・河合とすでに「転向」していた如是閑の間には温度差があったと思われる。如是閑に関しては、山領健二「ある自由主義ジャーナリスト——長谷川如是閑」(思想の科学研究会編『共同研究・転向』上、平凡社、一九五九所収)を参照。

(248) 筆者のファシズム定義は、山口定『ファシズム』(岩波現代文庫、二〇〇六)による。

(249) 清沢洌「人民戦線の政治的基礎」『改造』一九三六年七月。また、この論文は、章名の追加と一部加筆の上、清沢『時代・生活・思想』に収録された。日本における人民戦線の問題は、一九三六年の論壇の主要テーマの一つであり、清沢は、その問題を最初に取り上げた人物の一人として戸坂潤に紹介されている(戸坂潤「三六年度思想界の展望」『戸坂潤全集 第五巻』勁草書房、一九七七所収、二五五頁、初出『セルパン』一九三六年一二月)。
(250) 多田前掲「日本の自由主義」、宮沢正典「外交評論家の抵抗――清沢洌」(同志社大学人文科学研究所編『戦時下抵抗の研究――キリスト者・自由主義者の場合』Ⅱ、みすず書房、一九六九所収)、橋川文三「抵抗者の政治思想」(橋川文三・松本三之助編『近代日本政治思想史Ⅱ』有斐閣、一九七〇所収)。
(251) 渡邊一民『近代日本の知識人』(筑摩書房、一九七六)、前掲『日本の統一戦線運動』。
(252) 前掲『近代日本の知識人』二三四頁。
(253) かつて清沢は「行動階級」という独自の概念を提起したことがある。清沢によると、「行動階級とは実際に行動する階級である。[中略] それは明治維新の重臣から漸次下方に移動して、藩閥から官僚に、官僚から政党に、更にその下層――今では軍部なら佐官級、官僚ならば課長級に移りつゝある。下剋上とはこの行動階級が上層支配階級を無視する状態を指す」(清沢洌「日本重臣論」『清沢選集 第五巻』一〇四頁、初出『経済往来』一九三四年一二月)。はっきりと明示してはいないものの、清沢のいう「行動階級」とは、新官僚と統制派の中堅幕僚層を指し、おそらく後述する「青年官吏」と重なり合う概念であろう。
(254) 座談会(岩淵辰雄・太田正孝・風見章・片山哲・加藤久米四郎・清沢洌・北昤吉・蠟山政道・木原通雄・角出正則・古田徳次郎)「官僚の台頭を批判する座談会」(『文藝春秋』一九三六年五月)一四一頁。
(255) 清沢洌「事務官僚の跳梁――民間への官吏売込みを禁絶せよ」『改造』一九三六年四月、同「青年官吏論」『日本評論』一九三六年六月。いずれも後に『時代・生活・思想』に収録された。
(256) 前掲「官僚の台頭を批判する座談会」と座談会(阿部眞之助・安藤正純・蠟山政道、片山哲・馬場恒吾・清沢洌・和田日出吉)「官僚の跳梁と腐敗を語る座談会」『日本評論』一九三六年一一月。
(257) 清沢洌「事務官僚の跳梁」『時代・生活・思想』四八頁。
(258) 同前、四九～五〇頁。
(259) この点に関して清沢は、「今回の総選挙において、著者の知るところによれば官吏群の圧倒的投票は無産政党になされたといふ。これはかれ等がインテリであつて、さうした傾向に多少とも同情を有するからではあるが、また近来のフアツシヨ運動が、場合によればかれ等の位置を危ふくするに至るが故に、自己防衛の意思の表白と観るべきではなからうか」(同前、六三頁)と述べている。しかし、一方で清沢は、「事務官僚」を「文官、武官を通じての総称である」(同前、六二頁)とも定義しており、論理に乱れがみられる。

(260) 「文武両方面に亙る青年官吏」(前掲「青年官吏論」一〇七頁)と清沢は述べてはいるが、本論を通じて叙述の力点としては文官の官僚に置かれている。
(261) 同前、一〇八頁。
(262) 同前、一〇八〜一〇九頁。
(263) 清沢洌「日本にフアツシヨは生れるか」『東洋経済新報』(一九三六年八月一日)三四〜三五頁。
(264) 同前、三五頁。
(265) たとえば、清沢洌『混迷時代の生活態度』。
(266) 前掲「日本にフアツシヨは生れるか」三五〜三六頁。
(267) 同前、三六頁。
(268) 同前。
(269) 同前。
(270) 同前。
(271) 同前。
(272) たとえば、一九三四年一〇月に発表された「陸軍パンフレット」に対して、直ちに「『第三党』の出現」(『中央公論』一九三四年一一月)を発表し、軍部が政治勢力として顕在化したことを批判していた。
(273) 座談会(阿部眞之助・加田哲二・木村亀二・清沢洌・杉森孝次郎・蠟山政道)「政党政治再吟味座談会」(『文藝春秋』一九三六年三月)一二二頁。なお、この座談会は二月の総選挙前に行われている。
(274) 清沢洌「代議士に与ふるの書」『時代・生活・思想』一〇五頁。原題・初出「新代議士に与ふるの書」(『中央公論』一九三六年四月)
(275) 座談会(阿部眞之助・太田正孝・風見章・片山哲・加藤勘十・川俣清音・清沢洌・杉浦武雄・渡邊銕藏)「特別議会を通じて観た議会政治と庶政一新批判」(『講演』一九三六年六月)三三〜三四頁。
(276) 前掲「代議士に与ふるの書」一〇六頁。
(277) 前掲「政党政治再吟味座談会」一二二頁。ただし、清沢は、軍部が政党政治を排撃していることから、政党内閣復活の可能性はほとんどなく、次期政権は宇垣一成にいくとの見通しを示していた(清沢洌「次の政権はいづこへ」『日本評論』一九三六年二月、一二～一三頁）。おそらく清沢は、政党が総選挙に臨む以上、状況は厳しくとも政権獲得を目指した選挙戦を展開するべきだと考えてこのように発言したのだろう。

(278) 前掲「代議士に与ふるの書」一〇二頁。

(279) 前掲「官僚の台頭を批判する座談会」一三三頁。

(280) 前掲「代議士に与ふるの書」一〇五～一〇六頁。

(281) 吉見義明「戦前における『日本ファシズム』観の変遷」（『歴史学研究』No.四五一、一九七七年一二月）二八頁。

(282) 戸坂潤「ファッシヨは天下をとるか？」（『労働雑誌』一九三六年二月）一五頁。

(283) 蠟山政道「日本的ファッシズム――その将来性と否定的限界」『帝国大学新聞』一九三六年九月二八日。

(284) 新明正道「日本ファッシズムの道」『帝国大学新聞』一九三六年一〇月五日。

(285) 前掲「ファッシヨは天下をとるか？」一五頁。

(286) 猪俣津南雄「ファッシヨ化と大衆――日本ファシズムの予備知識」『帝国大学新聞』一九三六年五月二五日。

(287) 前掲「日本的ファッシズム――その将来性と否定的見解」。

(288) 『サラリーマン』（一九三六年六月号）は、特集「欧州の政治情勢と人民戦線運動」を組んだ。収録論文は、二宮荘一「エチオピヤ・ライン・太平洋」、阪井徳三「仏蘭西人民戦線の勝利」、田邊惣藏「革命渦中のスペイン」、中野忠夫「なぜ・英国ブルジヨアヂイは『平和愛好者』であるか？」。また、本号には『サラリーマン』編集同人と猪俣津南雄による座談会「日本ファシズムを解剖する」が掲載されている。

(289) 『改造』（一九三六年七月号）は、特集「人民戦線と日本」を組んだ。収録論文は、荒畑寒村「人民戦線の中心と組織」、清沢洌「人民戦線の政治的基礎」、鈴木東民「人民戦線は進展する」、美濃部亮吉「フランス人民戦線内閣の動向」。

(290) 『社会評論』（一九三六年七月号）は、特集「人民戦線は進む！」を組んだ。収録論文は、フオガラッシ「社会民主党の分化と統一戦線」、ヴオルインスキイ「フランスに於る人民戦線の勝利」、ミンロス「動乱渦中のスペインと人民戦線」、小岩井浄「日本に於る人民戦線の問題」。

(291) 『セルパン』（一九三六年八月号）は、特集「人民戦線と国民戦線」を組んだ。収録論文は、青野季吉「人民戦線と国民戦線　附たり・進歩的文学の展望」、小松清「人民戦線と作家」、ピエール・ドミニツク「人民戦線は何を為し得るか」、同「反対の陣営」、クロード・ポプラン「火十字団はどうなるか」、レオン・トロツキイ「フランスは何処へ行く」。また、九月号も特集「人民戦線の成立」を組んだ。収録論文は、戸坂潤「人民戦線に於ける政治と文化」、貴司山治「人民戦線と作家」。

(292)『中央公論』(一九三六年九月号)は、特集「日本人民戦線の胎動」を組んだ。収録論文は、大森義太郎「人民戦線・その日本における展望」、木下半治「世界人民戦線の鳥瞰」、窪川鶴次郎「時代と文学との新機運」、加藤勘十「人民戦線結成への一つの途」。

(293)坂野潤治『昭和史の決定的瞬間』(ちくま新書、二〇〇四)。本書は、一九三六年二月二〇日の第一九回総選挙から、一九三七年七月七日の蘆溝橋事件までの一年五ヶ月を対象とし、ファシズムと民主主義、戦争と平和、自由主義と社会民主主義の入り組んだ対立を、陸軍と自由主義と社会民主主義の三勢力との力関係を軸に分析している。坂野は、人民戦線の中核となるべき社会大衆党が、反資本主義、反ファッショ、反ブルジョア政党の立場を堅持したため、「日本版人民戦線」の実態は、政友会と民政党というブルジョア政党による反ファッショ人民戦線にならざるを得なかったと指摘する。清沢の人民戦線戦論の政治レベルにおけるある種の現実性を裏付けるこの指摘と民主化の頂点で日中戦争が起こり、その戦争が民主化を圧殺するとの結論は傾聴に値するが、分析と方法の問題で疑問に感じる点がある。第一に、一九三六年の論壇ではファシズムを議論するにあたり、軍部と官僚に焦点があてられているが、本書では官僚についてほとんど分析されていない。第二に、本書では主に『総合雑誌』に掲載された知識人の時論を分析しているが、社大党と労協の対立や合同の問題を論じた時論についてはほとんど検討されていない。第三に、「自由主義」、「民主主義」の意味する内容について掘り下げて検討する必要がある。この時期の「自由主義」には、古典的自由主義から社会民主主義まで含まれるからである。たとえば、坂野は、自由主義者としてのみ知られる河合栄治郎が、社会主義者と自覚していたことを強調する。しかし、河合も清沢も、「社会民主主義者」という意味を込めて「自由主義者」と当時自称したのである。この問題は、第四に、「知識人の眼を借りる」という本書の方法にも波及する。知識人の世界における議論と財界や政界における議論のズレに自覚的になる必要があるだろう。当時の知識人は、戸坂潤が指摘するように、「経済的自由主義は思想としては殆ど全く無力になった」(前掲「自由主義・ファシズム・社会主義」四〇九〜四一〇頁)と認識していたのである。

(294)清沢洌「人民戦線の政治的基礎」(前掲『近代日本思想体系三六 昭和思想集Ⅱ』所収)二三六頁。

(295)同前、二三六〜二三七頁。

(296)同前、二三九頁。

(297)同前、二三九〜二四一頁。

(298)麻生は、ある座談会で、社大党が課題とする問題について、室伏高信から「現実の力を軍部に置くか、或は資本家に置くか」と質問されると、軍部が「非常な邪魔になる、だから邪魔になる部分に対しては猛烈に戦いつ、ある」と答えた上で、次のように述べている。「即ち軍部の現状打破力の裡に社会大衆党の勢力を飛躍せしむると共に動き変つて来た軍部を社会主義化するために戦つてゐるのだ」、「目標は既成政党にあると云ふことでなく、資本主義を倒して行くと云ふことだ」（座談会（阿部眞之助・杉森孝次郎・大森義太郎・中野正剛・麻生久・風見章・石浜知行・板倉進・室伏高信）「人民戦線か国民戦線か」『日本評論』一九三六年九月、八～九頁）。つまり、軍部を社会主義化すると言いつつも、麻生は、社大党の目標が資本主義の打倒であると明言しているのである。

(299) 本章第1節第5項で見たように、一九三三年の時点では清沢は、反資本主義という観点から無産政党と自由主義者との提携を主張していたが、一九三六年の段階ではすでに反資本主義の旗を降ろし、反ファシズムの観点から人民戦線の構築を目指したのである。

(300) 馬場恒吾「日本の人民戦線」『読売新聞』一九三六年八月二三日。

(301) 前掲「人民戦線の政治的基礎」二四二頁。

(302) 神田文人の復刻による（前掲『日本の統一戦線運動』九三頁）。

(303) 前掲「人民戦線の政治的基礎」二四二頁。

(304) 同前、二四三頁。

(305) 同前。

(306) 同前、二四三～二四四頁。なお、伏せ字の復刻は橋川文三による。

(307) 同前、二四四頁。単行本収録時に「困難はあるけれども、しかしこの困難を克服する努力と熱意がなければ」の部分は、「これだけの熱意がなければ」と書き換えられた。

(308) 前掲「人民戦線・その日本における展望」七四～七八頁。

(309) 大森をはじめとする当時の知識人がフランスやスペインにおける人民戦線の影響を受けていたことは事実である。しかし、フランスやスペインの人民戦線に関するいかなる情報がどのような経路をたどって日本に入り、そして、当時の知識人がそれをどのような点に重きをおいて受容したかについては先行研究がほとんどないので確たることは言えない。

(310) 戸坂潤「現下の文化運動」（『戸坂潤全集　第三巻』（勁草書房、一九七六）三七九～三八五頁。初出『改造』一九三六年八月。

(311) 岩村登志夫「小岩井浄論」（岩村『日本人民戦線史序説』校倉書房、一九七一所収）五〇頁。

(312) 前掲「日本に於る人民戦線の問題」二二三～二二八頁。

(313) 前掲「人民戦線と国民戦線 附たり・進歩的文学の展望」三八～四〇頁。
(314) 小松前掲「人民戦線と作家」四二～四三頁。
(315) 貴司前掲「人民戦線と作家」三七～三九頁。
(316) 菊川忠雄「日本人民戦線論批判」『改造』一九三六年一〇月。
(317) 戸坂潤「人民戦線に於ける政治と文化」(『セルパン』一九三六年九月)三三頁。
(318) 戸坂潤「社大党はファッショ化したか?」(『戸坂潤全集 第五巻』勁草書房、一九七七)。初出『日本評論』一九三七年一二月。戸坂は、社大党が「民衆の自主的結合の母胎であり民衆利害の最大公約数的代表者」であり、その意味において、「日本のデモクラシーの堡塁」たることを期待している(同前、二一六頁)。
(319) 貴司前掲「人民戦線と作家」三七頁。
(320) 河合栄治郎「社会大衆党の任務」『中央公論』一九三七年六月、同「社会大衆党とその支持層」『改造』一九三七年六月。河合は、社会大衆党が日本で唯一の社会民主主義政党であることに期待している。なお、松井慎一郎は、河合が期待したのは、現実の社会大衆党ではなく、あくまで「理念としての社会大衆党」であったと指摘している(前掲『河合栄治郎』二四九頁)。
(321) 前掲「人民戦線の中心と組織」二三一、二三四頁。
(322) 前掲「日本に於る人民戦線の問題」二七頁。
(323) 前掲「人民戦線・その日本における展望」七七～七八頁。
(324) 前掲「日本に於る人民戦線の問題」二八頁。
(325) 前掲『時代・生活・思想』一四三～一四四頁。奥付によると、本書の発行日は一〇月二〇日である。おそらくこの加筆部分は、これ以降の人民戦線論の展開を踏まえて執筆されたと思われる。その時期は、推定になってしまうが、一九三六年八月～九月にかけてではないだろうか。なお、この加筆部分は注(307)の史料の直前に挿入された。
(326) 多田道太郎は、共産主義者との「合作」を念頭に、「清沢の寛容の自由主義は、戦後の鶴見俊輔の合作の自由主義につながっている」(前掲「日本の自由主義」二二六頁)と評価している。
鶴見の「合作の自由主義」とは、「何かの体制をリベラライズしようとして努力することを自らの課題とする」現代の自由主義者が、違った価値体系を信じる者やグループとの合作を目指す思想である。多義的、多元的価値体系に対して忠誠を誓う自由主義者の合作の形は、共産主義、ファシズムにおけるような強力な組織の方式とは異なり、「あいまいな形での合作形態」にならざるを得ない。ここで鶴見は、自由主義者と共産党員との合作を念頭においているが、その場合、自由主義者は、「たとえ共産党員と信条を同じくしない場合でも、多くの点で共産党員にたいして不満と批判と反感さえももっているとしても、そのうける圧力は、合作の戦線の幅全体に相当するものでなくてはならない。ここで、自分だけに相当する圧力をえらんだのでは、合作の線は切れる。そして、そのときにすでに、リベラルはリベラルであることをやめるのである」（鶴見俊輔「自由主義者の試金石」『鶴見俊輔集 9』筑摩書房、一九九一所収、一四九～一五一頁、初出『中央公論』一九五七年六月）。

当然のことながら、「合作の自由主義」は、時代の課題に応じてその意味内容は変化する。一九三六年の日本における「合作の自由主義」とは、ファシズムへの抵抗を課題とし、その実現に向けて、自由主義者と価値体系が異なる社会大衆党とそのシンパ、労働組合、マルクス主義者との「あいまいな形での合作形態」を目指す思想と定義することができるだろう。

第V章　日中戦争下の「自由主義」と同時代批判

はじめに

清沢洌は、『時代・生活・思想』（千倉書房、一九三六年一〇月）を最後に、日本の現実に即して自由主義を論じたり、自身の「自由主義」を公表したりすることができなくなった。

本章は、日中戦争下における清沢の思想と言論活動、行動を検討する。具体的な論点としては、第一に、一九三七年から三八年にかけての「欧米旅行」を取り上げ、その「経験」の持つ意味を分析する。第二に、『婦人公論』に定期的に寄稿した社会時評を取り上げ、その国際関係認識と底流にある「心構えとしての自由主義」を抽出する。第三に、『秋田魁新報』に定期的に寄稿した記事を取り上げ、その時局批判を検討する。第四に、この時期からスタートする清沢の外交史研究が、どのような問題意識の下、いかなる「知的環境」・「ネットワーク」のなかで展開したのか明らかにする。

これまでの日中戦争下の清沢については、「評論から研究へ」という基本的な枠組みの下、一九三七年九月から三八年七月の「欧米旅行」における清沢の「自由主義」の動揺、戦時下の外交評論（東亜新秩序批判など）、外交史研究、東洋経済新報社との関係などをめぐって研究が進められてきた。(1) 以上の研究に対し、本章は、第一に、この「欧米旅行」における清沢の「自由主義」の動揺に関しては、『清沢洌日記』(一九三七〜三八年)および『現代世界通信』(中央公論社、一九三八年一二月)を参照しながら、北岡伸一の研究[2]とは異なる見解を提示する(第1節)。第二に、日中戦争下の外交評論に関しては、『婦人公論』一九三九年一月号から四一年一二月号にかけてほぼ毎月一回連載された「女性国際知識」を主たる分析対象とし、この時期女性を対象に清沢がどのような言論活動を展開したのか検討する(第2節)[3]。第三に、日中戦争下の時局批判に関しては、『秋田魁新報』に寄稿した記事のうち[4]、日中戦争期の一九三九年五月〜四一年九月のものを分析対象とし、その時局批判を「官僚政治」批判と議会政治の擁護の二つの視角から検討する(第3節)。なお、『秋田魁新報』寄稿記事は、先行研究では言及されていないので、史料紹介も兼ねることにしたい。第四に、これまでの研究は、清沢の外交史研究がどのような「知的環境」・「ネットワーク」のなかで展開されたのかという側面が総じて希薄である[5]。本章では清沢の問題意識および外交史研究を支えた「知的環境」・「ネットワーク」に着目して議論する(第4節)[6]。

ここで日中戦争下における清沢の思想的位置を確認しておこう。北河賢三は、松沢弘陽の日本自由主義の分類の仕方を援用し、日中戦争前後の代表的な自由主義者を次の二つのタイプに区分している。

(1) 「社会的自由主義」の立場に立って自由主義の進化発展を唱え、後に自由主義の「超克」ないし「協同主義」に傾倒していった人々(蠟山政道・佐々弘雄・三木清)

(2) 歴史的状況の如何を問わずリベラル・デモクラシーを固守することによって、あくまで抵抗の姿勢を貫いた人々(清沢洌・馬場恒吾・河合栄治郎・佐々木惣一)[7]

日中戦争下における清沢の思想と言論活動、行動を考えると、彼が(2)の立場にいたとする理解は妥当であると筆者は考える[8]。

第1節　「自由主義」と「愛国心」の両義性

本節では、まず先行研究の紹介も兼ねて欧米旅行の概要を北岡伸一の研究に依拠して説明し、その上で筆者の見解を提示する。最後に、欧米旅行の「経験」が清沢洌に与えた影響を明らかにする。

第1項　欧米旅行の概要

この旅行の主たる目的は、一九三七（昭和一二）年一一月にロンドンで開かれる予定の国際ペン・クラブ理事会に日本ペン倶楽部を代表して出席するためであった。国際ペン・クラブは非政治的な団体であったが、深刻化しつつある日中戦争が話題となることが予測され、その場合に備え、純然たる文人よりも外交問題に詳しく、外国語にも堪能な人物を派遣するのがよいと考えられた(9)。

イギリスに移動する途中で立ち寄ったアメリカ西海岸での在留邦人向けの講演会で、清沢は日中戦争を正当化する講演を行った。また、国際ペン・クラブ理事会では、中国において日本軍が学校・病院などの文化施設を破壊していることを非難し、その停止を求める決議案が出ていたが、これに対し、清沢は日本の中国政策を強引に弁護し、議事妨害に近いことをした。主張だけでなく、彼の行動も日頃批判していた外務省のそれに似ていた。次に清沢は、ブリュッセルに行き、開会中であった九カ国条約会議を取材したが、この会議の意義を評価せず、むしろ、その失敗を報じる報道に終始し、日本の世論に迎合したのである。彼が従来批判し続けてきた日本のジャーナリズムの態度と何ら変わるところはなかった(10)。

ブリュッセル会議の後、清沢はドイツに入った。これまでナチス・ドイツに対する手厳しい批判者であった清沢もその実績に好感を持った。ドイツを出た清沢は、中・東欧を経てイタリアに入ったが、ここで彼の注目を引いたのは地中海およびアフリカをめぐるイギリスとイタリアの対立であった。日英提携を実現するためには、清沢は、当面イタリアとの提携を利用してイギリスに圧力をかけるのが早道かも知れないと考えるようになった。清沢はかつて批判していた危険な勢力均衡政策に立っていたのである[11]。

一九三八年一月にパリに着いた清沢は、その文明に魅力を感じたが、政治は、人民戦線が崩壊期にさしかかり、混迷を続けていた。清沢はフランスの右翼化もやむを得ないと考えるようになっていた。二月にロンドンに戻った清沢は、イギリスを仲介として日中戦争の解決を考えていた吉田茂と意気投合し、吉田と大使館の協力を得て、イギリスの対日世論を好転させるため、新聞や雑誌に投書して日本の立場を説明する活動を開始した。これらの投書で、清沢は日本の国土の狭さ、人口の多さ、資源の貧弱さを強調し、他方で外国は日本の移民と貿易を排斥していると述べ、ある程度の対外発展は不可避であると説くのが普通であった。これは、いわゆる持たざる国の理論であって、清沢が従来排斥していたものであった。清沢はこれまでの自説を曲げて、自己の言論を現実政治に奉仕させるに至ったのである。ロンドンを発った清沢は五月にプラハにおける国際学術会議に出席し、その足で帰国するが、この会議で清沢が用いたのも、この持たざる国の理論であった[12]。

この旅行における清沢の経験は、北岡によると、当時の日本で自由主義に徹することがいかに困難であったかを示している。戦前期日本を代表する自由主義者であった清沢でさえ、外国で日本が批判された場合、日頃の言動からは考えられない逸脱を見せたのである。しかし、清沢は帰国後、従来の立場に踏み止まった。その理由の一つは、旅行中の強引な清沢の議論に対し、欧米の知識人が知的廉直、知的誠実な態度で応じたことにあった。議論のレヴェルでこそ清沢はしばしば彼らをやりこめたが、議論に臨む態度では明らかに負けていた。清沢がこれまで主張してきた「心構えとしての自由主義」を、自然な振る舞いのなかで示したのは彼らであって清沢ではなかったのである。要するに、日中戦争初期の欧米旅行は、こうして清沢にとって厳しい試練の場となったが、これをくぐり抜けることにより、彼の自由主義は一段と強靱なものとなったのであると北岡は評価している。[13]

第2項　愛国心の「両義性」と「心構えとしての自由主義」

北岡が明らかにしたこの「欧米旅行」における清沢の言論と行動は、確かに我々がこれまで検討してきた彼の言論活動からかけ離れた主張であった。

筆者は、その原因を清沢の愛国心の「両義性」に求めたい。本書で明らかにしてきたように、清沢は日本社会の様々な事象を批判する際に、それが「愛国心」によることを繰り返し主張してきた。しかしながら、清沢は海外に出ると、「愛国心」ゆえに日本を批判せず、日本を擁護してしまうのである。このことは清沢本人も次のように自覚していたのである。

日本は我等日本人の目から見ると、余りに誤解され、余りに批難《ママ》されてゐる。これ等の実際は、現在においては正直に故国に報告するを許されぬ程度だ。この四面に『敵』を受けて、日本人として更に祖国に石を投ずることがどうして可能であらうか。民族意識は三千年の血と流れて、殊に外国人に対して燃えたつのである。[14]

さらに、清沢は「外国においては日本人のリベラリストはない」[15]とまで言い切っている。

しかし、この旅行を通じて「愛国者」・清沢の「逸脱」を批判的にみるもう一人の清沢がいたことを指摘しなければ、公平ではないだろう。たとえば、清沢は国際ペン・クラブでの自らの振る舞いを「国際ペン倶楽部苦戦記」のなかで克明に描いている。また、『清沢冽日記』には、以下のような表現が見られる。「小松岡のロールを演じて自ら苦笑す」[16]、「日本におもねる気持が起るのは何といふだらしなさだ」[17]、「予は外国に居つて、常に日本の立場を正当化せんとしてゐるせいか、暴力的行為（国際間の）に対しても、少しもインヂ《マ》グネーシヨ《マ》ンを感じないのみならず、これを批難するものに対して何となくピッチーを感ず。これはリベラルでなくなつた証拠だ。ああ」[18]。

第Ⅳ章で指摘したように、「心構えとしての自由主義」が「無限状況適応型自由主義」に陥らないためには、「自己批判能力」が必要であった。つまり、この欧米旅行をくぐり抜けることにより、清沢の自由主義は一段と強靱なものとなったのではなく、自己批判能力を兼ね備えた「心構えとしての自由主義」を内面化していたがゆえに、たえず「愛国者」・清沢は自己批判に曝され、その結果、従来の立場に踏みとどまったのである。

第3項　ナチス・ドイツの評価

一九三七年一一月一六日から一二月一〇日までの三週間、清沢はドイツに滞在した。この間の日記とナチス・ドイツを論じた論説[19]を分析した北岡は、清沢が「ナチスの誘惑に動揺」したと主張する[20]。しかしながら、この評価はやや一面的と思われる。

はじめに、ナチス・ドイツを取材するにあたっての清沢の方針を確認しておこう。

今までの経験で書籍に頼ると、とかく『動く感じ』が失はれがちだからだ。後で本を見て間違つたところは訂正すればいゝ。間違つたことを訂正するのに、僕は嘗てケチであつたことはないつもりだ。今、ドイツの現地に来て大切なことは、僕といふ外来人が、現実にこゝからどういふ感じを得たかである[21]。

ここで清沢は、ドイツの現状を批判的に描いた英米の書籍に影響されないために、「事実に打突かる習癖」という経験論でナチスを見ると主張している。しかし、後日改めて書籍を読んで、事実＝出来事の理解や評価に関して誤りがあれば訂正すると述べている。したがって、以下の清沢のナチス理解や評価は、あくまでも彼の現場での「観察」に基づく暫定的な理解・評価なのである。

ナチス・ドイツを観察する清沢の問題意識は、日記の次のような記述からうかがい知ることができる。「日本も対外的〔戦争?〕を対内的社会救済に向けねばならぬ(22)」。ナチス党が実施する社会政策に興味を抱いた清沢は、滞在中、積極的に取材を試みていた(23)。

清沢は、ナチス党の労働政策で大衆の好意を得ている事業を三つ挙げている(24)。

第一に、一八～二五歳までの男女に義務づけられた労働奉仕団である。これは精神的には富豪の子弟も貧家のそれも「協同社会」のために奉仕する精神を養い、物質的には半年間の無報酬の労働奉仕により、泥地改修、山林の開発などを行い、開発されたものを貧農に与える(25)。

第二に、冬期救済事業である。清沢によると、これは冬期救済協同募金事業による生活困窮者への扶助を目的としたもので、そのなかには、（ナチ福祉厚生事業団による）母子保護事業も含まれている(26)。清沢は、後者の母子保護事業が貧乏な母および夫なき妊婦を安産させるための施策である点に興味を感じ、「母と子供の家」（レーベンスボルン）を見学している(27)。

第三に、清沢が最も興味を覚えた事業は「歓喜力行団」（喜びを通じて力を／Kraft durch Fredude）である。清沢は、「元気で、楽しく」という訳語をあてている(28)。周知のように、これはナチスによる一種の余暇事業で、労働者に演芸や旅行の楽しみを提供するものであった。清沢は、ドイツ労働戦線全国指導者ロベルト・ライの招待を受け、オペラを観劇している(29)。

さらに、清沢はこれらの事業を指導するヒトラーについて、「貧乏人の家に生れ、貧乏の中に育つたヒツトラーは、貧困者に対しては想像以上に、いろ〳〵なことをやつてゐる(30)」と評価している。ここで清沢は暗に名家出身の近衛文麿を批判している。

清沢が取材した以上の事業は、現在、それらの功罪が明らかにされており、清沢の評価は甘いかもしれない。しかし、「社会民主主義」者・清沢が、ナチスの社会政策を評価するのは、経験論という方法から言ってもむしろ当然のことではないだろうか。[31]

もっとも、ナチスの社会事業を好意的に評価した清沢は、少し不安に感じたのであろうか、一二月九日の日記に「少しナチスに同情か《ママ》ありすぎるかも知れぬ。あるひはナチスに転向したといはれるかも知れぬ[32]」と記している。

しかし、清沢は民主主義から全体主義に転向した訳ではなかった。帰国後に執筆したと推定される論説で清沢は、ロンドン・タイムスのベルリン特派員がドイツにおいてはすべてのものが非常に非能率的であると発言したのが意外であったと述べつつも、次のように理解を示していた。

　この英国人の言は一応理解されることで、官僚主義が形式主義に堕して却つて非能率的になる恐れは確かにある、日本の例を見ても。ドイツの統制主義は個人の創意を殺さないやうに非常に注意してゐるやうであるが、全体主義はまだ制度として決して試験ずみではない。[33]

清沢は、ナチスの社会政策を好意的に評価はしていたけれども、全体主義への評価は留保していたのである。

第４項　小　括

以上の議論を通じてこれまでの清沢とは異なる言論活動と行動を明らかにしてきた。しかし、この旅行は、イギリスの自由主義を再訪する旅でもあった。

イーデン外相の辞職を受けて開かれた議会を傍聴した清沢は、チェンバレン首相の演説とイーデンの演説を聞き、次のように記している。「紳士として争い、紳士として分る。その言葉にも全く皮肉なく如何にも英国の議会だ。羨むべし[34]」。議会という場で正々堂々と議論し、意見の対立を認めて別れる両者の姿に清沢は感銘を受けており、ここからイギリスの議会政治に対する清沢の変わらぬ信頼を読み取ることができる。[35]

さらに、一九三八年四月二三日の日記には次のような微笑ましい記述がある。

英国は僕を国家にしたようだと思ふ。或は英国人は総体として僕のやうな人間だと思ふ。美術が分らず、音楽が分らず、それでゐて政治的常識は発達してゐる。さればとて文化的方面に対しては理解がある。(36)

ここにはイギリスの「自由主義」、とりわけ、議会政治と言論の自由に限りない共感を覚える一人の言論人がいる。

最後に、この欧米旅行中の言論活動と行動を清沢自身はどのように「総括」したのか、触れておく必要があるだろう。この欧米旅行中に執筆された論説は、『現代世界通信』にまとめられた。その序文は「愛国者」・清沢への痛烈な自己批判に溢れている。

> 外国に行つてゐる間、僕は廻らぬ舌で、日本の行為を一から十まで弁護した。また何処の人間だらうが、日本を攻撃する者に対し、焼くやうな、心からの憎しみを感じて反発した。それは僕にとつて、少しも自己を許るものではなかつた。
>
> が、さうしてゐる間にも僕は、さうした自己の行動を勇気ある眞《まこと》の愛国者のなすべきことであるかどうかを疑ひ通した。諫臣なくば国危し。国策に協力するといふ事は、役人のやる事にゴム・スタンプを捺すことなんだらうか。
>
> ソクラテスが毒死した牢屋の前に立つて、古いアテネの町を眺めながら、僕は自己の道徳的勇気のないことに、深い恥を感じながら、暫らく去りえなかつたことを今でも忘れない。［中略］
>
> この書は［中略］同時にまた、正しきを観て正しと云ひえず、危きを観て危しと云ひ得ざる道徳的怯懦の墓標であるかも知れない。(37)

清沢は、欧米旅行中の論説を著書という形で改めて公表した上で、率直に自らの言論活動と投書活動を通した国策協力を反省し、自己批判したのである。このような行為が可能であったのは、「心構えとしての自由主義」を内面化していたからである。これ以降、清沢は、「国際問題の研究家」という立場から、国策と人びとの生活態度を支配す

る「宿命的な考へ方」への批判に傾注したのである。(38)

第2節　国際関係認識――『婦人公論』の社会時評を中心に

第1項　日中戦争

欧米旅行前に執筆したと推定される論説(一九三七年九月)で清沢冽は、この事変の目的を「日支両国民の提携」とする政府見解に賛意を示し、敵は「支那の軍閥」であって、「支那四億の民衆」と手を握ることで「本当の東洋の平和」がくるとしていた。また、清沢は「建設的な心構へ」を持つことを強調しているが、これは破壊(戦争)だけではなく、建設(平和回復)を考える必要性があることを示唆していると読むべきだろう。最後に、「明治大帝の御製」のなかには戦争を賛美したものは一つもないと紹介し、敵に対しても寛大な気持ちを持つことを訴えている。(39)戦争の目的を「肯定」しながら、ここで清沢は、中国人を敵視・蔑視しないことや破壊だけではなく、「建設」の側面を考えるべきだと主張している。

欧米旅行から帰国した清沢は、『婦人公論』一九三八年九月号で日本をめぐる国際関係を東西南北四つの方面――中国・ソ連・英国・米国――に注目すればわかると述べ、日中関係については、両者とも長期戦を覚悟していると指摘し、日中戦争は長期化するとの展望を示している。また、日ソ関係については張鼓峰事件(一九三八年七月)を取り上げている。この事件は満州とロシアの間の「境界争ひ」であり、双方に相当の死傷者が出たが、日本政府は平和裡に解決しようとしている。しかし、この直後に清沢は、「国際問題になると、日本の新聞は、決して公平に両方の立場を報道してくれません」と日本の報道姿勢を批判している。ここで清沢は、張鼓峰事件の報道が事実に即していないことを間接的に指摘している。また、米英関係に関しては、「今は親類交際で、殊に東洋の問題については、二人三脚で離れられない仲になつてゐます」と述べ、英米が不可分であるとの認識を示しているが、現時点では東洋において積極的に日本に干渉する意志はないと分析している。(40)

さて、清沢は、『婦人公論』一九三九年一月号から四一年一二月号にかけてほぼ毎月一回「女性国際知識」と題した社会時評を連載する。以下その内容を検討することにしよう。

一九三九年二月号の論説で清沢は、第三次近衛声明（三八年一二月二二日）を「ウイルソンの十四ケ條声明にも劣らぬ重要性を持つてゐる」とその意義を強調している。一見すると、第二次近衛声明（東亜新秩序声明、三八年一一月三日）を受けて、ワシントン体制からの離脱の意義を論じるのかと思いきや、清沢は、第三次近衛声明が無併合・無賠償を主張したことを高く評価し、むしろ、「近頃、日本の行動を以て、支那から全部外国人を追ひ出す目的であるやうに考へてゐる者が中々に多い」と対中借款を決定し、中国支援を明確にした英米を批判している。また、汪兆銘の離脱も「相手の力が弱くなることは、日本のためには悪いことではありません」と好意的に記している。(41)しかし、一九三九年四月号では、日中戦争長期化の原因を中国（蒋介石）側に求めるだけではなく、「誰か和平だとか、調停だとか、解決だとか云ひ出すものがあれば、社会としては決してこれを許さないほど強腰ですから」と日本側の強硬姿勢にも一因があると述べている。また、清沢は、海南島の占領や租借地をめぐる対立が英米仏の対日感情の悪化につながっていると指摘し、「一方には日本とドイツとイタリーとが組み、他方には英・米・仏が組んで、世界大戦はまた起りはしないかと云ふやうな心配が相当に濃厚になつて来てゐます。この場合にはソヴエト連邦が先方側につくのは申すまでもありません」と述べて、日本を取り巻く国際関係が非常に悪いことを率直に伝えている。(42)また、日中開戦二周年を受けて執筆された一九三九年八月号の論説では、戦争がようやく建設時代を迎えたとし、「これからは戦争と共に外交と政治が一緒に進まなくてはなりません。換言すれば武力工作と外交工作が、車の両輪の如くに働かなくてはならぬ。どちらか一方、先に進んでも駄目です」と述べている。[43] つまり、ここで清沢は、長期化する日中戦争を打開するためには外交工作が必要であると主張しているのである。

第2項　第二次世界大戦

清沢は、独ソ不可侵条約の締結（三九年八月二三日）とそれによる平沼騏一郎内閣総辞職、第二次世界大戦開戦を受けて二〇頁に及ぶ論説を一九三九年一〇月号に寄稿している。その要点を整理すると、第一に独ソ不可侵条約の締結により、日独伊防共協定の強化を目指してきたこれまでの日本の対外政策が白紙になったこと（日英会談の決裂の背景にも防共協定があった）。第二に、日独伊防共協定の性質が、当初共産主義とソ連のみ対象としていたのが、情勢の変化により英、仏も目標となり、独・伊は日本をその方面に引っ張っていこうとしていたこと（日独伊三国同盟論の動きがあったということ）。第三に、「欧洲大戦」がソ連とアメリカに飛び火するかについては、ソ連は戦争に入らず、アメリカは英仏の味方にはなったが、戦争にはなかなか入ってこないとの見通しを示している。ただし、「英国が危なくなれば参戦すると思ひます。そこでドイツの最終的勝利といふことが困難なわけが分りませう」と述べており、ここでも英米不可分論を展開し、ドイツの勝利が厳しいことを示している。[44]

日中戦争の泥沼化によって、日米関係は悪化し、一九四〇年一月には日米通商航海条約が失効した。米内光政内閣の発足を論じた一九四〇年三月号の論説で清沢は、日本を取り巻く国際関係の問題は、「結局は支那事変に行きつく。それ東亜の新秩序だ、それ東亜共同体だと云つてゐる間に、日本は現在のやうな状態になつたのです。この点は日本国民として心から考ふべきで、そのポイントは国家の問題は今迄のやうな……力だけで解決が出来るかどうかといふことを自問自答する必要がある」と指摘している。[45] この記述からは東亜新秩序論・東亜共同体論に対する冷めた認識と日中関係の外交的解決なしには日米関係の根本的な解決は困難であるとの見通しが読み取れる。

一九四〇年四月からドイツ軍は西ヨーロッパで大攻勢をかけ、イギリス軍は英本土に退却し、六月にフランスが降伏した。この動きを受けて、日独伊三国同盟論が再浮上し、七月には第二次近衛文麿内閣の成立と親独・武力南進路線の決定を見ることとなる。これを受けてアメリカは、七月二六日に航空機用ガソリンと屑鉄を含む対日輸出制限措置を発表し、日米関係はさらに悪化することになった。

第3項 日独伊三国軍事同盟

一九四〇年一一月号の論説で清沢は、北部仏印進駐（九月二三日）と日独伊三国軍事同盟の成立（九月二七日）を論じており、「日本は今や新しい外交に発足しました。日本がこれぐらゐ大きな外交上の転換をやつたことは過去にはありません。今から約四十年前（正確には明治三十五年）に日英同盟を締結しましたが、今回の同盟はそれよりも遥かに重大です」と三国同盟締結の意義を強調した上で、「日米戦争はないと思ひますが、しかし最悪に備へる決心だけは、いつでも持つてゐませう」と述べて、日米開戦が現実味を帯びてきたことを指摘している。(46) また、翌月号では「日独伊同盟の結果、世界は全く一つになつてしまつた。今までは欧州の戦争と、東亜の戦争とは全然別なものでした。ところが日独伊同盟の結果は、アメリカが英国を扶けると、日本は自然に独伊を助けて米国と戦争関係に這入るといふ仕組みになつたのです。言葉をかへていえば、戦争は必らずしも日本の意志だけではなしに、他の国の意志によつて起こされることになつたのです」と述べ、日独伊三国軍事同盟締結の結果、欧州とアジアの戦争が結びつくこととなり、日本の意志にかかわらず、日米が開戦する可能性が出てきたことを強調している。(47)

第4項 アジア太平洋戦争開戦前の時局認識

一九四一年に入ると、日米関係に割かれる紙数が増えることになるが、清沢は、アメリカには今のところ日本と戦争する意志はなく、イギリスの支援に全力を注いでいるとして、日米開戦論の火消しに回っている。[48]

ところで、一九四一年四月に締結された日ソ中立条約は、日独伊ソ四国ブロック論に基づいて、三国同盟側にソ連を引き込もうとしたものであった。しかし、清沢は、松岡洋右外相の外交に触れて、「ヒトラー、ムソリーニとの会談の成果は今後現れるでせうが、今までのところではまだ未定で、たゞ出来あがつたものは日ソ中立條約だけなのです。その中立條約は極端にいへば道義的宣言にすぎません」と批判している。[49] つまり、日ソ中立条約には具体的な内容はなく、日独伊ソ四国ブロック論に発展させるためには、さらに、ドイツやイタリアとの外交交渉が必要になるということである。結局、日独伊ソ四国ブロック論は、独ソ開戦（一九四一年六月）によって雲散霧消するが、この意味を清沢は正確に理解していたと言える。独ソ開戦とその後の情勢を受けて清沢は、「英国が種々苦労して自分の陣営に引込まうとしたソ連は、その時は横に首を振つて居つたのが、今度は突然英米の陣営に飛込んだのです」と世界情勢が連合国優位に変化したことを指摘している。[50]

独ソ開戦後のドイツ軍の電撃戦の成功を受けて、軍部の強硬論はさらに強まり、七月二日の御前会議では北進（対ソ戦）と南進を同時に準備することが決定され、二八日に日本軍は南部仏印に進駐した。日本の強硬路線に対し、アメリカは在米日本資産の凍結（七月二五日）と対日石油全面禁輸（八月一日）をもって報復した。清沢は、一連の措置をアメリカ単独の報復と捉えるのではなく、ＡＢＣＤ包囲網の日本に対する攻勢の強化と見ていた。[51] さらに、米英とソ連の関係が好転したという認識から、「Ａ、Ｂ、Ｃ、Ｄ、Ｓ（米、英、重慶、蘭印、ソ連）の対日攻勢が積極化して来る」との見通しを抱くようになった。[52]

もはや外交交渉による事態の打開は難しくなってきており、一九四一年一二月号の論説――『婦人公論』への最後の寄稿となった――で清沢は、東条英機内閣の成立と世界情勢を論じながら、最後に「一方は枢軸国、他は英米を主流とする国家群。今この二つの対抗勢力は大きな息を吐いて正面から相対してゐるのです。／どんな事態が来ようとも決して周章狼狽することのないやうに。私は近頃にない緊張した気持を以て、この事を貴女に警告し今年度最終の稿を結ぶことに致します」と述べて、日米開戦が迫りつつあることを警告したのである(53)。

第5項　小　括

以上検討してきた清沢の社会時評は、戦争目的と事態の進展を「肯定」せざるを得ない状況のなかで、女性を対象に日本を取り巻く国際関係情勢を冷静な筆致でわかりやすく解説したものであった。また、中立国への侵略をためらわないドイツの戦法を批判したり、イギリスが、自国の敗戦や相手（ドイツ）の空軍の方が優っていることをきちんと報道しているとし、「英国人の考へ方は、かうした事を嘘をついて隠して置くよりも、国民に知らせて、悪いところは直した方がいゝといふのです」と述べ、間接的に日本の報道のあり方や国民性を批判している(54)。一定の批判精神はあったと見るべきだろう。

さらに、清沢は、この社会時評を通じて「対手に対する寛容な心持ち(55)」や「建設的な心構へ」の重要性を強調し、「政府も国民も、両方の立場を知つて、出来るだけ犠牲の少ない方法で問題を解決することが、愛する国家と私共の子孫のために是非共必要です」と述べ、敵を憎むことなく、相手の立場を理解して犠牲なき方法で解決することを訴えている(56)。また、「国家でも個人でも、いつも内省が必要なんです。それに他人のいふ事、他国のいふことにも常に傾聴するだけの謙虚な心持ちが要ります。それが偉く、大きくなれる唯一の途なのです。一寸、忠告をされたり、批評されたりすると、直ぐふくれてしまふのでは、その人の発展性はありません。考へてみると日本も、非常時以来、あまりに調子に乗り過ぎたやうなことはなかつたでせうか」と批判を受け入れる必要性を率直に指摘している(57)。

日中戦争下において、清沢は「心構えとしての自由主義」を正面から論じることはできなかったけれども、帰国後の評論の底流にはそれが持続・貫徹していたのである。

本節で検討した一連の社会時評は、女性を対象に国際情勢を冷静かつ公平な視点からわかりやすく解説し、さらに、国際情勢を分析する「心構え」や考え方を説いた点に最大の意義があったと言えるだろう。

第3節　時局批判――『秋田魁新報』寄稿記事を中心に

本節では、『秋田魁新報』寄稿記事を分析し、日中戦争下における清沢洌の時局批判を、「官僚政治」批判と議会政治の擁護の二つの視角から検討する。

第1項　「官僚政治」批判

一九三九年七月一七日付の論説で清沢は、パーマネント禁止の問題を切り口に、国民精神総動員運動の問題点を二点指摘している。一つは、運動の方向が非常に局部的、末梢神経的なことである。「パーマネントとかザンギリとかいふやうなことに、一体どれだけ社会全体としての重要性があるのだらう」と疑問を提起した清沢は、社会問題・政治問題・国際問題において大局を見なくてはならないと主張している。もう一つは、運動の方向が消極的、否定的になりがちなことである。清沢によると、運動を主導する役人は見方が局部的であり、また、命令的統制になれている関係から大体に生産的でなく抑圧的だ。言い換えると、「何でもかでも『べからず』主義である」。日本は時局の影響で物資が不足がちであるが、これに対処するには消費の抑制だけではなく、積極的に生産に力を入れる必要がある。この点から言えば、清沢は「一汁一菜とか、食物の節約とかいふことには反対で、もつと沢山食ひもつと健康になつて働くことが必要ではないか」と主張する。つまり、生活に積極性を持たさねばならないのだ。最後に、清沢は「余り末梢的なことに力瘤を入れずに生活そのものを合理化することが大切だ。形式主義、局部主義〔、〕単なる外国排斥主義、消極主義はこれを排さなくてはならぬ[58]」と結んでいる。

一九三九年九月に成立した阿部信行内閣の下で問題化した貿易省設置に関して、一〇月九日付の記事で清沢は辞表を提出した外務省の事務官に賛意を示した上で、次のように批判している。貿易省新設の背景にあるイデオロギーは、従来の企画院を中心とする「革新思想」である。それは「統制さへすれば、事はうまくいくといふ考へ方だ」。この考え方によって、電力の国家管理は実現し、役人の天下りは実現した。しかし、電力が国有化したことで電力は増したか。また、外務、陸軍、海軍と分裂した弊害を解消するために内閣情報部が設立されたが、その結果は、「従来の部局対立の上に、今一つの混雑と対立を増したにすぎなかつた」。貿易は絶対に必要だ。ただどのようにすれば伸張するか、意見は自然にいくつかに分かれる。清沢は「従来の企画院的役人の頭によると、役所を今一つ造ることによつて、問題は有利に転換すると考へるのだ。そこで生れたのが貿易省案である」と指摘している[59]。

一九四〇年一月八日付の記事で清沢は、皇紀二六〇〇年の年頭に立って感じることは、日本は今、「画期的な質的変化」に遭遇しつつあることだと述べている。資本主義の弱点は、あまりに生産しすぎて、供給機構がこれに追いつかないことだったが、現在は、物資の需要が多すぎて、供給不足になっている。この対応策として切符制度・割当制度を実施するためには、政府が物資を買い上げなければならない。供給を確保するためには、従来の卸商や小売商の協力が必要である。つまり、「今後は政府と民間との合作以外に途はないのである」。清沢は皇紀二六〇〇年の最大の特徴として「日本は今や国家社会主義の途に進みつゝある」と述べている[60]。

ところで、清沢によると、青木一男蔵相は、石橋湛山との対談で統制をやってみて感じたことは、制度だけ完備しても効果は上がらないことだと述懐した。「挙国一致でやれ」と言われて、国民が政府と当局者に黙って従って来た結果、「馬を壁に乗り当てるやうな事態が起つたら誰の責任でもない。官僚自身、政府自身の責任なんだ」。しかし、清沢は政府自身が官僚万能を信じなくなったことは結構なことだという。今後は政府と官僚が民間の諸団体や諸機関を利用し、依頼する必要がある。すなわち、「統制は上から来るのでなくて下から積みあげなくてはならぬ」。そこで、村会、町会、区会、さらに、諸種の産業団体が経済活動に参加しなくてはならない。これらの手が及ばなかつたところだけに当局者が乗り出すようにするべきだと清沢は提案している。[61]

一九四〇年七月一五日付の論説で清沢は、近衛新党運動の再興が世間で注目を集めていると指摘している。指導者を求めている一般国民は、「政治の総合的組織化」、「計画の伴ふ統制の実現」を要望している。しかし、これまでの計画を見ると、この運動は「既成政党の救済運動」になっており、国民の期待に添わない。[62]

清沢は、新党運動の課題として二つ挙げている。一つは、「全官僚をふくむ行動機関を再編成すること」、換言すると、「官僚網の再組織化」である。もう一つは、「全体主義の最も大きな弱点は創意と計画を失つてしまう危険あること」から、新しい機関に計画性を持たせることである。[63]

清沢によると、近衛が国民に人気があるのは淡泊な性格であるからだ。しかし、近衛が目指すことをやり抜くためには、それとは全く反対な性格とねばりを必要とする。最後に清沢は「これが公に可能であるかどうか。同情を持ちながら、その将来を見守りたいと思ふ[64]」と記しているが、その直前の一文を読むと近衛に全く期待していないことがわかる。

朝鮮、満州国、北支、蒙疆自治政府の旅行を終えて執筆された一九四〇年九月九日付の論説で清沢は、現地で新体制なるものの内容と方向性について聞かれたという。というのも、「それは彼等の生活につながる直接の問題なのだ〔。〕というふのは日本が、どういふ政策をとるかによつて、彼等の台所と、彼等の財布とが直ちに甚大な影響を蒙るからだ[65]」。

清沢によると、「内地において東亜共同体とか東亜新秩序とかと、閑人の言葉のやうに云つてゐる時に日本の数倍に当る地域においては、既に実際問題として共同体は出来あがつてゐるのである」。彼らを幸福にするのも不幸にするのも日本の政治なのである。[66] ここで清沢は東亜共同体論・東亜新秩序論を空論として退けている。日本国民として新体制の成功を祈らない者は一人もいないはずである。しかし、「それを完全なるものとするためには当事者としても謙虚なる気持ちで、国内各層の批判を歓迎しなくてはならぬ」。なぜなら、ナチスやファシズムと違って、日本の新体制は政府と不離な関係を持っているからである。つまり、「新体制を成立させるために、必要ならば何時でも国家権力を動員させることが出来るから、その利益は自づから明かだが、他面において行政官僚に都合のいゝものばかりが、並べられる危険もある」という特徴を有しているのだ。[67]

清沢は新体制への要望として三点挙げている。第一に、新体制にはアジア大陸の民族の意見がもっと加味される組織が必要である。第二に、新体制のなかには政策が検討される機関がない。民主主義にも欠点はあったが、「一つの政策が研究論議の濾過作用を通過する仕組にしないと、独善的な未熟案が社会に強いられる結果になり、また独裁的過失をおかす危険がある」。第三に、新体制においては指導者の養成が必要である。[68]

最後に、清沢は一つの体制、一つの社会組織が良いか悪いかの基準は、結局それが国民を幸福にするかどうかによって決定すると主張している。[69]

一九四〇年一一月四日付の記事「新体制とは何ぞ」は、新体制を真正面から批判した論説である。清沢によると、近頃どこでも聞く疑問は「新体制とは何か」ということだ。新体制になって、経済組織はどうなるのか、議会がどうなるのか、政治がどうなるのか、自分の商売はどうしなくてはならないのか、そういう具体的なことがわからないと国民は訴えている。[70]

次に清沢は、「新体制といふ観念が、極めて消極的な調子を帯びて来た」と主張している。たとえば、郵便新体制とは、速達小包や集金郵便の廃止を意味し、鉄道新体制とは、団体旅行の禁止や荷物取り扱いの制限を意味する。政府事業と同様に、民間事業でも新体制とは縮小整理を意味する場合が多い。[71]

そして、清沢は新体制の問題点について、次のように端的に批判している。

新体制は、今までは実は余りに官僚統制に堕し過ぎてゐた。官僚が何かの政策を行ふ。それに対する批判を禁止する。そればかりでなく、それに対するお世辞や、提灯記事を動員する。しかもその結果については何等の責任を負はない。［中略］

この宣伝主義の新体制が持つ最大なる弱点は、それが頗る非能率であることだ。そればかりではなく、新体制に対する疑問と不安について、国民に対し親切に説明を怠る結果、国民全般の能率を殺してしまう結果を招致する。[72]

ここで清沢は、官僚統制の結果、新体制は非効率になった、つまり、生産増強につながらなかったことを問題視しているのである。この批判の背景には、「戦争遂行に最も必要なものは生産だ[73]」との清沢の認識があった。

さらに、この論説で清沢は、一国の政治組織、経済組織を急激に変革することへの懸念を示していた。なぜなら、「一国の社会組織は精密機械だ。急いでやらうとすると機械そのものを滅茶苦茶にしてしまう怖れがある」からである。とりわけ、資本主義に関しては、「我等は早くから資本主義を排撃して来た一人である」と断りつつも、「皮肉なことは、戦争を遂行するためには、資本主義がまた最もい、組織の一つだ」と指摘している。もちろん、資本主義という旧体制を弁護する気持ちなどは毛頭もない。ただここで指摘しておきたいことは、「従来世に流行してゐる青書生の資本主義排斥論が新体制の指導原理をなしてゐる如きことあらば、資本主義から他の制度に引き移る前に、国家の生産と発展は非常な障害を蒙るおそれ」があり、それではこの非常時を乗り切ることができないのである。[74]

一九四〇年一〇月に成立した大政翼賛会について、清沢は一二月に二つの記事を執筆している。「翼賛会と新生活運動」では、翼賛会幹部の風見章法相や有馬頼寧が指導方針を示さないことを批判しつつ、それならば新生活運動に乗り出すべきだと主張している。つまり、これまでの伝統と習慣の再検討である。日本の長所はあくまでも強く発揮するが、日本の短所、たとえば、所かまわず物を捨てたり、立ち小便したりする習慣は、これを「揚棄」する。同時に西洋諸国の長所も比較研究してこれを取り入れるべきである。清沢によると、「新体制の叫び声があがつてゐる際、旧来の陋習を破るのには最も適当な時」なのである。[75] ここで清沢は大政翼賛会をあえて新生活運動の推進機関として位置付け直すことで、その政治性を否定しようとしているのである。

「大政翼賛会と其の権限」で清沢は、翼賛会と憲法・法律との関係をめぐる議論を踏まえて、翼賛会の権限などを定めた法律を制定することを提案している。次に、翼賛会の任務として、従来の諸機構、すなわち、中央・地方の議会と行政機構の手に及ばないところ、もしくは、その弊害が明らかになっているところで活動するべきだと主張する。[76] この論説で重要なことは、憲法改正をめぐる議論を受けて、清沢は次のような批判をはっきりと述べている点である。

> 臨時中央協力会議において、憲法や法律を解するに、自由主義的解釈を捨て、新体制的解釈を以てすべしと主張した人があつたが、それは極めて危険である。その時の思潮と流行によつて勝手に憲法に新解釈を与へ得るのであれば、将来、時勢が変つた時にはまた同じ事が行はれるであらう〔。〕明治天皇が下し給ふた不磨の大典は、断じて左様に簡単に考へらるべきではない。それよりも厳かに憲法を正面から解釈しそれに従つて単行法を制定したならばいゝではないか。[77]

ここで清沢は大政翼賛会を違憲とまではみなしていないが、その権限などを定めた法律を制定することで翼賛会の政治性を骨抜きにしようとしている。また、新体制派による憲法改正の動きを明確に批判している。

一九四一年九月二二日付の論説で清沢は、官僚政治には統制があっても指導がないことを、隣組を中心に批判している。たとえば、今後、戦争になれば必ず空襲があると予想されるが、防空壕の建設に関して具体的な指導はないのである。また、戦時色が濃くなると物資が不足し、野菜や肉類の摂取量が減ってきている。これを補ってさらに活動させるために、代用食の料理法が明確に教えられるべきである。また、燃料や物資の節約のために、共同炊事が現在以上に考えられるべきであり、具体的な指導が必要である。同時に隣組には、その本部に相談部を置いて、諸種の相談に応じるべきではないか。清沢は、「今のやうに計画もなく、指導もなく、相談する方法がなくては、隣組は不平と流説のゴミだめになる危険がある」と批判している。(78)

しかし、清沢によると、統制や合同を原則的に否定してはいない。彼が指摘したいのは、現在の最も重大な弱点は統制があって指導がないことである。そして、指導力のない統制は、その生産と発展が必ず退化するであろうと予測している。(79)

第2項　議会政治の擁護

帝国議会再開直前の一九四〇年一月二九日付の論説で清沢は、何よりも遺憾なことは、「最近の議会においては政治の実際の責任者が国民に対してその立場を明らかにしないことだ」と主張している。昨年は休会中に近衛文麿内閣が総辞職して、新たに成立した平沼騏一郎内閣が答弁にあたった。今年もすでに平沼内閣、後継の阿部信行内閣は総辞職し、米内光政内閣が成立した。議会の審議が始まる前に内閣が交代することは無責任であり、清沢は、「いゝ加減に食ひまくつてイザ勘定をといふ時に逃げ出すと同じだ」と批判している。(80)

清沢が問題視していることは、「善かれ悪かれ日本における唯一無二の国民的代表機関である議会において国民が政治の最高責任者より聞くところが余りに少ない一事である」。たとえば、汪兆銘政権成立に向けた経緯や浅間丸事件をめぐる日英間の交渉について国民は知らされていない。(81)

清沢は米内内閣に対しては「公開的な政治」、つまり、「日本の面してゐる経済状態や国際関係も、楽観的な放送ばかりせずに、事実を事実として国民に知らす」ことを要求している。一方で代議士には、議会において当局者に質問し、国家の直面する諸問題を解明することを求めている。なぜなら、それは国民に対する奉仕であり、すなわち、「政治の独占を官僚の手から奪ふこと」だからである。(82)

翌二月二六日付の論説で清沢は、議会が「全然無いと仮定してみればその有用性は判る筈でこゝを通して、どれだけ時局の真相が判つて一般国民の利益になつてゐるか判らない」と「議会の効用」を評価しつつも、議会政治のあり方について批判している。第一に、議会での言論が場当たり的かつ無責任なことである。清沢によると、「苟くも政治家として世に立つ以上は、明日でも当局に立つて経綸を行ふの抱負と自信がなくてはなるまい」。したがって、建設的な提案をするべきだが、たとえば、実際には到底実行できないことを主張したり、攻撃している。清沢は「現在の為政者に不満があればあるほど、この欠点を是正するやうな批判をなすべきだ」と主張している。しかし、第二に、すでに政界の一部には米内内閣に対する倒閣運動が存在している。清沢は、「政党などの行動を見ても、大切な政策はそこのけにして置いて、小さい政治運動に没頭して、楽屋裏で策を弄してゐる傾きあるは、唾棄すべきであり、また社会の一部に内閣倒壊等とでもいふべきもの、存在する感あるは悲しむべき事実」であると厳しく批判している。第三に、余剰金が出ることが明らかなのに、衆議院が修正も条件もつけず空前の予算を通過させたことである。清沢によると、このことは政府も議会も目前の問題に真剣に取り組んでいないことを示す一例だという。最後に、清沢は、近頃の「革新」という文字が「破壊」と同じ意味で使われていると指摘し、「我等の批判は育て、建設するための―そしてそれ丈のものでなくてはならぬ」と結んでいる。(83)

清沢の議会政治擁護の姿勢は、大政翼賛会成立後の一九四一年に入っても続いていた。同年一月二七日付の論説で清沢は、国際関係、とりわけ日米関係の緊迫に神経過敏になりすぎではないかと述べている。議会は質問をほとんど中止し、政府は産業団体法案や配電管理法案などの重要法案提出を見合わせることになった。「従来の資本主義、自由主義機構には欠陥があり、これを修正するためには新体制が必要だ」と政府が主張していたにもかかわらず、国際

情勢の緊迫を理由に重要法案の提出を中止するのは筋の通らない理屈であると清沢は批判する。(84)

重要法案提出の見合わせは、清沢によると、国民の立場から二つの疑問を感じる。第一の疑問は、政府の政策をそのまま実行しても失敗に終わったのではないかということだ。国際情勢の緊迫を理由に中止しなければならないのならば、非常時対策として最初から無理があったのではないか。第二の疑問は、政府と議会は怠惰ではないかということだ。政府にとって一番楽なことは、国際情勢の緊迫を理由に、「批判と忠言」を封殺し、従来の政策を継続することである。議会は、面倒な審議をせずに、「議員任期延長でもして翼賛議会といつたことを看板にしてゐた方が楽」である。(85)

その上で清沢は、「大政翼賛とか、挙国一致といふものは、結果的にこれを云へば政府当局のやることを無条件に支持することだ」と指摘して、政府に「絶対至天の責任」を感じるように求めている。一方、議会に対しては、「言論の府である議会が黙することが国家のためであるといふ考へ方になつたことを不思議だと思ふ」と述べて、政府の誤りを建設的に批判することを要求した。(86)

さらに、清沢は「国際情勢が選挙法の改正をまで中止しなくてはならぬ程度まで緊迫化してゐるか」と疑問を呈している。これは日米間の問題が武力戦まで発展しないとの見通しを示して、間接的に衆議院議員の任期一年延長を批判したのである。(87)

第3項　小　括

以上検討してきた清沢の時局批判に関して、その批判の論理をまとめてみよう。第1項で取り上げた国民精神総動員運動、統制経済、新体制運動、大政翼賛会、隣組に対する批判の底流には、「官僚政治」(官僚主義)批判があった。すなわち、大局をみない官僚の統制は、生産力の増強に結びつかず、総力戦の遂行に向けた具体的な指導もないため、結果として国民全体の能率を悪化させているのだ。国民の幸福に結びつかない「官僚政治」への歯止めとして清沢が対置したのが議会政治だった。しかし、現実には内閣の交代や政争が相次ぎ、議会での論戦も低調だった。したがって、清沢は議会政治擁護の姿勢を鮮明にしつつも、議会政治のあり方に関して厳しく批判したのである。

第4節　外交史研究

日中戦争からアジア太平洋戦争期にかけて清沢洌は、外交史に関する以下の著作・論文を発表している。

①『第二次欧州大戦の研究』（東洋経済新報社、一九四〇年四月）(88)
②『外交史』（『現代日本文明史』第三巻、東洋経済新報社、一九四一年六月）
③『外政家としての大久保利通』（中央公論社、一九四二年五月）
④「日米関係史」（国際関係研究会編『米国の太平洋政策』東洋経済新報社、一九四二年八月所収）
⑤『日本外交史』全二冊（東洋経済新報社、一九四二年九月、②の増補版）

以下、清沢の外交史研究が、どのような問題意識の下、いかなる「知的環境」・「ネットワーク」のなかで展開したのか検討してみることにしたい。

北岡伸一は、清沢の外交史研究は、欧米の知識人との議論が契機となり、評論活動が困難になったなかで、歴史研究の形をとって同時代の外交を批判しようという意図を持って始められたものであり、さらに、清沢の外交史研究への熱中ぶりのなかには、より確かな知識の探求を通じて他者と交わりうることに対する希望が感じられると指摘している(89)。

筆者は北岡の見解に基本的に同意するが、後者の点を清沢の思考様式に関わらせて少し展開してみたい。昭和期

「自由主義」論争やこの「欧米旅行」でも清沢の思考様式は、「事実に打突かる習癖」、すなわち、「ジャーナリストの経験論」であった。しかし、これらの経験を通して清沢は、経験論の限界を感じていたのも事実である。近代日本を歴史的パースペクティブのなかに位置づけてみたいという切実な意識から、清沢の外交史研究は始められたのではないだろうか。(90)

清沢の外交史研究を取り巻く「知的環境」・「ネットワーク」に関しては、まず石橋湛山が社長を務めた東洋経済新報社との関係を見てみることにしよう。『東洋経済新報社百年史』(以下、『百年史』と略記)によると、一九三八年五月に「顧問制」が設置され、清沢も深井英五、伊藤正徳、長谷川如是閑、松本烝治、大河内正敏らとともに「顧問」に委嘱された。専門は如是閑と同じく「社会」であった。清沢は顧問に就任する前からすでに社友として論説などを執筆しており、三九年四月頃に嘱託となり編集会議にも出席するようになった(四〇年七月一〇日付「職務分担表」では「顧問兼編輯局並研究部嘱託」)。さらに、顧問制とは別に、一九四一年三月に「評議員会」が設置されると、蠟山政道らとともに評議員に委嘱される。危機的状況に対処するために信頼しうる執筆者を集めるとともに、清沢のように当局のブラックリストに載せられた自由主義者に匿名の執筆機会を与えようとするのが評議員会設置の目的であった。清沢は戦争末期の四五年五月に急逝するまで「社員に等しい執筆活動を続けた」と『百年史』は評している。(91)

東洋経済新報社は準戦時下から戦時下にかけて「飛躍的発展」を遂げていた。(92) なかでも紀元二六〇〇年にあたる一九四〇年は同社の創立四五周年にあたり、社業の新展開が見られた。

清沢は同社の社業にどの程度関わっていたのだろうか。創立四五周年記念事業の第一弾として企画された「紀元二千六百年記念・明治大正昭和経済文化展覧会」(東洋経済新報社主催、外務・大蔵・農林・商工・逓信・鉄道六省後援)が、一九四〇年六月から日本橋三越を皮切りに開催され、大阪、名古屋、佐世保を巡回した。清沢は、実行委員会に加わり、来日外国人に関する文献と年表を担当した。(93)

また、同年一一月二〇日には同事業の一環として東洋経済研究所が設立された。清沢は嘱託としてタウンゼント・ハリスの研究を行った。さらに、清沢は、義弟の源川公章（研究所設立準備にあたって入社した）とともに功労外人班[94]の中心となって功労外国人の研究と外交史年表の編纂を進めた[95]。

その後、功労外人班は、清沢の指導のもとに外交史年表を作成しつつあったが、清沢が四五年五月に急逝したあと外務省に移管され、五五年に同省編『日本外交年表並主要文書』として国際連合協会から公刊された[96]。つまり、清沢による外交史年表の作成は、清沢個人が単独で行ったのではなく、東洋経済新報社の社業として清沢の指導の下、進められたのである。

『百年史』は、「敗戦直前の清沢洌の死と戦後の石橋の政界進出とにより、研究所は事実上の解散を余儀なくされた[97]」と述べており、清沢の果たした役割が大きかったことがうかがえる。

この他に清沢は、創立四五周年記念出版として『現代日本文明史』の「外交史」を執筆しているが、『百年史』によると、この企画は三九年春頃石橋が発案し、蠟山政道、加田哲二、清沢らとの相談を経て、六月一二日大綱が決定された。発売にあたっては「紀元二千六百年記念出版」と銘打たれ、首相近衛文麿の「推薦の辞」が広告を飾った。反響は大きく、業界に放った一大ホームランであると称されたという[98]。清沢は、『外交史』を執筆するだけではなく、『現代日本文明史』の企画段階から関与していたのである。

また、創立四五周年記念事業・出版とは直接関係ないが、清沢は、東洋経済新報社が各地に設立した経済倶楽部での講演を戦時下に至るまで積極的に行っていた。

要するに、清沢は、石橋湛山のいわばブレーン的存在として、当時最も「自由主義」的な出版社である東洋経済新報社の事業に企画段階から関与し、積極的な役割を果たしていたのである。

次に東洋経済新報社が何らかの形で後援した知識人のネットワークと清沢の関わりを検討することにしよう。東洋経済新報社が世話をする外部団体として一九三八年一二月の発起人会を経て、翌年二月二二日に、同社ホールで創立総会を開いたのが、日本評論家協会である。創設の目的は、「評論家の親睦を図り、評論の権威を伸展し、その独自の立場に於て時局に協力する」というものであったが、『百年史』は、三木、石橋（嶋中雄作とともに会計監査を務めていた）らの真の動機は、検閲強化に対抗するための職能団体の結成にあったと推測している。清沢は、杉森孝次郎、野崎竜七、三木清、室伏高信とともに常任委員を務めていた。[99]

評論家協会は、一九四〇年末までには同社の世話を離れ、四二年一二月に大日本言論報国会（会長徳富蘇峰）が結成された際、これに吸収される形で解散した。[100] この時、清沢と馬場恒吾に言論報国会から入会の案内が届かなかったのは周知の事実である。

評論家協会の活動内容は不明な点も多く、清沢が果たした役割も明らかになっていないが、評論家を対象とした職能団体の常任委員を務めていたことは特記しておいても良いと思われる。

一九三九年一一月一七日に発会した国際関係研究会は、国際学術会議（The International Studies Conference）[101]の日本における連絡委員会として設立された。その経緯は、欧米旅行中の清沢が当時、オックスフォードにいた三井高維を誘って、プラハで開かれた国際学術会議に出席し、帰国後、石橋湛山に連絡委員会の設置を求めたことによる。[102] 発起人の一人であった清沢は、発会後、理事となり[103]（一九四〇年六月）、月一回開催される研究例会にほぼ毎回出席し、一九四〇年三月に開催された第五回研究例会では「米国の欧州戦争並に平和目的に関する動向」と題した報告を行っている。[104]

また、清沢は一九四一年一月に設置された日米関係研究委員会の副委員長を委嘱されている（委員長は加田哲二）。その趣旨は、「たゞちに日米関係打開のための政治的努力を志すものではないが、緊迫せる両国関係の諸問題を組織的科学的に検討し、その過去をかへりみ、帰趨をたづねて、両国関係の重点の所在と本質をあきらかにするとともに、その現状の改善打開の道を追求することによつて、わが国対米政策に資せんとする」ものであった。この最終報告として「日米関係研究」と題した報告書の刊行を予定していた。[105] おそらくそれが国際関係研究会編『米国の太平洋政策』（東洋経済新報社、一九四二）と思われる。

『戦争日記』には国際関係研究会に関する記述が散見されるので、同会はアジア太平洋戦争下においても活動したと思われるが、研究例会の記録が掲載された『国際関係研究』が「昭和十六年第一輯」を最後に刊行されなくなったため、具体的な活動内容を探ることは残念ながらできない。[106]

いずれにせよ、日中戦争からアジア太平洋戦争という時代状況の下、清沢の提案によって日本の外交政策や国際関係問題を研究する知識人のネットワークが設立されたことは、特筆に値すると言えよう。

ところで、中央公論社を母体として一九三九年五月八日に「国民アカデミー」を目的に発会したのが国民学術協会である。清沢は、三木清や嶋中雄作とともに常務理事に就任し、会の運営に参画した。[107] また、同会は学術事業に関する補助を行っており、清沢の「外交史年表」編纂事業に対しても、一九四〇年に、二年間三〇〇〇円の補助と、編纂継続費（一年）として一五〇〇円を追加支出している。[108] さらに、清沢の『外政家としての大久保利通』は、『国民学術協会叢書』として刊行されているのである。

要するに、清沢の外交史研究は、東洋経済新報社と中央公論社の支援と国際関係研究会と国民学術協会での議論の成果によってなされたのである。[109]

おわりに

これまで本章で明らかにしてきたことは、以下のようにまとめることができる。

第一に、一九三七年から三八年にかけての欧米旅行で清沢は、これまでの言論活動から「逸脱」し、投書活動により現実政治に奉仕した。この背景には海外においては日本を擁護せざるを得ないという愛国心の「両義性」があった。しかし、清沢は、自己批判能力を兼ね備えた「心構えとしての自由主義」を内面化していたがゆえに、たえず「愛国者」・清沢は自己批判に曝され、その結果、従来の立場に踏みとどまったのである。さらに、清沢は、この旅行中に執筆された論説を著書『現代世界通信』にまとめ、再度公表した上で、率直に自らの言論活動と投書活動を通した国策協力を反省し、自己批判したのである。このような行為が可能であったのは、「心構えとしての自由主義」を内面化していたからである。これ以降、清沢は、「国際問題の研究家」という立場から、国策と生活態度を支配する「宿命的な考へ方」への批判に傾注したのである。

第二に、『婦人公論』に定期的に寄稿した時評は、戦争目的と事態の進展を「肯定」せざるを得ない状況のなかで、一定の批判精神の下、公平な視点から女性を対象に日本を取り巻く国際関係情勢を冷静な筆致でわかりやすく解説したものであり、「対手に対する寛容な心持ち」、「建設的な心構へ」、「犠牲の少ない方法で問題を解決すること」の重要性と批判に謙虚に耳を傾ける姿勢や内省の必要性を繰り返し強調した点はとりわけて評価することができる。

第三に、『秋田魁新報』に定期的に寄稿した時評を初めて検討したことにより、清沢が戦時下において統制経済、新体制運動、大政翼賛会を明確に批判し、その底流にある「官僚政治」を批判したことが明らかになった。「官僚政治」に対して対置されたのは議会政治であり、日中戦争下においても清沢がリベラル・デモクラシーを堅持していたことがこの時期の彼の言説から実証されたのである。

第四に、日中戦争下の清沢は石橋湛山と東洋経済新報社のブレーンとして当時最も「自由主義」的な出版社である東洋経済新報社の事業に企画段階から関与し、積極的な役割を果たしていた。

第五に、清沢の外交史研究は、近代日本を歴史的パースペクティブのなかで位置づけようとする問題意識から始められた。清沢がそのように認識する契機となったのはプラハで開催された国際学術会議への参加であった。また、清沢の外交史研究は東洋経済新報社や中央公論社の事業とリンクし、国際関係研究会と国民学術協会での議論や東洋経済研究所のメンバーの支援を得て進められていたのである。

日中戦争下の清沢は、フリーランスのジャーナリストというよりも、石橋と東洋経済新報社のブレーンおよび外交史研究家として捉える必要がある。

注

（1）主な研究に北岡伸一『増補版　清沢洌――外交評論の運命』（中公新書、二〇〇四）第四章、同「清沢洌におけるナショナリズムとリベラリズム――日中戦争下の欧米旅行日記より」（『立教法学』四二、一九九五）、鈴木麻雄「清沢洌の東亜新秩序論批判」（『常葉学園富士短期大学研究紀要』第四号、一九九四年三月）、宮沢正典「外交評論家の抵抗――清沢洌」（同志社大学人文科学研究所編『戦時下抵抗の研究――キリスト者・自由主義者の場合』Ⅱ、みすず書房、一九六九所収）、山本義彦「外交問題研究家としての確立――日中戦争から日米対決の時代へ」（山本『清沢洌の政治経済思想――近代日本の自由主義と国際平和』御茶の水書房、一九九六所収、初出一九九五）、同「準戦時・戦時体制下（日中戦争期）の清沢洌――あるリベラリストの中国認識」（山本『清沢洌――その多元主義と平和思想の形成』学術出版会、二〇〇六所収、初出一九九八〜九九）、吉沢千恵子「『婦人公論』の社会時評――清沢洌を中心に」（近代女性文化史研究会編『戦争と女性雑誌――一九三一年〜一九四五年』ドメス出版、二〇〇一所収）がある。

（2）前掲『増補版　清沢洌』第四章1「日中戦争の勃発と欧米旅行」、前掲「清沢洌におけるナショナリズムとリベラリズム」。両者の論旨は基本的に同じである。

（3）『婦人公論』一九三三年一〇月号から四一年一二月号にかけての清沢の社会時評を分析した研究に、前掲「『婦人公論』の社会時評」がある。しかしながら、この研究には難点がある。第一に、同誌に掲載された清沢の社会時評を、国内問題・中国関連問題・国際関係事項に分けて論じているが、中国関連問題と国際関係事項の区分が不十分であり（たとえば、日ソ中立条約締結が中国関連問題の項目で論じられている）、よって、清沢の国際関係認識の全容がつかめない構成になっている。第二に、清沢の評論の傾向を考えずに、『婦人公論』の時評のみに限定して分析する方法上の問題がある。したがって、たとえば、清沢の満州国に対する考え方を、国の存立そのものへの非難はなく、その存立を可能とする国際関係をつくることへの努力をすべきものと整理し、その「歴史的限界」を指摘している。しかし、満州国建設に専念せよと清沢が主張する時、その意図は、満州国の擁護にあったのではなく、華北への侵略を防止するためであったことはすでに先行研究で指摘されている（前掲『増補版 清沢洌』xi頁）。

（4）清沢は、一九三九年五月二二日付記事からアジア太平洋戦争中の一九四三年二月二七日付記事まで同紙に寄稿している。肩書きは「本紙特別寄稿家」であった。

（5）前掲『増補版 清沢洌』第四章、前掲「外交評論家の抵抗」、前掲「外交問題研究家としての確立」。

（6）清沢の外交史研究の内在的分析および同時代的・学術的意義の解明については、その歴史観の分析も含めて他日を期したい。

（7）北河賢三「一九三〇年代の思潮と知識人」（鹿野政直・由井正臣編『近代日本の統合と抵抗 四』日本評論社、一九八二所収）一四八頁。

（8）この点に関して山本義彦は、清沢が日本の主張する東亜新秩序論は決して排他的ではないと述べた評論をもって、三木清、尾崎秀実らとともに、東亜共同体論に接近していたとする。また、その傍証として清沢が、近衛内閣登場に大いに期待したことと昭和研究会で報告を行ったことを挙げている（前掲「準戦時・戦時体制下（日中戦争期）の清沢洌」二一九〜二二〇頁）。しかし、管見の限りでは、清沢が、「協同主義」や東亜共同体論を肯定した評論や「自由主義」批判あるいは自由主義の「超克」を主張した評論は見あたらず、また、『戦争日記』の「自由主義」理解も昭和期「自由主義」論争時と大きな変化が見られないことから、この推論には無理がある。なお、清沢の東亜新秩序論批判および近衛文麿批判に関しては、すでに以下の研究が実証的に明らかにしている。前掲『増補版 清沢洌』第四章、前掲「清沢洌の東亜新秩序論批判」。

（1）の立場に立つ蠟山と清沢は戦時下に至るまで親交が深かったが、両者の思想的位置を分かつ要因は何だったのだろうか。筆者は、両者の「国家」に対する距離感に違いがあったと考えている。松沢によると、蠟山は、「国を憂える」ことが生の大きな部分を占めていた。また、「国」との同一化が強く、言わば自我が「国」大に膨張しており、「国」が最高の価値であって、他の諸価値はこれに従属する手段価値として認められているとする（松沢弘陽「社会主義と自由民主政――大正デモクラシーから民主社会主義まで」松沢『日本社会主義の思想』筑摩書房、一九七三所収、三〇九頁、初出一九六二）。一方、清沢も「国を憂える」という立場から言論活動を展開していたが、しかし、彼にとって「国」は最高価値ではなかった。むしろ、「国」を最高の価値とする見方に対し、「社会」・「生活」を強調することで相対化しようとしていたのである。要するに、蠟山も清沢も愛国者（ナショナリスト）ではあったが、「国家」に対する距離感が決定的に異なっていた。

(9) 前掲『増補版 清沢洌』一五七頁。

(10) 同前、一五八〜一六四頁。

(11) 同前、一六四〜一六五頁。

(12) 同前、一六五〜一六七頁。

(13) 同前、一六八〜一六九頁。

(14) 清沢洌「国際ペン倶楽部苦戦記」（清沢『現代世界通信』中央公論社、一九三八）一〇三〜一〇四頁。初出『中央公論』一九三八年一月。

(15) 同前、一〇四頁。

(16)『清沢洌日記』一九三七年一一月三日。

(17) 同前、一九三七年一一月一三日。

(18) 同前、一九三八年三月一九日。

(19) この旅行を基にナチス・ドイツを論じた清沢の論説に以下のものがある。「旅眼に映るドイツ」（『現代世界通信』、初出『報知新聞』一九三七年一二月二五〜二六、二九日夕刊）、「ヒットラーは何故に人気があるか」（同前所収、初出『中央公論』一九三八年二月）、同「ドイツの労働娘子軍」（同前所収、初出『婦人公論』一九三八年二月）、同「ドイツ人の気持」（同前所収、原題・初出「ドイツとドイツ人――伯林で得た印象」『ダイヤモンド』一九三八年一二月一日）。

(20) 前掲「清沢洌におけるナショナリズムとリベラリズム」四頁。

(21) 前掲「ヒットラーは何故に人気があるか」五頁。

(22)『清沢洌日記』一九三七年一一月二一日。

(23) 清沢がナチスの救貧事業、失業対策、労働者慰安政策などの労働者のための政策や、母性保護や青少年のための政策に強い印象を受けていることは、北岡も指摘している（前掲「清沢洌におけるナショナリズムとリベラリズム」一五〜一六頁）。

(24) 以下で検討する事業に関しては、原則として現在の研究で採用されている名称に読み替えている。

(25) 前掲「ヒットラーは何故に人気があるか」二一頁。また、清沢は「労働娘子軍」（女性対象の労働奉仕団のこと）のキャンプを取材している（前掲「ドイツの労働娘子軍」、『清沢洌日記』一九三七年一二月三日）。

(26) 前掲「ヒットラーは何故に人気があるか」二一～二二頁、『清沢洌日記』一九三七年一一月二五日。

(27) 前掲「ドイツ人の気持」四三九～四四〇頁、前掲「ドイツの労働娘子軍」二九〇～二九一頁、『清沢洌日記』一九三七年一一月三〇日。

(28) 前掲「ヒットラーは何故に人気があるか」二二頁。

(29) 前掲「ドイツ人の気持」四三八～四三九頁、『清沢洌日記』一九三七年一二月七日。

(30) 前掲「ドイツの労働娘子軍」二九一頁。

(31) ただし、清沢が精神病患者への断種に対して疑問や批判を述べていない点は指摘しておかなければならない（『清沢洌日記』一九三七年一一月二五日、前掲「ドイツ人の気持」四四〇頁）。

(32) 『清沢洌日記』一九三七年一二月九日。

(33) 前掲「ドイツ人の気持」四四二頁。

(34) 『清沢洌日記』一九三八年二月二日。

(35) イギリス議会に関しては、清沢洌「英国人の心理と傾向」（『現代世界通信』、初出『ダイヤモンド』一九三八年一一月一一日）でも論じている。

(36) 『清沢洌日記』一九三八年四月二三日。

(37) 清沢洌「序」『現代世界通信』三～四頁。

(38) 同前。なお、批判のあり方について清沢は次のように述べている。「僕は批判において常に建設的でありたいと考へてゐる。自からに一つの対策がなければ他のものを非難することさへも遠慮すべきだと心得てゐる。いつも云ふことだが批判は忠言であつて妨害ではない。この批判をその国の当局者が、謙虚〔に〕受け入れることを欲しない時に、国家の前途は危いかなである」（四頁）。

(39) 清沢洌「知識女性に与へて時局への心構へを説く」（『婦人公論』一九三七年一〇月）六六～七〇頁。なお、当時の雑誌は、実際には前月下旬に発行されていた。

(40) 清沢洌「日本をめぐる最近の国際関係」（『婦人公論』一九三八年九月）一四八～一五三頁。

(41) 清沢洌「対支要求決定す（汪兆銘の脱出―ソ連との関係）」（『婦人公論』一九三九年二月）二三六～二三九頁。

この点に関連して清沢は、別の記事で汪兆銘政権にあらゆる便宜を供与するべきだが、法的承認は実質的内容を備えるまで待つべきだと主張している。実質的内容とは、「支那民衆の多数がこれを認め、同時にまた日本民衆がその実体に安心しうる時」を指す。もし日本があまりに早く汪兆銘政権を承認したら、汪兆銘の政治的生命と行動とを日本が世界の前に引き受けることを意味し、「支那の如く政情たゞならざる国において抜きさしならぬ結果になる懼れがなしとしない」と警告を発していた（清沢洌「支那新政権と承認問題」『中外商業新報』一九三九年一二月四日）。中国民衆が汪兆銘政権を支持する可能性がほとんどなかった以上、清沢は同政権の法的承認に反対していたと評価できるだろう。

(42) 清沢洌「事変の現段階と見透し」（『婦人公論』一九三九年四月）一七一、一七三～一七五頁。

(43) 清沢洌「日支事変二周年を迎へて――事変による犠牲と事変の見透し」（『婦人公論』一九三九年八月）二一六～二一七頁。

(44) 清沢洌「日本政変より世界動乱まで」（『婦人公論』一九三九年一〇月）一〇九～一一一、一一六～一一八、一二三～一二四頁。

(45) 清沢洌「嵐を航する米内内閣――出現経緯からその面する諸問題」（『婦人公論』一九四〇年三月）一七七頁。

(46) 清沢洌「日本新外交の発足――日独伊同盟成る」（『婦人公論』一九四〇年一一月）八九頁。

(47) 清沢洌「米国とソ連の対日動向――拡大した欧洲の戦局」（『婦人公論』一九四〇年一二月）一五〇頁。

(48) 清沢洌「日本の南進と米国」（『婦人公論』一九四一年二月）一九〇頁、同「日米衝突するか――ソ連の態度は如何」（『婦人公論』一九四一年三月）二二六～二二九頁。

(49) 清沢洌「松岡外交の将来」（『婦人公論』一九四一年六月）二二五頁。

(50) 清沢洌「対日包囲陣の攻勢――緊張する日本と英米の国交」（『婦人公論』一九四一年九月）一四七頁。

(51) 同前、一四二～一四六頁。

(52) 清沢洌「英米会談からモスクワの会談まで」（『婦人公論』一九四一年一〇月）一五二頁。

(53) 清沢洌「新内閣の成立と危機に立つ世界情勢」（『婦人公論』一九四一年一二月）八一頁。

(54) 清沢洌「激化せる世界大戦」（『婦人公論』一九四〇年六月）一二八頁、同「展開さるる大決戦――ドイツと連合国との対戦《ママ》急迫す」（『婦人公論』一九四〇年七月）一八三頁。

(55) 前掲「知識女性に与へて時局への心構へを説く」六五頁。

(56) 前掲「事変の現段階と見透し」一七五頁。

(57) 清沢洌「事変処理と米・英・ソの動き」（『婦人公論』一九四〇年一月）二八一頁。

(58) 清沢洌「形式主義、消極主義を排す」『秋田魁新報』一九三九年七月一七日。

(59) 清沢洌「外務省騒動と貿易省」『秋田魁新報』一九三九年一〇月九日。

(60) 清沢洌「皇紀二六〇〇年代の特徴——経済機構の質的変化」『秋田魁新報』一九四〇年一月八日。
(61) 同前。
(62) 清沢洌「新党に対する課題——官僚再編成と計画性」『秋田魁新報』一九四〇年七月一五日。
(63) 同前。
(64) 同前。
(65) 清沢洌「新体制への批判」『秋田魁新報』一九四〇年九月九日。
(66) 同前。
(67) 同前。
(68) 同前。
(69) 同前。
(70) 清沢洌「新体制とは何ぞ——否定的消極的主義を排す」『秋田魁新報』一九四〇年一一月四日。
(71) 同前。
(72) 同前。
(73) 同前。
(74) 同前。
(75) 清沢洌「翼賛会と新生活運動」『秋田魁新報』一九四〇年一二月二日。
(76) 清沢洌「大政翼賛会と其の権限」『秋田魁新報』一九四〇年一二月二三日。
(77) 同前。
(78) 清沢洌「統制あつて指導無し」『秋田魁新報』一九四一年九月二二日。
(79) 同前。
(80) 清沢洌「議会再開と時局批判」『秋田魁新報』一九四〇年一月二九日。
(81) 同前。
(82) 同前。
(83) 清沢洌「学童考査・議会・批判」『秋田魁新報』一九四〇年二月二六日。

(84) 清沢洌「国際関係と政治 日米――衝突せば長期戦」『秋田魁新報』一九四一年一月二七日。
(85) 同前。
(86) 同前。
(87) 同前。
(88) 厳密に言えば、本書は外交史研究とは言えないが、これまでの外交評論とは異なり、将来の外交史執筆を念頭に同時代史として執筆されており、外交史研究の嚆矢として捉えたい。
(89) 前掲「清沢洌におけるナショナリズムとリベラリズム」三四～三五頁。
(90) 清沢の「外交史研究」は、決して狭義の分野史を意図したものではなかった。国際学術会議に出席した清沢は、「国際関係」の定義をめぐる議論を日記に記している。「『国際関係』は、『社会現象《ウォールズ・アフェアー》』〔world affairs〕を研究する学問であつて、単に国家間の関係を研究する学問ではないといふに落ついた」（『清沢洌日記』一九三八年五月二三日）。換言すると、「一国の対外政策は、その国内情勢の対外的表現であるといへよう。だとすれば一国の外交政策を知るためには、自然にその国内事情を研究せざるを得ない」（清沢洌「国際学術会議に列して」『現代世界通信』所収、二〇頁、初出『報知新聞』一九三八年八月九～一一日）。つまり、清沢の外交史研究は、近代日本の対外政策と外交を国内情勢との連関において検討しようとする試みと言えるだろう。
(91) 東洋経済新報社百年史刊行委員会『東洋経済新報社百年史』（東洋経済新報社、一九九六）四三八～四四〇頁。
(92) 同前、第四章参照。
(93) 同前、四四二頁。
(94) 『百年史』によると、功労外人とは、タウンゼント・ハリスなど、日本の開国に貢献した外交人を指す（同前、四四七頁）
(95) 同前、四四五～四四七頁。
(96) 同前、四四八頁。
(97) 同前、四四九頁。
(98) 同前、四四九～四五一頁。
(99) 同前、四四〇～四四一頁。
(100) 同前、四四一頁。
(101) 当時の出版物においては、The International Studies Conference は「国際研究会議」と訳されているケースが多いが、現在の研究においては「国際学術会議」という訳語があてられている（たとえば、前掲『増補版 清沢洌』）。よって、以下、混乱を避けるため、引用史料を除き、「国際学術会議」として論述する。

(102) 三井高維「国際研究会議に就て」（国際関係研究会編『国際関係研究』昭和十五年第一輯、東洋経済新報社、一九四〇年六月）および「研究例会記事」における石橋湛山の発言（同前、一六五～一六六頁）。『国際関係研究』の編輯兼発行者は蠟山政道であった。

『百年史』には、国際関係研究会に関する記述は見あたらないが、設立の経緯、研究例会が東洋経済新報社で開催され、また、『国際関係研究』が同社から出版されていることを考えると、国際関係研究会は東洋経済新報社の支援を受けた学術団体と言えるだろう。

(103) 清沢のほかに、石田礼助、石橋湛山、蠟山政道、柏木秀茂、加田哲二、津島寿一、山本宗文、鮎沢巌、三井高維が理事を務め、蠟山は常務理事であった（「国際関係研究会仮規約」前掲『国際関係研究』昭和十五年第一輯、一七二頁、「研究例会記事」国際関係研究会編『国際関係研究』昭和十五年第二輯、東洋経済新報社、一九四一年一月、二二六頁）。

(104) 前掲「研究例会記事」『国際関係研究』昭和十五年第一輯、一六九～一七〇頁

(105) 「日米関係研究委員会について――特殊グループ・スタデイの計画」（国際関係研究会編『国際関係研究』昭和一六年第一輯、東洋経済新報社、一九四一年六月）二一四～二一六頁。

(106) 国際関係研究会は、一九四二年に「国際関係叢書」を大同書館から五冊発行している。タイトルは『本邦の貿易と新秩序』（第一巻）、『東亜に関する条約と外交』（第二巻）、『西ヨーロッパ連邦論』（第三巻）、『独逸の対外経済政策』（第四巻）、『米国通商政策の動向』（第五巻）である。

(107) 国民学術協会常務理事「国民学術協会設立趣意書」（『中央公論』一九三九年七月）。

(108) 国民学術協会『財団法人 国民学術協会の記録』（国民学術協会、一九九九）一七頁。

(109) 国際関係研究会では蠟山と清沢、国民学術協会では三木と清沢の「協同」がみられた。思想的には対立した「社会的自由主義」者とリベラル・デモクラシーを堅持する自由主義者との「協同」の内実とその思想史的意義の解明については今後の課題にしたい。

第Ⅵ章　『戦争日記』にみる戦時下日本批判と戦後構想

はじめに

清沢洌が、戦時下（ここでは一九四一年一二月八日に開戦したアジア太平洋戦争下を意味する）に密かに書き付けていた日記は、一般に『暗黒日記』として知られ、数ある清沢の著作のなかでも最も読み継がれてきたものである。清沢の『戦争日記』を主題とする本章の課題は、第一に『戦争日記』にみえる日常生活の記述に着目しながら、戦時下における清沢の内面化した「自由を求めてやまない生活態度」の内実と深さを明らかにすることである。清沢は、自由主義を理論体系として捉えるのではなく、むしろ、その基調を「生活態度――心構へ」「自由を求めてやまない生活態度[1]」に置いており、その「自由主義」を明らかにするためには、具体的な日常生活から検討する必要がある。また、戦時下の清沢の評論から彼の「自由主義」を読み取ることは、言論統制のため、ほぼ不可能だからである。第二に、思想は同時代認識との往還のなかで形成されるという観点から、清沢の「自由主義」の内実と深さを評価するために、戦時下における清沢の社会認識を分析する。第三に、「自由主義」および戦時下における社会認識から導き出された清沢の戦後構想を提示する。

以上の課題を解明するために、第１節では『戦争日記』とはそもそもどのような特徴を持つテキストなのか検討し、次にこれまでの『戦争日記』の論じられ方（先行研究）を概観しながら、問題の所在を示す。第2節では『戦争日記』にみる清沢の内面化した「自由を求めてやまない生活態度」を、第3節では戦時下における清沢の社会認識および戦後構想を検討する。

最後に史料の扱いについて述べる。『戦争日記』については、『暗黒日記』というタイトルで英訳も含めて複数の版が出ているが、本章ではほぼ完全版である橋川文三編『暗黒日記』全三巻（ちくま学芸文庫、二〇〇二、初出評論社、一九七〇〜一九七三）を参照することにし、引用等に際しては、煩瑣になるのを避けるため、年月日で略記できない箇所を除き、引用文末もしくは文末に日記の年月日を略記することで典拠を示すことにした。

第1節　『戦争日記』の特徴と問題の所在

第1項　『戦争日記』とは何か

『戦争日記』とは、アジア太平洋戦争下の一九四二（昭和一七）年一二月九日〜一九四五（昭和二〇）年五月五日にかけて清沢洌が密かに書き付けていた日記である。

この日記の性格をまとめると、第一に、「ジャーナル」、つまり、「毎日の記録」、「市民が毎日つけることのできる日記」[2]であることが挙げられる。『戦争日記』には、戦時下の日常生活について丹念に記録されている。第二に、この日記は、戦後出版を計画していた現代史執筆のためのノートであった。そのため、「『現代史』を後日、書くために記録を止め置かんとするに過ぎず」（四三年八月一日）と述べているように、清沢本人には出版の意図はなかったのである。第三に、資料として新聞記事の切り抜きが丹念に貼り付けられている。「記事の切り抜き＋記事の批判、感想」

というスタイルが多用されるが、新聞記事の量は次第に増えていく。つまり、『戦争日記』は、清沢の代表的な著作の一つであり、また、戦時下日本の諸相を知る上で有益な同時代史なのである。

次に思想史のテキストとしての『戦争日記』の特徴を見てみることにしよう。第一の特徴は、「ジャーナル」という性格を持つことである。基本的にその日の出来事や新聞記事に対する見解や感想が中心なのだから、前後に矛盾した記述や認識の揺らぎがあるのは当然である。よって、読み手にはそれらを勘定に入れた〈読み〉が求められる。第二に、あくまでも『戦争日記』は、戦時下の清沢の〈思想の断片〉である。したがって、読み手は安易にそれらをつなげて清沢の思想を抽出することを戒めると同時に、〈思想の断片〉の底流にある「自由主義」や社会認識を抽出することが必要である。第三に、『戦争日記』は、あくまでも戦時下という特殊な時代における記録であり、清沢の思想の集大成ではない。常に「現在進行形」で執筆されており、批判対象や批判する主体（清沢本人）を評論ほど清沢が十分に対象化できていないことに留意する必要がある。また、これに関わって、第四に、橋川文三が「彼〔清沢〕はある状況のもとで、ある人物について、自分がある感じをいだいたという事実を資料としてメモしただけで、のちにもし彼に歴史を書く機会が与えられたとしたならば、その時にそのように感じた自己の心の動きもまた、歴史の一資料として批判的に取扱われたはずである[3]」と述べているように、清沢本人が戦後存命していたら、『戦争日記』の記述を批判的に検討する可能性があったことを指摘しておきたい。

ところで、戦時下に日記をつけることは、それ自体危険を伴う行為であった。清沢は、親交のあった嶋中雄作から日記をつけることの危険性について忠告を受けていた（四三年八月一日）。清沢本人もその危険性を感じており、たとえば、一九四三年一〇月の日記の冒頭には「書いたことのない日記をここに始む[4]」との記述がある。また、一九四四年六月の日記の冒頭には、「旅行より帰りて」と題した大阪・九州への講演旅行の感想がまとめられているが、最初に「どこで舌禍にかかり、この日記帳を取調べられねばならぬかを恐れ」て、日記帳を旅行に持参しなかったとの記述がある。[5] この他にも清沢はたびたび経済倶楽部や逓信省の依頼を受けて講演旅行を行っているが、日記帳を持参した様子はみられない。清沢は常日頃から官憲の取り調べを警戒し、持ち運びや保管の方法に細心の注意を払いながら、日記をつけていたのである。[6]

最後になぜ『暗黒日記』というタイトルを使用しないか述べておきたい。そもそも『暗黒日記』という書名は、戦後の一九四九年にその一部が『中央公論』に収録された時に採用されたものであり、その書名には当時の人々の戦時期イメージ（＝暗黒）が投影されていた。清沢本人は、『戦争日記』という中立的なタイトルをつけており、また、戦時下の日本を暗黒のイメージで捉えていた訳ではない。戦後与えられた書名の持つイメージに引きずられて戦時期のテキストを読むことを避けるため、本章では一貫して原題である『戦争日記』を使用することにした。[7]

第2項　これまでの『戦争日記』の論じられ方——問題の所在

これまでの『戦争日記』の論じられ方は、二つの系譜に大別することができる。

一つは、『戦争日記』にみえる清沢の社会認識と戦後構想を肯定的に評価した研究である。[8] 橋川文三、山本義彦、北岡伸一とも、『戦争日記』における自由主義、合理主義の立場から清沢が展開した戦時下日本政治の非合理性、日本社会の病理、時局に便乗する知識人への透徹した批判を高く評価し、『戦争日記』の主題の一つが教育であることに見解の一致をみている。しかし、清沢研究における『戦争日記』の位置づけおよび清沢の戦後構想の解釈については山本と北岡の見解は対立する。

山本は、清沢の思想の集大成として『戦争日記』を捉え、その思想——(1)「心的態度」としての自由主義、中庸主義、(2)教育の国家統制に反対し、画一主義の排除と多元主義の擁護、(3)国際平和の実現をめざす外交論、(4)軍部の神がかり的、猪突猛進的で非科学的な戦争指導への否定、これに追従する思想家、ジャーナリストへの厳しい批判、など――が第二次大戦後、連合国軍によってもたらされた戦後民主主義と平和の思想、言論の自由、男女平等などの国際的普遍的な思想を先駆的に主張していたとする。一方、北岡は、『戦争日記』を戦争批判としての古典的な価値を持つ著作ではあるが、戦時という極限的な時代における記録であって、清沢の全体像を知るために必ずしも十分ではないと主張する。また、吉田茂と清沢の交友を強調し、清沢の議論が戦後吉田が主導した「保守本流」の軽軍備・経済重視の路線と通底することを示唆している。山本は平和主義者としての清沢の側面を、北岡は現実主義者としての清沢の側面を重視しているのである。

筆者は、『戦争日記』を清沢の思想の集大成とは考えていない。また、清沢の戦後構想から山本や北岡とは異なる清沢像を提起する。

もう一つの系譜は、『戦争日記』にみえる清沢の社会認識および戦後構想を批判的に検討し、清沢の「自由主義」の思想的限界を指摘する研究である(9)。この系譜の研究が提示する論点をまとめると、以下のようになる。

① 総力戦体制の強化に伴う社会秩序の変動に対する清沢の危機意識と共産革命への「恐怖」を指摘し、その社会認識を批判している(10)。

② ①の論点とも関わって、戦時下における民衆の社会的経済的上昇に対する清沢の危機意識を指摘し、清沢の大衆蔑視の側面を批判している(11)。

③ 清沢の戦後構想批判。具体的に言えば、韓国併合が合法的に行われたことを理由に、朝鮮や台湾の領有を前提とした戦後構想を清沢が提示したことを批判している(12)。

④ 戦争に対して清沢が批判的な姿勢を示せたのは、彼の生活感覚に根差した自由主義の「保守性」によるものであり、自分たちの生活と「自由」を左右のラディカリストから防御するという意味で清沢は「自由主義者」であった。また、清沢が戦時下に擁護しようとした「自由」は、彼の内面に秘められ、沈黙という形でしか守ること

ができなかった。戦後、清沢がもし生きていたら、保守論者となった可能性が高いのではないか。[13]

以上の論点に対して、本章では、①については、第3節で『戦争日記』にみえる社会認識を整理し、清沢が社会の「赤化」や共産革命への「恐怖」を抱いた論理を示し、先行研究とは異なる見解を述べる。②については、第3節で戦時下における大衆の社会的経済的上昇に対する批判がどのような論理から導き出されたのか示し、それが大衆蔑視に裏付けられたものではないことを明らかにする。③については、第3節で『戦争日記』にみえる朝鮮認識を年代順に提示し、清沢が朝鮮独立容認に傾いていったことを実証する。④については、第2節・第3節を通じて清沢の内面化した「自由を求めてやまない生活態度」の内実と深さを提示し、さらに、推測になるが清沢の社会認識と戦後構想から戦後彼が存命していたらどのような立場にいたのか試論を提起することにしたい。

第2節　『戦争日記』にみる「自由を求めてやまない生活態度」

第1項　戦時下のゴルフ

小田実は、清沢洌が太平洋戦争の時に反戦思想を維持することができたのは、「西洋が築いてきた文明と正義」という原理において徹底していたからだと分析している。小田によると、戦時下の清沢にとって、「ゴルフは彼にとって抵抗の所在なのです。原理において徹底することの中で、抵抗の根源というのは彼にとってゴルフなんです[14]」。つまり、戦時下にゴルフをすることによって、清沢は自身の反戦思想を表現していたのである。

ここでは小田の解釈を一つの導き手として、戦時下のゴルフの意味について小田とは異なる見解を提示したい。まずその前提として戦時下におけるゴルフの社会的位置づけを概観することにしよう。雑誌『ゴルフ・ドム』によると、一九四〇年の時点で日本のゴルフコースは七一（一〇一七ホール）であり、ゴルフ人口は一一万人と推定された。また、当時のゴルフ用具は高額であった。ゴルフは、ごくごく限られた人々の、言わば、「特権階級」のスポーツだったのである。[15]すでに日中戦争以降、「贅沢な遊び」と敵視されたゴルフに対する外圧は高まりつつあったが、その傾向は、アジア太平洋戦争開戦後、さらに強まることになる。ＪＧＡ（日本ゴルフ協会）は、ゴルフを鍛錬の手段として位置づけることで生き残りを図ろうとした。しかし、ゴルフコースの入場に科せられる税金は大幅に値上がりし続け、野球と同様にゴルフ用語もことごとく日本語に置き換えられた。[16]清沢も「ゴルフは今度打球というようになった。『打球鍛成袋』とゴルフ・バッグをいったらどうかと皆で笑う」と記している（四三年二月一七日）。このようにゴルフに対する統制や批判は強まる一方で、駅のプラットホームなどでバッグを担いで降りてきた男性が「愛国青年」に袋だたきにあう事件があちこちで発生した。また、戦局の悪化に伴って軍による接収、徴発はすでに一九四〇年から拡大しており、ゴルフコースは、軍用施設、農耕地、家畜飼育場に転換させられたのである。[17]

『戦争日記』を見ると、訓練場としてゴルフ場を利用する兵隊や青年団のマナーの悪さやゴルフ場を取り上げて耕地として利用しようとする長野県翼賛壮年団に対する批判が散見される（四三年五月三〇日、六月一三日、六月三〇日、七月二四日）。さらに、翼賛壮年団について清沢は、「信州の翼壮は《ママ》軽井沢のゴルフ場閉鎖を主張するのは、近衛とか後藤とかいう連中が、自分でそんなことをしているんでは、増産も何もできぬというにある由。／彼等は知識人が休息の要あることを知らぬほど無知であり、また根底に破壊と嫉妬あるを見る」と記している（四三年七月一四日）。

清沢にとって、戦時下のゴルフとは、抵抗の根源ではなく、解放感や休息を味わうための趣味であり、文筆家の仲間や嶋中雄作と親睦を深めるための娯楽であった。[18]しかし、戦時下においてはゴルフはブルジョアの趣味として非常に評判が悪く、清沢のゴルフは、反戦思想の表現、あるいは、個人の趣味という私的領域にまで介入しようとする社会の一元化に対する批判と抵抗として解釈されてしまったのである。

ところで、一九四三年九月に六回ゴルフをしたことを最後に、ゴルフに関する記述は日記から激減する。ゴルフ場の閉鎖等によりゴルフをすることが難しくなってきたという理由もあるが、「毎朝、畠で働く。僕はゴルフをやって満足感を持ったことなし。今や農業をやると実に気持がいい」（四三年一〇月一五日）と述べているように、清沢は意識的にゴルフから農作業へとシフトしていくのである。

第2項　農作業の意味するもの

清沢は、一九四三年九月から東京の自宅で、同年一一月から軽井沢の別荘で本格的に農作業を始めた（四三年九月五日、一一月二三日）。主な栽培作物は、大根、里芋、馬鈴薯、ニラ、苺、南京豆、胡瓜、南瓜などであった。農作業を始めた一年後に清沢は評論「素人農園家の記」[19]を発表する。この評論は、「統制と配給が強化されると、苗や種を買入れる道が全く遮断される」[20]と政府の非効率的な統制・配給政策を批判する一方で、清沢の農作業の様子を紹介している。農作業をはじめてからの一年間で、「一番多く纏つて時間を割いたのは何といつても畠の仕事であり、また読書の半分は農園に関するものであつた……新聞などでもまづ農業欄を読み、それから外電や政治欄に移るといつた熱心さである、ラジオも聞くのは農業講座とニュースだけだった」[21]との記述からは、清沢が素人ながら力を入れて農作業に取り組んでいたことがわかる。以上のような農作業に、どのような思想的意味があったのだろうか。

一九三五年に刊行された『混迷時代の生活態度』のなかで清沢は、人生の目的を「正しい道を踏んで幸福になること」と定義し、さらに、「正しい」とは、「行動によつて吾々の住んで居る社会が善くなること」であり、また、「幸福」とは、「自分も幸福であると同時に他人も幸福にしなくちやいけない」[22]と説明していた。「毎日ゴタゴタしていて少しも勉強しない。畠のためにクリーム・オヴ・タイムをとられることが一因だ」（四三年一一月三日）、「一日中、畠や庭の手入れ。読書できず。食うことは、こうも時間をとるものかと思う」（四四年七月七日）と述懐しているように、一面では農作業は言論・研究活動の障害であった。しかし、言論活動を通じて社会の変革を促すことが難しくなった清沢にとって、女中二人を含む家族六人の食料を確保する必要から始めた農作業は、社会の変革には直接つながらなくても、自分のみならず、他人を幸福にするという点で積極的な意味があったと言えるだろう。

第3項　戦時下における生計の立て方

言論統制が厳しくなってきてから、清沢の執筆の場は東洋経済新報の社説（無署名）や地方紙などに限られ、「原稿料は全くなし」（四四年四月一日）という状況だった。戦時インフレが激化するなか、清沢はどのような手段で生計を立てていたのだろうか。

『戦争日記』によると、清沢は、二六会を通じて親交のあった小林一三が社長を務める東京電灯株式会社の嘱託に採用され、「東電史」作成の作業に携わっていた（たとえば、四二年一二月二二日、四三年七月一二日、七月二一日、一二月二日）。しかし、この嘱託は一九四四年一月に打ち切られて、清沢は「本日から無月給者になる」（四四年二月一日）と記している。一方、清沢は東京大学教授高柳賢三の依頼を受けて、海外の知識階級向けの宣伝を担当することになった（四四年一月二〇日）。しかし、「僕の脱会申し込みの理由の一には、何等の経済的報酬なき一事もあった」（四四年四月一三日）と記しているように、報酬がないことを理由に辞退しようとしたこともあった。結局、清沢は辞退せずに、四四年八月に外務省の嘱託に採用された（四四年八月二九日）。定期的な報酬はなかったようだが、高柳を通じて外務省から謝礼が支払われていたことがわかる（四四年六月一四日、一二月二二日）。

また、清沢は経済倶楽部、逓信省や東京都の依頼を受けて講演を行っており、わずかではあるが、現金収入を得ていた（たとえば、四四年一一月一八日、一一月二八日）。経済倶楽部や逓信省の講演では、樺太・北海道から九州まで訪れており、清沢にとっては地方の情勢を把握する良い機会にもなっていた（たとえば、四三年四月七日、六月一二日、

四四年三月六日、五月二三日、五月二六〜三〇日)。

ところで、清沢は言論人には珍しく、以前から実業家・投資家としての側面を持っていた。丸ビルのレストラン銀星のオーナーを務め、甥の笠原清明に任せていた。また、富士アイスの役員を務めており、定期的に重役会に出席し、経営に参画していた。しかし、闇の問題や統制の強化、徴用により、両者の経営が次第に苦しくなっていった様子が日記からうかがえる(たとえば、四三年四月二一日、九月二三日、一一月一三日、四四年四月二二日、四五年三月一六日)。また、富士アイスの他に山王ホテルにも株式投資をしていた(四四年四月二八日)。この他に清沢は、東京の自宅と軽井沢の別荘と貸家を所有しており、賃料収入を得ていた(四三年九月一三日、四四年四月一三日)。

以上のように多角的な方法で清沢は生計を立てようとしていたが、「本年終る。経済的にも一杯一杯であった。収入二万円。勤労所得だのに、よくもこれだけ這入るものだと思う。しかし闇による支出は一〇倍である。将来が不安である。不動産もあるから僕の場合は、全く困ってしまうことはないにしても」(四四年一二月三一日)と記している。当時、巡査の初任給が四五円、銀行員が七五円であった[23]。しかし、戦時インフレが激化するなか、二万円の収入を得ても、清沢は、将来への不安をぬぐい去ることはできなかったのである。

『戦争日記』の生計に関する記述を見ると、戦時下に清沢が「金儲け」に走っていたように思われるかもしれない。しかし、清沢が多角的な方法で収入を得ようとしたのは、第一に、家族の生活の安定を図るためであった。第二に、フリーランスの言論人として、戦中・戦後の混乱を切り抜けて言論・研究活動をするための基盤を作るためだったのである。

第4項　戦後社会を担う次世代への希望——結婚の仲立ち

「若い友人たちの結婚の世話などもよくした[24]」と橋川文三が指摘するように、『戦争日記』には清沢が結婚の世話をした記述が散見される。結婚話などの私事にかかわる事柄は、一部伏字になっている部分もあるので、残念ながらその全容は解明できないが、ここでは清沢が結婚の仲立ちをした思想的意味について簡単に検討したい。

今の時点から歴史を見ることに慣れている我々は、ついつい清沢が五五歳の若さで急逝したと考えてしまう。しかし、戦前の平均寿命は五〇歳にも満たなかったのであり、決して清沢は若くして亡くなった訳ではない。『戦争日記』には、清沢が明らかに「老い」を自覚していたことを示す記述がある。たとえば、清沢は、五三歳の誕生日に「何年まで生き、何をするか」（四三年二月八日）と述懐し、また、一九四五年の元旦には「僕は、文筆的余生を、国民の考え方転換のために捧げるであろう」（四五年一月一日）と決意を述べている。

ところで、『戦争日記』を見ると、一九四三年四月～四五年五月にかけて、清沢は四組の結婚を世話し、世話はしなかったものの結婚式に出席したケースが四件あることがわかる。伏字になっているケースや世話をしたものの婚約にまで至らなかったケースを含めると、推定になるが二年強の間に一〇組前後の結婚を世話していたと思われる。

戦時下に清沢が積極的に結婚の仲立ちをした理由は、第一に、前述したように、自分だけではなく他人を幸福にしなければならないという心構えを持っていたからである。第二に、結婚によって新たに「たのしい小さな共同性[25]」を創ろうとしたからだと思われる。清沢は石橋湛山の息子の結婚の世話を手伝い、嶋中雄作の長女の結婚も世話している（四三年五月二一日、四四年四月八日、四月二〇日、七月一四日）。また、結婚には至らなかったが、白柳秀湖の息子、三井高維と鮎沢巌の娘の縁談を世話している（四四年八月一七日、一〇月八日、一一月二三日、四五年一月一四日、四月一二日）。これらの友人・知人達との家族ぐるみの付き合いからは、「威厳のある父親と忍従する妻という家父長的家族像とはちがう『小市民』的ないし『自由主義』的家族像[26]」がうかがえる（たとえば、四三年八月二五日、八月二八日、八月二九日、四四年五月一〇日、一〇月一四日）。おそらく清沢は、相互に自立した個人による、友人や知人に開かれた家族像を理想としていたのではないだろうか。戦時下において若い世代がそのような家庭を築く手助けをすることは、言論による社会変革に比べてささやかではあるが、「自由を求めてやまない生活態度」を体現する行為だったように思われる。第三に、戦後日本社会を創り上げる次世代への期待があったからである。第3節で検討するように、『戦争日記』のなかには清沢の戦後構想が断片的ではあるが記されている。清沢は、すでに個人の知識と努力によって社会を「搾取なき社会」に改造することができると信じ、その実現のために奮闘することが義務であるとの考えを示していた(27)。清沢の戦後構想を具体化し、日本社会の民主化を実現するのは、彼ではなくむしろ若い世代だったはずである。日本の敗色が濃くなるにつれて国内の交通事情も悪化していく。そのような状況にも関わらず、清沢はある結婚の世話をするために、言論・研究活動や講演の合間を縫って東京と松本の間を二往復している（四四年一〇月八日、四五年三月二四～二七日）。また、『戦争日記』の最後の記述は、偶然ではあるが、清沢が媒酌人を務めた結婚式での挨拶を記したものであった（四五年五月四日、五月五日）。

「老い」を自覚した清沢は、戦時下という過酷な状況の下、戦後社会を担う次世代への期待と希望を込めて結婚の仲立ちを行い、周囲に開かれた自由の感覚を持つ「たのしい小さな共同性」を創り上げていくことを目指したのである。

第5項　戦時下における〈友愛〉

『戦争日記』とは、戦時下における清沢の〈友愛〉の記録でもある(28)。ここでは特徴的な〈友愛〉のかたちを紹介し、その思想的意味を検討することにしたい。

訳者の中野正から贈られたリカード『マルサスへの手紙』を読んだ清沢は、「意見を異にしながら、友情の密なるものあり。羨しさにたえず。意見を異にしながら、我等は友情を持ち続け得ざるか」との感想を日記に記している（四三年一月二三日）。小汀利得との交友は、意見の相違を乗りこえた〈友愛〉のかたちだったように思われる。清沢は、日記のなかで小汀の時局認識の甘さを厳しく批判している（四三年一二月二二日、一二月二四日）。また、小汀も自身が経営する『日本産業経済新聞』に清沢の原稿を載せるのを断った（四四年三月二六日）。しかし、『戦争日記』には、小汀夫妻が清沢宅を訪れて歓談したり、清沢が小汀宅でコーヒーを御馳走になったり、歌舞伎に招待されたりするなどの付き合いがあったことがわかる（たとえば、四三年六月二二日、一一月三日、四四年八月二七日）。その付き合いは、「朝、小汀利得来たり、野菜を贈る。昨朝も来て気焔を吐いて行った」（四五年四月一八日）とあるように、死の直前まで続いていたのである。

戦後、「カムカム英会話」（ＮＨＫラジオ）の講師となる平川唯一は、時折清沢の自宅を訪れ、庭の仕事をしたり、冷蔵庫、ワッフルのアイロンなどの電気器具の修理をしたりしていた（四三年八月一九日、四四年四月二日）[29]。この平川の姿を見て、清沢は「米国で教育を受けた連中が、真面目で誠実であるのは、著しい特色である。恩を感ずるもの、この人々の如きは非ず。僕の知っている者の内、最も真面目なるグループだ。彼等は必ず成功するだろう。米国教育の中に、そうした誠実を教うる空気があるのだろう」（四三年八月一九日）と感じ、「形式主義の日本的教育と、考えることを教える教育との相違ここにあり」との考えを示している（四四年四月二日）。

また、親交のあった鮎沢巌一家と共に清沢の自宅を訪れた陸軍中尉加賀美に対しては、「慶応出身で米国の大学に行ったという。日本の学生と米国の学生とを比較して、日本の学生はノートをとるぎりだ。米国の方が自から勉強することを知って居り、原典をも読破するという。極めて頭のいい青年だ」（四三年八月二五日）と記している。

「この戦争において現れた最も大きな事実は、日本の教育の欠陥だ。信じ得ざるまでの観念主義、形式主義である」（四四年三月一六日）と記したように、『戦争日記』を通して清沢は日本の教育、教育行政のあり方を厳しく批判していた（たとえば、四四年二月一〇日、四五年二月一四日、四月四日）。しかし、この若い二人との〈友愛〉を通して、清沢はアメリカの教育のなかにある真面目さ、誠実さ、換言するとアメリカ市民の底流にある勤勉さというモラルを再認識し、敗戦後の社会の担い手を見出していたのである。

ところで、戦時下における清沢にとって、〈友愛〉、すなわち、「ヨコの相互性」としての友達づきあいが意味するものとは、一体何だったのだろうか。それは、様々な統制にがんじがらめにされるなか、官憲の弾圧を警戒しながら日々を過ごしていた清沢には、信頼できる友人との対等なつきあいを意味し、自由の感覚を呼び起こすものであった。とりわけ、若い二人との〈友愛〉は、アメリカ市民の底流にある勤勉さというモラルを再認識する機会となると同時に、時局に便乗しようとする人々に対する批判の根拠にもなったのである。一方、「共同体内部の強いられた人間関係」[30]は、清沢にとって桎梏だったようであり、『戦争日記』には隣組に対する不満や批判が散見される（たとえば、四四年一二月八日、一一月一六日）。

第6項　小括

ここまで『戦争日記』の日常生活の記述に着目しながら、戦時下における清沢の「自由を求めてやまない生活態度」を読み解いてきた。清沢の「自由主義」は、小熊英二が指摘するように、決して自分たちの生活と「自由」を左右の政治勢力から防衛するという意味での消極的な思想ではなかった[31]。この時期に言論の自由や大衆運動を組織することは最早許されなかった[32]。趣味のゴルフを仲間と楽しみながら、自分のできる範囲で生活を安定させることによって家族の幸福を実現しようとし、さらに、結婚の仲立ちを通じて「たのしい小さな共同性」や、「ヨコの相互性」に基づく友人との対等なつきあいを少しでも豊かにしようとした清沢の努力は、来るべき戦後社会の担い手をとなる若い世代への希望も意味したのである。

さらに言えば、清沢が戦時下において国家や国家に追随する論調と一定の距離を置いて、リベラルな姿勢を堅持し得たのは、清沢の「自由主義」が、「学習したリベラリズム」[33]（鶴見俊輔）ではなく、内面化した「自由を求めてやまない生活態度」を基調としていたからなのである。

第3節　社会認識と戦後構想

第1項　『戦争日記』にみる社会認識

一九三六（昭和一一）年、とりわけ、二・二六事件以降の清沢洌のファシズム認識は、軍部と官僚が連携しながら国民への統制を強化するというものであった[34]。そして、この認識は、戦時下の政治批判のみならず、社会認識にまで及んでいた（四四年一月四日、四五年四月一〇日）。

周知のように、戦時下の清沢は、「統制主義」を厳しく批判していた。その批判の論理は、第一に、統制が自由競争の激化を緩和するのではなく、むしろ競争による発達を阻害し、結果として国民の利益を損ねるからであった（四三年六月二一日、八月二八日）。第二に、「統制主義」と「官僚主義」をほとんど同義語とみなしていることからもわかるように、統制を主導する官僚への不信があった。清沢の官僚批判は、官僚に「生産意識」がないことと、統制の結果に責任を負わないことに向けられていた（たとえば、四三年八月二〇日、四四年三月一六日、五月一〇日、五月一四日）。第三に、「統制経済や社会主義は公徳心の完成を前提にす」（四三年一〇月一九日）と指摘するように、公共の利益を考えない統制は、その論理的帰結として統制する主体（官僚、大衆）の私利私欲の追求に転化してしまうからであった。「統制」の結果を目の当たりにした清沢は、「官僚主義、統制主義の欠点は、日本における数年の試験によって完全に明かにされた。予の一生を通し、この目前の試験が、予の確信を最後的なものとした。統制主義、官僚主義は日本を亡ぼす」（四四年四月一三日）と結論せざるを得なかったのである。

また、「形式主義は総てに表現す。外交に、統制に、政治に」(四三年六月一六日)、「形式的なことに重要性を置く現代日本の思潮」(四三年七月二日)と述べているように、『戦争日記』を通じて清沢は、官僚的「形式主義」のみならず、戦時下の政治・社会にみられる形式主義を批判していた。彼は戦時下のどのような現象に「形式主義」を見たのだろうか。

第一に、戦時下に頻繁に行われた名称の変更である。たとえば、『ジャパン・タイムス』を『ニッポン・タイムス』と改名し、占領したアッツ島、キスカ島を熱田島、鳴神島と変更したことである(四三年一月八日、五月三日)。「名前をかえることが一番楽な自己満足だ」(四三年一月八日)と清沢は皮肉っている。第二に、借金や引っ越しなどの手続きの煩雑さである(たとえば、四三年九月二〜三日、九月六日、四五年五月一日)。抵当物件があるにもかかわらず、区役所と裁判所の間を往復させられた清沢は、「紙の上で形式主義の政治と観念遊戯と、他人の事を考えない国民の悪風は改まるまい」(四三年九月二日)と記している。第三に、行政機構の改革である。一九四三年七月一日に東京都制が施行されたが、清沢は「もとより府、市に弊害はあり。だが、それを戦時下に変更せねばならぬほどの必要ありや」(一九四三年七月一日)と疑問を呈している。また、日記には鉄道省と逓信省を一つにして運輸通信省となることが記されている(たとえば、四三年一〇月三日)。その結果は、行政の効率化ではなく、むしろ無理に統一したことによる対立だった。翌年、清沢は旧逓信省の依頼を受けて講演に赴くが、その時用意された切符は、運輸通信省の役人が陸軍の友人を通して購入したものであった(四四年二月一七日)。省内の対立により公用の切符さえ満足に用意できなかったのである。第四に、統制の「形式化」である。日記には全国に六〇〇もある統制会社を統制する運動が出てきたとの記述があるが、これを清沢は、「形式主義の金しばり。そして現在でも、『取締り』のみを考えて生産は少しも考えない」(四三年七月一四日)と批判している。第五に、「形式主義」の外交の事例として、清沢は、上海共同租界の返還を挙げている(四三年七月二日)。

以上のように清沢は戦時下の政治・社会にみられる「形式主義」を批判していたが、最大の問題は、この風潮が国民にまで及んでいたことであった。清沢は形式的な防空演習のあり方を繰り返し批判していた（たとえば、一九四三年七月一七日、一一月二七日、一九四四年七月一九日、一一月八日）が、その極端な例として次の史料を見てみることにしよう。

とよや（清沢家住み込みの女中）がクスクス笑いながら話す――

「訓練で、若い娘達が分隊式とかをやって挙手の礼をするのであるが、中央に伊藤さんの奥さんが居って、私達が行列を進め、右をむいて手を挙げる。伊藤奥さんがそれに酬います。今、思い出しても可笑しいのです」と（四四年一一月二三日）。

日記の前後の記述から考えると、防空演習の一コマだと思われるが、空襲が時間の問題となったこの時点でも閲兵式の真似事を「訓練」と称して行っていたのである。

要するに、戦時下の形式主義とは、事の本質や状況を見極めずに、問題を表面的に取り繕って隠蔽するかもしくは先送りにしようとする無責任な精神のあり様だったのである。

次に清沢の「封建主義」批判を検討してみよう。「封建的」あるいは「封建主義」を清沢は明確に定義していないが、『戦争日記』の記述からだいたい三つに整理することができる。一つは、「封建時代の敵討ち思想」、つまり、米英に対し高い理想をもって日本の世界新秩序を主張することなく、星条旗を踏んだり、チャーチルとローズヴェルトの人形を突きさしたりするような感情的な反応をすることである（四三年二月二二日、三月四日、三月二二日）。もう一つは、「全軍、自殺の道徳観」（四三年七月三日）、すなわち、玉砕の思想である。これは非人道的な玉砕批判のみならず、人的資源の有効な使い方や戦後経営を全く考えていないことに対する批判でもある（たとえば、四三年八月二九日、四四年七月二九日、一一月二三日）。最後は、反動的・破壊的な気分である。反動的な気分とは、ブルジョア――

高級料理屋、「奥様」、「物持ち」――に対する民衆の反感を意味し、「出来あがっているものを取りあげる事、嫉妬、不平、占領主義」を特徴とする（たとえば、四四年三月一六日、四月一四日、五月一五日）。また、破壊的な気分は、反動的な気分とも関係するが、たとえば、丸ビルの事務所を修繕するのに三つの窓を打ち壊すことや青壮年団などによる木や果樹の行き過ぎた伐採のように、「破壊そのものに興味を持つ」感情を指す（たとえば、四四年一一月九日、一二月一四日、四五年四月一日、四月一〇日）。つまり、封建主義とは、合理的・科学的な思考様式を排し、相手の立場や個人の尊厳を軽視する日本的・伝統的な感情と破壊的な行動を意味するのである。

マルクス主義の影響を受けた「統制主義」――「コンミュニズム」――と「封建主義」は「同じフレーム・オブ・マインドの産物なり」（四三年七月二一日）という認識から、清沢は、周知の如く、戦時下における社会の「赤化」を感じ、「封建主義的コンミュニズム」による革命を「必須」と考えていた（四三年七月九日）。しかし、革命を「必須」と認識していたことをもって、宮中グループや資本家と同様に清沢が「共同幻想としての『共産革命』」（黒羽清隆）にとらわれていたとみなすことはできない。その理由は、第一に、革命を「必須」とみなす清沢の認識は、一九二〇年代以来の、左翼と右翼は同じであり、急激な左翼化（右翼化）は反動を招くという社会認識の論理的帰結だからである。[35] 第二に、宮中グループは、吉田茂も作成に関与した「近衛上奏文」にみられるように、共産主義への恐怖を国内からの脅威だけではなく、ソ連共産主義の脅威とも結びつけて捉えていたが、ソ連を現状維持勢力とみなした清沢や芦田均はソ連の脅威を感じていなかったのである。[36] さらに言えば、『戦争日記』には、宮中グループや資本家の「赤化」に対する不満や反発が紹介されているが、それらに清沢が賛意を示した記述は管見の限りでは一回もないのである。第三に、革命を「必須」とみなす認識は、一九四四年七月一八日を最後に日記からは見られなくなる。その理由は推測になるが、清沢が予期した空襲に伴う掠奪などがほどんど起きなかったからではないだろうか。清沢は以前から「空襲が来たらば世は収拾すべからざる混乱に陥いる」との見通しを持っており、掠奪、強姦、強盗などが起きると予想していた（四四年七月四日）。そして、空襲の後に必然的に訪れる敗戦の後、清沢は、「秩序の破壊は必らず到来し、その後に来るものは暴動、革命、暗殺」であると考えていた（同前）。しかし、清沢は、一九四四年一一月以降、東京への空襲を自身の体験も含めて丹念に描いているが、掠奪などの記録は見られない。それどころか、東京大空襲での無差別爆撃に怒りを覚えていた清沢は、アメリカの度重なる無差別爆撃を受けても日本人が憤りを感じないことに驚いているのである（四五年三月一九日、四月一六日）。要するに、宮中グループや資本家と同じ結論であったとしても、そこに至る社会認識の論理と根拠が異なるのだから、「共同幻想としての『共産革命』」という見解は妥当ではない。

第2項　『戦争日記』にみる大衆批判

清沢の大衆批判を検討するにあたって、まずは彼の大衆との向き合い方を確認しよう。この点に関して、渡辺知弘は、「清沢にとって望ましい国内社会像は、『文明化』された『インテリゲンシャ』が『未開』で『無智』な『大衆』を指導する立場にあるものであった[37]」と述べている。たしかに清沢は大衆の無知を批判していた（たとえば、一九四三年四月二四日、一二月一四日、四四年七月四日、四五年二月四日）が、はたしてこのような図式は成り立つであろうか。『戦争日記』のなかで清沢は、これまで自分が批判してきた「日本人的な」感情や日本的伝統が自分のなかにあることを認めている。たとえば、電車が宮城の前を通る時に頭を下げる行為について清沢は、「この共同的訓練のない国民が、皇室という中心がなくなった時、どうなるだろうというような理屈もあるが、……感情的に『日本人的』なものを持っているからだ」（四三年七月六日）と述べている。また、中野正剛自殺の知らせを受けた清沢は、「僕はその罪〔中野の思想が戦争を起こしたということ〕を許してやる気持になった。けだし僕も日本的伝統を心深く持っているのである」（四三年一〇月二七日）と述べている。また、清沢は日本人の一人として状況に対して責任を感じていた。たとえば、芦田均主催の正木ひろしを囲む会で、「僕は一二月八日、大東亜戦争勃発の時に持った感じを忘れることはできない。私は愛国者として、これで臣節を全うしたといえるか、もっと戦争を避けるために努力しなければならなかったのではないかと一日中煩悶した」（四三年七月九日）と発言したことを日記に書き残しているように、清沢は決して超越した視点から日本社会や大衆を批判していた訳ではないのである。さらに言えば、広田弘毅内閣の総辞職から林銑十郎内閣の成立までの時局を女性に向けてわかりやすく説いた著作のなかで、清沢は、「お互ひの意見はお互ひで決めることにしませう。［中略］誰が何といつても、自分で考へてみて納得のいかないことは信じないことにしようではありませんか。自分の判断と頭とを、他人に預けることは禁物ですよ(38)」と述べており、主体的に物事を判断して、自分の意見を持つように訴えていたのである。つまり、清沢の大衆との向き合い方は、言論人として大衆が物事を考える前提となる心構え、考え方、知識を提供し、大衆が主体的に考えていけるように手助けをするというものであった。

ところで、清沢は戦時下における大衆の社会的経済的上昇に危機感を覚え、大衆蔑視の感情を抱いていたのだろうか。ここでは先行研究で批判的に言及される史料を取り上げて検討してみることにしよう。

先頃、避難荷物の検査があった。その検査官は、出入りの大工梅村であった。我等の隣組長を従えて、挙手の礼をして「よくできました」と讃めて行ったそうだ。ワイフは「今までは、勝手口から出入りするのにも遠慮しましたのにね」という。

ここに問題は二つある。一つは大震災の時もそうであったが、今、秩序維持の責任が、大工や植木屋、魚屋等に帰したことだ。彼等は丁度いい知識と行動主義の所有者である。第二は自己の持物をも、警察の代表者等によって検査するという干渉主義の現れだ。新聞には疎開の荷物の中にカンカラ帽があったとか、ピアノがあったとかと、そんなことばかり書いてある。荷物の分量を決めて、何が大切であるかはその人の裁量に委せればいいではないか。その人によって「最も大切なもの」の観念が異うのだ（四四年三月二一日）。渡辺は、この史料と「車中、列を乱して席をとった男と一寸議論す。／商人的、工場的、土木請負業者のような連中が、二等車を占領す。それがため秩序も維持せられず。いわゆる柄が悪くなったことはなはだし」（四四年一〇月八日）との記述は、総力戦体制の展開が「未開」な存在である「大衆」の社会的・経済的地位向上をもたらし、「文明化」された「インテリゲンシャ」の地位を相対的に低下させたことに対する反発であった点において、清沢の「戦時下抵抗」の背景となっていると指摘する。(39)

たしかに『戦争日記』には日常生活で接した大衆に対する批判・反発が散見される。おそらく戦時下の社会において自由な言論・研究活動がほとんど許されなかった清沢本人のいらだちも背景にはあっただろう。しかし、筆者は渡辺の評価に疑問を感じる。第一に、すでに清沢は一九二〇年代半ばに日本社会において奴隷的境遇に置かれていた女性の社会的・経済的地位の向上を主張しており、(40)同様の主張は戦争日記にもみられた（一九四三年一一月二三日）。したがって、男女平等を唱えた清沢が「大衆」全体の社会的・経済的地位の向上に危機感を覚えたとは論理的には理解できない。第二に、戦時下における知識人の地位低下に関しては、清沢には総力戦体制の展開よりも、この時期の政治・社会にみられた反知性主義に対する反発が強かった（たとえば、一九四三年一月一二日、一二月五日、一九四四年三月一二日、五月一日）。

次に渡辺も含めて先行研究が見落としている「大震災の時」という記述に着目してみると、清沢が関東大震災の時の朝鮮人虐殺を想起していることがわかる。清沢は、関東大震災のわずか二ヶ月後に、アメリカの邦字紙に評論「震災と朝鮮人」を寄稿し、朝鮮人に人種的偏見を抱いていた大衆が、悪質なデマにより、恐怖を感じ、自警団を組織して朝鮮人虐殺に至る論理と心情を構造的に分析していた。(41)移民期に人種的偏見に基づく差別を受けた清沢と在米日本人にとって、朝鮮人虐殺は他人事ではなかったのである。ここで清沢は、震災や空襲のように秩序が一時的に崩壊する時に、大衆が「暴発」する危険性を指摘しているのである。また、清沢は、「元来が、批判なしに信ずる習癖をつけてこられた日本人」が、「悪質のデマ」を受けて、「どんな事でも仕出かす可能性がある。大地震の際の朝鮮人に関するデマが、そうであった。今回も、そうした事変の起る可能性は非常にある」（四五年四月一七日）と記している。[42] これらの指摘を考えると、「大工や植木屋、魚屋等」に対する反発を根拠に、清沢の批判を大衆蔑視と評価することはできない。

続いて次の史料を検討することにしよう。

隣組にウィスキーと葡萄酒配給さる。それを公平に分配したので、我家でも少し貰う。不二家主人の話しでは、アスパラガスを貰った職工が、味噌汁の中に入れたら、とけてしまったし、そのまま喰っても味がない。「あんな高いつまらないものはない」といった。またバターも産業工場には非常に沢山行くが、恐らく味噌汁の中にでも入れるのだろうと。平等配給主義――ブルジョアーに対する反感と相俟って、破壊的革命の基礎が出来あがっていることを知るべし（四四年七月一四日）。

この史料に関して、黒羽清隆は、「『バター』をパンにぬるのは容認されるが『味噌汁』に入れるのは悪『平等配給主義』の弊害だといいたげな語調は、『バター』の栄養学的性格（?）からみて、きわめて無いみな階級的反感にほかならない。『味噌汁』に入れようと、飯にとかそうと、労働者は『バター』を食べるべきである！」と批判する。また、黒羽は、このような記述の背景には、「"Haves"の"Have-nots"に対する無意識の反感」があると批判している。[43]

まず確認しておきたいのは、清沢本人が大衆（職工）にアスパラガスやバターを食べるなと言った訳ではないことである。不二屋主人の話を書き留めただけである。アスパラガスとバターのエピソードを引いた「平等配給主義」批判の意図するところは、「階級」的な配給をせよということではなく、人々のニーズや地域の情勢に配慮した効率的な配給の主張と見るべきであろう。ここで清沢は、酒を嗜まない人――清沢は酒をほとんど嗜まなかった――にも平等に酒類を分配する配給の不合理なあり方を批判しているのであり、決して大衆を蔑視している訳ではないことを強調しておきたい。

最後になるが、清沢の大衆に対する批判・反発の論理は、時局に便乗した徳富蘇峰に代表される「便乗主義者」・「出世主義者」や佐官級の軍人に対する批判・反発と共通するものであった（たとえば、四三年六月一九日、九月五日、一〇月六日、四五年四月五日）。アメリカ市民の勤勉さに共感し、〈モラルとしてのキリスト教〉を重んじた清沢にとって、大衆、知識人、軍人を問わず、時流にうまく乗った「便乗主義者」・「出世主義者」を許容することはできなかったのである。

第3項　『戦争日記』にみる戦後構想

『戦争日記』のなかで清沢は、政府が米英の立場を理論的に攻撃しようとはせず、戦後世界秩序や戦後経営の問題を研究していないことを繰り返し批判していた（たとえば、一九四三年二月二二日、三月四日、三月二二日、六月一八日、一一月二五日、四四年一月二九日）。また、アメリカでグルーが重用されて戦後経営が検討されているのに対し、アメリカと外交を専門と自負する清沢が、自由な研究・言論活動を封じられていることへの不満もあった（たとえば、四三年三月二〇日、五月二日、五月三日、五月二三日、四四年一月九日）。

石橋湛山から戦後問題の研究を依頼された清沢は、書けない問題があることに苦しみながらも、世界新秩序についての研究を進めていた（一九四三年九月六日、四四年五月一一日）。公表された唯一の成果は、ダンバートンオークス会議での国際連合憲章草案を批判的に検討した「戦後世界秩序私案」(44)であった。したがって、敗戦後の世界と日本を見据えた戦後構想の全体像は、『戦争日記』から読み取るしかないのである。

　ここでは『戦争日記』の記述から清沢の戦後構想を明らかにし、戦後、清沢が生きていたらどのような立場にいたか試論を提起したい。最初に清沢の戦後国家構想を検討する。先行研究が明らかにしているように、清沢は、「君臨すれども統治せず」のイギリス型立憲君主制をモデルとした天皇制を構想していた。[45]また、憲法については、「他日、新たに作られるであろう日本憲法」（四四年七月四日）とあるように、大日本帝国憲法と断絶した新しい憲法を想定していた。このことは、戦後、幣原喜重郎内閣で憲法改正を担当した松本烝治が、宣戦講和について議会の協賛を必須とする項目を付け加える程度の修正で十分だとする見解を「楽観的である」と評していることからも裏付けることができる（四五年四月一日）。次に、行政・官僚制については、「『国民のために政治を行う』という考え方」（四四年五月七日）を基調とし、議院内閣制や情報公開、新制度に対する異議申し立てを行う組織の必要性を述べている（四三年四月二四日、九月一九日、四四年一〇月七日）。また、清沢は戦争で国民だけが犠牲を払って、官僚や軍人が利益だけを得ることがないように、「金鵄勲章」の全廃を唱えている（四三年一二月四日）。植民地朝鮮については、当初は、アメリカの戦後要求に朝鮮独立は含まれず、戦後、国民投票でその帰去の決定があるかも知れないとの認識であった（四三年六月一八日）。しかし、戦局の悪化と連合国の戦後構想を受けて、四四年末の段階では「満州と、外国の駐兵……を使って朝鮮、台湾を食い止め得れば最上である」（四四年一二月一〇日）との認識に変化し、翌年には、「今回の戦争で朝鮮を独立せしめ、その代りに国内の朝鮮人を、その本国に送りかえすことができれば一番いいのである」（四五年二月一三日）と状況追随的ではあるが、朝鮮独立の容認へと傾くのである。

　また、『戦争日記』には清沢がパワーポリティクスを「肯定」したとみられる記述がある。たとえば、前述の上海共同租界返還への反対や、排英運動を批判し、開戦前に東アジアで日英が提携してアメリカを牽制することができたとの見解（四三年一一月八日）などである。このような認識からは、「日本はその地理からバランス・オヴ・パワーの上に立たねばならぬ」（四四年三月一七日）、「大東亜は将来、米、ソの二国の進出と、支那の覚醒が必然である。この事態に面して日本はこの三国のバランス・オヴ・パワーを握らなくてはならぬ」（四四年四月六日）との外交構想が必然的に導き出される。つまり、清沢の東アジア外交は、ワシントン体制の枠組みにソ連を入れるものであり、「支那の覚醒」を「必然」としつつも、上海共同租界返還に反対したように、中国を従属的地位に置く点に帝国主義がみられたのである。たしかに戦時下においてパワーポリティクスの「肯定」には一定の意義があった。なぜなら、それは国際関係を冷徹に見据えた上で、「国益」に根差した外交を「国力」に応じて行うべきだと主張することにより、満州事変以来の軍事への外交の従属と軍拡への批判となったからである。[46] 清沢は、芦田均と同じく、この観点からソ連外交の現実主義の側面を評価したのである。[47] しかし、清沢がパワーポリティクスを「肯定」したのは事実であり、その思想を山本義彦のように日本国憲法の平和主義に直接的に結びつけることはできない。[48] さらに言えば、たしかに清沢は「この世界から戦争をなくすために、僕の一生が捧げられなくてはならぬ」（四四年一一月一六日）と決意しているが、しかし、過去に軍備の完全撤廃を主張したことがなかったように、いかなる場合でも戦争をしないとまでは考えていなかったのである。

次に清沢の戦後社会構想を「社会の民主化」と「修正資本主義」の二つの視角から検討してみよう。「社会の民主化」について清沢は、戦時下においても、一九二〇年代以来の主張である言論自由の確保、女性の地位向上、教育改革の必要性を繰り返し主張している（たとえば、四三年一月一三日、一一月二三日、四五年四月四日）。一方、「修正資本主義」については、まず次の史料を見てみることにしよう。

今回の戦争の後に、予は日本に資本主義が興ると信ず。総てを消費しつくしたる後なれば、急速に物資を増加する必要あり、然も国家がこれをなすのには資金なく、また官僚を以ては、その事の不可能なことは試験ずみである。そこで個人をして興業をなさしむるべく努力するであろう（四三年八月一七日）。

官僚主導による統制経済の失敗と戦後の物資不足を予期した清沢は、戦後、「競争主義の復帰」（四四年五月一四日）

によって生産力を増強するべきと考えていたのである。もちろん、一方で清沢は、「この大戦の結果、資本主義の変形はやむを得ない」（四四年一月一〇日）と述べているように、修正資本主義の流れは戦争によってより進まざるを得ないと認識していた。つまり、清沢の「社会民主主義」、とりわけ、修正資本主義は、一九三〇年代から一貫していたのである。戦後、清沢は、生産力の増強と国民の利益につながるならば、政府による計画的かつ効率的な経済政策や市場経済への介入を容認したと思われる。

最後に、戦後、清沢が生きていたらどのような立場にいたか試論を提起する。戦後改革期の清沢は、片山・芦田内閣期までの芦田均（一八八七～一九五八）とほぼ同じ位置にいたのではないかというのが筆者の見通しである。

東京帝国大学法学部を卒業した芦田は、一九一二年外務省に入省し、一九三二年に衆議院議員に転じた。[49]外務省時代の芦田は、ロシア革命の争乱の過程をつぶさに見聞し、また、パリ講和会議に随員として参加した。芦田には、十数冊の著作があり、また、一時期『報知新聞』の客員の論説委員を務めたほか、一九三三年から四〇年までジャパン・タイムズ社の社長に就任し、その後も引き続き同社の顧問役になっていた。以上の経歴からわかるように、芦田は外交史研究者、ジャーナリストとしての側面も持っていたのである。

芦田と清沢の交流がいつ頃から始まったのかは定かではないが、おそらく芦田が衆議院議員に転じてからだろう。清沢も芦田と同じく『報知新聞』の論説委員を務めており、また、小林一三を囲む二六会、二七会、国民学術協会、国際関係研究会、清沢が創設した日本外交史研究所を通じた付き合いがあったことが、『戦争日記』の記述などからわかる（たとえば、四三年六月二七日、七月一七日、四四年一二月五日、一二月九日）。さらに、戦後、清沢の死を心から悼んだ芦田は、追悼文を民主党の機関誌『民主新論』に寄せていた。[50]

ところで、芦田と清沢の共通点は、第一に無教会派キリスト教の影響を受けた自由主義者だったことである。[51]第二に、芦田と清沢は、日本の国内矛盾を議会政治による解決を目指した点でデモクラットであり、また、軍国主義の台頭に抵抗する反軍主義者でもあった。第三に、芦田も清沢も、明治人として天皇制を戦後体制の基軸に据えることを疑わなかったにもかかわらず、戦時下からより民主化された憲法制定の必要を考えていたことである。第四に、芦田と清沢は、ソ連を現状破壊勢力ではなくて、むしろ現状維持勢力だと考えていた。つまり、両者とも外交をイデオロギーで捉えようとはしなかったのである。しかし、一九二〇年代の段階で中国のナショナリズムを理解していた清沢と異なり、芦田はアジアのナショナリズムを十分に理解していたとは言えない。

以上の検討を踏まえて清沢が戦後改革期にどのようなスタンスに位置したのか推測してみたい。おそらく清沢は、敗戦後の日本社会を旧体制の延長ではなく、むしろ断絶したものと考えたであろう。したがって、憲法制定については、松本烝治との距離感や在野の言論人であったことを考慮すると、芦田と同様に、吉田茂に代表される「欽定憲法護持の立場からする上からの制憲の動き」に対し、憲法研究会などの「民間からする下からの制憲の動き」[52]に理解を示したはずである。また、天皇制については、天皇制を明治憲法の延長線上に置くのではなく、象徴天皇制を主張し、宮廷の民主化を促進したと思われる。このことは『戦争日記』のなかで清沢が天皇や皇族を政治的に利用することを繰り返し批判していたことからも裏付けることができる（たとえば、四三年三月一七日、七月二一日、七月二五日）。第三に、炭坑国管法に対して清沢がどのような態度をとったかは判断が難しい。しかし、炭坑の国家管理が生産力の増大や封建的産業経営の近代化につながるのであれば、おそらく清沢は国民の利益と社会の民主化の観点から賛成したと思われる。

要するに、清沢は、戦後、吉田茂らの守旧派とは異なり、日本社会の民主化を促進する立場から論陣を張ったであろう。戦後改革期における清沢の立ち位置は、漸進的な社会変革を目指す「社会民主主義」だったのではなかろうか[53]。

おわりに

戦時下における清沢洌の「自由を求めてやまない生活態度」とは、趣味のゴルフを仲間と楽しみながら、言論活動による社会変革が難しい状況のなかで、自分のできる範囲で生活を安定させることによって家族の幸福を実現しようとし、さらに、結婚の仲立ちを通じて「たのしい小さな共同性」や、「ヨコの相互性」に基づく友人との対等なつきあいを、来るべき戦後社会の担い手となる若い世代への希望も込めて、少しでも豊かにしようとするものであった。このように戦時下において清沢がリベラルな姿勢を堅持し得たのは、その「自由主義」が、「学習したリベラリズム」（鶴見俊輔）ではなく、「自由を求めてやまない生活態度」だったからなのである。

清沢の「自由主義」との往還で形成された戦時下の社会認識を整理すると、清沢は戦時下の社会にみられる「統制主義」、「形式主義」、「封建主義」を厳しく批判し、マルクス主義の影響を受けた「統制主義」と「封建主義」が「同じフレーム・オブ・マインドの産物なり」という認識から、戦時下における社会の「赤化」を感じ、「封建主義的コンミュニズム」による革命を「必須」と考えていた。この社会認識は、清沢の「自由主義」の根幹をなす一九二〇年代以来の左右ラディカリズム批判の論理的帰結である。したがって、宮中グループや資本家と同じ結論であっても、そこに至る社会認識の論理と根拠が異なるのだから、「共同幻想としての『共産革命』」（黒羽清隆）という評価はあたらない。

ただし、清沢は、社会の「赤化」傾向や革命を「必須」とみなす根拠の一つであるブルジョアやインテリに対する大衆の反発については、重要な問題と認識してはいるものの、『戦争日記』のなかでは十分に対象化できていない。しかし、このことは、清沢が、大衆蔑視の感情を抱いていたということを意味しない。清沢の大衆との向き合い方は、文明化された知識人が、未開で無知な大衆を指導するというものではなくて、言論人として大衆が物事を考える前提となる心構え、考え方、知識を提供し、大衆が主体的に考えていけるように手助けをするというものであった。さらに言えば、清沢の大衆に対する批判・反発は、時局に便乗した徳富蘇峰に代表される「便乗主義者」・「出世主義者」や佐官級の軍人に対する批判・反発と共通する論理からなされていた。〈モラルとしてのキリスト教〉を重んじた清沢にとって、大衆、知識人、軍人を問わず、「便乗主義者」・「出世主義者」を許容することはできなかったのである。このような大衆認識の底流には、時局に迎合せずに毅然として一人で立つという気構えを持つことや真理を探究する「心構え」と誠実に真面目に働く「生活態度」を人々に説いた清沢の「自由主義」があったことは言うまでもないことである。

ところで、「自由主義」および戦時下の社会認識から導き出された清沢の戦後構想は、イギリス型立憲君主制をモデルとした天皇制の構想、大日本帝国憲法と断絶した新憲法の制定、国民のための行政・官僚制の改革、状況追随的ではあるが、朝鮮独立の容認など戦時下ではかなりラディカルなものであった。しかし、清沢は外交におけるパワーポリティクスを「肯定」しており、軍事への外交の従属と軍拡を批判する意図があったとはいえ、その思想を日本国憲法の平和主義に直接的に結びつけることはできない。また、その戦後社会構想は、言論の自由の確保、女性の地位向上、教育改革の必要性など、「社会の民主化」を目指すものであった。これらの戦後構想の発想の根本には、『一旦緩急』偏重主義」を批判し、人々の毎日の生活から物事を考えていこうとする生活態度に根差した「自由主義」があったはずである。

もし、清沢が戦後生きていたら、片山・芦田内閣期までの芦田均とほぼ同じ位置にいたと思われる。推測にはなるが、吉田茂らの守旧派と異なり、日本社会の民主化を目指す言論人の立場から、戦前の国家体制との「断絶」を意識し、新憲法の制定、象徴天皇制の確立、宮廷の民主化、封建的産業経営の近代化などの問題に積極的に取り組んだであろう。

しかし、以上の考察を踏まえると、清沢の「自由主義」の優れた特徴ばかりではなく、見過ごせない問題点が浮き彫りになってくる。たしかに、清沢は、大衆蔑視の感情を抱いてはいなかったが、大衆のブルジョアやインテリに対する不満や反発を認識しつつも対象化できず、その社会認識や戦後社会構想に十分に組み込むことができなかったのである。清沢の「自由主義」が、大衆の問題をも論理的に組み込むことができたならば、さらに豊かな内実を蔵することになり、それは「合作の自由主義」(鶴見俊輔)に値する思想だったと評価することができたであろう。(54)

注

(1) 清沢洌「現代自由主義論」(『理想』一九三六年一〇月)二五〜二六頁。後に、「時代と生活」と改題の上、清沢洌『時代・生活・思想』(千倉書房、一九三六)に収録された。

(2) 鶴見俊輔「ジャーナリズムの思想」(鶴見編『現代日本思想体系 一二 ジャーナリズムの思想』筑摩書房、一九六五所収)八頁。

(3) 橋川文三「湛山と洌」(『橋川文三著作集』四、筑摩書房、一九八六所収、初出一九七二)八三〜八四頁。

(4) 清沢洌(橋川文三編)『暗黒日記』一(ちくま学芸文庫、二〇〇二)二五七頁。この記述を受けて、後に清沢は「この日記(日記帳のこと)の最初に『書いたことのない日記』と書いたが、それは没収でもされる時のことを懸念して書いたのである。この日記の前に一部あり」(四四年七月九日)と記している。

(5) 清沢洌(橋川文三編)『暗黒日記』二(ちくま学芸文庫、二〇〇二)二一〇頁。

(6) 『戦争日記』には、「この日記帳は軽井沢に置いて帰る。実は、いつこれを見られるかも知らぬ懸念があって、日記帳にすらも、遠慮とカムフラージュせねばならなかった」(四四年七月九日)との記述がある。遠慮とカムフラージュの実態は注(5)を参照のこと。また、『戦争日記』には清沢が警察に引っ張られたとの噂や憲兵隊に検挙されたという流言があったことが記されている(四三年一〇月一〇日、一〇月二二、三日、四四年六月二二日)。

(7) たとえば、黒羽清隆は、『暗黒日記』における清沢の認識上の終着駅を「戦争という『暗黒』がつくりだした『革命必至』というもう一つの『暗黒』の発見であった」と記している（黒羽清隆「『暗黒日記』ノート――共同幻想としての『共産革命』」黒羽『十五年戦争史序説』三省堂、一九七九所収、三五六頁、初出一九七六）。これは戦後形成された戦時期イメージにひきずられた解釈であり、清沢の戦時認識を誤解させるものである。

（8）主な研究に橋川文三「解題」（『暗黒日記』一、ちくま学芸文庫、二〇〇二所収、初出一九七〇）、山本義彦「解説」（山本編『暗黒日記』岩波文庫、一九九〇所収）、同『清沢洌の政治経済思想――近代日本の自由主義と国際平和』（御茶の水書房、一九九六）、同「解説」（山本編『清沢洌評論集』岩波文庫、二〇〇二所収）、同『清沢洌――その多元主義と平和思想の形成』（学術出版会、二〇〇六）、北岡伸一「吉田茂と清沢洌――清沢洌宛書簡に見る外交官出身総理大臣の歴史意識」（財団法人吉田茂記念事業財団編『人間 吉田茂』中央公論社、一九九一所収）、同「解説 清沢洌と『暗黒日記』」（『暗黒日記』三、ちくま学芸文庫、二〇〇二所収）、同『増補版 清沢洌――外交評論の運命』（中公新書、二〇〇四）がある。

（9）管見の限りでは、前掲「『暗黒日記』ノート」、小熊英二『〈民主〉と〈愛国〉――戦後日本のナショナリズムと公共性』（新曜社、二〇〇二）第五章、渡辺知弘「清沢洌の思想史的研究」（『信大史学』第二八号、二〇〇三年一一月）、同「清沢洌論」（長野県現代史研究会編『戦争と民衆の現代史』現代史料出版、二〇〇五所収）、源川真希「近衛新体制期における自由主義批判の展開」（『年報日本現代史 第一二号 現代歴史学とナショナリズム』現代史料出版、二〇〇七、後に源川『近衛新体制の思想と政治――自由主義克服の時代』有志舎、二〇〇九に収録）がある。この他に研究論文ではないが、『戦争日記』にみえる清沢の社会認識と民衆認識について批判的に言及した小田実「竹内好のアジア論について」（小田『死者にこだわる』筑摩書房、一九七九所収）がある。この講演録の存在は、小熊『〈民主〉と〈愛国〉』に教えられた。

（10）前掲「『暗黒日記』ノート」三五〇～三六〇頁、前掲『〈民主〉と〈愛国〉』一九二～一九三頁、前掲「清沢洌の思想史的研究」一〇～一二頁、前掲「清沢洌論」七六～七八頁、前掲「近衛新体制期における自由主義批判の展開」一九頁、前掲「竹内好のアジア論について」一一六～一一八頁。

（11）前掲「『暗黒日記』ノート」三五〇～三五六頁、前掲『〈民主〉と〈愛国〉』一九三～一九四頁、前掲「清沢洌の思想史的研究」一〇～一二頁、前掲「清沢洌論」七六～七八頁、前掲「竹内好のアジア論について」一一六～一一八頁。

（12）前掲『〈民主〉と〈愛国〉』一九四頁、前掲「清沢洌の思想史的研究」八頁、前掲「清沢洌論」七四～七五頁。

（13）前掲『〈民主〉と〈愛国〉』一九五頁、前掲「清沢洌の思想史的研究」一三～一六頁、前掲「近衛新体制期における自由主義批判の展開」一九～二〇頁。

(14) 前掲「竹内好のアジア論について」一一六～一一九頁。
(15) 田中義久『ゴルフと日本人』(岩波新書、一九九二) 八二頁。同書によると、ダンロップのゴルフ・ボールが一個一円六〇銭、ゴールドスミス・エスピノザのグラブがウッド三本で一二〇～一六五円、アイアン八本が二八〇～三六〇円であり、これを現在(一九九二年)の物価にスライドさせてみると、ゴルフ・ボールが一個で二〇〇〇円、ゴルフ・クラブが一セットで五〇万円～六五万円という値段になる。
(16) 久保田誠一『日本のゴルフ一〇〇年』(日本経済新聞社、二〇〇四) 一三五～一三九頁。
(17) 同前、一四〇、一四二～一五三頁。
(18) 清沢の親戚筋にあたる笠原貞行氏によると、清沢は、ゴルフをやる理由として、「知識人は、解放感がないとものが書けない」と語ったという(二〇〇九年九月一六日聞き書き)。
　これまでの研究ではほとんど言及されていないが、清沢にとってもう一つの娯楽は、芝居(歌舞伎)見物だった。交友のあった石橋湛山・長谷川如是閑らを歌舞伎に招待している(四二年一二月一三日、四三年七月一三日、一〇月一二日)。また、尾上多賀之丞後援会に入会しており(四三年七月一三日)、六代目尾上菊五郎・初代中村吉右衛門の簡単な劇評を記している(四三年七月一三日、一〇月一二日、四四年二月一一日)。
(19) 清沢洌「素人農園家の記」上～下(『暗黒日記』三、評論社、一九七五所収)。初出『日本産業経済新聞』一九四四年九月二七～二九日。
(20) 前掲「素人農園家の記」中、三二七頁。
(21) 前掲「素人農園家の記」上、三二三頁。
(22) 清沢洌『混迷時代の生活態度』(千倉書房、一九三五) 二〇、五八～五九、六一頁。
(23) 週刊朝日編『値段の明治大正昭和風俗史 上』(朝日文庫、一九八七) 五七一、六〇一頁。
(24) 前掲「解題」四五七頁。
(25)「たのしい小さな共同性」とは、「内部に相互に他人であることからくる葛藤の芽を含みながら、それをくりかえし解消していく知恵をもち、同時にその共同性が家族のなかに自己閉塞していくのではなく、友達や近所の人々をも含んで周辺に開かれていくこと条件として成立」する。安田常雄は、「ここに日中戦争前夜の『方向感覚としての自由主義』の一つの特徴があったように思われる」と述べている(安田常雄「戦時期メディアに描かれた『男性像』」阿部恒久ほか編『男性史 二 モダニズムから総力戦へ』日

本経済評論社、二〇〇六所収、二一九頁）。
(26) 同前、二一八頁。
(27) 前掲『混迷時代の生活態度』二八六～二八七頁。
(28) ここでは〈友愛〉を「共同体の仲間づきあい」ではなく、「ヨコの相互性」としての友達づきあいと定義する（安田常雄「友愛についての断片」安田『暮らしの社会思想――その光と影』勁草書房、一九八七所収、一一頁、初出一九八六）。
(29) 平川と清沢の交友については、安田常雄「アメリカニゼーションの光と影」（中村政則ほか編『新装版　戦後日本　占領と戦後改革3　戦後思想と社会意識』岩波書店、二〇〇五所収、初出一九九五）に教えられた。
(30) ここで「たのしい小さな共同性」と「共同体内部の強いられた人間関係」の違いを補足しておきたい。前者は、親戚や友人、近所の人々をも含んで周囲に開かれていくことを条件として成立する「小市民的」ないしは「自由主義」的な家族や社会のなかでの仲間づきあいを指す。一方、後者は、戦時下においては、配給や防空演習への参加など住民に対して一定の強制力を持つ国家総動員体制の末端組織であった隣組の相互監視体制および連帯責任を意味する。清沢の「共同性」観の根本には、清沢が提案して発足した二七会や小林一三を囲む二六会、戦時下の東洋経済新報社評議員会の経験に象徴されるように気の置けない仲間と自由に議論を楽しむ交友関係があったように思われる。
(31) 前掲『〈民主〉と〈愛国〉』一九五頁。
(32) 小熊は、戦争に批判的であった清沢や吉田茂らの「自由主義者」には、「大衆運動を組織することなどは発想の外」であったと述べている（同前、一九六頁）。しかし、そもそも戦時下という状況において大衆運動を組織することは不可能であったと筆者は考える。このような批判をなす前に、小熊は戦時下において反戦を目的としたどのような大衆運動が可能であったのか、当時の歴史的文脈を踏まえて具体的に説明するべきであろう。
(33) 久野収・鶴見俊輔・藤田省三『戦後日本の思想』（中央公論社、一九五九）八九頁。
(34) この点に関しては、第Ⅳ章第3節第2項参照。
(35) たとえば、清沢洌「甘粕と大杉の対話」（『清沢選集　第3巻』所収）。
(36) 進藤榮一「芦田均と戦後改革――〝保守本流〟論に関する一考察」（進藤『分割された領土――もうひとつの戦後史』岩波現代文庫、二〇〇二所収、初出一九八七年五月）二四五～二五一頁。
(37) 前掲「清沢洌論」七八頁。

(38) 清沢洌『女性時局読本』(『婦人公論』別冊付録、中央公論社、一九三七年三月)一二六頁。
(39) 前掲「清沢洌の思想史的研究」一一頁。
(40) この点に関しては、第Ⅱ章第3節参照。
(41) 清沢洌「震災と日本人」『新世界』一九二三年一一月六~九日。
(42) ここでいう「事変」とは、具体的には関東大震災時の朝鮮人虐殺事件を指しており、「封建主義的コンミュニズム」による革命のことではない。
(43) 前掲『暗黒日記』ノート」三五二~三五三頁。
(44) 清沢洌「戦後世界秩序私案――桑港会議の議題『国家連合』案の紹介と批判」(私家版、一九四五)。このパンフレットは、清沢「反枢軸国の戦後案」(『東洋経済新報』一九四四年一一月四、一八、二五日)と「戦後秩序に対する私案」(『東洋経済新新報』一九四五年二月一〇日)をまとめたもので、清沢の死後に夫人の手によって関係者に配布された。
(45) 山本義彦「清沢洌の平和主義」(前掲『清沢洌』所収)。
(46) ここでいう「国益」とは、国家の利益ではなく、国民の利益を意味する。一九二四年に執筆されたコラムのなかで「個人の目的を毎日の生活におかずして、徒らに他国を疑ひ、攻撃し、備ふるこの『一旦緩急』偏重主義が日本の産業と政治と道徳とを今のやうに行き詰まらせた」(清沢洌「『一旦緩急』の教育」『清沢選集　第3巻』所収、三五八頁、初出『中外商業新報』一九二四年二月九日夕刊)と述べているように、清沢は、一九二〇年代から一貫して国民の生活よりも国家の面子と利益を優先する軍事と外交のあり方およびそれを支える国家主義的なメンタリティを批判していたのである。また、清沢は、「満洲事変以来、特に支那事変以後は日本に外交は存しなかつた。それは単に戦争の従属的対外折衝機関を出でなかつた。また政策なるものも既成事実の後を追つて生れたものに過ぎない観があつた」と批判している(清沢洌『現代日本文明史 第三巻 外交史』東洋経済新報社、一九四一、五七四頁)。
(47) 清沢洌(無署名)「外交的に注目されるソ聯国情の変化」、同(無署名)「ソ聯外交の性格――その攻勢の現実性」(『暗黒日記』三、評論社、一九七五所収)。初出『東洋経済新報』一九四三年一〇月一六日、一九四四年四月一日。
(48) 前掲「清沢洌の平和主義」。
(49) 以下、芦田均に関わる論述は、特に断りのない限り、前掲「芦田均と戦後改革」、進藤榮一「解題――日記と人と生涯」、同「第一巻解説――敗戦と制憲と」(進藤編『芦田均日記 第一巻』岩波書店、一九八六所収)、同「第二巻解説――経済復興と民主改革と」（進藤編『芦田均日記 第二巻』岩波書店、一九八六所収）に依拠している。

(50) 芦田均「清澤冽を憶う」『民主新論』（一九四八年七月）。このなかで芦田は、清沢の思想と民主党との関連を次のように述べている。「清澤君は狭量とか、独断とか、無鉄砲とか、宗教的狂熱というようなものには、性格的に嫌悪と反感を持つ、純の純なるリベラリストであり、極左も極右も、その心的態度には、何の変りもないということを早くより指摘し、右翼と左翼の間に挟つて、唯一の建設的な実行的プリンシプルは、中庸的進歩主義以外にはないということを確信し、これを強調してやまなかつたが、今生存していられたならば、我が党にとつての最も有力な助言者であり、理論的代弁者になつていてくれたと思う」（五五頁）。

(51) ただし、第Ⅳ章第1節第5項で明らかにしたように、一九三〇年代半ばの昭和期「自由主義」論争において、清沢と芦田の「自由主義」理解には、対立点もあった。「社会民主主義」、具体的に言えばイギリス労働党・ドイツ社会民主党も「自由主義」に含める清沢に対し、芦田は「社会通念としては、まだイギリスの労働党が自由主義なりと云ふ説明はつかない」と批判していた（座談会〔芦田均・麻生久・長谷川如是閑・石浜知行・清沢洌・倉田百三・三木清・佐々弘雄〕「自由主義検討座談会」『文藝春秋』一九三三年九月、二九一頁）。この点に関して、植田麻記子「日本における『自由主義』の展開と芦田均――占領下中道政治とその思想的源流」（萩原能久編『ポスト・ウォー・シティズンシップの思想的基盤』慶応義塾大学出版、二〇〇八所収）も参照。

(52) 前掲「芦田均と戦後改革」二五六頁。

(53) その後、芦田は、保守野党として、政権への焦慮の日々のなかでナショナリストへ急旋回し、再軍備論者へと転換するが、清沢が同じ道筋を辿ったかどうか確たることは言えない。ここでは清沢が中道派（社会民主主義）の立場から戦後の民主化を促進しようとしたというこれまでの先行研究とは異なる試論を提起するに留めておきたい。

(54) 清沢の「自由主義」と「合作の自由主義」（鶴見俊輔）との関連については、第Ⅳ章第3節および多田道太郎「日本の自由主義」（多田編『現代日本思想体系 一八 自由主義』筑摩書房、一九六五所収）を参照のこと。
　ただし、第1節でも言及したように、戦後、清沢が存命していたら、民衆の不満や反発を対象化できなかったことを批判的に検討する可能性があったはずである。よって、このことをもって戦後清沢が「保守論者」になったと評価することは筆者にはできない。

終　章　いかなる意味で「自由主義」者だったのか？

これまでの議論の結果、本書で筆者が明らかにしたことを、序章で設定した三つの課題に即して「結論」として述べることにしたい。

本書の成果は、第一に、清沢冽とはどのような意味で「自由主義」的言論人、「自由主義」者なのか、清沢の「自由主義」を時期ごとに区分し、各時期の定義や特徴を、言説分析にとどまらず、「経験」や「情景」も含めて具体的に明らかにしたことである。

清沢は、約一二年に及ぶアメリカでの生活のなかで「自由主義」──自我の確立・権力からの自由・漸進主義──の原型を獲得した。具体的に言えば、①「自我の確立」は、精神的にはキリスト教信仰との葛藤と棄教、社会的には国家に頼らずに経済的に自立すること、さらに、ジャーナリストとして主体的な批判精神を確立することによって形成された。②「権力からの自由」は、論説「所謂大逆罪」を契機とした国家権力からの監視・尾行や移民社会の事大主義に対する反発、とりわけ、日本領事館と結びついた在米日本人会批判から生じたものである。清沢にとって国家権力は最初から自らを監視し、場合によっては弾圧する存在であったことは極めて重要である。③「漸進主義」は、清沢の移民問題論に見ることができる。清沢は、移民問題の短期的な解決には期待せず、日本政府に頼ることなく実力を養成し、漸進的に解決しようとした。以上の「自由主義」の三つの原型は、清沢の言論活動と思想の基底をなす要素であった。

一九二〇年代半ばにおける清沢の「自由主義」とは、①国際協調と世界平和、②普通選挙制と政党内閣、③国家主義・軍国主義批判を意味した。このような「自由主義」を基調として、清沢は左右のラディカリズムや日本人のメンタリティを批判したのである。

しかし、一九二〇年代後半から清沢の「自由主義」はこれらの基調を踏まえつつも、変容するようになる。一つは、イギリス労働党やケインズ『自由放任の終焉』の影響を受けて、レッセフェール自由主義から「新自由主義」(New Liberalism) へと「自由主義」が転回したと考えるようになった。もう一つは、J・モーリの影響を受けて、「広い意味の自由主義」は政策ではなく、「フレーム・オブ・マインド」であると主張するようになったことである。清沢にとってのframe of mindとは、たとえば、国際問題やマルクス主義などの理論の問題を研究するにあたって、独断と偏見にとらわれることなく、物事を多角的に、あるいは、「自由討議」によって検討してから結論を下す寛容な姿勢と定義することができる。しかし、この時点で清沢は、「新自由主義」と「心構えとしての自由主義」を関連づけて捉えることはできなかったのである。

一九二九年から三〇年にかけての「欧米旅行」において、清沢は、イギリスの自由主義を実感のレベルで理解することになった。すなわち、清沢は、イギリス議会の傍聴から議会政治の可能性を、ハイドパークのスピーキング・コーナーやバーナード・ショウの『アップル・カート』(『デモクラシー万歳!』)の観劇から「言論の自由」を、さらに、個人の行動やプライバシーに介入しない自由な社会の有り様を学んだのである。とりわけ、ハイドパークのスピーキング・コーナーで体感した「ユーモアを交えた、誰にでも開かれた対等な議論の場」の重要性は、「心構えとしての自由主義」の高唱につながったと筆者は考える。この「経験」を通じて清沢の「自由主義」はより強固なものになったのである。

一九三〇年代に入ると、左右両翼からの「自由主義」批判が目立つようになり、清沢も自身の「自由主義」を再構築する必要に迫られた。昭和期「自由主義」論争の起点となった論説で清沢は、一九二〇年代後半に引き続き、その「自由主義」を政策やイズムの前提となる「心構えとしての自由主義」であると規定していた。「自由主義」を frame of mind や attitude として捉える発想は、イギリスのJ・モーリやH・ラングショーから得たものであった。

清沢は自由主義の普遍的な側面として「心構えとしての自由主義」を主張したが、それが採用する現段階の政策を明らかにしなければならなかった。しかし、論争初期の一九三三年の時点では、自身の政策を明確に提示せず、現段階の「自由主義」を「社会民主主義」と捉える三木清から批判を受けた。

一九三四年七月に出版された『激動期に生く』所収の「読者への言葉」で清沢は、自身の政策が「社会民主主義」であることを明らかにした。清沢の「社会民主主義」とは、古典的自由主義が変容を迫られるなかで、共産主義ともファシズムの国家社会主義とも異なる、議会制民主主義による漸進的な資本主義の変革（修正資本主義）であった。以上の「社会民主主義」像は、イギリス労働党、アメリカのニューディール政策、ケインズの転向論、スウェーデンの修正資本主義から得たものであり、その特徴は以下のようにまとめることができる。①清沢の「社会民主主義」は、河合栄治郎と同様に、マルクス主義とは対立する「社会民主主義」であった。したがって、マルクス主義の「修正主義」であるベルンシュタインの路線（ドイツ社会民主党）とはたとえ主張が同じであったとしても思想的立場は異なる。②清沢は石橋湛山と同様に資本主義の「生産力」の側面は重視していたので、資本による搾取や不公平な分配の問題を解決しようとしたが、河合のように「私有財産と自由競争との撤廃」を主張することはなかった。また、清沢は、日本資本主義の特殊性を鑑み、事業の効率化に結びつかない産業の国有化を批判したのである。③清沢は、議会制民主主義をブルジョア的独裁の方法と考えず、平和的に人間的自由を実現してゆく方法と考えていた。清沢が一貫してこの時期非常に評判の悪かった「議会制民主主義」を擁護した理由は、行政権の拡大に伴う弊害や「修正資本主義」政策の「誤り」や「失敗」を建設的に批判し、修正できるのは議会政治だけだと考えたからである。④運動論の欠如である。清沢は、「労資協調」を原則としており、労働組合運動への視点はほぼ皆無であった。

ここに清沢の「自由主義」は、「思想」としての「心構えとしての自由主義」と「政策」としての「社会民主主義」の二段構えから構成されるようになったのである。さらに、清沢はその主張を「合法主義」と言い換え、マルクス主義とファシズムとは異なる「生活態度」として論壇を越えて人々にわかりやすく説いたのである。

一九三五年の天皇機関説事件を契機に、再び「自由主義」論争が活発化すると、清沢は代表的な自由主義者として積極的に論陣を張ることになった。清沢は、「心構えとしての自由主義」と「社会民主主義」を、「中庸的進歩主義」あるいは「漸進主義」と主張することにより、ラディカルな変革を求めるマルクス主義者や日本主義者・国家社会主義者を批判したのである。

以上に見てきたように、昭和期「自由主義」論争を通じて、清沢の「自由主義」は、「思想」としての「心構えとしての自由主義」の上に、「政策」としての「社会民主主義」を置くようになり、漸進的かつ建設的な社会変革案を提示するに至ったのである。

なお、清沢の「自由主義」の基調は、あくまでも「心構えとしての自由主義」であった。「政策」は、「心構えとしての自由主義」と時代状況に応じて選択されるのであり、資本主義の弊害が目立ったこの時点では「社会民主主義」だったのである。

ところで、清沢は、『時代・生活・思想』（千倉書房、一九三六年一〇月）を最後に、日本の現実に即して自由主義を論じたり、自身の「自由主義」を公表したりすることができなくなった。しかし、日中戦争期における清沢の「自由主義」は、次の経験と言論活動から把握できる。①一九三七年から三八年にかけての「欧米旅行」で清沢は、これまでの言論活動から「逸脱」し、投書活動により現実政治に奉仕した。この背景には海外においては日本を擁護せざるを得ないという愛国心の「両義性」があった。しかし、清沢は、自己批判能力を兼ね備えた「心構えとしての自由主義」を内面化していたがゆえに、たえず「愛国者」・清沢は自己批判に曝され、その結果、従来の立場に踏みとどまったのである。さらに、清沢は、この旅行中に執筆した論説を著書『現代世界通信』にまとめ、再度公表した上で、率直に自らの言論活動と投書活動を通した国策協力を反省し、自己批判したのである。②『婦人公論』に定期的に寄稿した時評は、戦争目的と事態の進展を「肯定」せざるを得ない状況のなかで、一定の批判精神の下、公平な視点から女性を対象に日本を取り巻く国際関係情勢を冷静な筆致でわかりやすく解説したものであり、「対手に対する寛容な心持ち」、「建設的な心構へ」、「犠牲の少ない方法で問題を解決すること」の重要性と批判に謙虚に耳を傾ける姿勢や内省の必要性を繰り返し強調した点はとりわけて評価することができる。日中戦争下において、清沢は「心構えとしての自由主義」を正面から論じることはできなかったけれども、彼の評論の底流にはそれが持続・貫徹していたのである。

アジア太平洋戦争下の清沢の「自由主義」を明らかにするためには、日常生活や行動に着目する必要があった。戦時下における清沢の「自由を求めてやまない生活態度」とは、趣味のゴルフを仲間と楽しみながら、言論活動による社会変革が難しい状況のなかで、自分のできる範囲で生活を安定させることによって家族の幸福を実現しようとし、さらに、結婚の仲立ちを通じて「たのしい小さな共同性」や、「ヨコの相互性」に基づく仲間との対等なつきあいを、来るべき戦後社会の担い手となる若い世代への希望も込めて、少しでも豊かにしようとするものであった。このように戦時下において清沢がリベラルな姿勢を堅持し得たのは、その「自由主義」が、「学習したリベラリズム」（鶴見俊輔）ではなく、内面化した「自由を求めてやまない生活態度」だったからなのである。

また、「政策」としての「社会民主主義」に関しては、清沢は、官僚主導による統制経済の失敗と戦後の物資不足を予期し、戦後、「競争主義の復帰」によって生産力を増強するべきと考えていたのである。しかし、戦争によって修正資本主義の流れはより進まざるを得ないとも認識していた。つまり、清沢の「社会民主主義」、とりわけ、修正資本主義は、一九三〇年代半ばから一貫していたのである。

要するに、清沢の「自由主義」――「思想」としての「心構えとしての自由主義」(自由主義の普遍的な部分)と「政策」としての「社会民主主義」(自由主義の歴史的に変化する部分)――は、左右の全体主義とは異なり、「市民的自由」を損なうことなく、議会政治による漸進的な社会の改革を目指した点に重要な歴史的＝現代的意義があったのである。

第二に、昭和期「自由主義」論争における知識人との論争を検討することにより、一九三〇年代半ばにおける清沢の「自由主義」の思想的位置とその意義を明らかにしたことである。

昭和期「自由主義」論争は、清沢と馬場恒吾の「心構えとしての自由主義」に対する左側の批判から始まった。労農派マルクス主義者の「自由主義」批判は、①自由主義はブルジョアジーのイデオロギーであり、もはや階級的基礎を失った時代遅れの思想というものであった。②清沢と馬場の主張する「心構えとしての自由主義」に対しては、何物にもとらわれない「心構え」はあり得ないのであり、「心構え」は一定の社会関係に規定されるとの批判が出された。労農派マルクス主義者との論争は、建設的な議論を行う雰囲気のなかで展開しなかったが、「無限状況適応型自由主義」の問題点や社会認識の「方法」の相違が争点になった点に意義があったと評価できる。また、清沢個人にとっては、マルクス主義者のメンタリティや社会認識の「方法」を再確認し、さらに、共産主義とは異なる「搾取なき社会」に至る道(社会民主主義)を主張した点において意義があった。

一方、左側には、歴史の変化をこえて変わらない自由の普遍的価値を再確認し継承する立場をとった上で、歴史的形態としての自由主義とは異なる思想体系を築こうとした三木清のような人物もいた。三木は、清沢のように自由主義者として自己規定することはなかったが、「市民的自由」を重視する点では清沢と同じ立場にいた。「自由主義検討座談会」（『文藝春秋』一九三三年九月号）の討論を通じて、両者は現時点での自由主義が「社会民主主義」であり、具体的な政治勢力としてイギリス労働党に期待する点で一致をみたのであった。

最後に、唯物論者・戸坂潤の「自由主義」批判、とりわけ、「気分的自由主義」の問題を取り上げる。天皇機関説事件に代表されるファシズムの攻勢に対し、戸坂は自由主義者に唯物論との連携を呼びかけた。しかし、戸坂は、唯物論に対立する「システム（体系）としての自由主義」（河合栄治郎）を断固排撃したのである。一九三六年に入ると、反ファッショ統一戦線の構築という観点から、戸坂は清沢・馬場らの「気分的自由主義」との連携を図ろうと試みた。つまり、一九三五年から三六年にかけて、戸坂は「自由主義」との連携を深めていったのである。

次に右側からの批判を検討する。①滝川事件や天皇機関説事件に代表される国家と右翼による思想弾圧は、広い意味での「自由主義」批判と言えるだろう。帝大教授に対する複雑な感情と在野の言論人としての自負から瀧川幸辰を全面的に擁護することはなかったが、天皇機関説問題が発生すると清沢は「市民的自由」擁護の観点から批判を試みたのである。②国家社会主義者による「自由主義」批判に対しては、清沢は、左翼と右翼は同じという観点からファシズム批判（封建主義批判）を展開したのである。③蓑田胸喜と原理日本主義者による自由主義者批判もこの時期みられたが、彼らの攻撃対象は帝大教授だったため、管見の限りでは学歴のない清沢への批判は確認できなかった。したがって、清沢による反批判も見られなかった。

最後に、自由主義者間の相違について検討する。まず清沢の「資本主義」認識は、石橋湛山と同様に修正資本主義であった。したがって、一九三六年の段階でも経済的自由主義を主張していた鳩山一郎や「私有財産と自由競争との撤廃」という意味で「社会主義」を主張した河合栄治郎とも「資本主義」認識において相違があった。また、「自由主義」の規定においても、イズム以前の「心構えとしての自由主義」を主張する清沢・馬場と「思想体系としての自由主義」を主張した河合の間には明確な対立があった。なお、長谷川如是閑は、「市民的自由」という意味で「道徳的範疇としての『自由』」を主張しており、河合よりも清沢・馬場の思想的位置に近かったと言えるだろう。

これまで明らかにしてきたように、清沢の「自由主義」は「思想」としての「心構えとしての自由主義」と「政策」としての「社会民主主義」の二段構えで構成されていた。「市民的自由」を追求した清沢の「心構えとしての自由主義」は、他者の意見や批判に寛容になり、あらゆる角度から物事を考察しようとする「心構え」であり、左右のラディカリズムとは異なる「生活態度」であった。また、「社会民主主義」は、古典的自由主義が変容を迫られるなかで、共産主義ともファシズムの国家社会主義とも異なる、議会制民主主義による漸進的な資本主義の変革（修正資本主義）を意味した。

要するに、昭和期「自由主義」論争に代表的な自由主義者として「参加」した清沢は、共産主義（マルクス主義）とファシズムとは異なり、「市民的自由」を追求しつつも、イギリス労働党・アメリカのニューディール政策・スウェーデンの修正資本主義を念頭に、一九世紀の経済的自由主義から二〇世紀の社会民主主義へと「自由主義」の漸進的発展を目指す思想的位置に立っていたのである。

第三に、「日本社会の民主化」という視点から、一九二〇～四〇年代前半にかけての清沢の「社会認識」を明らかにしたことである。

アメリカ時代に清沢は、日本社会の「家族主義」と移民社会の「事大主義」を問題視し、「個人主義」の必要性を痛感していた。さらに、帰国後の軍隊体験と関東大震災の「経験」は、国家主義・軍国主義および直接行動も厭わない軍人の思考法やメンタリティに対する批判意識を醸成するきっかけとなった。以上の「経験」は清沢の日本社会批判の原点となったのである。

一九二〇年代における清沢の社会認識の基本的枠組みは、「イギリスをモデルとした日本社会の民主化論と国際協調論」であった。本書ではその社会認識を、①国際協調論、②議会政治論、③国家主義・軍国主義批判から整理した。①清沢の国際協調論は、ワシントン体制の枠組みのなかで英米と協調することにより、軍事費の削減と自由貿易を通じて日本の産業立国化を目指す議論であった。したがって、清沢は、移民問題があるにもかかわらず、対米協調を主張し、また、田中外交を批判したのである。②その議会政治論は、イギリスの議会制民主主義を目標に、普通選挙と政党内閣の実現を目指し、元老による首相決定のあり方や「超然内閣」の存在、貴族院が衆議院と同等であることを批判し、貴族院改革によって華族からの政治的特権の剥奪や「軍部の治外法権的特権」の撤回を主張したのである。③国家主義批判に関しては、清沢は国家に依存する植民地の日本人を徹底的に批判すると同時に個人の私生活や趣味に介入する官憲のあり方を批判したのである。さらに、「軍国主義」批判は、「甘粕と大杉の対話」に見られるように、軍人の思考法やメンタリティにまで踏み込んだ点に特色があった。

さらに、清沢の「モダンガール論」は、〈モダンガール〉という理念を切り口に、日本の女性を封建的な習慣や道徳から解放することを目指す議論であり、したがって、単なる女性論ではなく、婦人問題を社会問題と捉え、その解決を図ることにより、日本社会の民主化を目指した議論であった。

一九二九年から三〇年にかけての「欧米旅行」において、ロンドン海軍軍縮会議を取材した清沢は、一貫して「対米比率七割」を批判し、対米協調と軍縮を主張し続けた。また、世界恐慌下のアメリカにおいて、清沢は、「米国の社会主義化」を感じ取ったが、同時に資本主義の「生産力的側面」に注目し、さらに、アメリカ人の勤勉さを再認識したのである。そして、イギリス議会を傍聴したことにより、清沢は議会政治の可能性を再認識した。また、イタリア訪問とムッソリーニとの会見は、ファシズムを指導者・政治思想のレベルで批判するのではなく、それを生み出した社会構造や国民性のレベルから批判する必要性を清沢に認識させる契機となったのである。この「欧米旅行」の経験を通して、清沢は「日本社会の民主化」を目指す上で糧となる発想や認識を得たのである。

しかし、一九三〇年代に入ると、清沢は、「日本社会の民主化」を徹底させる方向に向かう前に、日本の膨張主義的傾向とファシズムを批判する必要に迫られた。清沢の国際協調論は、内田外交批判、「一九三五、三六年の危機」批判に見られるように、日本の国際協調主義路線からの離脱と膨張主義的傾向を押しとどめるために展開された。また、左右からの「革新」の動きに対しては、清沢は、議会制民主主義による漸進的な資本主義の変革（修正資本主義）、すなわち、社会民主主義を主張したのである。清沢の人民戦線論は、ファシズムに対し、既成政党を中心とした議会勢力を中核に、幅広い国民の結集を目指した議論であることから、その社会民主主義論の延長線上に位置づけることができるだろう。したがって、「帝国憲法＝議会主義の擁護防衛」をスローガンとしたその人民戦線論は、反資本主義を旗印とし、そのためには、議会外の勢力（軍部）と結びつくことも厭わなかった社会大衆党を中核とした人民戦線論とは必然的に対立した。また、清沢は、滝川事件や天皇機関説事件に代表される言論・思想弾圧事件を批判し、「市民的自由」を擁護したのである。

日中戦争以降、清沢は、「国際問題の研究家」という立場から、基本的には外交評論と外交史研究に専念していた。しかし、新たに『秋田魁新報』寄稿記事を検討したことにより、清沢が統制経済、新体制運動、大政翼賛会を明確に批判し、その底流にある「官僚政治」（官僚主義）を問題視したことが明らかになった。国民の幸福に結びつかない「官僚政治」に対して、清沢は議会政治に期待をかけたのである。本書では日中戦争下において彼がリベラル・デモクラシーを堅持し、それを擁護する言論活動を展開していたことを同時代の論説から明らかにすることができた。

しかし、アジア太平洋戦争が開戦すると、清沢の言論活動はより制限されることになった。したがって、その社会認識を明らかにするためには『戦争日記』を分析する必要があった。『戦争日記』においては、戦時下日本社会にみえる「統制主義」・「形式主義」・「封建主義」が徹底的に批判されたが、筆者は、戦時下の清沢の社会認識について、①革命を「必須」とみなす認識が、一九二〇年代以来の左右ラディカリズム批判の論理的帰結であることを明らかにし、②清沢の民衆に対する批判・反発は、時局に便乗した徳富蘇峰に代表される「便乗主義者」・「出世主義者」や佐官級の軍人に対する批判・反発と共通する論理からなされていたことを明らかにした。また、清沢の戦後構想については、①その戦後国家構想は、大日本帝国憲法と断絶した新憲法の制定、国民のための行政・官僚制の改革、状況追随的ではあるが、朝鮮独立の容認など戦時下ではかなりラディカルなものであったことを指摘した。しかし、清沢は外交におけるパワーポリティクスを「肯定」しており、とりわけ、その東アジア外交はワシントン体制の枠組みにソ連を入れるものであり、中国を従属的地位に置く点に帝国主義がみられたのである。したがって、パワーポリティクスの「肯定」に軍事への外交の従属と軍拡を批判する意図があったとはいえ、その思想を日本国憲法の平和主義に直接的に結びつけることはできない。②その戦後社会構想は、ⅰ言論自由の確保、女性の地位向上、教育改革の必要性など、「日本社会の民主化」を目指す議論だったことを指摘した。また、ⅱ清沢は、官僚主導による統制経済の失敗と戦後の物資不足を予期し、戦後、「競争主義の復帰」によって生産力を増強するべきと考えていたが、戦争によって修正資本主義の流れはより進まざるを得ないとも認識していたのである。最後に、もし、清沢が戦後まで生きていたら、片山・芦田内閣期までの芦田均とほぼ同じ位置におり、吉田茂らの守旧派とは異なり、日本社会の民主化を促進する中道派の立場から論陣を張ったのではないかという先行研究とは異なる試論を提示した。

以上の議論から明らかになったように、本書は新たな「社会民主主義」者・清沢洌像を提起したのである。

あとがき

本書は、二〇一〇年九月に総合研究大学院大学から博士(文学)の学位を授与された博士論文「戦前期日本リベラリズムに関する思想史的研究――清沢洌を中心に」を加筆・訂正したものである。なお、本書にはすでに発表した以下の論文・研究ノートを盛り込んでいる。

「清沢洌の人民戦線論」(『総研大文化科学研究』第四号、二〇〇八年三月)
「清沢洌のモダンガール論」(『国立歴史民俗博物館研究報告』第一五三集、二〇〇九年年一二月)
「戦時下の清沢洌――『戦争日記』にみる戦時下日本批判と戦後構想」(『国立歴史民俗博物館研究報告』第一九五集、二〇一五年三月)

博士論文を基にした本書は、「自由主義」を軸とした人物研究である。戦前期日本の「自由主義者」研究の欠点として、対象に没入していくあまり、時代状況や対象の位置が後景に退いていく傾向を指摘できる。本書が採用した方法の背景には、良知力『マルクスと批判者群像』(平凡社、一九七一)がある。すなわち、清沢洌の思想形成の具体的な歩みを、彼が生きた状況、彼が対決した配線図との関連で、具体的に解明することを目指した。昭和期「自由主義」論争のなかで対立した河合栄治郎や戸坂潤も清沢の自立的な批判者として取り上げたつもりである。筆者の試みがどれだけ成功したかは読者の判断を待つしかないが、清沢の思想形成を通して同時代日本の時代状況をできる限り描こうとしたことは確かである。

本書の校正作業を、二〇一五年七月下旬から八月にかけて行った。安保法制に反対する様々な動きを目にし、それに参加できない忸怩たる気持ちを抱えつつ、ゲラの校正に没頭した。本書をもっと早く出版するべきだったとの思いが筆者にはある。残念なことに清沢洌の思想を学ぶ必要性が切実に高まってきている。本書を読んで清沢の言論と思想に興味をもつ人が一人でも増えてくれればというのが筆者の願いである。また、本書が日々の生活や仕事に追われつつも、状況に抗して批判的な視座をもち、行動をしたいと思っている人へのささやかな思考の補助線となれば、筆者としては望外の喜びである。

本書を書き上げるにあたって、実に多くの方々のお世話になった。筆者が在籍した明治大学文学部史学地理学科および同大学院文学研究科史学専攻（博士前期課程）、総合研究大学院大学文化科学研究科日本歴史研究専攻（博士後期課程）での諸先生方のご指導とゼミでの討論が本書を支えていると思う。とくに山田朗先生と安田常雄先生のご指導に感謝したい。博士前期課程までの指導教授であった山田先生には学問のイロハから教えていただき、清沢の教育論を取り上げた卒業論文を丁寧に添削していただいた。安田先生には、学部三年の時に「日本思想史」の講義を受ける機会に恵まれ、明治大学大学院の演習ではネグリ／ハートの『〈帝国〉』をはじめとする幅広いテーマの文献を読む機会を得た。思想史研究で博論を書きたいと思い、総研大に進学してからは主任指導教員としてご指導いただいた。当時、日本歴史研究専攻が置かれた国立歴史民俗博物館では、常設展示「現代」の企画が進んでおり、責任者だった安田先生はその準備に忙殺されておられた。そのような状況のなかで行われた個人指導と月に一回のゼミ、ゼミ後の京成佐倉駅前の庄屋での議論は、ともすれば視野狭窄に陥りがちな筆者の研究をより広く、そして、より深めていく大切な場となった。二〇〇五年七月に安田先生に寄席に連れて行っていただいたのも忘れられない思い出である。学位取得後すぐに本書の刊行を勧めていただいたにもかかわらず、筆者の怠慢により刊行が遅れに遅れ、申し訳なく思っている。

博士後期課程に進んでから穂高の清沢洌顕彰会にも参加させていただくことになった。事務局長の長沼孝致氏には、穂高での調査に同行していただいたばかりか、貴重な史料や新聞記事などを提供していただいた。また、顕彰会とのご縁がきっかけとなって二〇〇九年に開催された「清沢洌展」実行委員の末席に加えていただいた。この時に、第Ⅰ章につながる研究が大きく進み、さらに、清沢の次女・池田まり子さんから『清沢洌日記』の閲覧をお許しいただくことができた。

博士論文の審査をお引き受けいただいた、樋口雄彦先生（主査）、安田常雄先生、久留島浩先生、山本義彦先生、源川真希先生、大串潤児先生にも御礼を申し上げたい。とくに大串さんには、安曇野での調査に同行していただいたばかりか、ゼミ生の渡辺知弘氏の研究を紹介していただいた。第Ⅱ章のモダンガール論は、大串さんの示唆を受けて取り組んだものである。また、清沢研究の大先達である山本先生から公開審査会の際に、Ａ４判で一二枚に及ぶコメントをいただいた。先生の清沢研究に懸ける思いと後進を育てようとする熱意に身の引き締まる思いを感じたものである。

同じく清沢研究の先達である北岡伸一氏には、面識がないにもかかわらずお願いしたところ、貴重な資料のコピーを快く送っていただいた。また、渡辺知弘氏には、博論を丁寧に読んでいただき、貴重なコメントを寄せていただいた。序章ではかなりのページを割いて先行研究を批判したが、筆者の研究は先学の学恩によるところが大きいことをここで明記しておきたいと思う。また、学部時代からの友人である山崎聡君には、刊行を控えた二〇一五年初めに本書の草稿を読んでもらい、タイトルも含めて貴重なアドバイスをもらった。

お世話になった方々に改めて御礼を申し上げたい。ありがとうございました。そして、これからもよろしくお願い申し上げます。

幸運なことに筆者は博士論文を出版するチャンスを得ることができ、ぎりぎりのタイミングで刊行することができた。きっと本書には分析の甘さや文章表現の未熟な部分もあるだろう。読者の率直な批判を仰ぎたい。筆者としては本書を一つの出発点として構想力を鍛え、より洗練された研究を世に出していく責務がある。研究の方向性としては、一つは本書の経験を活かして、戦前期日本の「自由主義者」研究を進めていくことである。もう一つは、多田道太郎・安田常雄両氏の研究と問題意識を継承し、大衆文化における自由主義体験の意味を具体的なジャンル・作品に即して考えてみたい。

本書の刊行にあたっては、日本経済評論社社長栗原哲也氏と編集者の新井由紀子氏に大変お世話になった。予定のスケジュールが大幅に遅延し、ご迷惑をおかけするなか、新井さんには終始丁寧に作業を進めていただいた。本書が幾分なりとも読者に読みやすい本となったならば、それは新井さんのお陰である。筆者にとって最初の著書を大学の同じ専攻の大先輩である栗原社長のもとで出すことができたのは幸運だった。お二人に心から感謝したい。最後に私事になるが、本書をこの研究の出発から刊行まで物心両面で支援してくれた両親と、出版に向けた作業が進まずに落ち込んでいた筆者を励ましてくれたパートナーの西出佳詩子に捧げることをお許しいただきたいと思う。

二〇一五年一〇月

佐久間　俊明

清沢洌略年表

一八九〇（明治23）年　2月8日、長野県南安曇郡北穂高村（現在の長野県安曇野市）に生まれる。

一九〇三（明治36）年　13歳　4月、研成義塾に入る。12月20日、東穂高禁酒会に入会。

一九〇四（明治37）年　14歳　2月、日露戦争始まる。

一九〇六（明治39）年　16歳　3月、研成義塾卒業。10月、サンフランシスコ学童隔離事件。12月、渡米（翌年1月シアトル着）

一九一〇（明治43）年　20歳　9月、タコマ市内のハイスクールに入学（数ヶ月後に退学）。

一九一一（明治44）年　21歳　6月頃、北米時事タコマ支社主任となる。6月、『太平洋公論』（第二巻第五号、一九一一年三月一日）に信濃太郎のペンネームで寄稿した「所謂大逆罪」が、大逆事件を警戒していた官憲の目にとまり、在シアトル領事代理の報告（5月）を受けて、特別要視察人（乙号）に編入。

一九一三（大正2）年　23歳　1月5日、シアトルで穂高倶楽部結成。8日、母国観光訪問団に『北米時事』通信員として同行して帰国（5月、帰米。帰国中の動静は、官憲により逐一チェックされていた）。5月、カリフォルニア州で第一次排日土地法成立。

一九一四（大正3）年　24歳　7月、第一次世界大戦始まる（～18年11月）。10月、サンフランシスコの邦字紙『新世界』に移る。

一九一八（大正7）年　28歳　8月、米騒動勃発。同月中旬、帰国。この年、横浜の貿易商菅川商会に入社。

一九一九（大正8）年　29歳　4月、菅川商会の仕事で渡米（12月帰国）。

一九二〇（大正9）年　30歳　6月29日、徴兵検査を受け、「甲種合格」。8月頃、中外商業新報社に入社。10月、福井貞と結婚。11月、カリフルニア州で第二次排日土地法成立。12月、松本歩兵連隊に入隊（翌年1月除隊）。

一九二二（大正11）年　32歳　12月、ワシントン会議開催（～翌年3月）。

一九二三（大正12）年　33歳　9月1日、関東大震災で妻子を失う。

一九二四（大正13）年　34歳　5月、アメリカで排日移民法可決。6月、朝鮮・満州・中国旅行（～8月）。

一九二五（大正14）年　35歳　9月、満鮮シベリア視察団に同行。

一九二六（大正15）年　36歳　12月2日、植原悦二郎の媒酌で源川綾子と結婚。

一九二七（昭和2）年　37歳　2月頃、中外商業新報社を退社して東京朝日新聞社に入り、計画部次長となる。10月27日、長男瞭誕生。

一九二八（昭和3）年　38歳　8月、不戦条約締結。この年、清沢が提案して、『中央公論』常連執筆者の「二七会」が発足。

一九二九（昭和4）年　39歳　5月、『自由日本を漁る』所収の論説「甘粕と大杉の対話」が、右翼の攻撃対象となり、7月、東京朝日新聞社を退社。8月、渡米（翌年10月帰国）。

一九三〇（昭和5）年　40歳　1月12日、次女まり子（英子）誕生。同月、ロンドン海軍軍縮会議を取材（～4月）。3月24日、ムッソリーニと会見。5月23日、フーバー大統領と会見。6月2日、フォードと会見。3日、フォード工場を見学。

一九三一（昭和6）年　41歳　4月、『報知新聞』の北太平洋横断旅行の準備と取材のため渡米（翌年8月帰国）。9月18日、満州事変始まる。

一九三二（昭和7）年　42歳　5月、五・一五事件。9月、日満議定書調印（満州国承認）。

一九三三（昭和8）年　43歳　2月24日、国際連盟、日本軍の満州撤退勧告案を採択。5月26日、瀧川幸辰京都帝大教授休職。同月、清沢洌「自由主義の立場」が『新潮』（一九三三年六月号）に掲載。この頃から昭和期「自由主義」論争が始まる（～一九三六年）。

一九三四（昭和9）年　44歳　8月2日、中央公論社の全国巡回講演会の講師として全国を講演旅行（～10月13日）。

一九三五（昭和10）年　45歳　4月9日、美濃部達吉『憲法撮要』など発禁。6月11日、東京帝国大学経友会主催の「自由主義批判講演会」（於東京帝国大学講堂〔安田講堂〕）に河合栄治郎・藤沢親雄・戸坂潤とともに出席し、「自由主義と其批判――自由主義の立場より」と題して講演する。10月10～11日、『東洋経済新報』の座談会「自由主義を語る」に出席。

一九三六（昭和11）年　46歳　2月20日、第19回総選挙（社大党22議席獲得）。26日、二・二六事件。

一九三七（昭和12）年　47歳　7月7日、日中戦争始まる。9月23日、国際ペン・クラブ理事会出席のため、米国を経由して渡欧（翌年7月帰国）。11月1日、ロンドンで開催された国際ペン・クラブ理事会に出席（～3日）。

一九三八（昭和13）年　48歳　5月22日、プラハで開催された国際学術会議に出席（～27日）。同月、東洋経済新報社の顧問に委嘱される。

一九三九（昭和14）年　49歳　2月、日本評論家協会創立に伴い、常任委員となる。4月頃、東洋経済新報社の嘱託となり、編集会議に出席するようになる。5月8日、国民学術協会が発会し、常任理事に就任。同月11日、ノモンハン事件（～9月停戦協定成立）。8月23日、独ソ不可侵条約締結。9月1日、第二次世界大戦始まる。11月17日、清沢の提唱により、国際関係研究会が発会。

一九四〇（昭和15）年　50歳　6月24日、近衛文麿、枢密院議長を辞任し、新体制運動推進の決意を表明。9月23日、北部仏印進駐。27日、日独伊三国同盟調印。10月12日、大政翼賛会発会式。11月、東洋経済新報社創立四五周年記念事業の一環として東洋経済研究所設立（清沢は、嘱託としてタウンゼント・ハリスの研究、外交史年表の編纂などを行う）。

一九四一（昭和16）年　51歳　2月、内閣情報局、各総合雑誌に執筆禁止者名簿を内示（清沢、馬場恒吾ら）。3月、蠟山政道らとともに東洋経済新報社の評議員に委嘱される。4月、日ソ中立条約調印。6月、独ソ戦開始。7月、南部仏印進駐。10月、東条英機内閣成立。12月8日、アジア太平洋戦争始まる。

一九四二（昭和17）年　52歳　12月9日、『戦争日記』執筆開始（～45年5月5日）

一九四四（昭和19）年　54歳　7月、東条内閣総辞職、小磯国昭内閣成立。12月、日本外交史研究所を設立する。

一九四五（昭和20）年　55歳　4月、鈴木貫太郎内閣成立。5月21日、肺炎のため死去。

本書および北岡伸一『増補版　清沢洌――外交評論の運命』（中公新書、二〇〇四）所収の「清沢洌略年譜」、松田義男編「清沢洌年譜」改訂版（私家版、二〇〇七）を参照して作成した。

清沢洌執筆史料一覧

* 清沢洌著訳書・未公刊史料を除き、本文で引用あるいは注で言及した清沢洌執筆史料を各章別に配列した。ただし、第Ⅱ章第3節で参照した「モダンガール論」関連の史料に関しては、表2-1「清沢洌のモダンガール論」を添付したのでここでは省略する。
* 煩瑣になるのを避けるため、複数の章で引用した史料については、主要な章でのみ掲載した。
* 歴史的背景を示すため、可能な限り原題・初出を記すこととし、また、著書・論文集・全集などへの再録を記した。

清沢洌著訳書（共著、パンフレット類を除く）

『米国の研究』（日本評論社、一九二五年一一月）
『モダンガール』（金星堂、一九二六年一一月）〔『清沢洌選集 第1巻』収録〕
『黒潮に聴く』（萬里閣書房、一九二八年四月）〔『清沢洌選集 第2巻』収録〕
『自由日本を漁る』（博文堂出版部、一九二九年五月）〔『清沢洌選集 第3巻』収録〕
『転換期の日本』（千倉書房、一九二九年一〇月）
『巨人を語る』（三省堂、一九三〇年一月）
『アメリカを裸体にす』（千倉書房、一九三〇年、一二月）
『不安世界の大通り』（千倉書房、一九三一年、四月）
『フォード』（三省堂、一九三一年六月）
『アメリカは日本と戦はず』（千倉書房、一九三二年一〇月）〔『清沢洌選集 第1巻』収録〕
（訳書）ヒラリオ・カミノ・モンカド『亜細亜モンロー主義』（千倉書房、一九三三年二月、Hilairo Camino Moncado, *America, Philippines, and the Orient*, 1932. の翻訳）
『非常日本への直言』（千倉書房、一九三三年三月）〔『清沢洌選集 第4巻』収録〕
『革命期のアメリカ経済』（千倉書房、一九三三年一一月）

『激動期に生く』（千倉書房、一九三四年七月）
『混迷時代の生活態度』（千倉書房、一九三五年一月）
『現代日本論』（千倉書房、一九三五年六月）〔『清沢洌選集 第5巻』収録〕
『世界再分割時代』（千倉書房、一九三五年一一月）
『時代・生活・思想』（千倉書房、一九三六年一〇月）
（訳書）ヘンリー・スティムソン『極東の危機』（『中央公論』一九三六年一一月号別冊付録、Henry L. Stimson, *The Far Eastern Crisis: Recollections and Observations.* 1936. の翻訳）
『ソ聯の現状とその批判』（東洋経済新報社、一九三七年九月）
『現代世界通信』（中央公論社、一九三八年一二月）
『第二次欧洲大戦の研究』（東洋経済新報社、一九四〇年四月）〔『清沢洌選集 第6巻』収録〕
『外交史』（『現代日本文明史』第三巻、東洋経済新報社、一九四一年六月）
『外政家としての大久保利通』（中央公論社、一九四二年五月）〔『清沢洌選集 第7巻』収録〕
『日本外交史』全二冊（東洋経済新報社、一九四二年九月）〔『清沢洌選集 第8巻』収録〕
橋川文三編『暗黒日記』全三巻（ちくま学芸文庫、二〇〇二年、初出評論社、一九七〇〜七三年）

清沢洌未公刊史料

『清沢洌日記』一九二九〜三〇年、一九三一〜三二年、一九三七〜三八年

第Ⅰ章

（くも生）「我研成義塾」『天籟』二-四、一九〇六年四月一日（南安曇教育会・井口喜源治研究委員会編『井口喜源治と研成義塾』南安曇教育会、一九八一年所収）
（清生）「伝道につきて」『天籟』第五号、一九〇六年一一月九日（同前所収）
「井口喜源治宛清沢冽書簡（明治三十九年一一月（推定）二二日）」（同前所収）
（清生）「米国通信」其二、『天籟』第七号、一九〇七年五月一五日（同前所収）

「斎藤茂宛清沢洌書簡（推定一九〇七年五月二一日）」（山本義彦『清沢洌の政治経済思想』御茶の水書房、一九九六年所収）
「井口喜源治宛清沢洌書簡（推定一九〇七年一一月頃）」（同前所収）
「井口喜源治宛清沢洌書簡（推定明治四一年五月四日）」（同前所収）
「井口喜源治宛清沢洌書簡（年月日不詳（明治四三・四年タコマハイスクール在学中））」（『井口喜源治と研成義塾』所収）
「所謂大逆罪」（「清沢名簿」所収、初出『太平洋公論』第二巻第五号、一九一一年三月一日）
「船中日記」（伊藤一男編『続・北米百年桜（四）復刻版』ＰＭＣ出版、一九八四年所収、初版一九七三年）
「日本の社会と、其の感想」『新故郷』第二号（暑中号）、一九一三年七月一五日（『井口喜源治と研成義塾』所収）
「日米問題の現状」『新故郷』第三号（新年号）、一九一四年一月一日（同前所収）
「日米問題と其解決の途」『新故郷』第二巻第四号（夏期号）、一九一四年八月二〇日（同前所収）
（清澤生）「加洲同胞の固疾」（『新世界』一九一五年一月二五日、二七日～二月一日）
（清澤生）「労働大会と在留同胞の自覚」（『新世界』一九一五年六月二七日）
（清澤生）「独立祭に際し米国の大を想ふ――附りに日本の現状を一瞥し未来の多幸を思ふ」（『新世界』一九一五年七月四日）
（清澤生）「自づから立つ強き心――キリストに対する不満の一端を申上げる」（『新世界』一九一五年七月二五日）
（清澤生）「山脇事務官長に与ふるの書――大博参加事業を論じ併せて日米問題に及ぶ」（『新世界』一九一五年一二月四日）
「悲観か楽観か其後の日米問題　加州桑港に於て」『新故郷』第五号、一九一七年三月二五日（『井口喜源治と研成義塾』所収）
（清澤生）「如是我観―我輩の日本土産――基督教主義を根本思想にせよ」（『新世界』一九一九年四月一五～二六日）
「井口喜源治宛清沢洌書簡（昭和二年三月二十九日）」（『井口喜源治と研成義塾』所収）
「故国より」（『羅府新報』一九二八年七月八、一〇～一一日）
「無名の大教育家」（『井口喜源治と研成義塾』所収、原題・初出「無名の大教育家井口先生の生涯――わが少年時の記録」『雄弁』三〇-七、一九三九年七月）
「山室軍平氏の死」（『東洋経済新報』一九一三、一九四〇年三月二三日）

第Ⅱ章

（清澤生）「軍籍に入る光栄の記」（『新世界』一九二〇年七月二六日）
「斎藤茂宛清沢洌書簡（一九二〇年九月七日）」（山本義彦『清沢洌の政治経済思想』御茶の水書房、一九九六年所収）
（信濃太郎）「大佐の処分」（『中外商業新報』一九二一年二月一〇日）
「二等卒として」（推定・一九二〇年八月二二日、斎藤茂『わが日わが道』拾遺編、山上社、一九六八年所収）
（清澤生）「加州問題対応策」『中外商業新報』一九二〇年九月二一～二七日
（一記者）「日英米の経済戦」『中外商業新報』一九二一年八月二五日～九月一日
（在日本新世界通信員）「現政界では先づ第一人者 高橋新首相の出現 望む所は軍閥に対する戦闘力」（『新世界』一九二一年一二月一五日）
（在日本 新世界通信員発）「軍閥日本を危ふす」（『新世界』一九二一年一二月一六日）
（在京新世界通信員）「議会より」（『新世界』一九二二年三月二〇～二二日）
（信濃太郎）「再び霞南生へ」（『中外商業新報』一九二二年七月二二日）
（青山生）「武藤君の態度」（『中外商業新報』一九二三年五月三日）
（信濃太郎）「武藤山治氏に」（『中外商業新報』一九二三年五月二四日）
「御挨拶」（一九二三年一〇月一九日付、山本『清沢洌の政治経済思想』所収）
（信濃太郎）「『外二名』」（『中外商業新報』一九二三年一〇月九日）
（ケイ生）「卑劣、醜悪」（『中外商業新報』一九二三年一〇月一一日）
（有明生）「切捨御免」（『中外商業新報』一九二三年一〇月二〇日）
「母と妻と子と妹と一時に失ふ記」（『新世界』一九二三年一〇月二五、二六、二八日～一一月一日）
（清澤生）「震災と朝鮮人」（『新世界』一九二三年一一月六～九日）
（非軍人）「甘粕を笑ふ」（『中外商業新報』一九二三年一一月二〇日）
（非軍人）「単純な頭」（『中外商業新報』一九二三年一一月二八日）
（一記者）「世界の動き方」（『中外商業新報』一九二四年一月一～二日）

（一青年）「階級打破」（『中外商業新報』一九二四年一月二九日）
（無署名）「米国の排日的示威運動」（『中外商業新報』一九二四年四月一五日）
（無署名）「排日案の上院通過」（『中外商業新報』一九二四年四月一七日）
（一記者）「いよ〳〵重大となつた米国排日問題早わかり」（『中外商業新報』一九二四年四月二〇〜二二日）
（清澤生）「時間に超越してゐる朝鮮の人たち しかしいかにも親孝行だ」（『中外商業新報』一九二四年七月七日）
（清澤生）「みじめな暮しをする朝鮮の人たち 米に土をまぜて——など」（『中外商業新報』一九二四年七月八日）
（清澤生）「日本の方が物騒（丸山警備局長の云ひ分）朝鮮の治安に就て」（『中外商業新報』一九二四年七月一〇〜一一日）
（清澤生）「先き〴〵の朝鮮 これこそまじめに研究したい問題だ」（『中外商業新報』一九二四年七月一二〜一三日）
（清澤生）「支那人と朝鮮人」（『中外商業新報』一九二四年七月一四日）
「行詰まりの満州 邦人退転と支那人進出」（『中外商業新報』一九二四年七月二八、二九、三一日、八月一日）
「見たまゝの支那」（『黒潮に聴く』所収、初出『中外商業新報』一九二四年八月一三、二一〜二六日）
「軍事教育」（『自由日本を漁る』、初出『中外商業新報』一九二四年一一月一二日夕刊）
（清沢生）「在米邦人を罵る（余を密告したる人に答ふ）」（『新世界』一九二五年二月一九〜二〇日）
（信濃太郎）「一寸持つ武藤君の提灯」（『中外商業新報』一九二五年六月九日夕刊）
（信濃太郎）「有爵議員の選挙」（『中外商業新報』一九二五年六月一四日夕刊）
「農村産業化の必要」（『黒潮に聴く』所収、初出『中央公論』四〇-八、一九二五年七月）
（無署名）「英米諸国における労資協調の声 覚めた資本家と労働者」（『中外商業新報』一九二五年八月二三〜二四日）
「不景気対策論」（『転換期の日本』所収、原題・初出「『好景気』美酒の酔醒」『中央公論』四〇-一〇、一九二五年九月）
（清澤生）「視察団同伴記 京城より平壌へ」（『中外商業新報』一九二五年九月一八日）
（清澤生）「海の彼方」（『中外商業新報』一九二五年一一月一三〜一九日、二一〜二二日）
（無署名）「世界の男（4）ラムゼー・マクドナルド」（『中外商業新報』一九二六年一月五日）
「沈み行く大英帝国」（『黒潮に聴く』所収、初出『中外商業新報』一九二六年一月一一日、一三〜一九日、二一日）
「日米移民問題の重要性」（同前所収、初出『龍門雑誌』四五〇、一九二六年三月）

「日米両国提携の必要」（同前所収、原題・初出「日米両国提携の必要――米国の東洋政策と米国の世界に於る地位」『国際知識』六‐三、一九二六年三月）
（一記者）「英国大罷業後日物語」（『中外商業新報』一九二六年六月一三～一八日）
「嘘だらけの政治」（『自由日本を漁る』所収、初出『現代』八‐二、一九二七年二月）
「軍備撤廃の期到る」（『黒潮に聴く』所収、初出『中央公論』四二‐三、一九二七年三月）
「プロレタリア国家の反逆」（同前所収、初出『海外』一‐一、一九二七年三月）
「新自由主義といふ事」（同前所収、原題・初出「新自由主義者の一群とその使命」『現代』八‐四、一九二七年四月）
「支那国民運動に対する疑問」（同前所収、初出『太陽』三三‐四、一九二七年四月）
「人間は生存する権利ありや」（同前所収、原題・初出「人間は生存する権利ありや――近代思想に対する一苦言」『公民講座』三〇、一九二七年五月）
「田中外交の文明史的批判」（同前所収、初出『中央公論』四二‐七、一九二七年七月）
「軍人の道徳観」（『自由日本を漁る』所収、原題・初出「荒木大尉の自殺行為」『中央公論』四二‐五、一九二七年五月）
「甘粕と大杉の対話」（同前所収、初出『我観』四八、一九二七年一〇月）
「軍備問題の再吟味」（『転換期の日本』所収、第三節以下の原題・初出「軍部大臣制度改革の必要――何故総選挙の題目とならざる」『公民講座』四〇、一九二八年三月）
「華族制度を如何にする」（『自由日本を漁る』所収、初出『現代』九‐四、一九二八年四月）
「故国より」（『羅府新報』一九二八年七月八、一〇～一一日）
「愛国心の悲劇」（『転換期の日本』所収、原題・初出「愛国心の悲劇――経済的に観た田中外交」『中央公論』四四‐五、一九二九年五月）
「英国労働党の内外政策」（『外交時報』五八九、一九二九年六月）
「社会主義と新自由主義」（『転換期の日本』所収、原題・初出「社会主義と新自由主義の接触点――英国労働党内閣と自由党」『法律春秋』四‐七、一九二九年七月）
「結論(1)日本の国策」（同前所収）

「国際的新時代来たる」（同前所収）
「産業主義対農村」（同前所収）
「新世界への発足」（同前所収）
「日本はどんな国か」（同前所収）
「九月一日」『羅府新報』（一九三〇年九月四～六日）
「米国を報ずる手紙」（『羅府新報』一九三〇年一〇月二～五、七日）

第Ⅲ章

「ムッソリニ」（清沢『巨人を語る』所収、原題・初出「鍛冶屋の息子からイタリー独裁者 ムッソリニと其の思想」『現代』八-九、一九二七年九月）
「ムッソリニを排す」（『自由日本を漁る』所収、原題・初出「ムッソリニとその主義を排す」『自由評論』一六-一一、一九二七年一一月）
「不戦条約調印の日」（『自由日本を漁る』所収、原題・初出「時代を画する不戦条約——珍らしや敵味方握手の光景」『現代』一九二八年一二月）
「米国と英国の相違」（『アメリカを裸体にす』所収、原題・初出「アメリカとイギリス管見」『新世界』一九三〇年一月二八日～二月六日）
「会議を他所に英国議会の見物」（『羅府新報』一九三〇年二月一九～二二日）
「欧州踏査の実感」（『不安世界の大通り』所収、原題・初出「欧州巡遊雑記 大西洋上にて」『羅府新報』一九三〇年五月二～四日、六～九日）
「日本に入る日」（『アメリカを裸体にす』所収、初出『北米時事』一九三〇年一〇月（日付不明））
「社会主義化の米国」（同前所収、初出『中央公論』四五-一一、一九三〇年一一月）
「十年振りのアメリカ」（同前所収）
「アメリカと英国」（『不安世界の大通り』所収、初出・原題「アメリカと英国の巻」『現代』一二-一、一九三一年一月）

「中央欧州の巻」（同前所収、初出『現代』一二-二、一九三一年二月）
「ムッソリニ会見記」（同前所収、原題・初出「ムッソリニと語る 彼が大成功の秘訣は何？」『現代』一二-三、一九三一年三月）
「楽屋から見たロンドン会議」（同前所収）

第Ⅳ章

「海外で日本を聴く」（『非常日本への直言』所収、原題・初出「アメリカで日本を聴く」『中央公論』四七-一一、一九三二年一〇月）
「内田外相に問ふ」（『中央公論』四八-三、一九三三年三月、後に『非常日本への直言』収録）
「松岡全権に与ふ」（『中央公論』四八-五、一九三三年五月、後に『激動期に生く』収録）
（無署名）「京大対文部省の問題」（『報知新聞』一九三三年五月二六日）
「自由主義の立場」（『新潮』三〇-六、一九三三年六月、加筆修正の上、『激動期に生く』収録）
「瀧川教授の問題」（『我観』一一六、一九三三年七月）
（一記者）「転向したケーンズ教授」（『中外商業新報』一九三三年七月三〇日～八月二日）
「マルキスト連の呪文――自由主義批判の批判」（『新潮』三〇-八、一九三三年八月、加筆修正の上、『激動期に生く』収録）
（一記者）「ケーンズ教授の転向論」（『中外商業新報』一九三三年八月二〇、二二～二三日）
「思想宿命論」（『激動期に生く』所収、初出『新自由主義』六-一〇、一九三三年一〇月）
「五・一五事件の社会的根拠」（同前所収、初出『改造』一五-一一、一九三三年一一月）
「一九三六年危機説の矛盾」（『東洋経済新報』一五七六、一九三三年一一月一八日、後に『激動期に生く』収録）
（K・K生）「資本主義修正の一角 スウエーデンの統制振――国営と消費組合で」（『中外商業新報』一九三三年一二月一〇、一二～一四日）
「三五・六年の『危機』とは何ぞ」（『激動期に生く』所収、原題・初出「卅五…六年を望みて」『報知新聞』一九三四年一月八～一〇日）
「危機を再検討す」（『経済往来』九-一〇、一九三四年一〇月）
「『第三党』の出現」（『中央公論』四九-一二、一九三四年一一月、後に『現代日本論』に収録）
「日本重臣論」（『現代日本論』所収、初出『経済往来』九-一二、一九三四年一二月）

「一九三五・三六年危機の問題」（『混迷時代の生活態度』所収）
「美濃部著書の発売禁止」（『経済往来』一〇-五、一九三五年五月）
「封建主義思想の復活」（『中央公論』五〇-五、一九三五年五月、後に『現代日本論』収録）
「自由主義批判の批判」（『経済往来』一〇-六、一九三五年六月、後に『現代日本論』収録）
「何故に自由主義であるか――読者への言葉」（『現代日本論』所収）
「自由主義と其批判――自由主義の立場より」（『講演』二九五、一九三五年七月一〇日）
「資本主義制御の国家的実例――スウエーデンの興味ある変革」（『日本評論』一〇-一一、一九三五年一一月）
「次の政権はいづこへ」（『日本評論』一一-二、一九三六年二月）
「事務官僚の跳梁」（『時代・生活・思想』所収、原題・初出「事務官僚の跳梁――民間への官吏売込みを禁絶せよ」『改造』一八-四、一九三六年四月）
「代議士に与ふるの書」（同前所収、原題・初出「新代議士に与ふるの書」『中央公論』五一-四、一九三六年四月）
「青年官吏論」（同前所収、初出『日本評論』一一-六、一九三六年六月）
「人民戦線の政治的基礎」（『改造』一八-七、一九三六年七月、後に章名の追加と一部加筆の上、『時代・生活・思想』に収録）［再録 橋川文三編集・解説『近代日本思想体系36 昭和思想集Ⅱ』筑摩書房、一九七八］
「ファツシヨは何故に生れたか(1)」（『東洋経済新報』一七一四、一九三六年七月四日、後に『ファッショは何故に生れたか』東洋経済新報社、一九三六に収録）
「ファツシヨ発生の政治的基礎――ファツシヨは何故生れたか(2)」（『東洋経済新報』一七一五、一九三六年七月一一日、後に『ファッショは何故に生れたか』に収録）
「ファツシヨ台頭の社会的背景――ファツシヨは何故生れたか(3)」（『東洋経済新報』一七一六、一九三六年七月一八日、後に『ファッショは何故に生れたか』に収録）
「ナチスが成功した理由――ファツシヨは何故生れたか(4)」（『東洋経済新報』一七一七、一九三六年七月二五日、後に『ファッショは何故に生れたか』に収録）
「日本にファツシヨは生れるか」（『東洋経済新報』一七一八、一九三六年八月一日、後に『ファッショは何故に生れたか』に収録）

「現代自由主義論」(『理想』六七、一九三六年一〇月、後に「時代と生活」と改題の上、『時代・生活・思想』収録)
「電力国営の意義」(『時代・生活・思想』所収、原題・初出「電力国営の第三者的批判」『日本評論』一一-一〇、一九三六年一〇月)
「二・二六事件一周年」(『改造』一九-二、一九三七年二月)
「ニューデールに就て――庶政一新のアメリカ的性格」(『三田新聞』一九三七年二月一九日)
「陣痛期の欧州」(『現代世界通信』所収、初出『中央公論』五三-三、一九三八年三月)

第V章

「知識女性に与へて時局への心構へを説く」(『婦人公論』二二-一〇、一九三七年一〇月)
「旅眼に映るドイツ」(『現代世界通信』所収、初出『報知新聞』一九三七年一二月二五～二六、二九日夕刊)
「国際ペン倶楽部苦戦記」(同前所収、初出『中央公論』五三-一、一九三八年一月)
「ドイツの労働娘子軍」(同前所収、初出『婦人公論』二三-二、一九三八年二月)
「ヒツトラーは何故に人気があるか」(同前所収、初出『中央公論』五三-二、一九三八年二月)
「国際学術会議に列して」(同前所収、初出『報知新聞』一九三八年八月九～一一日)
「日本をめぐる最近の国際関係」(『婦人公論』二三-九、一九三八年九月)
「英国人の心理と傾向」(『現代世界通信』所収、初出『ダイヤモンド』二六-三四、一九三八年一一月一一日)
「ドイツ人の気持」(同前所収、原題・初出「ドイツとドイツ人――伯林で得た印象」『ダイヤモンド』二六-三六、一九三八年一二月一日)
「対支要求決定す(汪兆銘の脱出――ソ連との関係)」(『婦人公論』二四-二、一九三九年二月)
「事変の現段階と見透し」(『婦人公論』二四-四、一九三九年四月)
「形式主義、消極主義を排す」(『秋田魁新報』一九三九年七月一七日)
「日支事変二周年を迎へて――事変による犠牲と事変の見透し」(『婦人公論』二四-八、一九三九年八月)
「日本政変より世界動乱まで」(『婦人公論』二四-一〇、一九三九年一〇月)
「外務省騒動と貿易省」(『秋田魁新報』一九三九年一〇月九日)

「支那新政権と承認問題」(『中外商業新報』一九三九年一二月四日)
「事変処理と米・英・ソの動き」(『婦人公論』二五-一、一九四〇年一月)
「皇紀二六〇〇年代の特徴――経済機構の質的変化」(『秋田魁新報』一九四〇年一月八日)
「議会再開と時局批判」(『秋田魁新報』一九四〇年一月二九日)
「学童考査・議会・批判」(『秋田魁新報』一九四〇年二月二六日)
「嵐を航する米内内閣――出現経緯からその面する諸問題」(『婦人公論』二五-三、一九四〇年三月)
「激化せる世界大戦」(『婦人公論』二五-六、一九四〇年六月)
「展開さるる大決戦――ドイツと連合国との対戦急迫す」(『婦人公論』二五-七、一九四〇年七月)
「新党に対する課題――官僚再編成と計画性」(『秋田魁新報』一九四〇年七月一五日)
「新体制への批判」(『秋田魁新報』一九四〇年九月九日)
「日本新外交の発足――日独伊同盟成る」(『婦人公論』二五-一一、一九四〇年一一月)
「新体制とは何ぞ――否定的消極的主義を排す」(『秋田魁新報』一九四〇年一一月四日)
「米国とソ連の対日動向――拡大した欧洲の戦局」(『婦人公論』二五-一二、一九四〇年一二月)
「翼賛会と新生活運動」(『秋田魁新報』一九四〇年一二月二日)
「大政翼賛会と其の権限」(『秋田魁新報』一九四〇年一二月二三日)
「国際関係と政治 日米――衝突せば長期戦」(『秋田魁新報』一九四一年一月二七日)
「日本の南進と米国」(『婦人公論』二六-二、一九四一年二月)
「日米衝突するか――ソ連の態度は如何」(『婦人公論』二六-三、一九四一年三月)
「松岡外交の将来」(『婦人公論』二六-六、一九四一年六月)
「対日包囲陣の攻勢――緊張する日本と英米の国交」(『婦人公論』二六-九、一九四一年九月)
「統制あつて指導無し」『秋田魁新報』一九四一年九月二二日
「英米会談からモスクワの会談まで」(『婦人公論』二六-一〇、一九四一年一〇月)
「新内閣の成立と危機に立つ世界情勢」(『婦人公論』二六-一二、一九四一年一二月)

第VI章

『女性時局読本』(『婦人公論』二二-三別冊付録、中央公論社、一九三七年三月)

(無署名)「外交的に注目されるソ聯国情の変化」(橋川文三編『暗黒日記』三、評論社、一九七五所収、初出『東洋経済新報』一九四三年一〇月一六日)

(無署名)「ソ聯外交の性格——その攻勢の現実性」(同前所収、初出『東洋経済新報』一九四四年四月一日)

「素人農園家の記」上~下(同前所収、初出『日本産業経済新聞』一九四四年九月二七~二九日)

主要人名索引

著者紹介

佐久間俊明（さくま・としあき）

1981年東京都生まれ。公文国際学園高等部卒業、明治大学文学部史学地理学科卒業、明治大学大学院文学研究科史学専攻博士前期課程修了、総合研究大学院大学文化科学研究科日本歴史研究専攻博士後期課程修了。博士（文学）。
現在、頴明館中学高等学校教諭。

主要業績
「清沢洌の人民戦線論」（『総研大文化科学研究』第4号、2008年3月）
「清沢洌のモダンガール論」（『国立歴史民俗博物館研究報告』第153集、2009年12月）
「戦時下の清沢洌——『戦争日記』にみる戦時下日本批判と戦後構想」（『国立歴史民俗博物館研究報告』第195集、2015年3月）

清沢洌の自由主義思想

2015年12月25日　第1刷発行　　定価（本体5200円＋税）

著　者　佐　久　間　俊　明
発行者　栗　原　哲　也

発行所　株式会社日本経済評論社
〒101-0051　東京都千代田区神田神保町3-2
電話03-3230-1661　FAX 03-3265-2993
URL：http://www.nikkeihyo.co.jp
組版＊閏月社／印刷＊文昇堂／製本＊高地製本所
装幀＊渡辺美知子

乱丁本・落丁本はお取替えいたします

Printed in Japan　ISBN 978-4-8188-2409-6

真田六文銭

写真紀行

清永安雄 撮影

産業編集センター

真田六文銭写真紀行

はじめに

戦国の世を一陣の風のごとく駆け抜けていった真田幸村。忽然と歴史の表舞台に登場し、当時最強といわれた徳川家康を追い詰めて最後は主家に殉ずるように戦場に散っていった。その鮮烈な戦いぶりと潔い幕引きは多くの人々の心を打ち、幸村は戦国時代で屈指の人気を誇る武将となった。いまでも、好きな戦国武将は誰かと問われれば、多くの人が幸村の名を挙げるに違いない。

この幸村を生んだ真田一族の物語は、信濃の国の小さな山村から始まる。

村の名は真田村。その村の小豪族から、知力と武力によって成り上がっていった祖父・幸隆。父・昌幸は有力大名の力を利用して天下に真田の名を広め、兄・信之は、松代藩の藩主として真田家の長きに渡る繁栄の礎を築いた。そして、幸村自身は真田の誇りと精神を伝説にのせて後世に伝えた。これほど見事に、一族の歴史が紡がれた例は他にほとんどないだろう。

真田村という小さな山村にいた名もなき地方豪族が、後世の人々の記憶に残る一族になるまでに、どのような歴史を刻んできたのだろうか。

その物語をたどる旅に出た。

真田氏発祥の地である長野県の真田、豪族から武将へと躍進する舞台となった同じく長野県の上田や群馬県の沼田、長き雌伏のときを過ごした和歌山県の九度山、そして真田の名を歴史に刻んだ大阪——真田にゆかりの深い土地をめぐり歩き、今も残る真田氏の軌跡を追うことで、その波乱に富んだ一族の歴史を追体験することができた。

本書は、真田氏ゆかりの地をめぐりながら、そこに残る真田一族の歴史を写真に収めるとともに、懐かしくも美しい風景を切り取った写真紀行である。

書名の「六文銭」は、真田家の家紋に由来する。六文銭とは、仏教説話の六道銭のことで、三途の川を渡るときの渡し賃を意味する。武士にとっての決死の覚悟を表すものだ。主君を守るため、民を守るため、一族を守るため、常に必死の覚悟で前に突き進んでいった真田氏の歴史を象徴するものとしてふさわしいと思い、書名に使わせていただいた。構成にあたっては、真田氏ゆかりの地を六つに分け、そのエリアごとに軌跡をたどっていけるようにした。

それでは、戦国史に鮮烈な痕跡を残した真田一族の熱き系譜をたどる旅に、みなさんとともに出かけることにしよう。

佐々木 勇志

真田家略系図

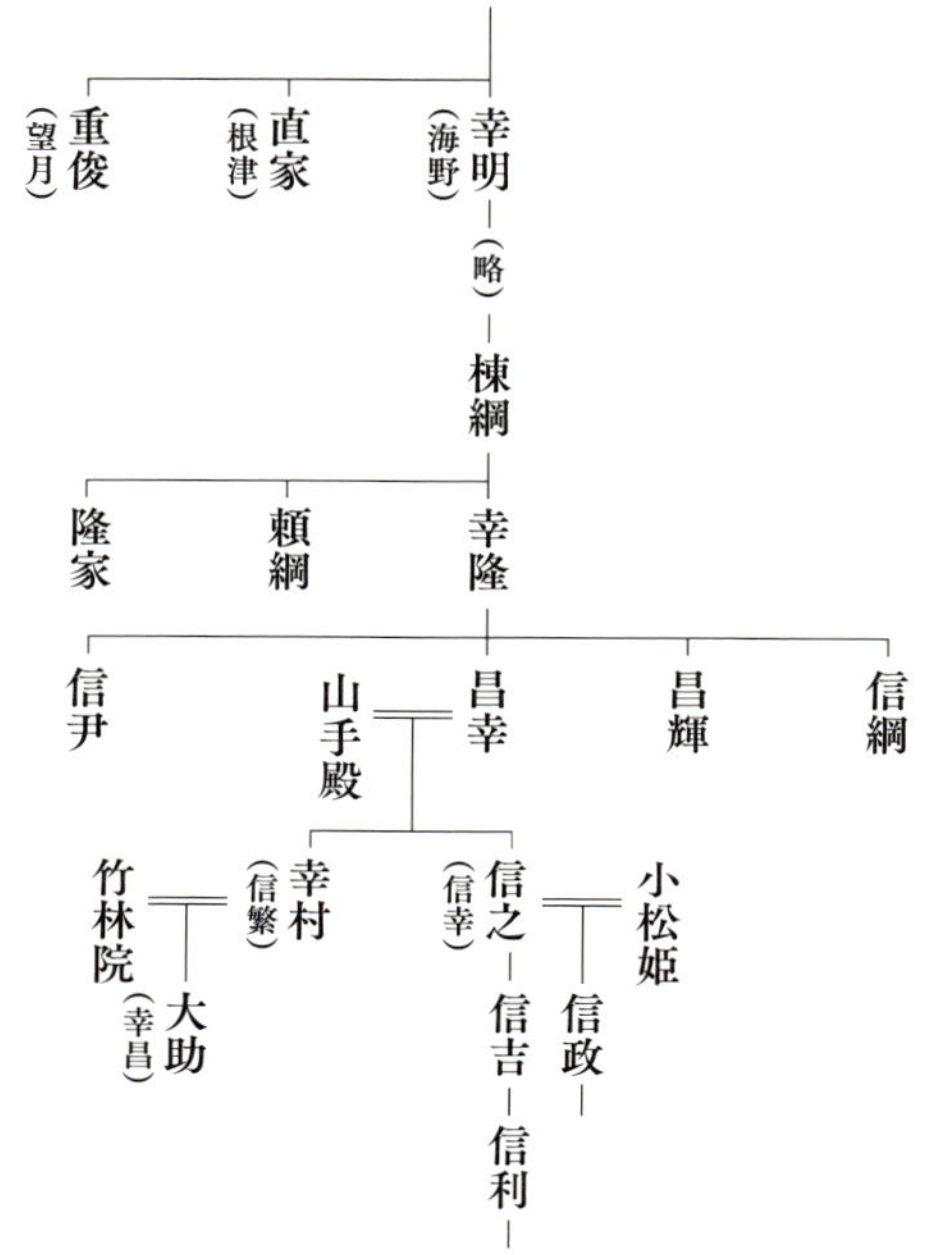

真田家の系図、特に幸隆以前については諸説あります。
本書に登場する主な人物のみ記載し、他は省略しています。

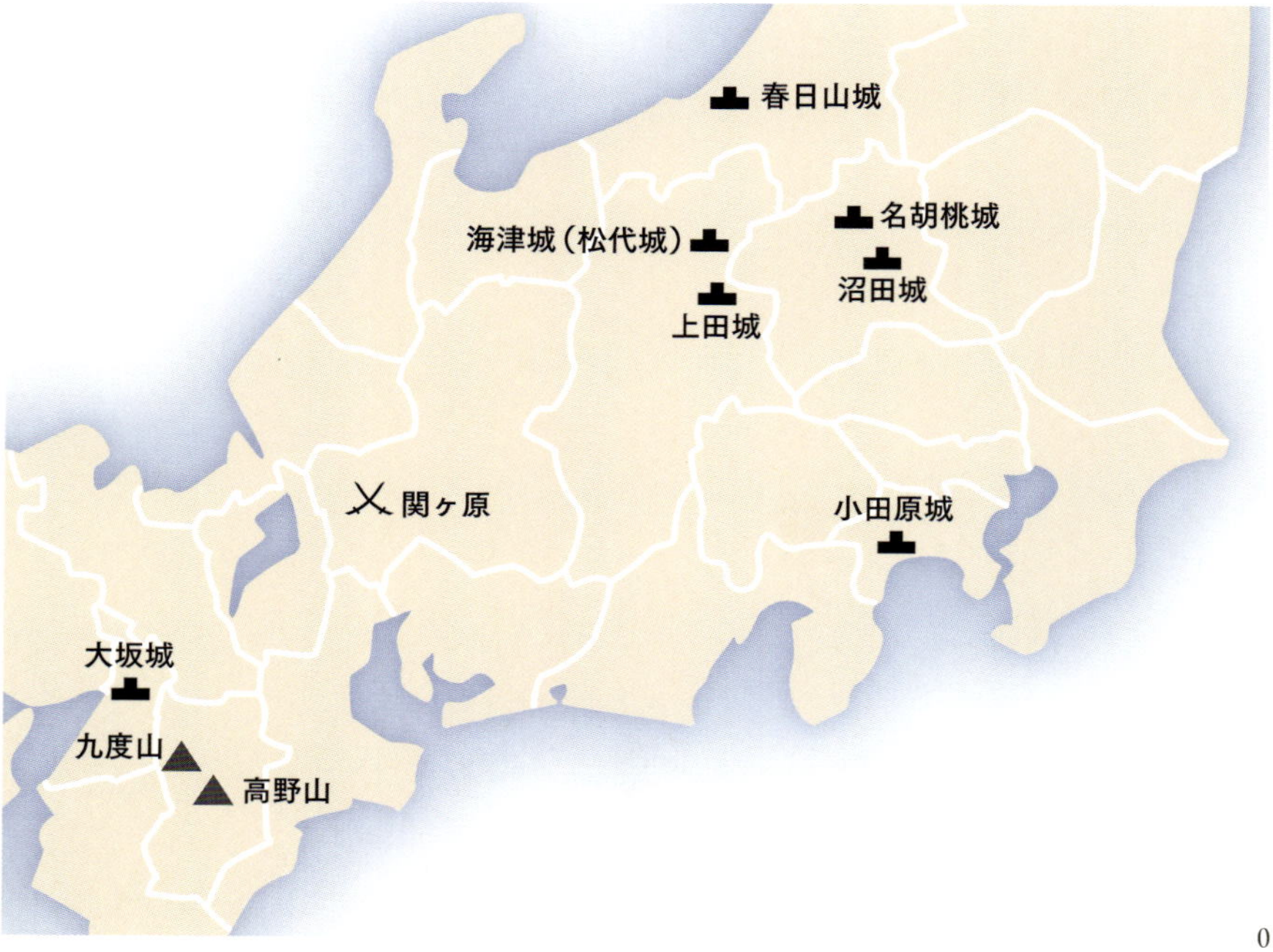

第一章　真田幸隆、戦国武将への道を開く

真田家初代当主、真田幸隆《ゆきたか》

長野県上田市の北東に広がる真田地方は、その名が示すとおり真田氏発祥の地である。真田氏の出自については諸説あるが、かつて真田を含めた小県《ちいさがた》の海野《うんの》地方を治めていた名門海野氏の流れをくむ一族であるという説が有力だ。

戦国時代の信濃は、諏訪、北安曇、北信濃、東信濃、佐久、小県などに分かれて、領地拡大を企む武将がひしめいていた。この緊張関係の中に、隣国甲斐の武田氏が攻め込むことによって、信濃は戦国の騒乱に巻き込まれていくことになる。

そうした時流の中で、真田氏を地方の小豪族から戦国武将へと押し上げたのが、真田幸隆だった。真田氏の歴史の中で史料に明確に名前が記された真田氏はこの幸隆が初めてであり、幸隆が真田家の実質的な初代当主とみていいだろう。

永正十（一五一三）年生まれと言われる幸隆だが、幼少年期をどのような境遇でどう過ごしたのかはまったくわかっていない。地元の伝承記録などからわかるのは、天文十（一五四一）年、甲斐の武田氏を中心とする連合軍に海野氏が攻撃され、海野氏とともに幸隆が上野国へと敗走した、ということである。このとき、幸隆はもうすでに三十歳近くになろうとしている。

いずれにせよ、この武田氏の攻撃による幸隆の敗走から、真田一族の熱く激しい物語が始まるのである。

有力武将への道を開いた砥石《といし》城陥落

武田氏に攻撃されて敗走したあと、幸隆の本領である真田の地は北信濃の村上氏に奪われてしまった。その本領を取り戻すために、幸隆は自らを上州に追いやった武田氏の家臣となる。当時、もっとも力があり、真田のある東信濃への侵攻を目論んでいた武田氏と組むことによって、本領回復が可能になると考えたのである。

武田氏の家臣となり、信濃攻略の先鋒として働いていた幸隆。その幸隆が武田配下の武将として確固たる地位を確立したのは、天文二十（一五五一）年の砥石城攻略だった。諏訪、上伊那、佐久地方への侵攻を成功させ、いよいよ小県への攻略を進めようとしていた武田信玄は、天文十九（一五五〇）年、小県における村上氏の拠点となっていた砥石城を攻めた。しかし、結果は大敗。俗にいう〝砥石崩れ〟である。

この信玄が陥落できなかった砥石城を、翌年、幸隆は独力でしかもわずか一日で攻略してしまうのである。どのような方法によって攻略したのか、はっきりとしたことは明らかになっていないが、真田氏得意の調略もあったのではないかと言われている。いずれにせよ、この功績によって、村上氏から奪還した真田への本領復帰が許される

ことになった。

　ここから、幸隆の躍進が始まる。

　天文二十二（一五五三）年には、信玄の上州（群馬県）攻略に合わせて転戦。上杉方の沼田城に対抗する重要拠点であった岩櫃《いわびつ》城の城代に任じられ、武田勢の最前線にあって奮闘。さらに、白井城も攻め取り、この戦功に対しても信玄から激賞された。主家である武田信玄もまた、駿河、遠江、三河へと侵攻し、元亀三（一五七二）年には遠江の三方が原の戦いで徳川家康を破るなど、絶頂の時を迎えていた。だがその直後、天正元（一五七三）年に信玄は病で死去。天下獲りの野望が潰えたその翌年、幸隆も六十二年の生涯を閉じた。

　信濃の一地方の小豪族にすぎなかった真田氏が、自らの力と知恵によって武田氏配下の有力武将へと上り詰め、さらに天下獲りも夢ではない戦国武将への扉を開いたのである。

　その扉を開いたのは幸隆であり、そして、すべてが始まったのが真田という小さな山村だった。

　真田地方には、幸隆が居城としていた真田本城跡や山家《やまが》神社や長谷寺《ちょうこくじ》など、真田ゆかりの場所や史跡が今もなお数多く残り、真田家草創期の軌跡をたどることができる。

真田氏本城跡

真田幸隆が築城したと伝えられている。真田昌幸が上田城に移るまで、真田氏の本城だった。見晴らしが良く、四阿山《あずまやま》、根子岳《ねこだけ》、太郎山《たろうさん》などが見渡せる。真田氏本城の名は後年になってつけられたもので、古くは「松尾城」と呼ばれていた。

本郭の土塁と真田本城跡碑

本城への登城口

真田氏記念公園

国道144号線沿い、下原交差点近くにあるこじんまりした公園。作家の池波正太郎の筆による「真田氏発祥の郷」の碑と真田氏三代（幸隆、昌幸、幸村）のレリーフが建っている。

真田氏館跡

真田氏が上田城を築城する以前の居館跡。地元では「御屋敷」と呼ばれて親しまれている。現在は「御屋敷公園」として整備され、つつじの名所となっている。公園の敷地内には枡形の大手門跡や厩屋跡などが残る。

真田氏歴史館

真田幸隆をはじめ、真田一族に関する古文書や武具等の資料が展示されている。また、模型や写真を使ってわかりやすく真田の歴史を解説している。隣接する真田庵ではおはぎなどの郷土料理を食べながら休憩できる。

長野県上田市真田町本原 2984-1
電話：0268-72-4344
入館料：200 円
開館時間：9：00 ～ 16：00
　　　　7月～9月のみ 9：00 ～ 17：00
休館日：5 月、8 月は無休。そのほかは火曜日
　　　（祝祭日の場合は翌日）

六文銭の紋がついた火事頭巾

長谷寺《ちょうこくじ》

真田幸隆により天文16(1547)年に建立された真田氏の菩提寺。六文銭を刻んだ全国でも珍しいアーチ型の石門や春に咲く樹齢150年の枝垂桜が美しい。本堂裏には、幸隆夫妻と昌幸の墓所がある。

山門。創建当初に一つの石から切り出して造ったものといわれている

堂裏にある真田公墓所

山家神社《やまがじんじゃ》

平安時代中期に創建された古社。中世には白山信仰と結びつき、霊峰・四阿山の里宮として白山様と呼ばれ、その信仰圏は関東全域から西日本まで広がっていたといわれる。真田氏の氏神。神社の周辺は真田郷の中心地として、多くの修験者や僧侶、商人や職人たちでにぎわいを見せた。

境内のそばにある積《せき》（石）徳《とく》。
真田の六文銭をイメージしている

山家神社境内にある真田神社。
幸隆、昌幸、信之、幸村が祀られている

旗見石《はたみいし》

長谷寺に向かう坂の途中にある大きな石。かつてこのあたりが旗見原と呼ばれていたことに由来する。また、一説には、この石の上から、攻めてくる敵の旗印を見張っていたためにこの名がついたともいわれている。たしかにこの石の上に立つと、上田方面まで望むことができる。

向かって左から信綱夫人、信綱、昌輝の墓

信綱寺《しんこうじ》

幸隆の長男・信綱を祀った寺。信綱夫妻と弟の昌輝の墓がある。長篠の戦いで討死した信綱の首を包んだとされる血染めの陣羽織や鎧が保管されている。

本堂

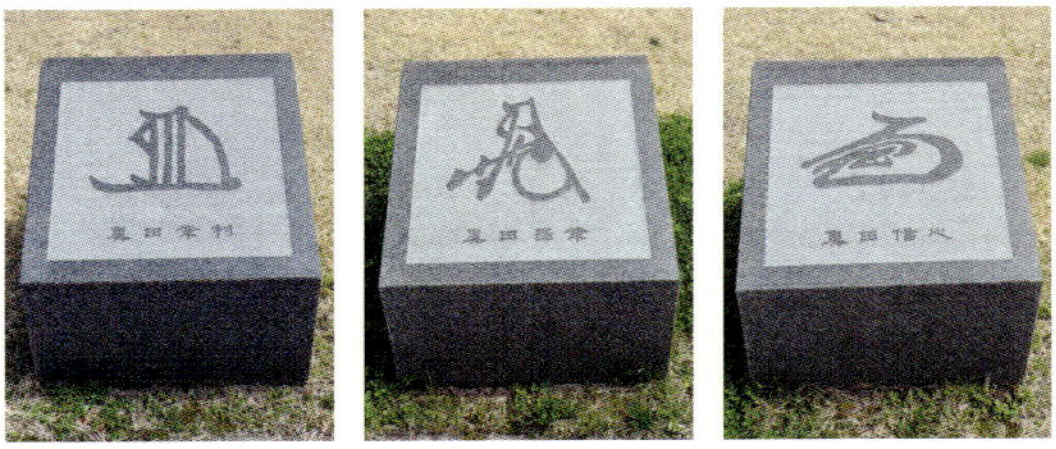

信綱寺の隣にある公園・古城緑地広場には幸村、昌幸、信之の花押が刻まれている

砥石城への登城口。伊勢山の笑門

砥石城跡

武田信玄が敗退を強いられた“砥石崩れ”で知られる。翌年、武田軍下の幸隆が奪還し、武田氏滅亡後、真田昌幸が上田城を築くまで居城していたといわれる。上田城築城後も、上田盆地の北の守りとして機能していた。

整備された登城道

元祖真田流手打ちそば　佐助

真田ゆかりの味めぐり

くるみざるそば　800円

上田市街から車で20分ほど、真田本城や真田氏歴史館からもほど近い真田の郷にある手打ちそばの店「佐助」。同じ長野県の飯山から移築した築350年以上の趣ある茅葺屋根が目印だ。

店名「佐助」の由来はもちろん、真田十勇士の中でも一番有名な猿飛佐助。石臼で挽いたそば粉は地元真田産。味噌だれに、信濃名産の胡桃を混ぜて食べる「くるみざるそば」がおすすめだ。

元祖真田流手打ちそば　佐助
上田市真田町本原3023
0268-72-2287
11：30～14：00
第2、4月曜定休　駐車場15台

野菜天ざる　1000円
佐助御膳　1500円

瀧水寺《りゅうすいじ》

正応 3（1290）年頃の創建といわれる。現在の本堂は天正 15（1578）年、矢沢頼綱（真田幸隆の弟、真田昌幸の叔父）と夫人の発願で再建された。寺の背後の岸壁には観音堂があり、十一面観世音が祀られている。門前には樹齢 300 年とされる枝垂桜がある。

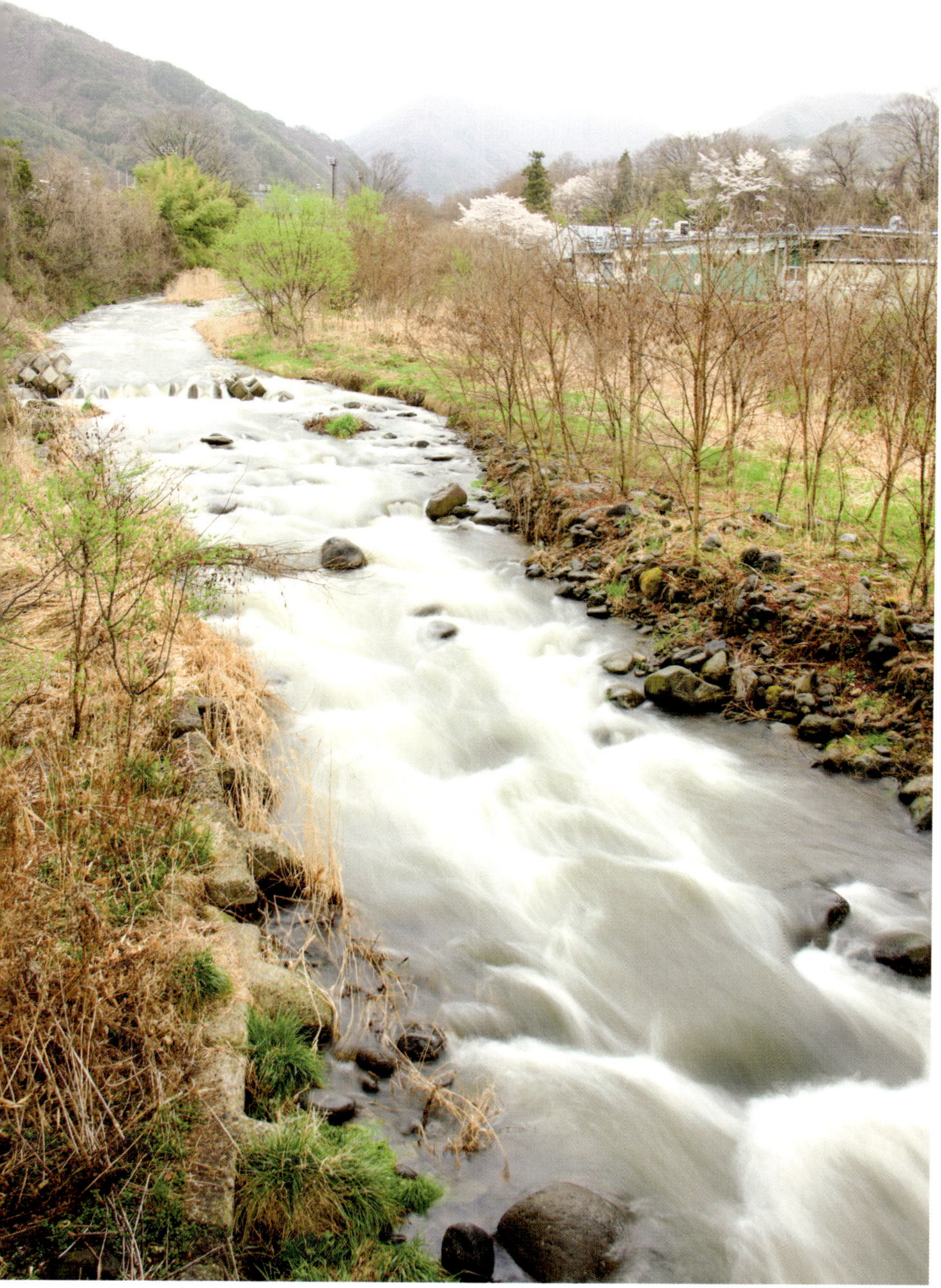

神川《かんがわ》　真田昌幸が徳川家康を敗走させた第一次上田合戦の舞台となった川。一説には、真田軍が上流を堰き止めて水を貯めておき、一気に押し流したといわれる。写真は川久保橋付近を流れる神川。

松尾古城跡

真田本城以前に、幸隆が築いたとされる山城。日向畑遺跡のある麓からは尾根道に沿って登山道が通じている。

日向畑遺跡《ひなたばたけいせき》

室町期から戦国期にかけてのものと見られる火葬骨を埋葬した墳墓跡。角間渓谷の入り口、真田氏ゆかりの松尾古城の南麓にある。真田氏と何らかの関係がある墓所ではないかといわれている。

安《あん》智《ち》羅《ら》明神《みょうじん》

松尾古城の麓にある角間集落入口に祀られている安智羅明神。アンチラとは、薬師如来に仕える十二神将のひとりである安智羅大将が由来。幸隆または幸村の少年時代と伝えられる木像(あんちら様)が安置されている。

真田十勇士の一人である
猿飛佐助が修練したと
いわれる岩

角間渓谷《かくまけいこく》

神川の支流である角間川。その川沿いに約４キロにわたって絶壁が続く渓谷。古くから鬼が住む谷として恐れられており、「鬼の門」「天狗の欄干」「鬼が城」と呼ばれる奇岩などが残っている。

岩屋観音《いわやかんのん》

角間渓谷にある220段の石段の先に岩屋洞窟があり、その中に堂が建てられ、観音様が祀られている。これが岩屋観音。ここはかつて毘邪《ひや》という鬼の棲家で、坂上田村麻呂が討伐しようとしたが失敗し、隣町の馬頭観世音に祈願して鬼たちの妖術を封じてもらい、討ち取った。岩屋観音はそのときに建てられたといわれる。

語り継がれる「幸村」と「真田十勇士」

真田幸村の家臣として活躍した十人の曲者、人呼んで「真田十勇士」。忍術や武術、知略など、それぞれが持つ超人的な能力を存分に発揮し、心酔した主人幸村のために命を賭して戦った。その痛快で縦横無尽な働きにより、憎き徳川方を大いに苦しめた——。

江戸中期に書かれた『真田三代記』が基になり、明治～大正時代に刊行された青少年向けの講談本「立川文庫」で初めて「真田十勇士」の表現が使われ、定着した。以降、数えきれないほどの小説や映画に彼らは登場することになる。つまり架空の物語なのだが、各勇士の出自や設定にはモデルとなった人物やエピソードも多い。虚の中に実が混じっている可能性を感じさせてくれるのも、人気の理由のひとつなのだろう。

これまで何度もブームを起こしてきた真田十勇士。その時々に時代が求めるヒーロー像や理想の主従関係を、幸村と十勇士が体現しているのではないだろうか。義を重んじ、一族を愛し、家臣もそれに応えて必死に働く。あまたいる戦国武将の中でも、なぜ幸村がこれほどまでに支持されるのか、その秘密は真田十勇士にこそあるのかもしれない。

十勇士の素顔

十勇士のうち、三好兄弟、穴山、海野、根津、望月、由利の原型は『真田三代記』ですでに確認できる。「立川文庫」に佐助、才蔵、筧が登場し、十勇士が完成した。それぞれの人物像と出自を見てみよう。

猿飛佐助
甲賀流忍術の達人。十勇士のうちでも一番の実力者で、最も人気がある。九度山時代は全国を旅し、諸大名の動向を探った。江戸時代の忍術兵法書『万川集海』に登場する忍者、上月佐助がモデルの一人とされる。

霧隠才蔵
伊賀流の忍者。容姿端麗で冷静沈着。同じ忍者の佐助とは対照的に描かれることが多い。佐助と忍術較べで引き分け、幸村に使えることに。モデルは『真田三代記』に登場する真田家の家臣、霧隠鹿右衛門。

海野六郎
幸村の右腕、参謀とも称される知略に長けた人物。真田家の始祖である海野氏の一門で、代々真田家に仕える家臣といわれる。

望月六郎
7人いたといわれる幸村の影武者の一人で、爆薬や火術を得意とする。海野、根津と並ぶ滋野三家の望月氏出身で、実在の家臣がモデルといわれる。

根津甚八
滋野家の名門根津を姓に持つが、海賊として活動していた時期があり、海戦術を身につけている。大坂夏の陣で幸村の影武者として討ち死にする。

三好清海入道
大男で怪力、巨大な樫の棒を武器に敵をなぎ倒した。出羽国亀田城主の嫡男という設定だが、豊臣方の武将である三好政康がモデルとの説が有力。

三好伊三入道
清海入道の弟。兄と同じく怪力で、上田合戦の頃から大活躍した。九度山、大阪でも幸村と行動を共にする。三好政康の弟、為三がモデル。

穴山小介
頭脳明晰で槍の達人。実在した幸村の家臣、穴山信光の子穴山小介がモデル。大坂の陣での影武者としての討ち死にも史実との説もある。

由利鎌之助
鎖鎌を操る勇壮な武者。真田の敵として相対した戦場で、その活躍に幸村が惚れ込み、仲間に引き入れた。穴山小介と同じく実在説がある。

筧十蔵
鉄砲の名手で、大坂の陣では鉄砲隊を率いて活躍する。『真田三代記』にも筧姓の人物が複数登場するが、十勇士の中で最も出自や来歴が定かでない。

- 真田氏本城跡　上田市真田町長十林寺 5029-3
- 真田氏記念公園　上田市真田町下原
- 真田氏館跡　上田市真田町本原 2984-1
- 真田氏歴史館　上田市真田町本原 2984-1
- 長谷寺　上田市真田町長 4646
- 山家神社　上田市真田町長 4473
- 旗見石　上田市真田町長
- 信綱寺　上田市真田町長 8100
- 砥石城跡　上田市上野
- 瀧水寺　上田市殿城 1270
- 神川　上田市真田町
- 松尾古城　上田市真田町長横沢
- 日向畑遺跡　上田市真田町長角間
- 安智羅明神　上田市真田町長角間
- 角間渓谷　上田市真田町長角間
- 岩屋観音　上田市真田町長角間

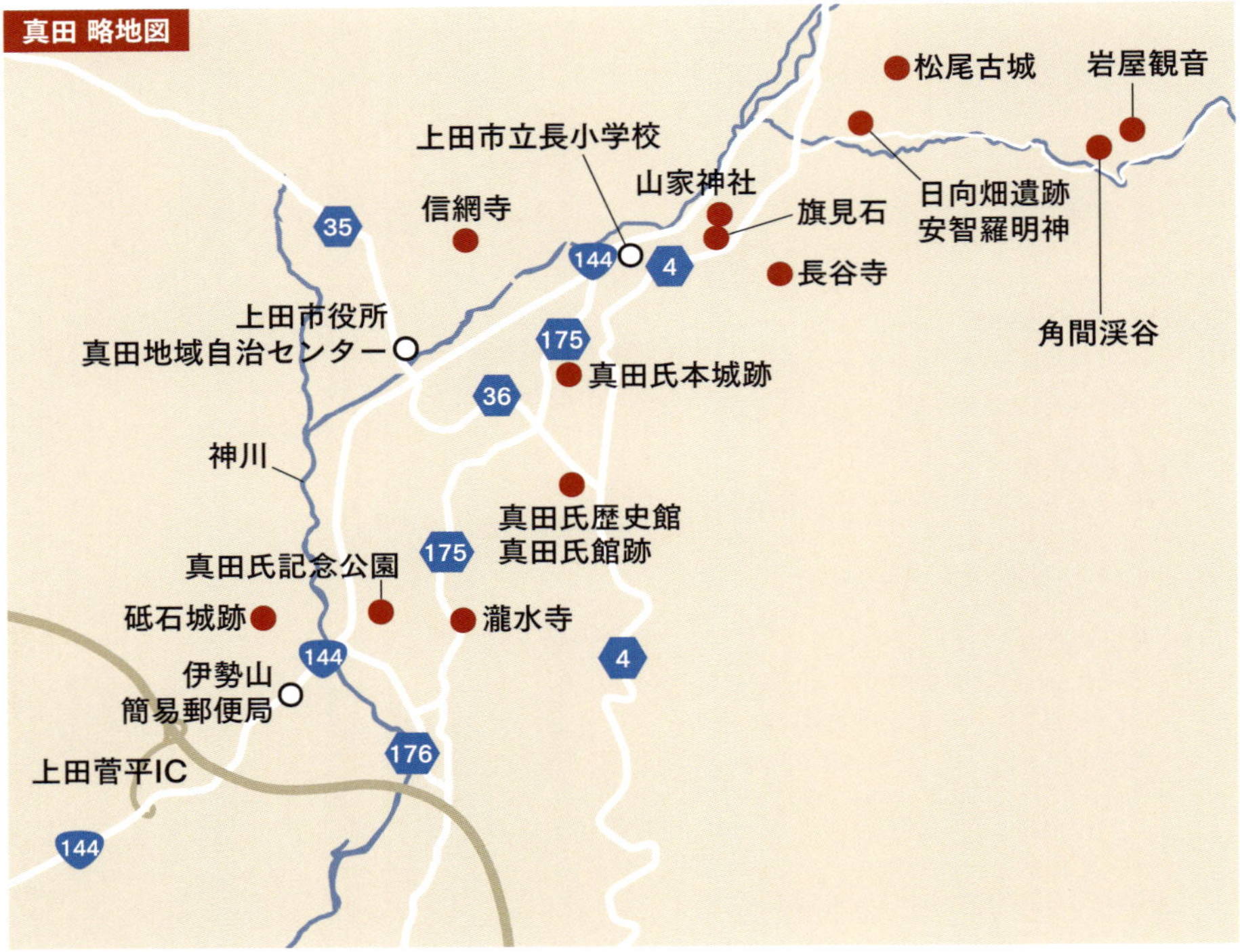

第二章　沼田
昌幸、真田家隆盛の礎を築く

幸隆の三男、真田昌幸《まさゆき》が当主となる

真田幸隆が病死した翌年の天正三（一五七五）年、長篠の戦いが起こる。武田勝頼と織田・徳川軍が衝突したこの戦いで、武田軍は大敗。この戦に参戦した幸隆の長男・信綱《のぶつな》と二男・昌輝《まさてる》も命を失ってしまう。

信綱に代わって真田家当主となったのが幸隆の三男・昌幸である。昌幸、この時二十九歳であった。当然のことながら三男であるため家督を継ぐことはあるまいと思われていた昌幸は、天文二十二（一五五三）年、七歳のときに武田信玄のもとへ人質に出された。強大な力をもつ武田氏に、真田家の未来を託そうとした幸隆の計略である。

昌幸は信玄の覚えめでたく、その優れた才覚を重用された。そのため、昌幸は武田氏の武藤家の養子となって武藤喜兵衛《むとうきひょうえ》と名乗り、武田氏の譜代衆として活躍していた。真田家を継いで真田家当主となってからも、あくまでも武田の家臣として本領経営にあたっていた。

この昌幸が、勝頼からの信任をさらに厚くして武名を高めるきっかけとなったのが沼田城攻略である。

昌幸、本領を拡大し戦国大名へ

上野国沼田城は、北関東における重要な軍事拠点であった。そのため、武田、上杉、北条の各氏が常に沼田城を狙っていた。特に上杉氏にとっては、関東へ進出するための拠点として重要な城だった。

沼田城を中心に睨みあいが続くなか、天正六（一五七八）年、上杉謙信が死去すると、その子である景勝と景虎の家督争いが起こる。景勝を支援したのが武田氏、景虎を支援したのが北条氏。景勝は武田勝頼との間に同盟を結び、勝頼の妹を妻に迎え、その代わり勝頼は上杉氏から東上野の領有権を得ていた。結局、家督争いは景勝の勝利に終わるのだが、その争いに乗じて北条氏は沼田城を奪ってしまう。上杉氏と武田氏は、北条氏に出しぬかれてしまった。

これに怒った武田勝頼は、天正八（一五八〇）年、昌幸に沼田城の攻略を指示。昌幸は沼田城にほど近い岩櫃城を拠点に攻め込み、途中、小川城や名胡桃城を味方にし、さらに沼田城の兵たちを調略して、見事沼田城の奪取に成功する。これによって、昌幸は沼田領一帯の支配を任されることになる。

このまま昌幸は、戦国武将への道を歩むかと思われたが、主家の武田氏が天正十（一五八二）年に滅亡してしまう。織田信長と徳川家康の侵攻により、勝頼が自害し

たのである。

昌幸は熟慮を重ね、織田信長の配下になることを決める。ところが今度は、本能寺の変によって信長が死去してしまう。ふたたび天下の情勢は乱れ、信長が武将に分配した旧武田領も陣取り合戦の場となってしまった。その後も武田氏の遺領をめぐって争乱が続く中、昌幸は情勢を見ながら、主家を上杉、北条と替え、最終的には家康の配下となった。

武田氏の滅亡で一度は織田氏の配下に置かれた沼田だが、信長死去によって再び昌幸が奪回。厳しい状況の中でなんとか沼田領をもちこたえ、小県郡全域をおさめた真田昌幸は、独立した大名へとなっていった。

武田氏から織田氏へ、さらに徳川氏・北条氏・上杉氏という大勢力の狭間で、さまざまな思惑に翻弄されながらも、生き残るために強くしたたかに戦乱の世を渡り歩く昌幸。戦国の乱世が深まるにつれて、その勢いはますます加速され、武将としての輝きを増していくことになる。

沼田はその後、関ヶ原の戦いで家康側についた昌幸の長男・信之《のぶゆき》に安堵され、大坂夏の陣のあとに信之の長男・信吉《のぶよし》に任された。真田家隆盛の基礎となった沼田城跡や名胡桃城跡など、真田氏の歴史を語るに欠かせない史跡が数多く残っている。

沼田城跡

天文元（1532）年に、上野国利根郡沼田の領主であった沼田顕泰《ぬまたあきやす》によって築かれ、上杉氏、武田氏、北条氏などの属城として変遷をたどった。天正8（1580）年に昌幸が入城して規模を拡大し、以後真田氏が領内支配を続ける。天正18（1590）年、信之が沼田領二万七千石の初代城主となり、以降は5代91年間、真田氏の居城となった。現在は本丸・二の丸跡が沼田公園となっている。

復元された本丸太鼓櫓

戸鹿野八幡宮《とがのはちまんぐう》

沼田城主代々の守護神。沼田城主沼田顕泰が享禄３（1530）年に後閑八幡宮を迎えて現在地に祀り城の守護神とした。天正８（1580）年に昌幸が出陣に際して祈願して以来、代々武神として崇められてきた。現在の神社本殿は万治元（1658）年に建てられたものである。

正覚寺《しょうかくじ》

初代沼田藩主信之の正室・大蓮院殿（小松姫）の供養墓があることで有名。また、名胡桃城を北条氏に奪われた責任をとって自害した名胡桃城城代の鈴木主水の墓もあるといわれているが、定かではない。

大蓮院殿（小松姫）の墓

真田信吉の墓

天桂寺《てんけいじ》

2 代沼田藩主真田信吉の墓がある。信吉は寛永 11（1634）年に江戸屋敷で没し、遺骸は迦葉山で火葬され天桂寺に葬られた。本堂の屋根やガラスに六文銭が描かれている。

だんご汁と郷土料理の名店「姫本」…………真田ゆかりの味めぐり

姫本
沼田市東倉内町甲 205
0278-22-2052
11：00 ～ 14：00、16：00 ～ 21：00
水曜定休　駐車場あり

沼田市役所のそば、日本ロマンチック街道の国道 120 号から少し裏道に入ったところにある和食の店、姫本。「だんご汁あります」の旗を店頭に掲げる観光協会推奨店のひとつだ。群馬の名物に「おっきりこみ」があるが、同じ煮込み料理でも沼田の名物といえばだんご汁。市内の 30 軒ほどの店で提供されている、沼田のソウルフードだ。

ぜひ味わいたいのが「ふる里セット」。季節の炊き込み御飯、群馬の名物こんにゃく、だんご汁が一度に楽しめる。姫本のだんご汁は数種類の野菜や山菜、こんにゃくと肉、そしてコシの強いだんごがたっぷり入り、上品なうす口の醤油風味で飽きがこない味が特徴だ。

名胡桃城跡《なぐるみじょうあと》

秀吉の小田原征伐のきっかけとなったことでよく知られる。室町時代に沼田氏によって築城された。戦国末期、沼田地方における真田氏と北条氏の領土争いを鎮静させた秀吉の裁定。しかし、沼田城代・猪俣邦憲《いのまたくにのり》が裁定を破って名胡桃城を攻略する。その責任をとり、名胡桃城の城代で昌幸の家臣であった鈴木主水は自害した。これに激怒した秀吉は、大名間の私闘を禁じた惣無事令に反したとして、天正17（1589）年11月北条氏に対して宣戦布告、全国の大名に命じて小田原攻めを開始し、天正18（1590）年小田原の役が勃発した。 名胡桃城は、北条氏の滅亡後、役割を終え廃城となった。本郭址に徳富蘇峰が揮毛した「名胡桃城址之碑」がある。

名胡桃城址之碑

岩櫃城跡《いわびつじょうあと》

沼田城攻略前の真田氏の拠点。永禄6（1563）年、武田信玄は上州侵略のため、家臣の幸隆に岩櫃城攻略を命ずる。幸隆は見事に岩櫃城を落城させ、その戦功により信玄から吾妻郡の守護を命じられた。

曲輪跡

岩櫃城本丸址の碑

岩櫃山の麓に広がる
田園風景

白井宿

中世に白井城の城下町としてつくられた町場。のちに白井城は廃城となるが、白井は沼田街道や三国街道などに接する在郷の中心地となり、市の立つ市場町へと発達した。その活気ある町の様子からいつしか「宿」と呼ばれるようになり、白井宿という名称が定着したといわれている。

白井城跡

関東管領山ノ内上杉氏の重臣・白井長尾氏の本拠地。白井城が上杉謙信の拠点となっていたとき、武田信玄の家臣だった真田幸隆が、この城に迫ったといわれている。

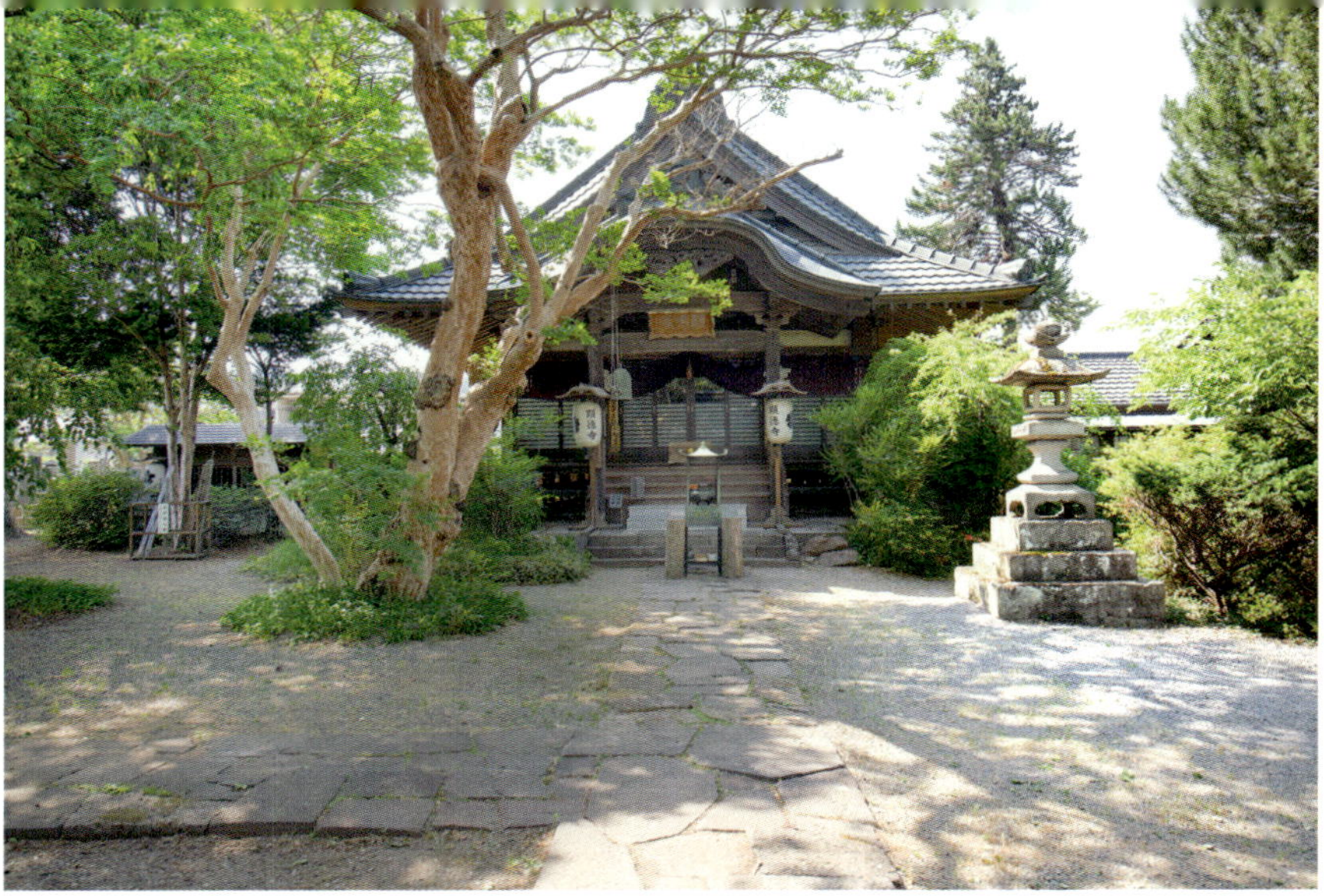

顕徳寺《けんとくじ》

昌幸が武田勝頼のために造った御殿を移設したといわれる寺。天正10（1582）年、勝頼は織田・徳川連合軍に責められていた。軍議の席上、昌幸は岩櫃城に勝頼を迎え入れ、武田の再挙を図ることを提案して許される。昌幸は急ぎ帰国し、岩櫃山の南側に勝頼を迎えるための御殿を3日間でつくったという。しかし、勝頼は吾妻の地に来ることはなく、天目山で自刃してしまった。

林昌寺《りんしょうじ》

南北朝時代に僧の長馨《ちょうどん》が創建し、戦国時代に真田幸隆の弟、矢沢薩摩守頼綱によって再建された。境内の観音堂と鐘楼の間にある、しだれ桜の古木は、町の指定天然記念物。

日向見《ひなたみ》薬師堂《やくしどう》

四万温泉発祥の地といわれる日向見地区にある薬師堂。慶長3（1598）年、時の領主・真田信之の武運長久を願って建てられたもので、中のお宮は天文6(1537)年に造られた。病気を治すために四万温泉に来る人から「湯前薬師」と敬われ、昔から大勢の人がお参りに訪れる。昭和25（1950）年に国指定重要文化財となった。

万病を癒す湯「四万温泉」

昌幸が攻略し信之が治めた沼田領のはずれ、現在の中之条町の山奥にある四万温泉は上州の奥座敷とも呼ばれる。その最奥部、信之の武運を祈願して建てられた薬師堂のある日向見に、こんな伝説が残っている。永延3（989）年、日向見の地で野宿することになった碓氷貞光という武将が経を唱えながら一夜を過ごした。すると「あなたの読経に感心し、四万の病に効く温泉を授ける」とのお告げを受けたのだという。これが日向見温泉であり、四万温泉の発祥といわれている。今でも四万温泉は、湯治を目的に訪れる客が多い。

温泉街は四万川沿いに広がり、4つの共同風呂、3つの飲泉場がある。初めて宿ができたのは戦国時代。歴史のある温泉街らしく趣のある旅館も多い。中でも創業300年以上になるという積善館は、日本最古の木造湯宿建築といわれており、ホール風のつくりがモダンな「元禄の湯」が有名だ。

真田氏の足跡を辿る歴史の旅の宿として、ぜひ候補に加えておきたい温泉だ。

場所：群馬県吾妻郡中之条町四万
お問い合わせ：0279-64-2321（四万温泉協会）
交通：JR中之条町駅から関越交通バスで40分

箕輪城跡《みのわじょうあと》

戦国時代の中頃、上野国西部を支配していた長野業尚《なりひさ》が築城し、その後４代にわたって長野氏の本拠となった。難攻不落と言われたが、永禄９（1566）年に武田信玄によって陥落する。その後は、武田氏、織田氏、北条氏、徳川氏と次々と主が替った。榛名山の東南麓に広がる丘陵の中心部に位置する。現在は史跡公園となっている。

本丸跡

鍛治場があったといわれる
鍛治曲輪の石垣

松井田城跡

上野国碓氷郡にあった山城。信濃国方面から侵入する敵を碓氷峠で防ぐ目的で構築された。小田原征伐の際、豊臣秀吉の命で前田利家、上杉景勝、真田昌幸らを中心とする北国勢が攻撃したが落城せず、約１ヵ月後に城代大道寺政繁が降伏。松井田城は豊臣側に明け渡され、廃城となった。

沼田藩５代藩主・信利（真田伊賀守）の墓

弥勒寺《みろくじ》

嘉祥元 (848) 年、天台宗比叡山座主慈覚大師が開創。室町時代に曹洞宗に改宗後、江戸時代に徳川初代将軍の祈願所として、御朱印百石、十万石の格式を許された由緒ある寺。沼田まつりで有名な大天狗面を安置している。真田信之の長男・信吉の子で、沼田藩主であった真田信利《のぶとし》のものといわれる墓がある。

昔ながらの山村を今に伝える「赤岩地区」

新潟や長野との県境も近い旧六合村に赤岩という地域がある。江戸時代末期から養蚕が行われた山間の静かな集落だ。2006年に重要伝統的建造物群保存地区に指定され、2007年には養蚕に関連する遺産として富岡製糸場などと共に世界遺産暫定リストに記載された。登録へ向けた構成資産の見直しの中で残念ながら赤岩は外されてしまったが、こうした経緯もあって、昔ながらの建物と生活がそのまま残されている。

集落には築200年以上になる「湯本家住宅」をはじめ、「出梁造り」が施された養蚕農家独特の建築が多数現存している。観音堂や赤岩神社も鄙びた風情を漂わせていて味わい深い。

街道の宿場町のような豪華な旅籠や商家があるわけではない。一見すると何の変哲もない山村集落に見えるが、生活に必要な資源としての背後の山を含め、地形と産業、生活が一体となった風景にこそ、赤岩の価値と魅力があるのかもしれない。

場所：群馬県吾妻郡中之条町赤岩
お問い合わせ：0279-95-3008（赤岩ふれあい家）
交通：JR吾妻線長野原草津口駅より車で約13分

江戸と日本海をつなぐ「三国街道」

関東と日本海をつなぐ道として古くから拓かれた道。上杉謙信の関東遠征にも使われた。中山道の高崎から分かれ、長岡の寺泊へと続く。関東と越後を結ぶ最短ルートであり、北国街道同様、佐渡からの金の輸送路として、また参覲交代の道として重要視された。現在の国道十七号は三国街道とほぼ同じルートを辿っている。

群馬と新潟の県境に、難所として知られる三国峠がある。幕末の長岡藩士河井継之助を扱った司馬遼太郎の小説『峠』では、河井が冬の三国峠を越える描写があるが、史実ではなく、実際には碓氷峠であったという。

ひっそりと残る山間の宿場町「永井宿」

上州と越後の境界に位置し、難所である三国峠を控えた宿場町として栄えた。江戸時代末期の旅籠だった建物が、現在も民宿として使われている。それ以外は本陣跡の碑が残るのみだが、曲がりくねった坂道にへばりつくように民家が立ち並ぶ様子は、山間の宿場町の面影を十分に漂わせている。

集落の中程にある旧猿ケ京小学校永井分校の校舎が、永井宿の資料を展示する郷土館になっている。

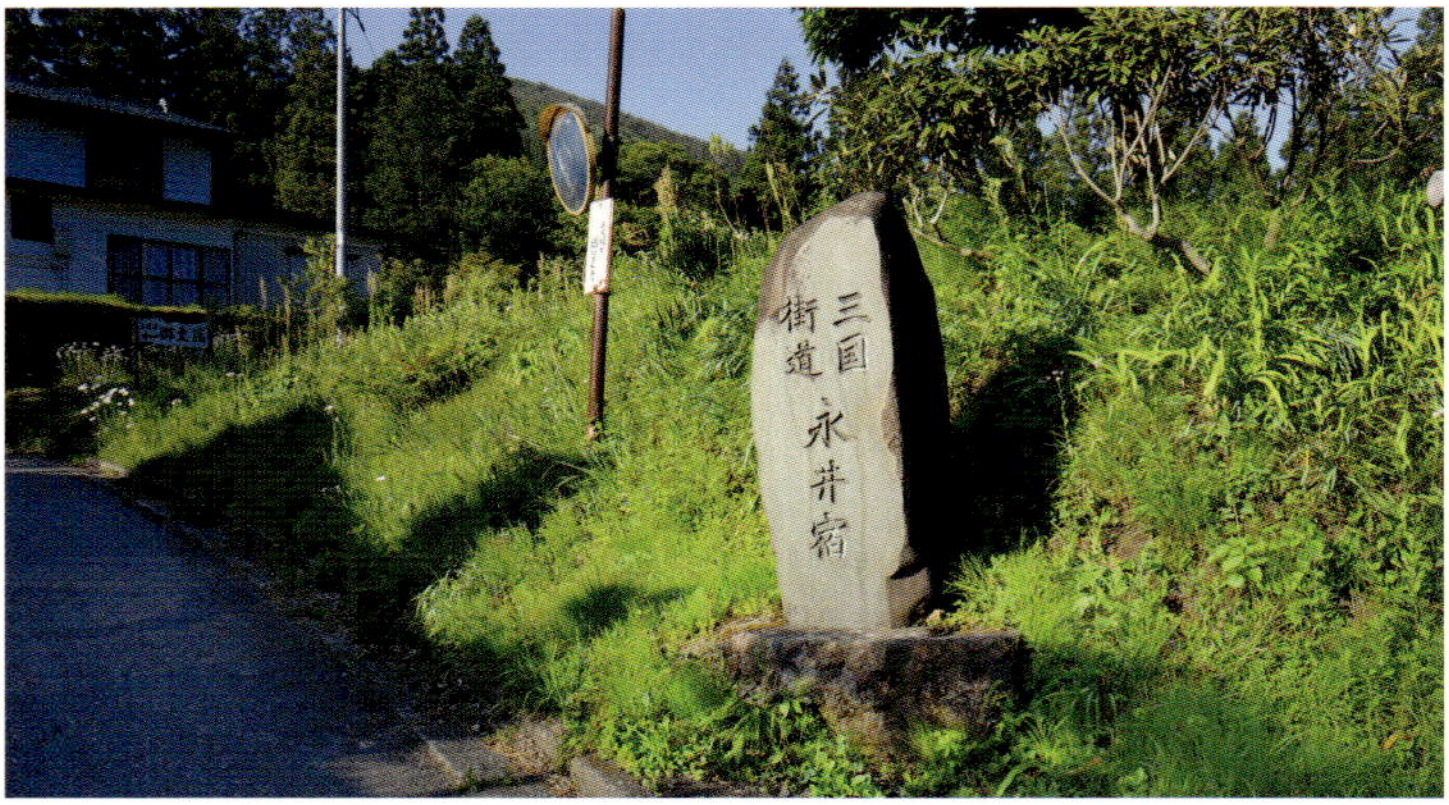

職人の手しごとが学べる

「須川宿」

のどかな農村地帯の中に突如現れる須川宿。国道十七号にあたる新道が開通してからは、宿としての役割を失い衰退していき、以降は養蚕や稲作を中心とした農村集落となった。

宿場町の景観はすっかり失われてしまったが、近年は地域に伝わる手しごとを伝承する「たくみの里」として整備が進み、観光客を集めている。木工、竹細工、陶芸など、二十軒以上の「たくみの家」が点在していて、職人の仕事の見学や体験をすることができる。

また、脇本陣跡が須川宿の歴史を紹介する資料館になっていて、古文書や調度品が展示されている。

● 沼田城跡　沼田市西倉内町 594
● 戸鹿野八幡宮　沼田市戸鹿野町 800
● 正覚寺　沼田市鍛冶町 938
● 天桂寺　沼田市材木町 309
● 名胡桃城跡　利根郡みなかみ町下津 3462
● 岩櫃城跡　吾妻郡東吾妻町原町
● 白井宿・白井城跡　渋川市白井
● 顕徳寺　吾妻郡東吾妻町原町 432
● 林昌寺　吾妻郡中之条町大字伊勢町 1002
● 日向見薬師堂　吾妻郡中之条町四万 4371
● 弥勒寺　沼田市上発知町 445
● 箕輪城跡　高崎市箕郷町東明屋
● 松井田城跡　安中市松井田町高梨子
○ 四万温泉　吾妻郡中之条町四万
○ 赤岩地区　吾妻郡中之条町赤岩

沼田・吾妻 略地図

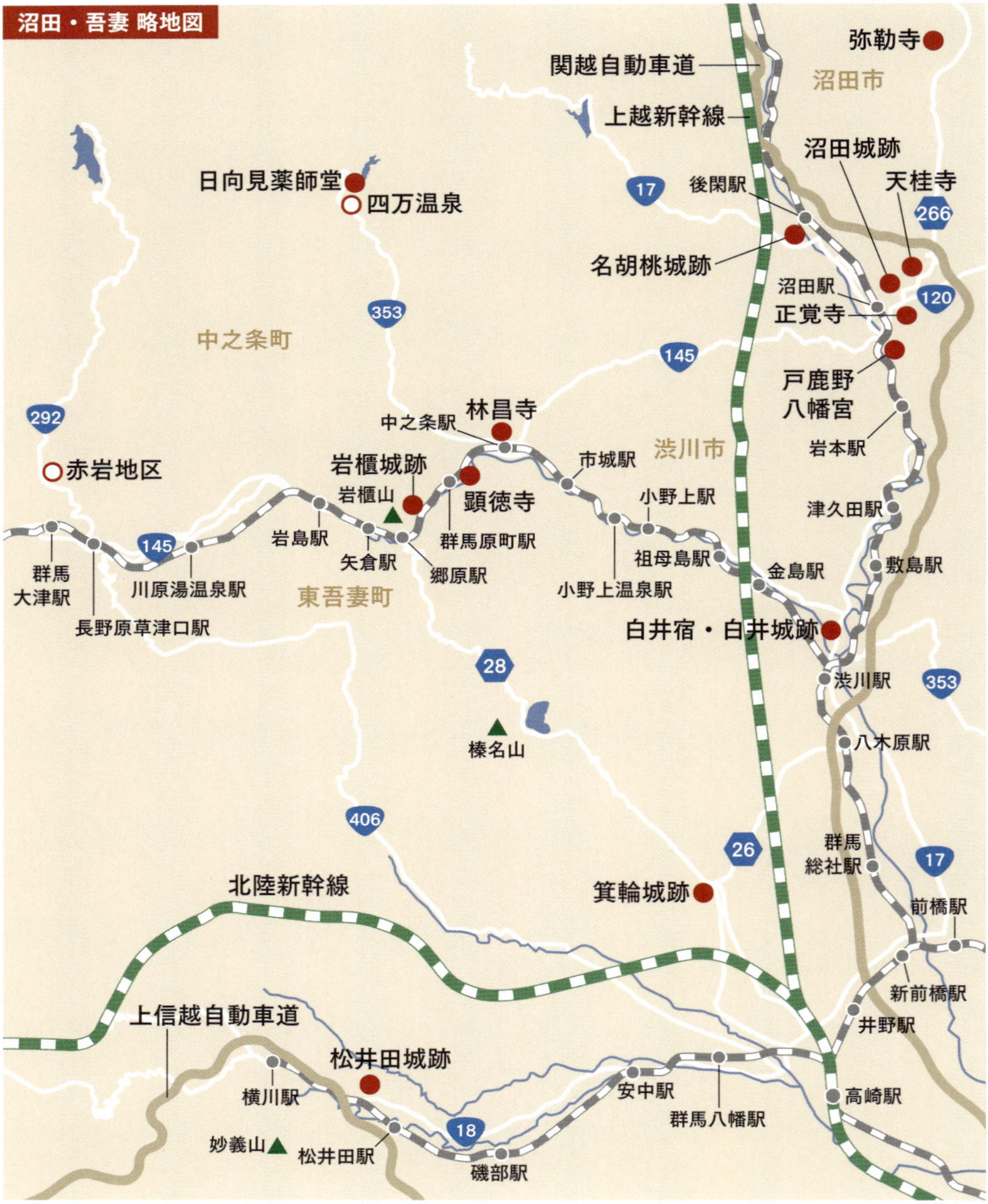

第三章　上田
真田の名を天下に轟かせた運命の地

真田の名を天下に知らしめた第一次上田合戦

徳川家康が生涯を通して苦手にしていた武将のひとりが真田昌幸である。家康から見れば、信州の田舎風情の豪族が何するものぞ、とその力を侮っていたのかもしれない。ところが、忍びや調略を自在に使い、相手の心理を読んだ巧妙な戦術は、家康の想像以上だったに違いない。そうでなければ、二度も煮え湯を飲まされることはなかっただろう。

その家康との二度の合戦の舞台となったのが長野県上田である。

一般的に「第一次上田合戦」と呼ばれる戦いが起きたのは天正十三（一五八五）年のことである。天正十（一五八二）年に武田氏が滅亡した後、家康は武田氏の遺領を有効に分配すべく、北条氏との和睦をすすめていた。その和睦の条件の一つは、沼田城を北条氏に譲り渡すことだった。天正十三年、北条氏と和睦をむすんだ家康は、昌幸に沼田領と吾妻領を北条氏に引き渡すように迫る。しかし昌幸は、家康の命を拒絶した。

この強気の背景には、上杉氏との和睦がある。昌幸は家康と交渉する一方で、上杉景勝と同盟関係を結んでいた。ちなみに、その際に上杉家に人質として差し出されたのが昌幸の二男・真田幸村である。いざとなれば、上杉が援軍を送ってくれる、そうした読みが昌幸にはあった。だから、家康の命を拒絶できたのである。

果たして、怒った家康は約七千の軍勢で上田城を攻撃。真田は約二千の軍勢で圧倒的な不利が予想されたが、上杉氏の援軍もあり、真田方が猛攻をしのいで戦い抜く。城の近くまで徳川軍を引き寄せ、ぎりぎりのところで討つ。その後何度も真田氏が戦で使う戦法だ。さらに逃げる徳川軍を追撃し、神川で壊滅的な打撃を与えた。

神川で敗れた徳川軍は今度は丸子城を攻めたが陥落できず、景勝が大軍を率いて救援に来るという噂も手伝って、徳川軍は退陣を余儀なくされた。

この戦での勝利によって、真田昌幸の名は天下に広く知られるところとなった。

秀吉の天下統一と真田氏の躍進

同盟関係を結んでいた上杉景勝を通して、昌幸は日が昇る勢いの豊臣秀吉に接近する。書状のやりとりをして秀吉の配下となった昌幸に、秀吉は家康の臣下となるように指示する。その命にしたがって昌幸は家康の家臣となり、その後、長男・信之も家康の家臣となった。同時に、二男・幸村は秀吉に出仕した。

天下統一を進める秀吉の前に、上杉景勝や徳川家康など有力大名がみな臣従する中、北条氏だけが秀吉の上洛の求めに応じなかった。上洛の条件として北条氏が提示して

きたのは、以前家康と約束した沼田領を真田家から嫡り受けることだった。これに対して秀吉は、沼田城と沼田領の三分の二を北条側へ渡し、真田氏には名胡桃城と沼田領の残りの三分の一を与えると裁定。これに不満をもった北条氏の家臣が、名胡桃城を襲って陥落させてしまう。

秀吉は激怒し、二十万人の大軍を率いて北条氏の小田原を攻める。その後、奥州も平定し、ついに天下統一を成し遂げるのである。

昌幸も小田原征伐に参加し、軍功により沼田城が安堵された。また、これを契機に、昌幸と信之ともに家康配下から秀吉の直臣となった。秀吉の天下統一に歩をあわせ、真田氏は戦国大名としての地位を固めたのである。

真田家の運命を決めた「犬伏《いぬぶし》の別れ」

慶長三（一五九八）年、秀吉の死によって再び天下は動き始める。

家康は秀吉と交わした誓約を一方的に破り、無断で諸大名と婚姻関係を結ぶなど、不穏な動きをするようになった。そうした動きに、五大老の宇喜多秀家や毛利輝元、五奉行の石田三成などが反発を示すなか、家康は前田利長に謀反の嫌疑をかけて追い込んだり、浅野長政や石田三成を政権の中枢から除外するなど強引なやり方で反対派を排除していった。

そしてさらには、家康の命令に従わない会津の上杉景勝の討伐令を全国の大名に発令した。

家康の臣下となっていた昌幸と信之、さらに幸村もその討伐軍に合流するつもりであった。

慶長五（一六〇〇）年七月、昌幸は徳川秀忠の軍に合流すべく上田城を出発した。ところが、下野の犬伏に陣をとっていた昌幸に石田三成から、家康を打つべく味方をしてほしい、という書状を受けとる。どうすべきか、昌幸、信之、幸村の親子は、犬伏で自分たちの身の処し方を話し合う。その結果、信之は家康側に、昌幸と信之は豊臣方につくことを決めた。

これは、もしどちらかが負けたとしても、真田家が滅びることのないようにしたものといわれている。両軍のいずれが勝っても、真田家は存続すると考えたのだ。世に言う「犬伏の別れ」である。

昌幸と幸村は上田城へ、信之は犬伏にとどまり、会談の内容を家康に報告した。報告を受けた家康は、信之の忠義に対して沼田領の他に上田領も安堵させることを約束した一方で、昌幸と幸村を討つべく秀忠率いる軍を上田へと向かわせた。

昌幸と幸村は上田城に立てこもり、秀忠軍を待ち受ける。上田城に迫った秀忠は何度も降参命令を出すが、昌幸たちはそれをのらりくらりとかわす。ついに秀忠の堪忍袋の緒は切れ、上田城への総攻撃が始まった。秀忠軍三万八千に対して真田軍二千五百。どう考えても秀忠軍が有利である。上田城が落ちるのも時間の問題と思われた。しかし、実際は十日たっても、上田城を落とすことはできなかった。

そんなとき、秀忠のもとに家康からの使者が現れ、関ヶ原の戦いに参戦せよとの命。秀忠は上田城を断念し、急ぎ美濃に向かうが、美濃国境の妻籠宿に到着したのは九月十七日。関ヶ原の戦いは九月十五日に終わっていた。

この件で家康に叱咤された秀忠は、生涯、真田を赦すことはなかったといわれる。秀忠を怒らせたこの上田での攻防戦は、「第二次上田合戦」と呼ばれている。

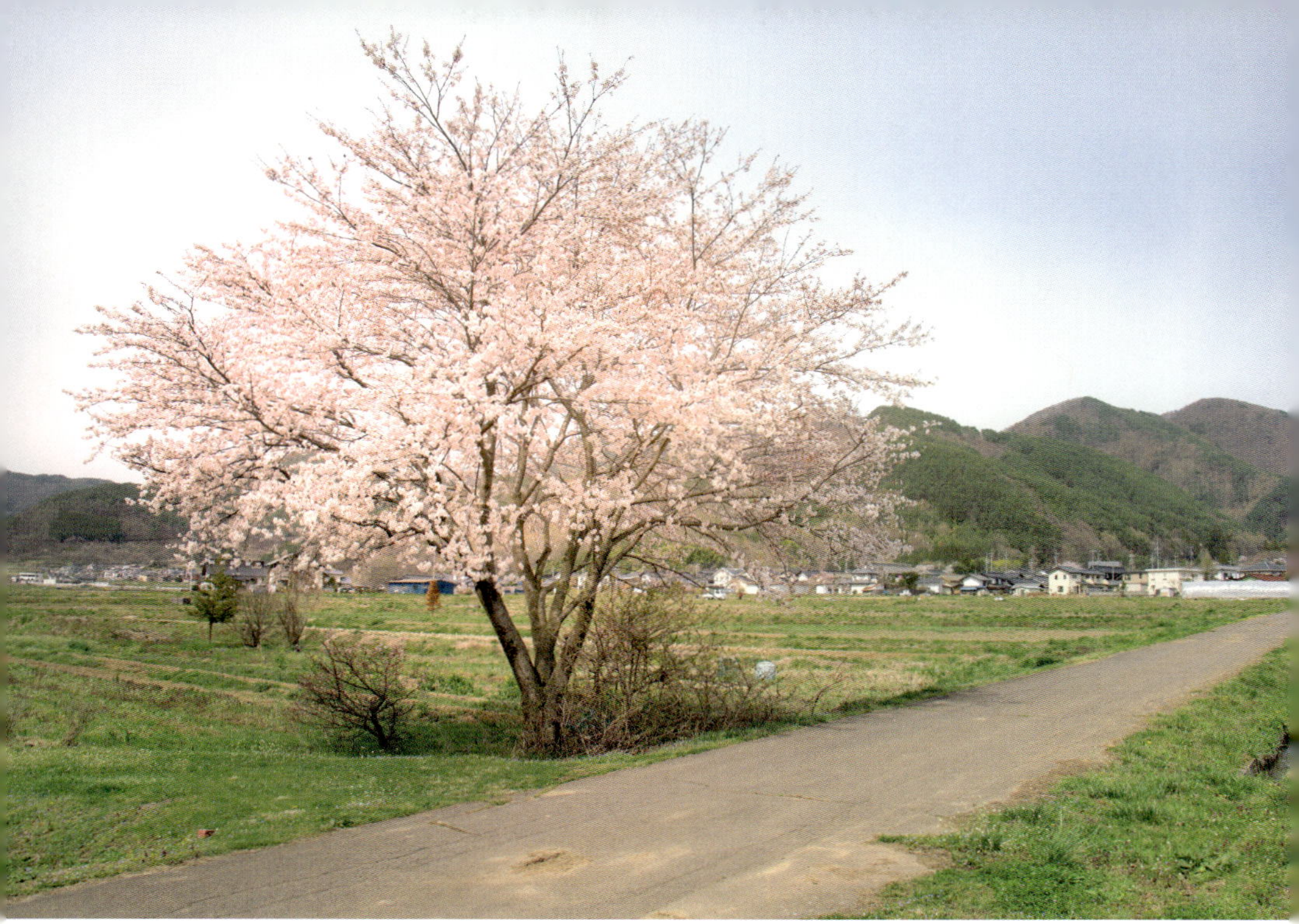

関ヶ原の戦いの結果、石田三成の西軍が敗れ、徳川家康の東軍が勝利した。
真田親子の目論みどおり、信之が東軍についたために、真田家は存続。上田領と沼田領を信之が継ぐことを認められた。信之は初代上田藩主となり、沼田領と併せて六万八千石の大名となった。
一方、西軍についた昌幸と幸村は、普通なら当然処刑されるところだが、信之が家康に嘆願することで、高野山への流罪の刑にとどまった。まさかこの時の処遇が、のちに家康自身の命を脅かすことになろうとは思いもしなかっただろう。
かくして、真田家は、大名と流人という正反対の立場に身を置きながら、新たな歴史を刻んでいくのである。

上田城跡

天正 11（1583）年、真田昌幸によって築かれた平城。上田盆地のほぼ中央に位置する。第一次上田合戦、第二次上田合戦で徳川の大軍を撃破し、天下にその名を轟かした。関ヶ原の合戦後に破却され、藩主であった真田信之は松代へ移封となる。その後、小諸から入封した仙石氏により城は再興され、近世後半には松平氏の居城となった。城跡公園として残る現在の城郭は、江戸初期に復興されたもの。石垣や建物は後世の建築だが、掘などは真田時代のものである。

真田神社

上田城本丸跡にある神社。真田・仙石・松平の歴代上田藩主を祀っている。徳川の大軍を撃退した「不落城」にあやかり、おちない神社として受験生に人気。

真田井戸

真田神社の境内にある古井戸。この井戸には抜け穴があり、約2km離れた太郎山麓の砦に通じていたという。敵に包囲されても、その抜け穴を使って兵糧を運び入れたり、城兵が出入りしたりしていた。直径2メートル、深さ16.5メートル。

真田石

本丸東虎口櫓門にある石垣に組み込まれた直径３メートルの巨石。真田信之が松代へ移る際に運ぼうとしたがまったく動かなかったという伝説が残る。直径３メートル。

上田藩主居館表門跡

初代上田藩主、真田信之の居館で、実質的な上田城本丸。現在は上田高校の敷地となっているが、同校東側の表門とその両脇につづく土塀・濠・土塁は、昔の面影をよくとどめている。表門は1789年に焼失したあと、その翌年に再建された。

銘菓創庵 「昌平堂」

真田ゆかりの味めぐり

和菓子　各130～140円
猿飛ようかん　540円

銘菓創庵　昌平堂
上田市中央2-2-17　0268-22-0843
9：30～18：30　火曜定休
駐車場なし（近隣駐車場のサービス券あり）

上田駅からお城に向かって10分ほど歩くと、市の都市景観賞を受賞した趣ある店構えが目を引く。城下町上田で、創業95年になる和菓子の老舗だ。

「真田三代記」、「幸村物語」、「上田城真田十万石」。これらはすべて和菓子の名前。地元の誇り真田氏にちなんだネーミングが観光客にも好評だ。中でも、予約しても数ヶ月買えないこともあるほどの人気を誇るのが「猿飛ようかん」。巻物に見立てたパッケージも評価され、海外の展示会に出品されたこともあるという。

鎌倉と京都で修行したという二代目のご主人のお名前はなんと昌幸さん。買い物ついでに真田一族との関わりについて尋ねてみても面白いかも。

柳町《やなぎまち》

北国街道の古い町並み。石畳の道路や長屋が軒を連ねる美しい景観を今に残している。卯建を上げている家も見られ、いかにも城下の商人町らしい雰囲気がある。

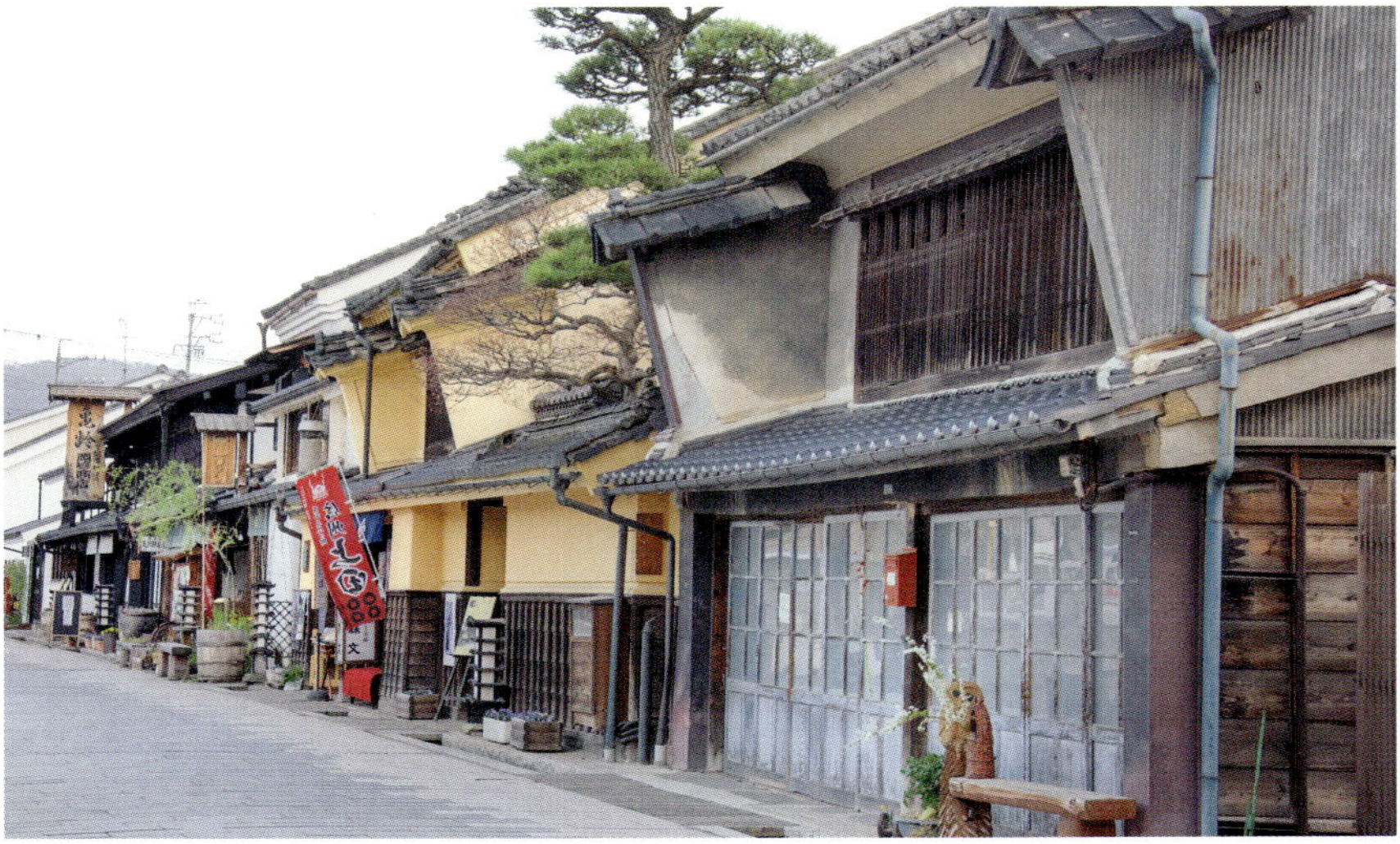

コラム

郷土の誇り真田の勇姿を伝える「上田真田まつり」

真田氏の本拠地上田で毎年開催される「上田真田まつり」。昌幸が築いた上田城の築城四百年を記念してスタートした市民祭りで、総勢千二百名が参加する。各地で行なわれる真田まつりの中でも最大規模で、二百名が参列する武者行列、百名が参加する決戦劇は圧巻だ。

見どころは、昌幸と幸村を中心とした武者行列の出陣と、赤備えの具足に身を包んだ武者達が見せる鉄砲演武だ。特に、上田城の門が一度閉まり、あたりに人が誰もいなくなったところで門が再びゆっくりと開き、法螺貝の音とともに六文銭の旗を掲げた隊列が進軍してくる様は息をのむ荘厳さがある。真田ファン、戦国ファンなら必見の一瞬だ。

会場：上田城跡および上田市街
時期：毎年4月下旬の週末
問い合わせ：0268-23-5408（上田市観光課）

甲冑隊

芳泉寺《ほうせんじ》

上田城主真田信之の妻・小松姫の墓がある。小松姫は元和6（1626）年、病気療養のため江戸を出て草津温泉へ向かう途中、鴻巣（埼玉県鴻巣市）で亡くなった。これを聞いた信之は「わが家の燈火が消えたり」と言って悲しんだといわれる。本堂裏の墓地に建てられている高さ3mほどの宝筐印塔が、小松姫の墓である。小松姫は、徳川家康の重臣本多忠勝の娘として生まれ、家康の養女となった。家康が若い大名を列座させて婿を選ばせたところ、家康を前にして恐れる大名が多かった中に、最も落ちついて堂々とした動作の信之を見て、小松姫自身が信之を選んだといわれている。

真田幸村騎馬像

上田駅前にある上田築城 400 年を記念して建立された幸村の騎馬像。幸村が上田城にいたのは青年期であったため像は若武者の姿をしている。

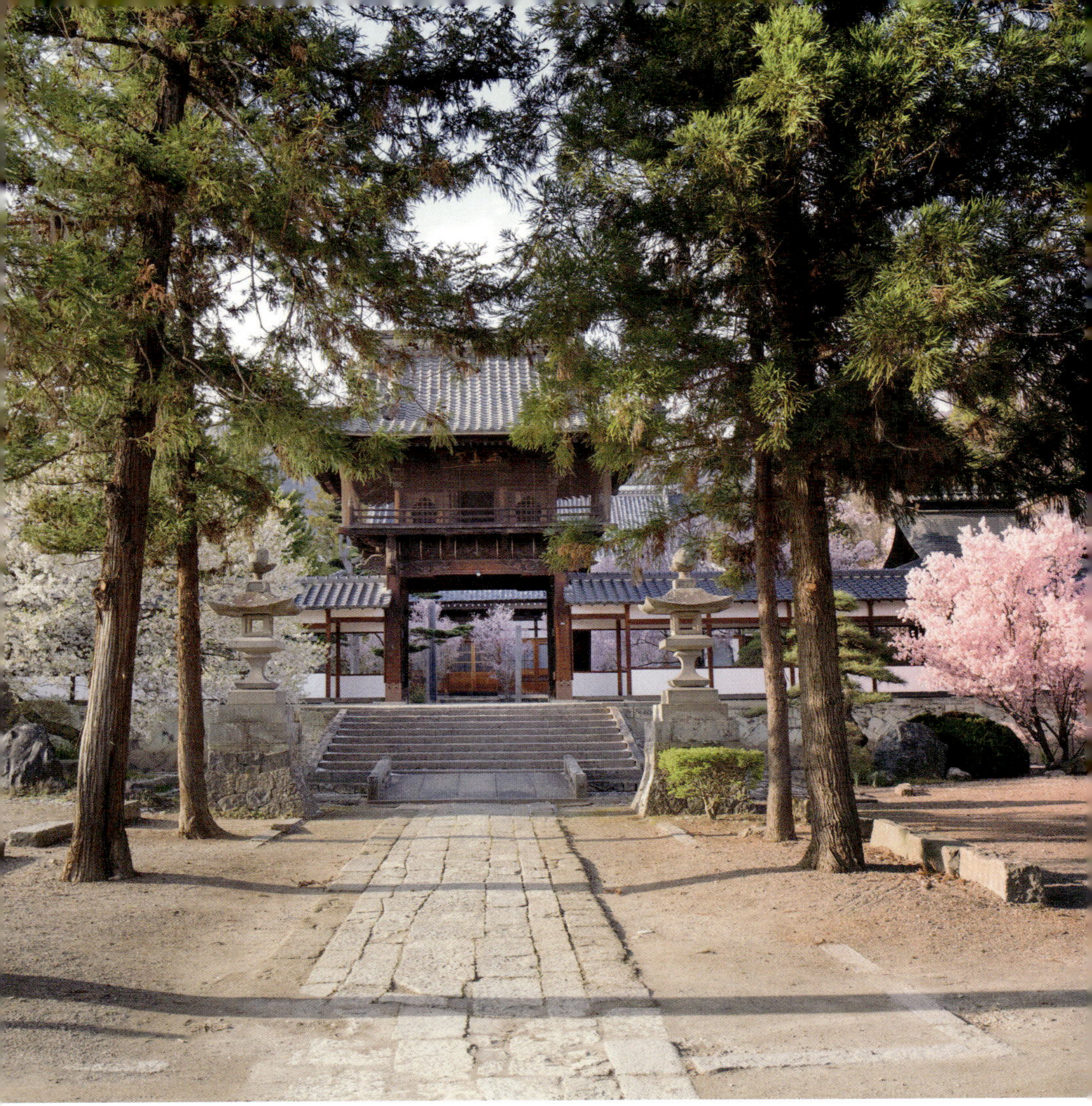

大輪寺《だいりんじ》

真田昌幸の夫人である寒松院《かんしょういん》（生前は山之手殿、または京の御前と呼ばれていた）の墓所がある。 夫人は、武田氏滅亡の前は人質として甲斐の新府城（山梨県韮崎）に、また、関ケ原の戦いの際も人質として大坂城にいたが、豊臣方に味方することに決した昌幸の知らせを聞き、ひそかに大坂城を脱出して上田城へ戻った。昌幸が慶長 16（1611）年高野山で世を去った 2 年後、慶長 18 年に亡くなり、それから寒松院と呼ばれた。

禅

海禅寺《かいぜんじ》

真田昌幸が上田城を築城の折、城の鬼門除けと城下鎮護のために海野郷より移転建立した寺。武田信玄が小県を平定した際に願文を奉納した。

科野大宮社《しなのおおみやしゃ》

上田市の常田地区にある信濃国総社。崇神天皇の時代に、科野の国造りとして任命されていた建五百連命《たけいおたつのみこと》が創建したといわれる。戦国時代には大宮諏訪明神と呼ばれ、真田氏が上田城を築いたあとは城の鎮守として祀られた。

信濃国分寺《しなのこくぶんじ》

上田市にある天台宗の寺院。第二次上田合戦で上田城に籠る昌幸と、徳川軍についた信之とその義弟・本多忠政が会見したとされる。

生島足島神社《いくしまたるしまじんじゃ》

生島足島というのは生島神・足島神の二神を言う。神社は日本列島のほぼ中央にあり、日本の総鎮守といわれる。川中島での決戦を前に武田信玄が必勝を祈った「願文」や家臣団に忠誠を誓わせた「起請文」、また真田昌幸・信之父子の「朱印状」など、数多くの文書が所蔵されている。

稲倉棚田《いなくらたなだ》

山麓の自然傾斜を利用して造られた古くからの棚田。元禄時代から明治時代にかけて開田されたもので、山裾から谷間に大小さまざまな形状の棚田が広がり、その景観によって「日本の棚田百選」にも選出されている。

千曲川

御馳走とんかつ　倭らく

真田ゆかりの味めぐり

御馳走とんかつ　倭らく
上田市中之条 744-1
0268-23-8322
10：00 ～ 16：00 ／ 17：00 ～ 21：30
火曜定休　駐車場あり

上田市郊外の住宅地の中にある「倭らく」は、地産地消を掲げる地元密着の店。

女性も気軽に入れるとんかつ屋を目指したという店内はカフェのような明るい雰囲気。地鶏の「真田丸」を使ったメニューを、地元上田を中心に音楽ライブやインターネット番組で活動する３人組の女性ユニットと共同で考案した。

そして生まれたのが真田丸のハンバーグ。生地には地元の大豆を使ったみそ「奏龍（なきりゅう）」を練り込んだ。６種類から選べるソースの中には上田のＢ級グルメ「美味だれ」も用意されている。

真田丸定食　1750 円
ロースかつ定食（ランチ）　850 円

塩《しお》田《だ》平《だいら》

上田駅から別所温泉までの上田電鉄別所線の沿線一帯を塩田平と言う。肥沃な土地と気候に恵まれていたため、上田藩の米蔵とも言われる。また、この地域には鎌倉時代から室町時代の中世の文化財が多く残され、「信州の鎌倉」との別名ももつ。

受け継がれる上田の地酒「真田六文銭」……真田ゆかりの味めぐり

壺入りの「真田壺」「松代壺」、幸村や真田十勇士の名前が書かれた徳利酒のセットなど種類が豊富で、真田ファンなら選ぶ楽しみも。

　上田市の南のはずれ、旧丸子町の田園地帯で 140 年以上前から酒造りを続ける山三酒造。その看板商品が「真田六文銭」だ。すっきりした味わいが特徴の日本酒で、オーナー自らが杜氏として仕込んでいる。数量限定のため、上田市内の小売店でもなかなか出会えない酒とあって、わざわざ蔵元を訪れて買い求めるファンが後を絶たないという。

山三酒造　真田六文銭
〒 386-0412
長野県上田市御嶽堂 687 の 1
0268-42-2260
9：00 ～ 17：00　不定休

安楽寺《あんらくじ》

鎌倉の建長寺などと並んで日本で最も古い臨済禅宗寺院の一つ。のちに曹洞宗に改められた。本堂の裏にある国宝八角三重塔は国宝。鎌倉時代末期に建立されたわが国最古の禅宗様建築である。

前山寺《ぜんさんじ》

平安時代に弘法大師が開いたと伝えられている独鈷山《とっこさん》の山麓にある古刹。未完成の完成塔と呼ばれる美しい三重塔があり、国の重要文化財に指定されている。

中禅寺薬師堂

塩田平の南方、独鈷山の麓にある信州最古の木造建築。茅葺屋根の簡素なつくりでありながら、荘厳な佇まいを見せている。

塩田城跡

建治3(1277)年、北条義政が築いたといわれる。室町期には、塩田領を治めていた村上氏の代官所が置かれていた。戦国時代、武田信玄に追われた村上義清がこの城に籠ったが、信玄に落城させられたという逸話がある。中世の城跡としては長野県最大。土塁や石垣が若干残っている。

上田電鉄別所線「別所温泉」駅

別所温泉《べっしょおんせん》

信州最古といわれる歴史ある温泉地。現在も３つの共同浴場「大湯」・「大師湯」・「石湯」が存在する。大湯は木曾義仲、大師湯は円仁（慈覚大師）、石湯は真田幸村ゆかりの湯として知られている。

厄除観音として知られる「北向観音」の参道

幸村ゆかりの「石湯」には池波正太郎書の碑がある

創業昭和10年「日野出食堂」

真田ゆかりの味めぐり

源泉掛け流しの共同浴場が三つもある別所温泉。そのひとつ、幸村の隠し湯として知られる石湯の向かいで80年の歴史を誇る名店が日野出食堂だ。外観や店内のレトロな雰囲気を味わうために訪れる客も多いという。

おすすめメニューは馬肉料理。なかでも「馬肉そば」は甘辛く煮付けた馬肉をそばの上にのせた人気の一品だ。

日野出食堂
上田市別所温泉1632
0268-38-2029
11：00～20：00
木曜定休　駐車場あり

馬肉そば　600円
馬刺し　950円

犬伏の薬師堂

関ヶ原の戦いを前に、東軍につくか西軍につくか、密議の末に真田親子が敵味方に分かれた「犬伏の別れ」。この密議の場所といわれているのが、栃木県佐野市犬伏新町にある新町薬師堂である。三成に味方することを決めた昌幸と幸村はここで信州・上田に引き返し、信之は単身、小山へ向かった。

池波正太郎真田太平記館

直木賞作家・池波正太郎氏が著した『真田太平記』を紹介する文学館。池波氏の作品の紹介や遺愛品などが常設展示されている。切り絵で再現した「上田攻め」などの映像が楽しめるシアター、挿絵ギャラリーも併設。

長野県上田市中央3-7-3
電話：0268-28-7100
入館料：一般 300 円、高・大学生 200 円、小・中学生 100 円
開館時間：10：00 ～ 18：00
（入館は 17：30 まで）
休館日：水曜日、祝日の翌日、年末年始

幸村肖像画　幸村の肖像として有名なもの。
高野山配流にも同行した家臣河野清右衛門の家に伝わった

上田市立博物館

真田昌幸の具足など歴代城主の甲冑、武具のほか、この地に伝わる養蚕資料や美術工芸品、古文書類など約４万 5,000 点を収蔵・展示。上田地方の中世以降の歴史を通観できる歴史・民族資料および自然資料を収蔵・展示している。

長野県上田市二の丸 3-3
電話：0268-22-1274
入館料：250 円
開館時間：8：30 ～ 17：00
休館日：8 月～ 10 月は無休。
　　そのほかは水曜日
　　（祝祭日の場合は翌日）

〝蚕御殿〟が連なる「塩尻」

しなの鉄道西上田駅からすぐそば、旧北国街道沿いの塩尻地区に、養蚕農家の屋敷群が今も残されている。それぞれの屋敷が石垣と塀に囲まれた広い敷地を持っており、まるで武家屋敷のような立派な佇まいが特徴だ。

上田は上田紬の産地で、古くから養蚕が盛んに行なわれていた。塩尻の集落は養蚕農家であるとともに、紬工場を抱えた上田商人の屋敷町でもあったため、豪華な建物が多い。江戸時代の養蚕技術書として有名な『新撰養蚕秘書』は、この塩尻の塚田与右衛門が書いたものだ。その確かな技術を基に、明治期には国内外へ繭や紬を輸出したという。

五街道に次ぐ重要な道「北国街道」

江戸時代、幕府は重要な道に宿場を設け整備し、東海道、中山道、日光街道、甲州街道、奥州街道の五街道を基幹街道と定めた（五街道の定義には諸説ある）。それ以外の主要な街道は脇街道と位置付けられた。そのため、北国街道も正式には北国脇街道という。

北国街道は中山道の追分宿から分かれ、上田城下を通り、善光寺へと続く。その先は上越へと至るため、佐渡の金山からの輸送ルートとしても重要視された。江戸から善光寺に詣でるためにはこの道を使うことが多く、善光寺街道とも呼ばれた。

武田家の家臣として信州の豪族や上杉氏との戦を繰り広げた真田幸隆は何度も往復したはずの道である。また、関ヶ原

真田氏にもゆかりが深い「海野宿」

もともとは真田氏の祖である海野氏の領地にできた集落。上田城築城の際、海野の人々は上田に呼び寄せられたため集落は縮小され、のちに宿場として整備された。

現在でも本陣、脇本陣、旅籠が残されており、伝統的な建物と生活が調和した街並みは六五〇メートルも続いている。北国街道の中でも随一の見ごたえのある宿場町である。一九八七年に重要伝統的建造物群保存地区に指定されている。

の戦の際には、秀忠率いる徳川軍が中山道と北国街道を通って戦場へと向かうことになった。各地の勢力を鎮圧しながら進むはずだったが、上田を攻略できず、結果的に昌幸に足止めを食わされた形になった。第二次上田合戦と呼ばれる戦である。

ひなびた風情を楽しむ

「川田宿」

北国街道の脇道として発展した松代道にある川田宿。農村地帯にできた小さな宿場町だ。松代城下を出てひとつめの宿で、主に商人などが利用していたという。古い建物は多くはないが、本陣跡、高札場が見られるほか、石畳や案内板など整備は行われていて、しっとりとした郊外の宿場町の面影を留めている。

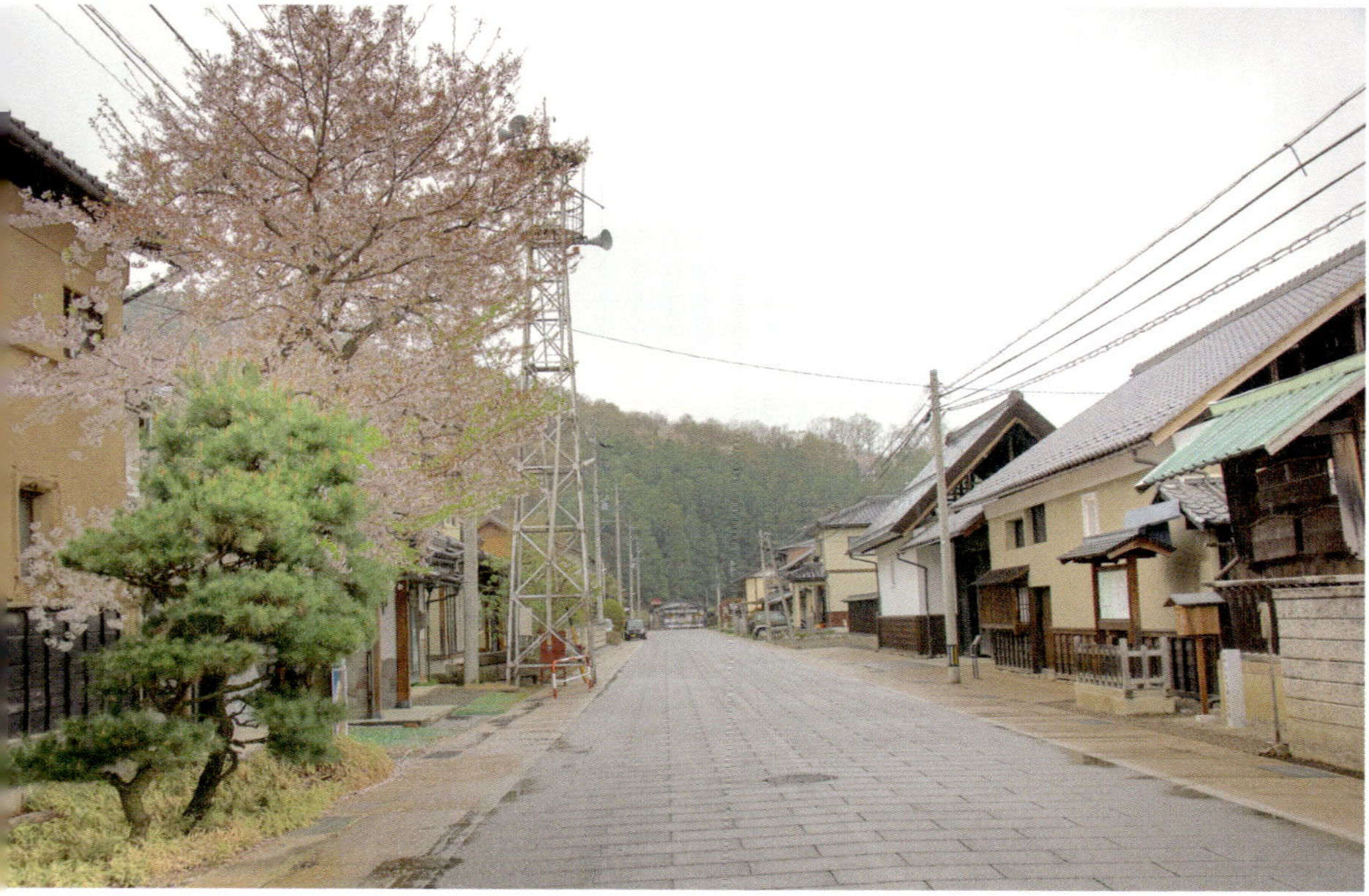

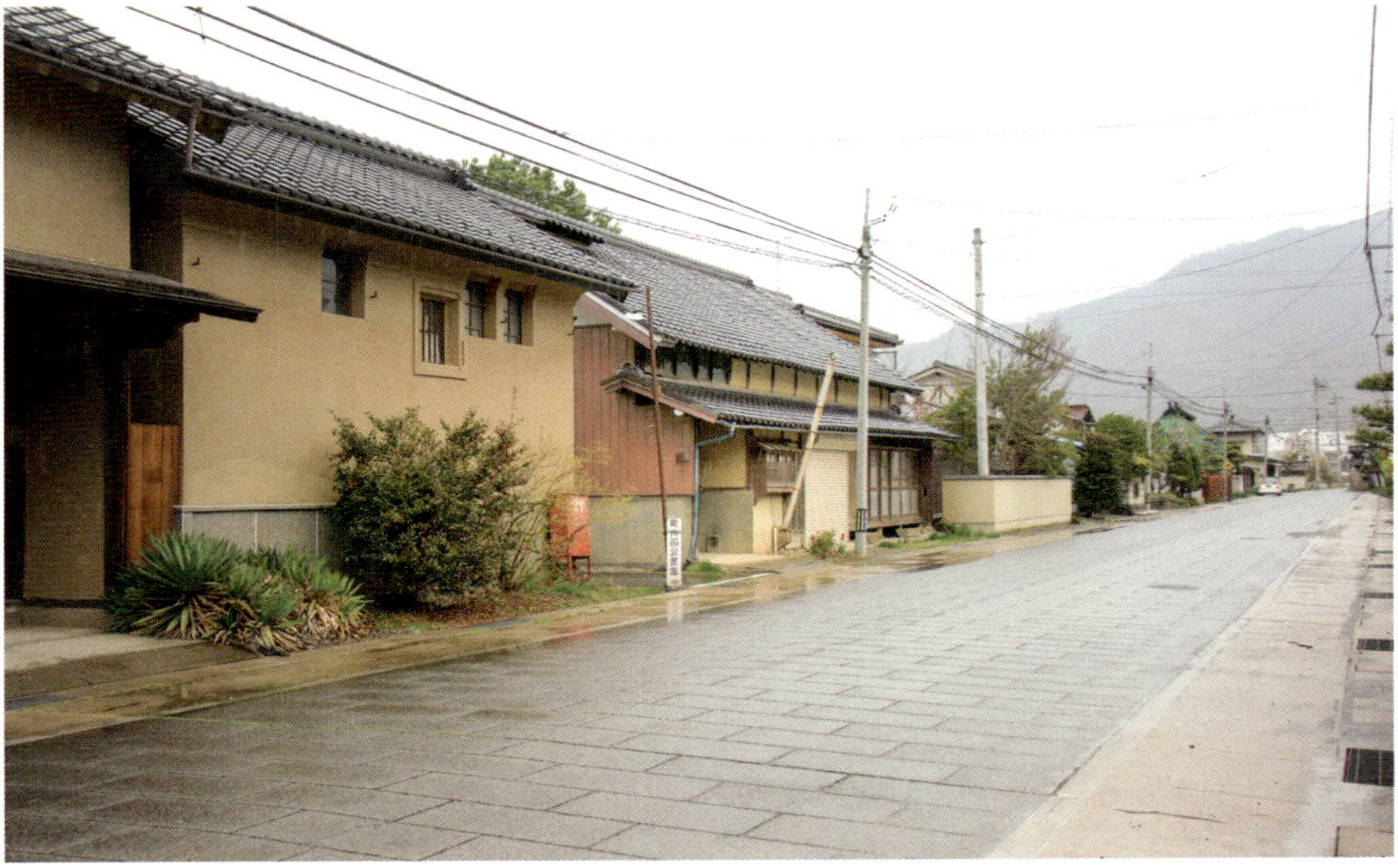

蕎麦料理処　萱

真田ゆかりの味めぐり

二種盛りそば（十割と二八）　1000円

上戸倉と合わせてひとつの宿場町として機能した北国街道の下戸倉宿。その中心地だった戸倉駅の交差点では、築250年の萱葺きの重厚な建物が存在感を放っている。こだわりのそば料理とカフェ、おみやげ処の「萱」だ。これらを営むのは、400年もの歴史を持つ蔵元「坂井銘醸」。江戸時代には「下の酒屋」と呼ばれ、宿のランドマークとして知られた名家で、その建物群は有形文化財に指定されている。

蕎麦料理処　萱
千曲市戸倉1855-1　026-276-7205
平日　11：00～20：00
日・祝　11：00～19：00
不定休　駐車場あり

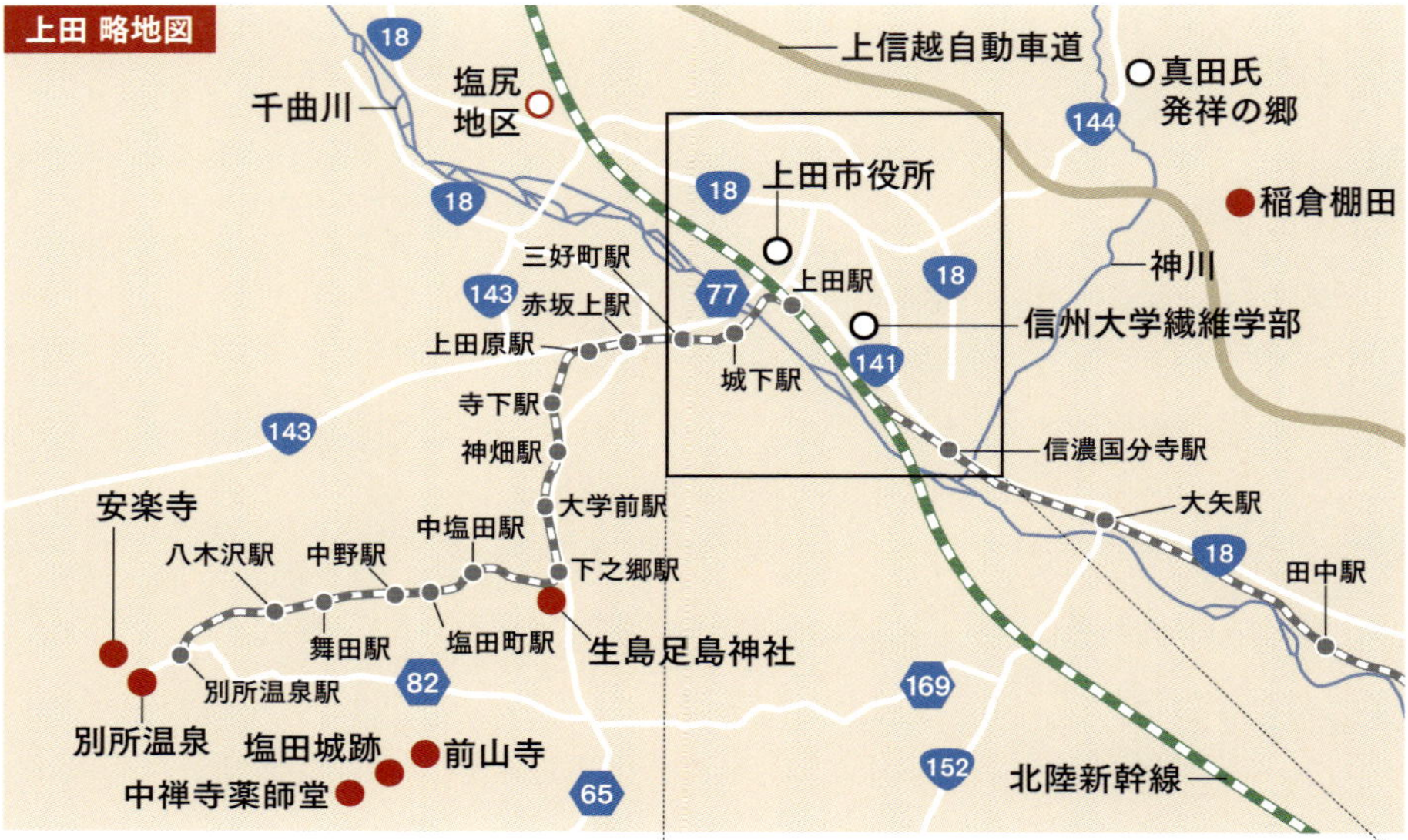

● 上田城跡　上田市二の丸 3-3
● 上田藩主居館表門跡　上田市大手 1-4-32
● 柳町　上田市中央4丁目
● 芳泉寺　上田市常磐城 3-7-48
● 真田幸村騎馬像　上田市天神　上田駅前
● 大輪寺　上田市中央北 1-5-7
● 海禅寺　上田市中央北 2-7-55
● 科野大宮社　上田市常田 2-22
● 信濃国分寺　上田市国分 1049
● 池波正太郎真田太平記館　上田市中央 3-7-3
● 上田市立博物館　上田市二の丸 3-3
● 稲倉棚田　上田市殿城
● 生島足島神社　上田市下之郷中池西 701
● 安楽寺　上田市別所温泉 2361
● 前山寺　上田市前山 300
● 中禅寺薬師堂　上田市前山 1721
● 塩田城跡　上田市前山
● 別所温泉　上田市別所温泉
○ 塩尻地区　上田市上塩尻

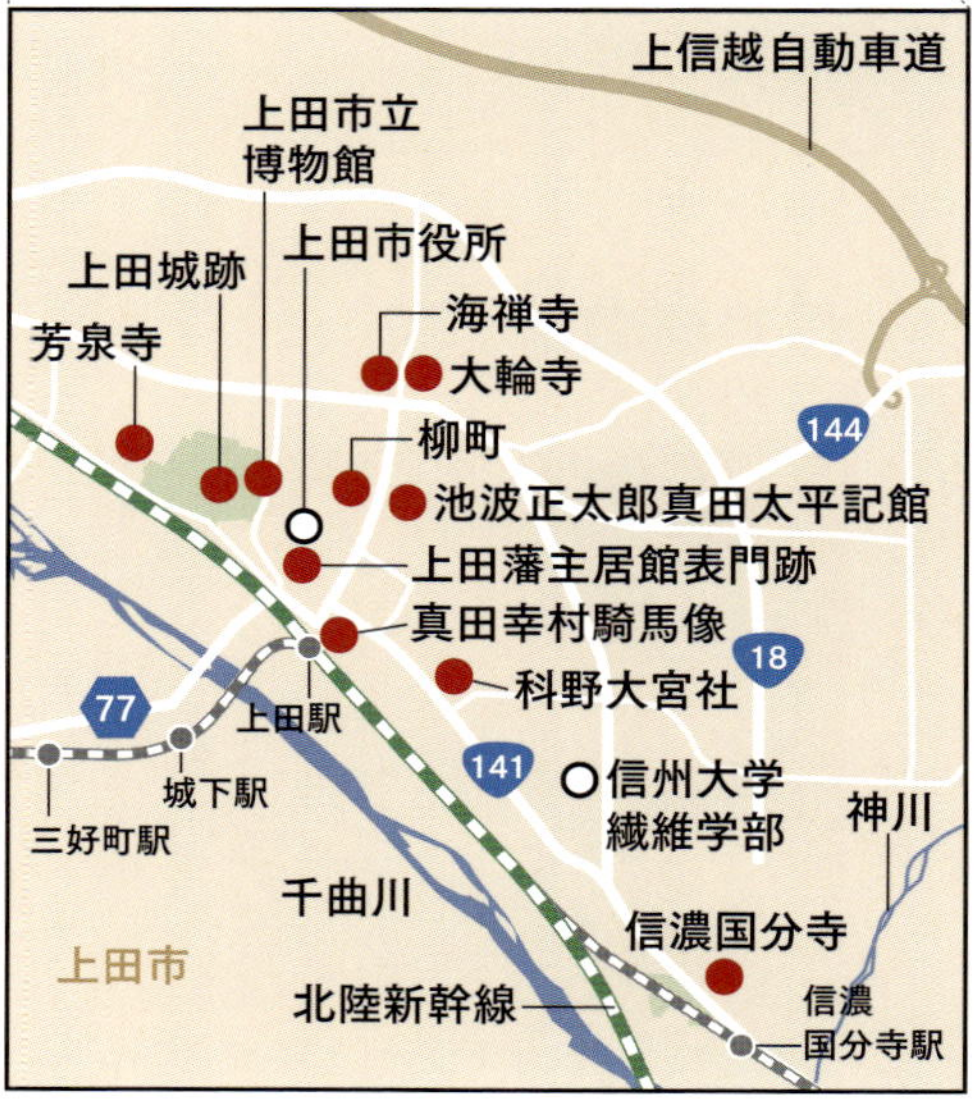

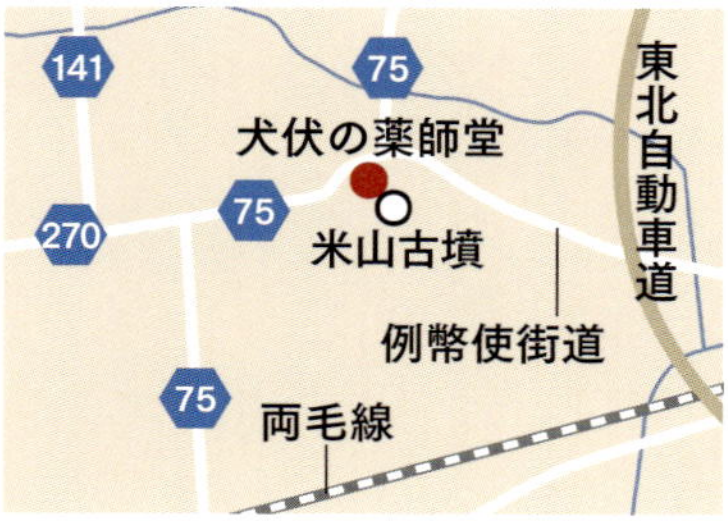

● 犬伏の薬師堂
栃木県佐野市犬伏新町 2060-2

第四章　九度山

真田父子、雌伏して時の到来を待つ

幽閉先の九度山で、昌幸、無念のうちに死す

信之の助命嘆願によって死罪を免れた昌幸・幸村親子は、高野山への蟄居を命じられた。

慶長五（一六〇〇）年十二月、昌幸と幸村は十数名の近臣とともに高野山に入り、しばらく蓮華定院に滞在したあと、高野山の麓にある九度山村へ移り、そこで長い幽閉生活を続ける。

暮らしぶりは当然のことながら貧しく、地方大名からの援助や知人からの合力（寄付）、さらには信之からの送金でなんとか暮らしていた。国許に金の無心をする昌幸の手紙が今も数多く残っている。

では、じっと耐え忍ぶようにして九度山での生活を送っていたかというと、必ずしもそうではなかったらしい。昌幸の場合は、夫人である山手殿を国に残し、伊勢国出身の妾を抱えていたという。また、妻子をともなって来た幸村は、妻と妾の間に女三人と男二人の子どもを九度山でもうけた。村の人々とも農作物をやりとりしたり、普請作業を手伝うなど、交流もあったと言われる。

また、脇差の柄を巻くための木綿の打糸、いわゆる「真田紐《さなだひも》」をつくり、それを従者が全国で売り歩いた。もちろん糊口を凌ぐための行商だが、そうして全国を回る従

者に各地の情勢を探らせたともいわれている。家康への敵愾心は決して薄まることなく、いずれは家康を打倒することを心の支えに、昌幸と幸村親子は九度山の日々を送っていた。

しかし、十年以上におよぶ幽閉生活は、昌幸の身体を徐々にむしばみ、慶長十六（一六一一）年、六十二歳でその生涯を閉じた。従者たちはみな悲しみに暮れ、昌幸亡き後、多くの者が国許へと帰っていった。

幸村、九度山脱出。いざ、大坂へ

父昌幸の無念と野望を一身に受け止めた幸村は、いずれやってくるだろうその時のために、雌伏の日々を送っていた。

ここで改めて真田幸村について触れると、実は、幸村はこの九度山幽閉の時点では、まだこれといった功績を残してはいない。お家のために上杉家や豊臣家へ人質として送られたり、あるいは父昌幸とともに多くの戦火をくぐりぬけ、昌幸の右腕として真田家の発展に貢献してきたのは事実だが、後世の人の口の端にのぼるようなことを幸村は何も成していなかった。

しかし、時代は幸村を選ぶ。

慶長十九（一六一四）年十月、以前から目障りだった豊臣家を滅ぼすために、家康が動き出す。京都方広寺の鐘の銘文をめぐって秀頼に難癖をつけ、大坂城を攻めるための兵を起こしたのである。このとき、大坂城の豊臣方でも幕府への挙兵が決まり、いわゆる「大坂冬の陣」がはじまった。

豊臣方は、全国の豊臣恩顧の大名に応援を依頼する一方で、諸国の浪人たちにも召集をかけた。大名たちの反応は芳しくはなかったが、浪人たちは十万人近く集まり、十分に幕府軍と戦う態勢が整えられた。だが、言ってみれば烏合の衆ともいえる浪人たちである。それをひとつにまとめ、十分な戦力として通用させるためには、有能な指揮官が必要だった。

そこで、白羽の矢が立ったのが、九度山に幽閉中の真田幸村だった。

幸村は大坂城への入城勧誘を受け入れ、息子の大助とともに九度山を脱出した。このとき幸村四十八歳。関ヶ原の戦いから十四年目のことだった。

大門《だいもん》

高野山の総門であり、結界のシンボル。左右には金剛力士像が安置されている。大門付近は眺望もよい。高さ25.1m。現在のものは宝永2(1705)年に再建された。

蓮華定院《れんげじょういん》

高野山にある真田家の菩提寺。家康によって流配の身となった昌幸と幸村が、最初に送られた場所。だが、真田の一行にはお付きの女性もいたので、女人禁制である高野山にとどまることはできず、九度山へと移った。

高野山の町並み

弘仁７（816）年、空海によって開山された高野山。江戸期には 900 もの寺があったといわれるが、現在は 110 余の寺と 50 余寺の宿坊がある。金剛峯寺前から奥の院入口まで、数多くの土産屋や食事処が並び、多くの参詣客と観光客でにぎわっている。

高野山で霊木とされる高野槇《こうやまき》

金剛峯寺《こんごうぶじ》

高野山真言宗の総本山。高野山全体の宗務が行われており、住職には高野山真言宗官長が就任するしきたりになっている。全国 3600 に及ぶ末寺の宗務を司っている。

奥の院入口

高野山奥之院《こうやさんおくのいん》

檀上伽藍とともに高野山の二大聖地。一の橋から御廟まで約2㎞の参道には、約20万基を超える諸大名の墓石や祈念碑、慰霊碑の数々が樹齢約700年の杉木立の中に立ち並ぶ。

花坂名物の元祖「やきもち」

やきもち　130 円

上きしや　花坂店

伊都郡高野町花坂 753-1　0736-56-4035
12 ～ 2 月　9：00 ～　17：00
3 月～ 11 月　10：00 ～ 18：00
不定休　駐車場あり

昔から高野山参詣といえばこれ、というほど定番になっているやきもち。中でも元祖を名乗る「上きしや」のやきもちは餡から手作りで、控えめな甘さとやわらかい食感がくせになると評判だ。

弘法大師が高野山を開山した当時、参詣路の途中花坂で一人の老婆が餅を焼き、軒先で参詣客に提供したのがはじまりといわれている。それ以来 300 年、「花坂のやきもち」として親しまれている。

慈尊院《じそんいん》

弘法大師が高野山開創の際に、年貢の徴収などの庶務を司る高野政所や宿泊所を置いた高野山の要所。弘法大師の母が晩年移り住み、没後その廟所として弥勒堂が建立されたことから、女人禁制の高野に対して「女人高野」と呼ばれて親しまれてきた。弥勒堂に安置されている弥勒仏坐像は国宝に指定されている。

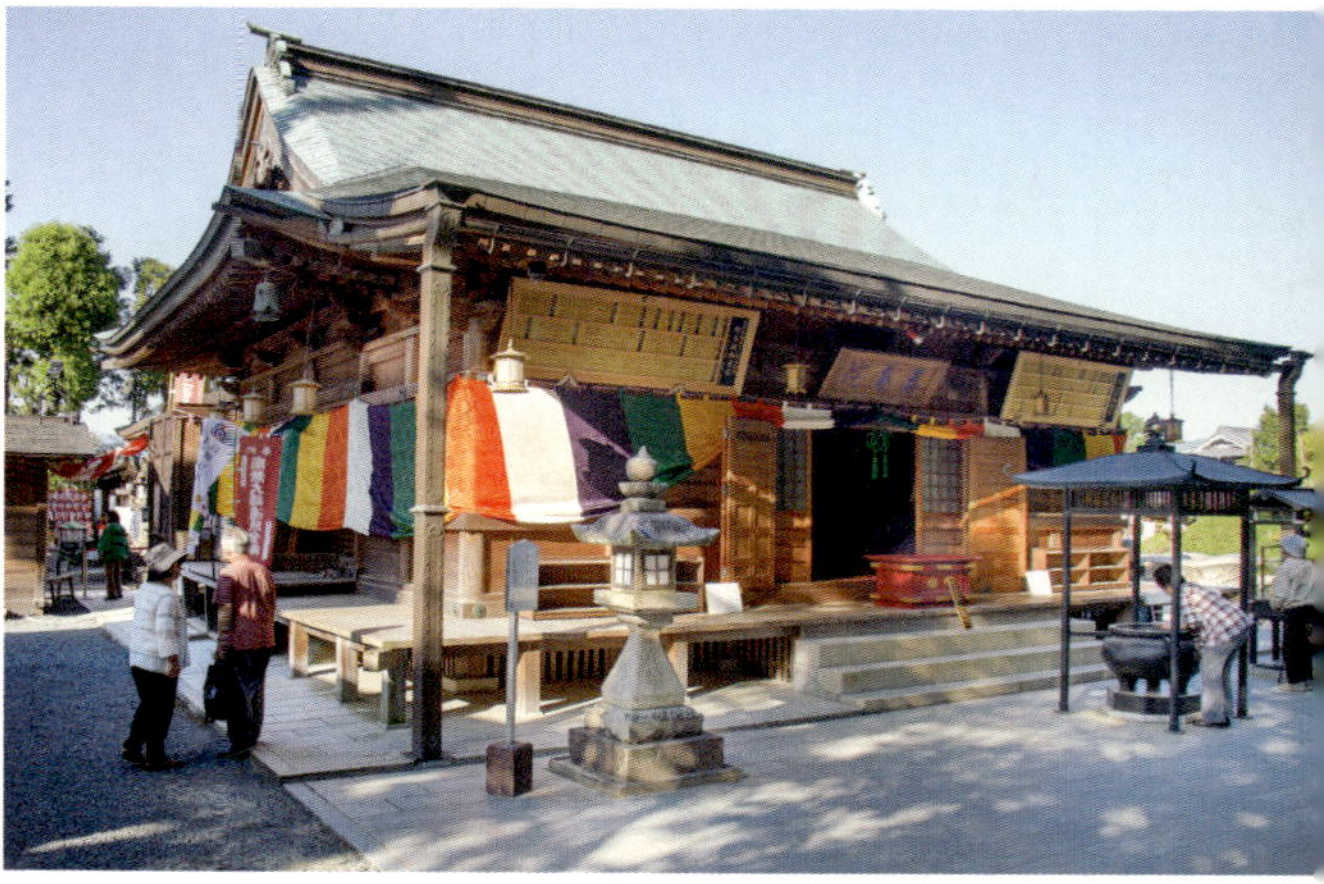

町石道《ちょういしみち》

九度山町の慈尊院から高野山へいたる約 22㎞の参詣道。五輪塔のかたちをした町石は高さ約2mの石造卒塔婆。高野山の檀上伽藍まで 180 本、伽藍から奥の院まで 36 本が立ち並ぶ。1町（109m）ごとの道標で人々が参詣登山する。歴代天皇や法皇、関白や将軍をはじめ一般庶民が、現在に至る千余年の間、踏み固めてきた信仰の道である。

丹生官省符神社《にうかんしょうぶじんじゃ》

弘法大師が政所創建のとき、守り神として地元にゆかりのある丹生都比売《にうつひめ》・高野御子の二神を祀った神社。慈尊院から 119 段の石段を上った高台にある。社殿三棟は木造一間社春日造り、桧皮葺、極彩色北面で重要文化財に指定されている。

真田庵（善名称院）

真田昌幸・幸村が閑居した屋敷跡に建つ寺院。幸村の旗印である六文銭の紋が刻まれた門をくぐると他に類例のない形式の本堂や廟所があり、真田宝物資料館や真田昌幸の墓、与謝蕪村の句碑などがある。大坂の冬の陣の際、幸村はここから脱出して大坂へ向かった。

真田古墳

真田庵から170mほど離れたところにある抜け穴。この穴は大坂城に続いており、幸村はここから戦場に出向いたという伝説が残っている。もともとこの地は4世紀頃の古墳だが、真田伝説が残る場所なので「真田古墳」と呼ばれている。

九度山の町並み

九度山町は高野山の北麓にあり、古くから紀ノ川の水運による物資の集積地として栄えた。明治 34 年にJR和歌山線の高野口駅が開業してからは、高野山への登山口として大いに賑わったといわれている。旧高野街道沿いに連なる入母屋造りの民家は、江戸時代後期から明治時代にかけて建てられたもので、今も当時の風情を残している。

くすり

米金《こめきん》

今も町の人々から親しまれている米金の金時。九度山焼の陶像。南紀荘平氏の作で、彼が大正のはじめ頃、東山に窯を築いて焼き上げたものである。高さ2メートルあまり、これほど大きな陶像は全国的にも珍しい。

あったかい手作りの味「六文銭弁当」……真田ゆかりの味めぐり

おむすびを六文銭に見立てたお弁当。幸村ファンを自負する地元の女性たちの手作りで、九度山の食材を使ったお惣菜もほっとする味だ。真田好きはもちろん、高野山の参詣客からも人気を集めている。食事のほか、九度山散策の休憩所としても使える「真田いこい茶屋」で販売している。

真田いこい茶屋
伊都郡九度山町九度山 1722-1
0736-54-9058　10：00 ～ 16：00
木曜定休　駐車場あり
南海九度山駅から徒歩 5 分

コラム

町をあげて真田を偲ぶ「九度山真田まつり」

昌幸と幸村の親子が家康より蟄居を命じられ、幸村の大坂城入城まで十三年間を過ごした九度山。真田親子の冥福を祈り、かつては幸村の命日である五月七日に真田庵で法要が行なわれていたが、近年は連休に合わせて毎年五月四日と五日の二日間、町をあげて真田まつりが開催され、たくさんの観光客で賑わっている。

会場では地元の物産を販売する「真田の市」が開かれたり、メインステージでは真田太鼓や出陣式が披露されたりと盛りだくさんの内容だが、見どころはなんといっても武者行列。町を練り歩く行列には、子どもたちの隊列や市民による手作り甲冑隊も参加。子供からお年寄りまで楽しめる祭となっている。

九度山 人形めぐり

真田まつりと同じ時期に、九度山では「町家の人形めぐり」が開催されている。九度山町内の各町家や店舗に、雛人形、五月人形、甲冑が飾られ、訪れた人々が自由に見学できるようになっている。特設会場では毎年テーマを決めてストーリー性のある手作り人形が飾られるが、取材時のテーマはイベント7年目にして初めてとなる真田氏。幸村の大坂城入場がジオラマで再現されていた。手がけたのは人形めぐりを企画した有志「住民クラブ」の皆さん。この中心メンバーの数人は「紀州九度山鉄砲隊」のメンバーでもあり、真田まつりでは手作り甲冑隊として行列に参加していた根っからの真田ファンだ。

会場：道の駅「柿の郷くどやま」および九度山の町並み
期間：毎年５月４日、５日
問い合わせ：0736-54-2019（九度山真田祭実行委員会）

霧隠才蔵

玉川峡《たまがわきょう》

関西でも指折りの景勝地として人気を集める玉川峡。奇岩と清流がおりなす自然美豊かな渓谷。

歴史香るかくれ里「天野」

天野盆地は高野山のふもとに広がるのどかな田園地帯で、その美しさと静けさから「高野のかくれ里」とも呼ばれる。初夏になるとホタルが飛び交う豊かな自然と、それを大切にする人々の暮らし。白洲正子が著書『かくれ里』の中で絶賛した景観は今もほとんど変わっていない。

空海が高野山金剛峰寺を開く際、天野に鎮座する丹生都比売神社が神領を寄進したとも伝えられている。境内背後の山中には高野山参詣路である町石道が通り、「二つ鳥居」と呼ばれる石造りの二つの鳥居から「八町坂」によって丹生都比売神社に通じている。高野山参拝の前に丹生都比売神社に参拝する習慣が古くからあったのだという。このように、天野と高野山の関わりは深い。天野は神話の里でもあり、仏教にもゆかりがある信仰の里でもあるのだ。

他にも、出家してこの地で亡くなった西行の妻娘を偲ぶ西行堂。平家の家臣、滝口入道を慕い悲恋のうちに亡くなった女官横笛を弔う塚。日本人の原風景ともいえるような素朴な農村の中に、歴史的な見どころが点在している。それが天野の魅力を一層深いものにしている。

場所：和歌山県伊都郡かつらぎ町上天野
お問合せ：0736-22-0300（かつらぎ町観光協会）
交通：JR 和歌山線笠田駅または妙寺駅から車で約 15 分

高野山への参詣路「高野街道」

京・大坂から高野山への参詣路として用いられた街道。各地からの道は河内長野でひとつになり、橋本を通り高野山へと続いた。そのため、河内長野から橋本の間のみを高野街道とする場合もある。各方面から河内長野までの街道は「東高野」「中高野」「下高野」「西高野」と区別された。橋本と高野山を結ぶ道も三つあり、そのうち九度山の慈尊院からのルートが「町石道《ちょういしみち》」と呼ばれ、実質的な表参道となった。

小説や講談の中の幸村は、その隠遁生活の中で何度か、高野山や京、大坂にお忍びで出向いたことになっている。真偽のほどは定かではないが、そうであれば幸村にとっても馴染みの街道であったかもしれない。

高野街道の集結地「河内長野宿」

各地からの高野街道が集結する交通の要衝として古くから発展した。紀見峠の手前に位置し、峠を越えると橋本へと至る。

現在の河内長野は、三百年の歴史を誇る西條合資会社の酒蔵の白壁を中心に街並が形成されている。酒造を代表する銘柄の天野酒は、豊臣秀吉が好んで飲んだとして知られる地域を代表する酒だ。この酒蔵と地元住民が一緒になって、街並の保存に努めているという。駅のすぐそばにある古い建物が資料館になっている。

紀ノ川の対岸で発展した
「橋本宿／清水宿」

豊臣秀吉の時代、高野山の僧、木喰応其《もくじきおうご》によって紀ノ川を渡す大橋が架けられた。その北詰の町が橋本で、南詰めの町が清水だ。その後、橋は洪水によって流失し、船渡しによって結ばれることになるが、共に高野山参詣の要衝として大いに栄えた。

現在の橋本駅前は、路地裏に伝統的な建物が散見される程度で、宿場町としての面影はあまり残っていない。橋本の町がつくられる以前から高野街道と大和街道が交差する四つ辻として栄えた東家地区に、古い街並と石標が残されている。また、東家とその対岸の賢堂三軒茶屋に常夜灯が修復、再建されている。

紀伊国を見下ろす
「紀見峠」

河内国と紀伊国の境目にある紀見峠。眼下に紀伊国の玄関口橋本の街並を見下ろす標高四〇〇メートルの峠だ。幸村が大坂城に入城する際には、深夜の紀見峠を越えたといわれている。

国道三七一号のトンネルが開通してからはあまり使われなくなった旧道が紀見峠。そこからさらに道を逸れて細い坂道を上ったところがかつての宿場町となる。往時は大変な賑わいを見せたというのがにわかには信じられないほど、ひっそりとした家並みだ。集落の端に「高野街道六里石」が残されている。

幕末には歴史の舞台となった「三日市宿」

その名の通り、古くから市が開かれていた三日市宿。国道が旧街道を迂回するように整備されたため、現在でも往時の面影を残す道幅の狭い街並が長い距離に渡って残されている。

本陣の役割を担っていた油屋は、菜種油の製造、販売を営む傍ら、高野詣の旅籠として賑わった。幕末には五條代官襲撃前の天誅組が宿泊していたことでも知られている。

- 大門　伊都郡高野町高野山
- 蓮華定院
  伊都郡高野町高野山 700
- 高野山の町並み
  伊都郡高野町高野山
- 金剛峰寺
  伊都郡高野町高野山 132
- 高野山奥之院
  伊都郡高野町高野山 550
- 玉川峡　橋本市北宿
- 天野　伊都郡かつらぎ町
  上天野・下天野

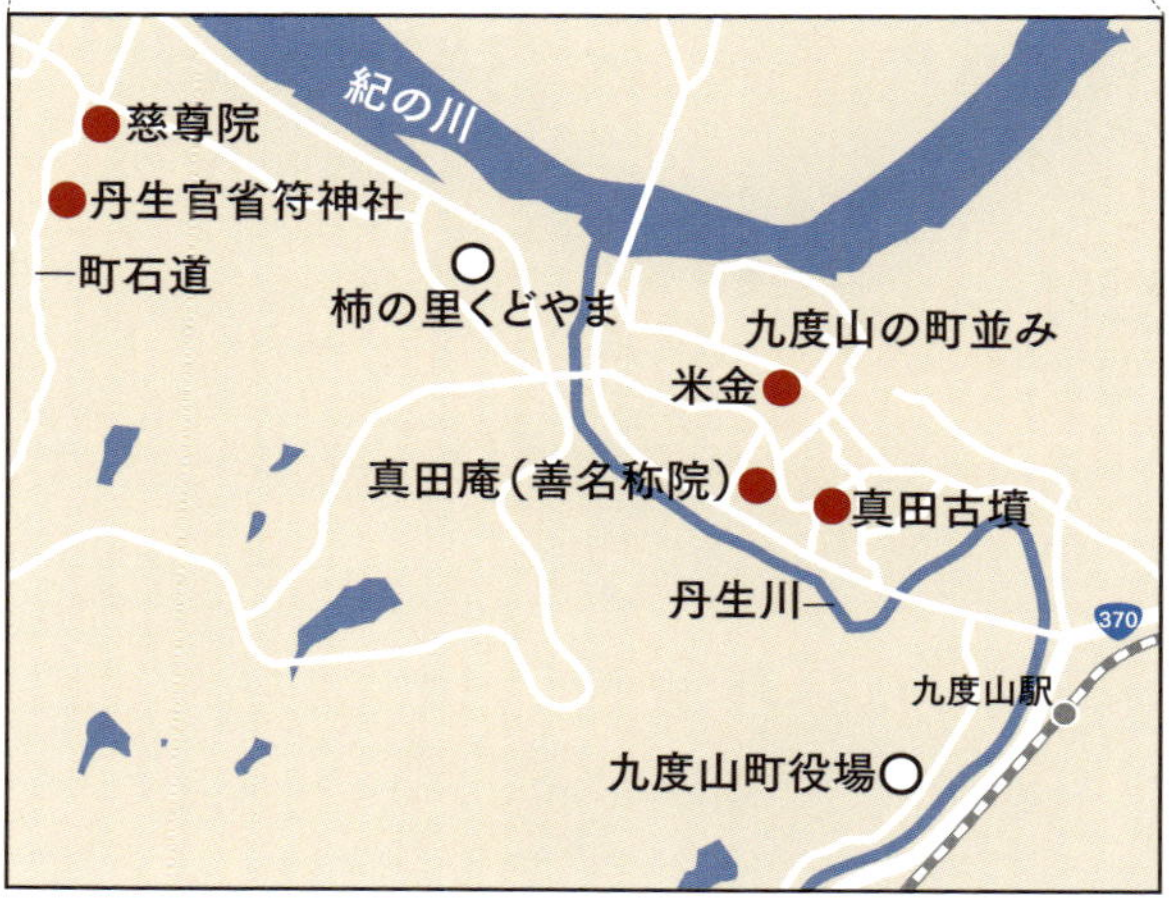

- 慈尊院　伊都郡九度山町慈尊院 832
- 丹生官省符神社　伊都郡九度山町慈尊院 835
- 町石道　伊都郡九度山町～伊都郡高野町
- 真田庵（善名称院）　伊都郡九度山町九度山 1413
- 真田古墳　伊都郡九度山町九度山
- 九度山の町並み　伊都郡九度山町九度山
- 米金　伊都郡九度山町九度山

第五章　大坂

幸村、いざ最期の決戦の地へ

大坂冬の陣、真田丸の攻防

徳川家康が戦うのを心底嫌がっていたのは、幸村の父の真田昌幸だった。第一次上田合戦、第二次上田合戦と苦汁をなめさせられ、戦国大名としての誇りをひどく傷つけられた。その記憶が残る家康が、大坂冬の陣で豊臣方の指揮を真田が執る、と聞いたとき、もうすでにこの世にいない昌幸が出陣するのかと恐れたといわれる。そのため、指揮をとるのが昌幸の息子の幸村であることを知ったとき、この戦は早めに決着がつくと考えていた節がある。

この戦とは、慶長十九（一六一四）年に起こった大坂冬の陣である。

京都方広寺の銘文にかこつけて、大坂城へ侵攻した家康を中心とする幕府軍。その数はゆうに二十万を超えるものだった。一方、迎え撃つ大坂城の豊臣方は十万の軍事力。作戦会議では、幸村が宇治で徳川軍を迎撃する戦法を主張するも受け入れてもらえず、籠城戦をとることに決まった。

大坂城の周囲は淀川や旧大和川が流れ、城郭も高台にあるために自然の要害になっていた。しかし、籠城戦となると防御の薄い城の南側が弱点になると考えられ、そこに幸村は小さな砦（出丸）をつくった。これが「真田丸」と呼ばれる砦である。

この真田丸に配置された兵力は約六千人。真っ赤な軍装と六文銭ののぼり旗は「赤備え」と称された。いざ合戦が始まると、徳川軍の攻撃に次々と豊臣方の砦が落とされる。残ったのは真田丸だけという状態になった。

真田丸に徳川軍の尖峰が攻撃をしかけると、真田丸の上から真田隊が弓や鉄砲で応戦する。その繰り返しで徳川軍は甚大な被害を出し、豊臣方の大勝利に終わった。

家康は昌幸だけではなく、その息子の幸村にも敗北を喫してしまったのである。

武士の本懐を遂げた幸村

大坂冬の陣のあと、一度は和議を結んだ豊臣方と徳川方だが、翌年五月、家康の策略によって再び戦火を交えることになる。いわゆる大坂夏の陣である。

家康十五万に対して、豊臣方五万、圧倒的な兵力の差がある中で戦いは始まった。

前年の和議によって周囲の濠を埋め立てられた大坂城は、まさに裸の城状態。野戦を余儀なくされた幸村たちは、最後の力を振り絞って徳川軍に立ち向かった。

奈良街道の道明寺での戦いでは、幸村とともに大坂方の中心的存在だった後藤又兵衛が討死。幸村軍も伊達政宗隊などを撃退し徳川軍に迫るも、河内口で大敗して敗走。

翌日、大坂城の南にある茶臼山で両軍が激突。幸村は獅子奮迅の活躍を見せるが、力の差は歴然としており、豊臣方は退却。兵の士気が落ちるなか、幸村だけはあきら

めなかった。徳川軍の隊列の乱れを突き、一気に家康の本陣に突入。家康の首を取る寸前のところまで迫るが、戻ってきた徳川の旗本たちにはばまれ、それは叶わなかった。

奮闘実らず、バラバラに散っていく真田隊。幸村もまた敗走し、その途中で首を取られた。享年四十九。幽閉されていた九度山から脱出してわずか一年余、幸村の命はここに潰えた。

五月七日、大坂城陥落。五月八日、秀頼と淀君、自害。幸村の子・大助は殉死。豊臣家は滅亡し、世は徳川の時代へと大きく変わっていった。

この大坂の陣で幸村の戦いぶりを目の当たりにした武将たちは、口々にその活躍を称賛した。特に薩摩藩の記録「薩藩旧記雑録」では、「真田日本一の兵、いにしえより物語にもこれなき由」と書き記している。

幸村にとって、この勝負の勝利よりも求めていたのは、真田の武士としての本懐だった。そういう意味では、幸村は死してその思いを成就させたのである。

大坂城《おおさかじょう》

織田信長によって焼き払われた石山本願寺跡に、豊臣秀吉によって築城された。天下人の居城にふさわしい大城郭であったが、秀吉没後、大坂冬の陣・夏の陣によって落城した。その後、徳川幕府によって再築されるが、落雷によって再び焼失。現在の天守閣は平成 6 年に市民の寄付によって完成した。

山里曲輪《やまさとくるわ》

内堀に囲まれた大坂城本丸のうち、天守北側の一段低い区域が山里曲輪。山里丸と呼ばれることも多い。この名称は、豊臣時代に、この辺りに山里の風情を醸し出す松林や桜や藤などの木々が茂り、いくつもの茶室が建っていたことに由来する。その後大坂夏の陣では、秀頼とその母淀殿をはじめ、真田幸村の子・大助もこの地で自害したと言われている。

秀頼と茶々、それに三十二義士が自害した場所。碑が建っている。

茶臼山《ちゃうすやま》（天王寺公園）

大坂冬の陣で家康が本陣を張り、夏の陣では幸村隊が最後の決戦に備えて陣を構えた場所。もとは前方後円墳で、南には周濠の名残をとどめる河底池がある。慶長 20（1615）年 5 月 7 日、真田の赤備えが陣を構える茶臼山の真田幸村隊 3,500 は、この日の正午過ぎ、徳川方最強の松平忠直率いる越前勢 15,000 と激突、大坂夏の陣最大の激戦が繰り広げられた（大坂夏の陣天王寺口の戦い）。数では劣る真田隊であったが、高い戦意と捨身の攻撃で越前勢を突き破り、徳川家康の本陣に攻撃を仕掛け、あとわずかで家康の首に手が届くところまで攻める。数に優る越前勢が混乱から立ち直り反撃を開始、しばらく茶臼山に拠って抵抗を続けた真田隊も越前勢の猛攻によって奮戦むなしく壊滅した。

大坂の陣の古戦場

茶臼山

三光神社《さんこうじんじゃ》（宰相山公園）

西暦4世紀末、反正《はんぜい》天皇の時代に創建されたと伝えらえる。真田幸村が大坂城まで通じる暗道を造ったと言い伝えられ、「真田の抜け穴跡」として今も残されている。大坂冬の陣の際に真田幸村が築いた出城「真田丸」の跡地。ここで大軍の徳川勢を相手に、真田幸村が奇跡の勝利を勝ち取った。

心眼寺《しんがんじ》（出丸城跡）

真田幸村とその子大助の供養のために真田家の祖先滋野氏が江戸時代に立てた寺。真田丸の一角だったといわれる。

真田山公園

このあたりは大坂冬の陣で真田幸村が活躍した古戦場。当時の面影を伝えるものはまったく残っておらず、今は市民の憩いの場となっている。

六文銭を食す「真田御膳」

真田ゆかりの味めぐり

大坂冬の陣の際に幸村の真田丸があった玉造一帯の商店街では、様々なアイデアで活性化プロジェクトに取り組んでいる。中でも玉造駅からすぐ近くにある「玉造幸村ロード」は、幸村と真田十勇士をキーワードに一致団結したユニークな横丁だ。

この通りでは各店舗が工夫を凝らした真田商品や真田メニューを考案して通りを盛り上げている。海鮮料理「大枡」の「真田御膳」もその一つ。六文銭にちなんで六つの小鉢にお惣菜が盛り付けられている。炊き込み御飯と味噌汁がついて 850 円。

大枡　玉造店
大阪市天王寺区玉造元町 3-2
06-6768-9768
11：30 ～ 14：00
16：00 ～ 22：30
不定休　駐車場なし

空堀周辺 秀吉が大坂城を築いた当時は、城下町が広がっていた。現在は空堀商店街となっている。

道明寺天満宮参道

道明寺天満宮本殿

道明寺《どうみょうじ》天満宮

大坂夏の陣で激戦の舞台となったのが道明寺。慶長20（1615）年５月、大坂城に迫る幕府方の軍隊の中で、大和方面から大坂城に向かっていた松平忠輝の３万余の軍を、真田幸村・毛利勝永・後藤又兵衛の軍で迎え撃つことになった。５月６日、先に出発した後藤隊が道明寺で後発の真田隊と毛利隊を待っていた。しかし、そこで敵の伊達政宗隊と水野勝成隊２万３千と遭遇。後発隊の到着を待たずに、戦いに挑む。このとき後藤隊３千余。後藤又兵衛は小松山（玉手山）に登り戦うが、討ち死にしてしまう。その後、到着した真田隊と毛利隊は残った兵とともに誉田村で伊達政宗軍と交戦した。どちらも攻め手に欠いて膠着状態に陥り、この日は双方が退却し、翌日の最後の決戦へと勝負は預けられた。

誉田《こんだ》八幡宮

誉田別命（応神天皇）を祭神として永享５（1433）年につくられた。大坂夏の陣のときには、豊臣方の武将・薄田隼人がここの境内に陣を置いた。

誉田林古戦場址

玉手山公園

大坂の陣の古戦場跡。玉手山は、夏の陣の戦端が開かれた地であり、豊臣方の先陣・後藤又兵衛基次が、徳川方の大軍を迎え撃って討ち死にした地でもある。玉手山公園内など、付近一帯には、又兵衛の碑や徳川方の武将の墓などが残されている。

志《し》紀《き》長《なが》吉《よし》神社《じんじゃ》

平野区にある延喜式の古社。大坂の陣の際に、真田幸村がここで兵を休め、戦勝祈願に六文銭の軍旗と刀剣を奉納した。

幸村休憩所

志紀長吉神社近くの住宅街の中にある。真田幸村休憩地の石碑が建っている。

樋尻口《ひのしりぐち》地蔵《じぞう》

幸村が布陣したといわれる寺。家康もここに布陣すると予想し、本堂の下に地雷をしかけた。果たして家康は幸村の予想通り布陣したが難を逃れた。しかし、爆発した地雷の威力で樋尻口地蔵の首がはるか遠くまで飛んだという逸話が残っている。

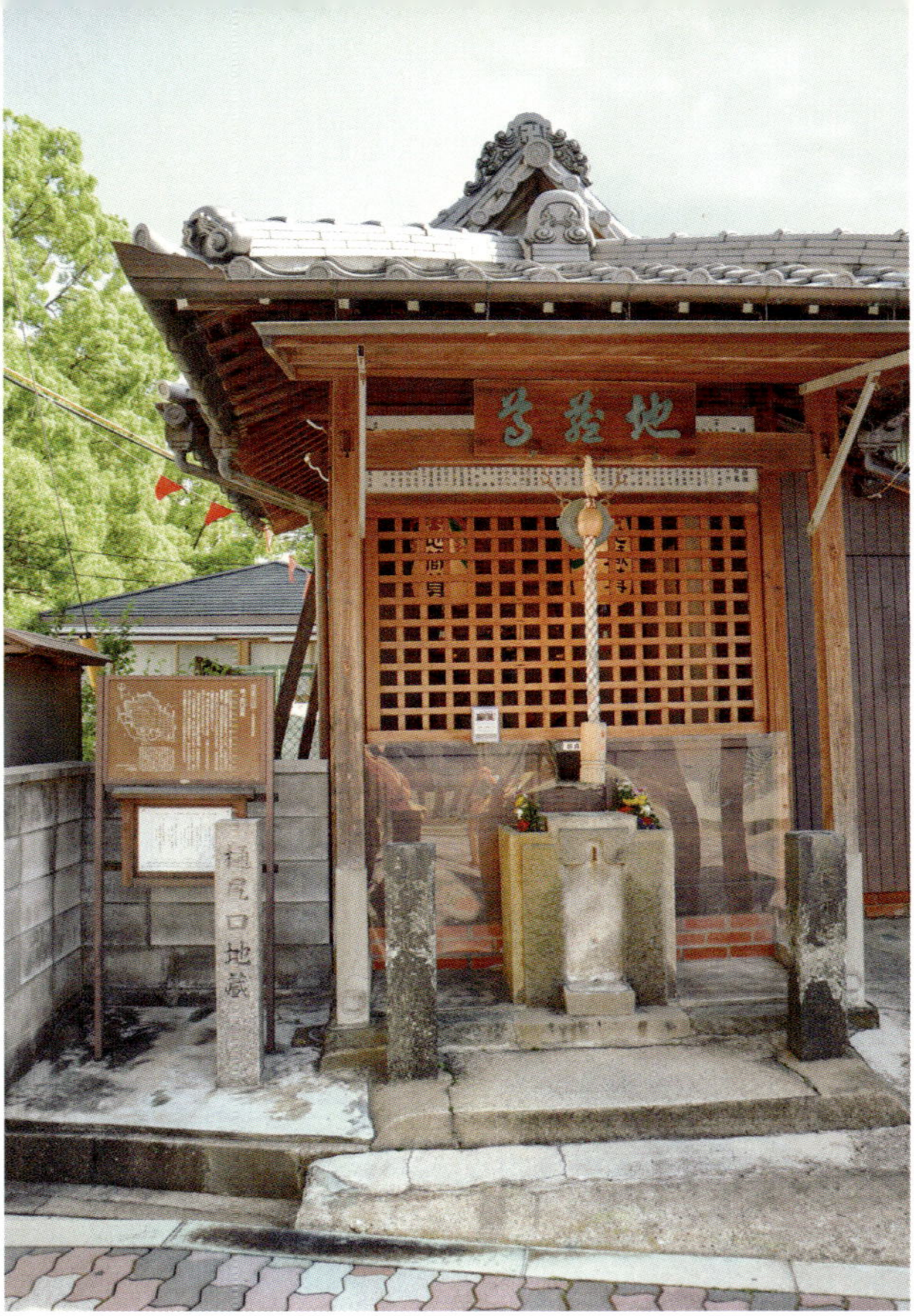

全興寺《ぜんこうじ》

幸村のしかけた地雷で飛んだ樋尻口地蔵の首が落ちた寺といわれている。地蔵の首は首地蔵として祀っている。

安居《やすい》天満宮《てんまんぐう》（安居神社）

大阪天王寺にある菅原道真公が御祭神の神社。夏の陣の茶臼山での戦いのあと、幸村は疲弊し茶臼山の北にある安居天満宮で休息していた。そこを越前兵により討ち取られたといわれる。しかし、茶臼山の戦いですでに戦死したとの見方もあり、幸村がどこで亡くなったかは曖昧なままとなっている。

一心寺

大阪市天王寺にある法然開創の寺。大坂夏の陣で討ち死にした本多忠朝の墓がある。本多忠朝は信之の妻である小松殿の父・本多忠勝の次男。忠朝は、大坂冬の陣で酒を飲み過ぎて不覚をとったことを悔やみ、大坂夏の陣では獅子奮迅の活躍をして討ち死にした。死の間際、「戒むべきは酒なり、今後わが墓に詣でる者は、必ず酒嫌いとなるべし」との言葉を残したといわれ、死後「酒封じの神」として知られるようになった。境内にその墓があり、断酒祈願の参拝者が数多く訪れる。

増福寺

豊臣方の武将・薄田隼人がこの地で亡くなり、墓が建立されている。慶長7（1602）年に創建された浄土宗の寺院。

古の歴史の宝庫「大和街道」

奈良の都へと続く道を総称して大和街道と呼ぶため、各方面からいくつもルートが存在する。ここで取り上げるのは和歌山から紀ノ川沿いに奈良へと続く街道。橋本から北上して五條を通り、都へと至る。五條から東は伊勢へと続いている。かつては歴代の天皇の御幸の道としても使われた歴史ある道で、江戸時代には参勤交代の道としても賑わいを見せた。寺社をはじめたくさんの文化遺産が残されている。

街道沿いには万葉歌に詠まれた場所がたくさんあり、特に橋本から五條の間ではそこかしこで歌碑を見つけることができる。

紀ノ川沿いの街道集落「妙寺」

妙寺は大和街道沿いに栄えた集落だが、正式な宿場町ではなく、商家や紀ノ川の渡しによって栄えた。

現在も旧商家のような立派な建物や、昭和の趣を漂わせた商店が狭い道幅の両脇に立ち並び、街道の雰囲気を今に伝えている。

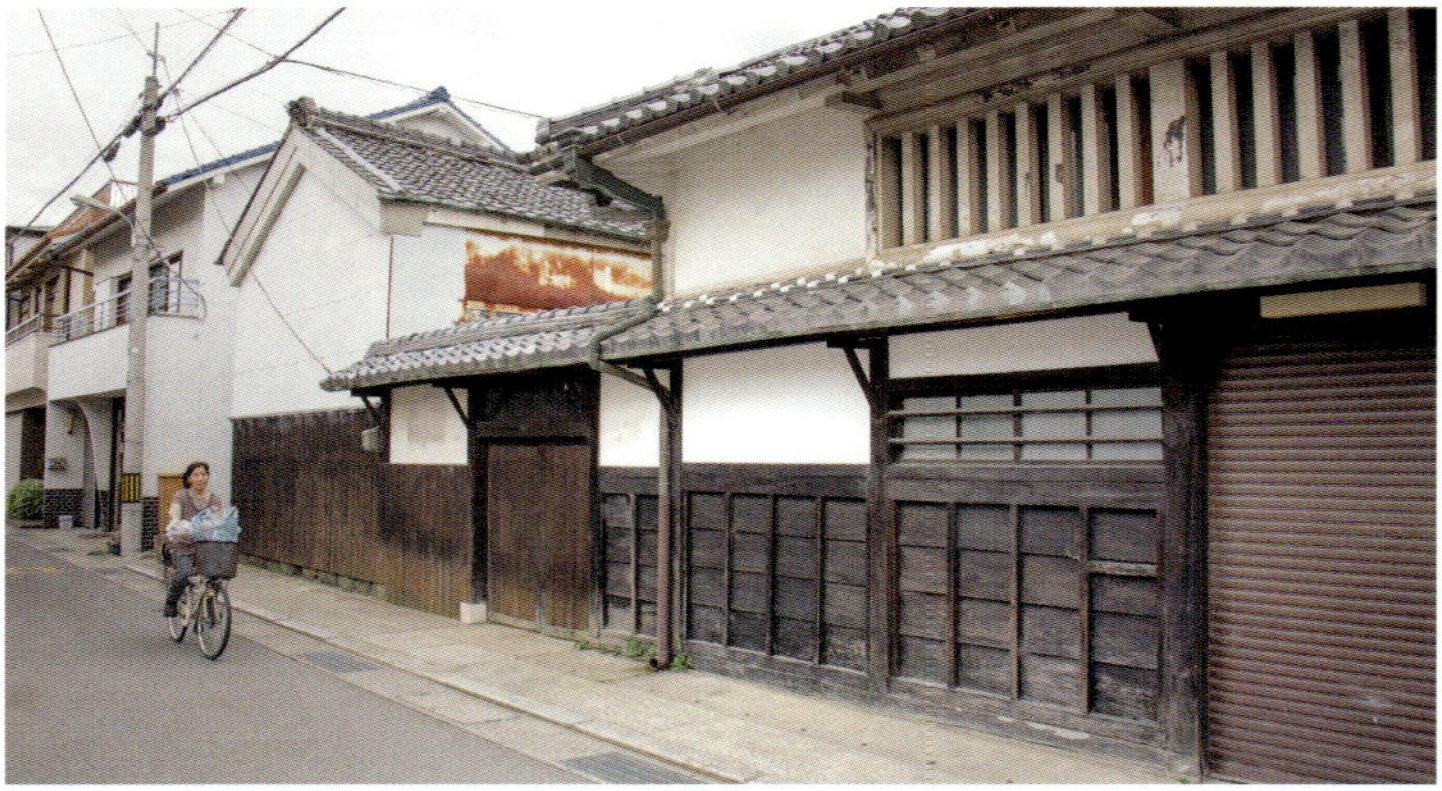

高野山の表玄関
「高野口（名倉）宿」

大和街道と高野街道が交差する交通の要衝で、その名の通り高野山参詣の玄関口として栄えた。古くから、名倉地域を中心に市が立つなどして賑わいをみせていたが、参詣路の主流が橋本経由など他のルートに移り、しだいに衰退していった。明治になって鉄道が通り、名倉駅（のちに改称して高野山口駅）が出来てからは再び高野山への表玄関として多くの参詣客が利用するようになった。

名倉の庄屋でもあった商家前田家の建物は江戸時代からのもので、街並の中心で存在感を放っている。

重文の旧本陣が残る
「名手市場宿」

古くから市場が立つ集落として栄えた名手は、江戸時代に伝馬所と本陣が整備され、正式に宿場町となった。名手は西高野街道の経由地でもあり、紀ノ川南岸の麻生津への舟渡しもあったが、高野山への道は険路であったため、他のルートに取って代わられた。

現在は重要文化財にも指定されている旧名手本陣妹背家住宅が残るのみで、連続性のある街道らしい街並はあまり見られない。

- 大坂城　大阪市中央区大阪城1-1
- 山里曲輪　大阪市中央区大阪城1-1
- 茶臼山（天王寺公園）
  大阪市天王寺区茶臼山1
- 三光神社（宰相山公園）
  大阪市天王寺区玉造本町14-90
- 心眼寺（出丸城跡）
  大阪市天王寺区餌差町2-22
- 真田山公園
  大阪市天王寺区真田山町5
- 空堀周辺
  大阪市中央区谷町・上本町
- 安居天満宮（安居神社）
  大阪市天王寺区逢阪1-3-24
- 一心寺
  大阪市天王寺区逢阪2-8-69
- 増福寺
  大阪市天王寺区生玉寺町5-24

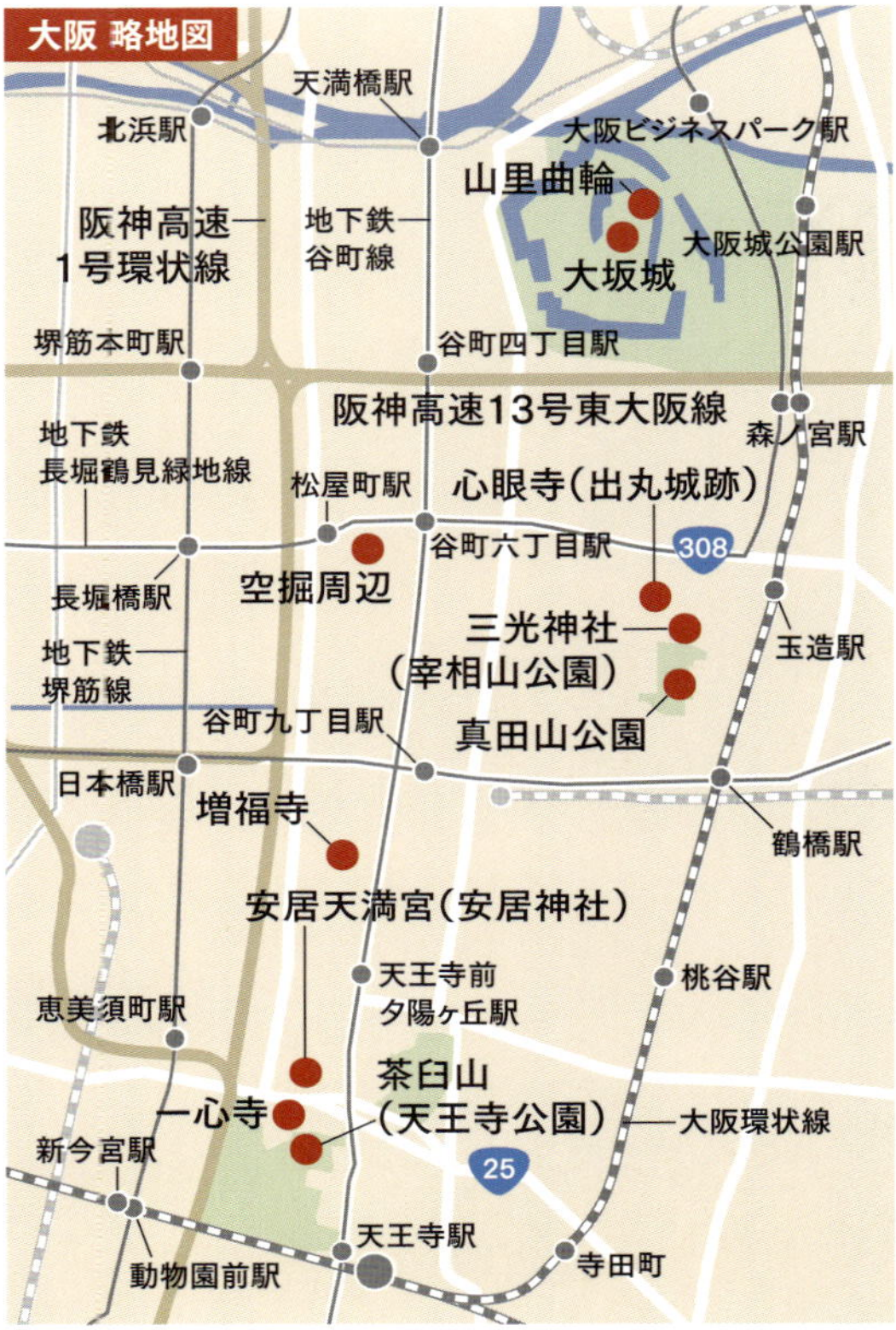

- 道明寺天満宮
  藤井寺市道明寺1-16-40
- 誉田八幡宮
  羽曳野市誉田3-2-8
- 玉手山公園
  柏原市玉手町7-11
- 志紀長吉神社
  大阪市平野区長吉長原2-8-23
- 幸村休憩所
  大阪市平野区長吉長原4-8
- 樋尻口地蔵
  大阪市平野区平野東2-11
- 全興寺
  大阪市平野区平野本町4-12-21

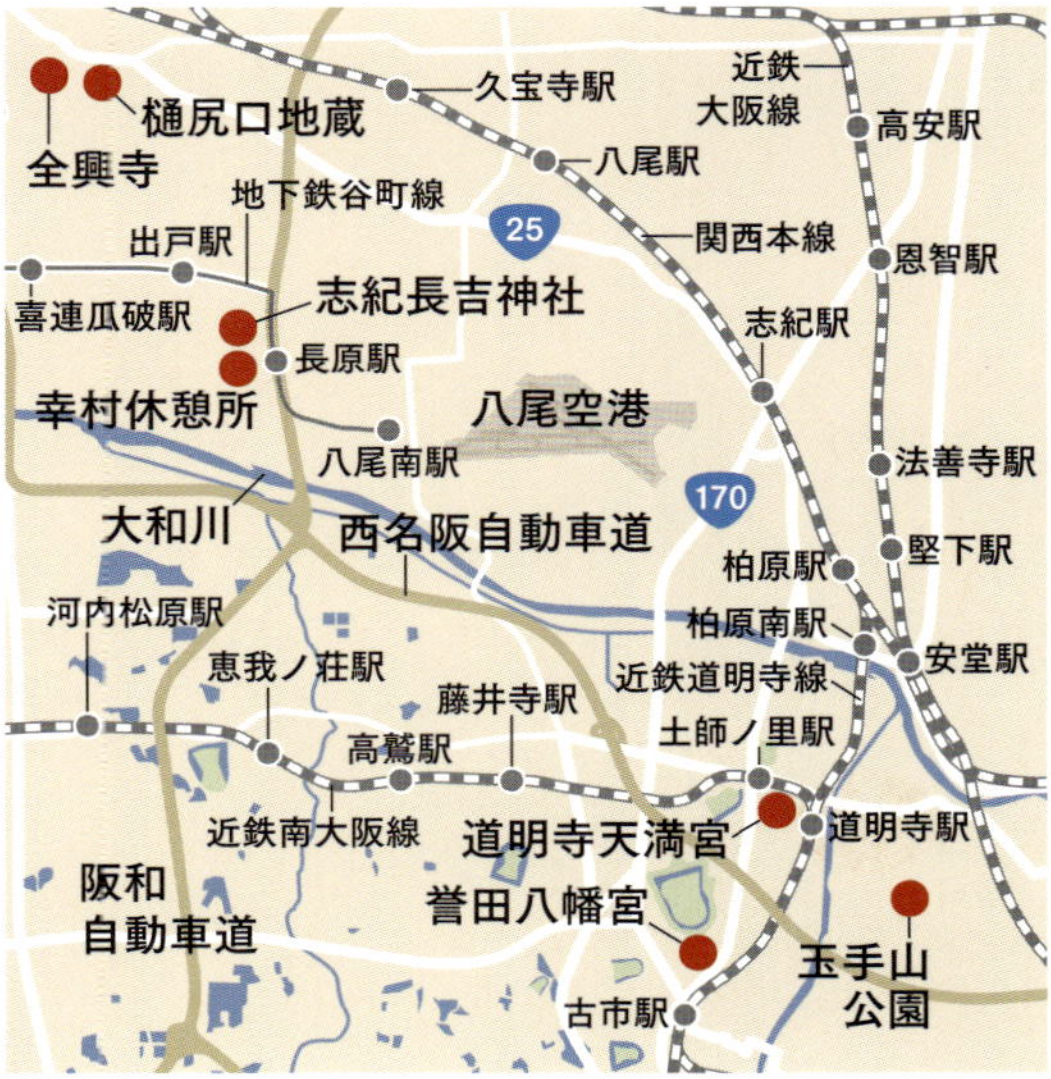

第六章　松代
信之、真田の魂を後世に伝えるために

真田家を見事に後世に継承させた信之

関ヶ原の戦い後、沼田領と上田領を安堵された真田信之。父である昌幸とはまた異なる強さと知略によって、沼田領と上田領を豊かな領地として繁栄させていった。

一般的には、父の昌幸、弟の幸村が脚光を浴びる場合が多いが、信之もまたいくつもの苦難を乗り越えた武将であった。関ヶ原の戦いでは、親と弟と敵対し、大坂の陣では、息子の信吉と信政を戦に参加させている。親と子、兄と弟、真田家繁栄のためとはいえ、信之にとっては苦しい戦が続いた。

元和八（一六二二）年、その信之が突然幕府から松代への転封を命じられる。明確な理由は明らかになっていないが、家康の忠実な配下として長らく忠勤したことへの褒美だといわれている。今でいえば〝栄転〟といったところだろうか。

信之は初代松代藩主として国づくりに励み、農村の生産力を高めるとともに、城下町の整備もすすめ、信濃国を代表する雄藩に仕立て上げた。また、真田家に関係の深い寺社なども移設したといわれる。

こうして松代は、真田十万石の城下町として繁栄を続けた。そして信之もまた、当時としては稀にみる長寿を全うし、九十三年の生涯を閉じた。

海津城《かいづじょう》（松代城）跡

武田信玄と上杉謙信が信濃の覇権を競った川中島合戦で、武田側の拠点として築城されたといわれている。千曲川の流れを外堀とする天然の要塞で、「海津城」と呼ばれていた。江戸時代、真田信之が松代藩主となると、松代城を中心に真田 10 万石の城下町が発展した。明治維新後に取り壊され、石垣などが残るのみだったが、昭和 56（1981）年、新御殿（真田邸）とともに国の史跡に指定された。現在の櫓門・木橋・石垣・土塁・堀などは 2004 年に復元されたものである。

真田宝物館

真田家から昭和 41（1966）年に譲られた武具、調度品、書画、文書などの大名道具を収蔵・展示する博物館として開館。松代藩真田家の歴史がよくわかる。約 5 万点の貴重な資料が収蔵されている。

藍韋素懸威五枚胴具足。四代藩主、信弘所用と伝えられる。

陣羽織（赤地錦雲龍模様）。八代藩主幸貫が着用したとされる。

紺絲毛引威二枚胴具足。三代藩主、幸道所用と伝えられる。

新御殿（真田邸）

江戸時代末期に、松代藩9代藩主・真田幸教《ゆきのり》が義母貞松院の住居として建築し、やがて自らが隠居した建物。明治以降は、真田家の私宅となり、昭和41（1966）年に真田家伝来の宝物とともに長野市に譲渡された。全国でも数少ない御殿建築の遺構である。

旧樋口家

松代藩10万石の真田家家臣として藩の目付け役などを務めた樋口氏の家。真田邸（新御殿）に隣接し、武家屋敷町の中心地にある。主屋、土蔵、長屋などが当時のままに残っている。

松代の歴史を知る店「梅田屋」……………… 真田ゆかりの味めぐり

江戸時代初期の創業以来数百年、松代の歴史とともに歩んできた和食の店。地産地消を掲げて郷土の味を提供し続ける老舗だ。会席料理やコース料理なら「割烹梅田屋」で、気軽に食事を楽しむなら「お食事処うめたや」で。旅籠として営業していた頃から受け継がれる「鯉こく」と、地元松代の名産「とろろ汁」はぜひ味わいたい一品だ。

割烹 梅田屋（お食事処うめたや）
長野市松代町松代 628
026-278-2174
11：30 ～ 14：00
17：00 ～ 22：00
不定休　駐車場あり

松代風土プレートセット
1,300 円
長芋とろろ定食＋鯉こく
1,580 円

旧前島家住宅

前島氏は上田、松代を通じて代々真田家に仕えた家臣。信之が松代藩主になった時から昭和初期まで、前島氏の居宅として使われていた。宝暦 9（1759）年建築の主屋は、現存する松代藩士の屋敷としては最も古い時代のものである。

大林寺《だいりんじ》　真田昌幸夫人の山之手殿（寒松院）の墓所。元和８（1622）年、上田の大輪寺から霊を分霊して松代に建立された。

蓮乗寺《れんじょうじ》　幕末の松代藩が生んだ偉人・佐久間象山の菩提寺。

長国寺《ちょうこくじ》

松代藩主真田家の菩提寺で、歴代藩主の墓のほか、信之、信弘の御霊屋がある。信之の御霊屋は重要文化財で、破風の鶴は左甚五郎の彫刻と伝えられ、夜な夜な破風を抜け出し稲を食い荒らしたという伝説が残っている。また格天井の絵は狩野探幽筆の作といわれている。

真田信之の御霊屋

信州の郷土食「おやき」

真田ゆかりの味めぐり

おやき　120 円

蔦屋本店
長野市松代町松代 524
026-278-2005
8：00 ～ 19：30
年中無休　駐車場あり

信州を代表する郷土食といえばおやき。地形や気候の影響で今ほど米が採れなかった時代、そば粉や小麦粉を使ったおやきは貴重な食品だったという。

松代の老舗、「蔦屋本店」は大正５年創業の老舗。看板商品である「大名おやき」は全国にもファンが多く、通信販売もしている。地元の野菜を使った定番のほか、季節ごとに限定の具材を取り揃えていて、様々な味を楽しむことができる。

善光寺へ続く祈りの道「北国西脇往還」

洗馬で中山道から分かれ、松本、稲荷山を経由して善光寺へと至る。中山道と北国街道をつなぐ抜け道として発展した。

西国から善光寺へ詣でる際はこのルートを使うため、善光寺西街道とも呼ばれる。ちなみに、北国街道も別名善光寺街道と呼ばれているが、各地から善光寺へ向かう道は複数あるため、別称としての善光寺街道はいくつも存在する。

松尾芭蕉の『更科紀行』は、この道を旅した際の紀行文である。千曲市南部にある姨捨山は月の名所としてその昔から有名で、棚田一つひとつに月が映る「田毎の月」と呼ばれ現在も観光名所になっている。

難所を控えた松代藩の出入り口

「桑原宿」

桑原は古くから集落が開けていた。街道の難所である猿ケ馬場峠のふもとにあるため、必然的に宿場町の役割を担うようになったが、すぐ隣に稲荷山宿が出来てからは賑わいがそちらに移ってしまった。現在は古い建物もあまり残っておらず、本陣跡も立て看板があるのみだが、長く続く坂道とその先に善光寺平が開ける景観が、かろうじて往時を偲ばせる。

街道随一の宿

「稲荷山宿」

上杉景勝が稲荷山城を築城した際に伝馬制を敷いたことから、集落は宿場町の機能を備えるようになった。江戸時代には、街道で最大の規模を誇る宿場町であったという。江戸末期の善光寺地震に伴う火災で、町はほぼ全焼の被害を受けた。復興の際、防火対策として土蔵が多く建築されたが、それが現在の稲荷山の「蔵の町」と呼ばれるほどの街並みを形成している。

稲荷山は宿場町でありながらかつては城下町でもあったため、町には今でも道が直角に曲がる枡形が見られる。二〇一四年、重要伝統的建造物群保存地区に指定された。

● **海津城（松代城）** 長野市松代町松代 44
● **真田宝物館** 長野市松代町松代 4-1
● **新御殿（真田邸）** 長野市松代町松代 1
● **旧樋口家** 長野市松代町松代 202-1
● **旧前島家住宅** 長野市松代町松代 1105
● **大林寺** 長野市松代町松代 1224
● **蓮乗寺** 長野市松代町松代 1142
● **長国寺** 長野市松代町松代 1015

真田三代が生きた時代――真田氏年表

和暦	西暦	真田の軌跡／主な出来事
永正10年	1513	幸隆誕生
天文10年	1541	海野平合戦。幸隆、武田・村上・諏訪連合に敗れ逃亡、のちに武田家家臣となる。
天文16年	1547	昌幸誕生
天文19年	1550	砥石城の戦い（砥石崩れ）。武田信玄は砥石城を攻めるが失敗。翌年、幸隆の調略により砥石城を落城さす。
天文22年	1553	昌幸、人質として甲府へ送られる。信玄の近習として仕える。
永禄3年	1560	桶狭間の合戦
永禄4年	1561	川中島の合戦。幸隆、信綱も武田軍として参戦。
永禄6年	1563	幸隆、調略により岩櫃城を陥落させる。
永禄9年	1566	信之誕生
永禄10年	1567	幸村誕生
元亀3年	1573	三方ヶ原の合戦

和暦	西暦	真田の軌跡／主な出来事
元亀4年	1573	信玄死去
天正2年	1574	幸隆死去。嫡男の信綱が正式に家督を継ぐ。
天正3年	1575	長篠の合戦。武田家家臣として出陣した信綱、昌輝兄弟が戦死。昌幸が真田氏の当主となる。
天正7年	1579	昌幸、名胡桃城を手に入れ、沼田城を攻める。翌年、沼田城攻略。
天正10年	1582	織田信長の甲州征伐により武田氏滅亡。昌幸は織田家の重臣滝川一益の配下となる。
		本能寺の変。主家を失い、真田氏は独立した戦国武将となる。
天正11年	1583	賤ヶ岳の合戦
		昌幸、上田城を築く。
天正12年	1584	小牧長久手の戦い
天正13年	1585	昌幸、家康の要求を拒絶し、上杉家に帰属。幸村、人質として春日山城へ。
		第一次上田合戦。上田城にて徳川勢を迎え撃ち、撃退する。
天正14年	1586	昌幸、上杉景勝が上洛している隙に幸村を呼び戻す。その後秀吉に人質として差し出し、豊臣家に臣従する。
		信之、本多忠勝の娘小松姫を家康の養女として妻に迎える。

天正16年	1588	北条氏の家臣猪俣邦憲により名胡桃城が落城。秀吉の北条攻めの契機となる。
天正18年	1590	小田原の役。真田家は北陸隊として松井田城攻略。
文禄元年	1592	文禄・慶長の役。真田家は肥前名護屋城に参陣するが渡海せず。
文禄3年	1594	幸村、大谷吉継の娘を妻に迎える。
慶長3年	1598	秀吉死去
慶長5年	1600	第二次上田合戦。関ヶ原に向かう途中の秀忠率いる徳川軍を迎え撃つ。 関ヶ原の合戦
		昌幸・幸村父子、高野山に配流。信之は藩主として上田・沼田を治める。
慶長16年	1611	昌幸、九度山の真田庵にて死去。
慶長19年	1614	豊臣秀頼の招聘に応じ、幸村、九度山を脱出。大坂入城。
		大坂冬の陣。幸村、真田丸にて奮闘。和睦となる。
慶長20年	1615	大坂夏の陣。幸村、大助父子討死。
元和8年	1622	信之、松代藩へ移封。
万治元年	1658	信之、松代の隠居所にて死去。

真田六文銭 写真紀行

2015年11月30日　第1刷発行

撮影　清永安雄
企画・構成　志摩千歳
原稿　佐々木勇志・及川健智
装丁・デザイン　八十島博明・岸田信彦（GRiD）

発行　株式会社産業編集センター
〒112-0011 東京都文京区千石4-39-17
TEL 03-5395-6133　FAX 03-5395-5320
http://www.shc.co.jp/book/

印刷・製本　大日本印刷株式会社

ISBN978-4-86311-126-4